新文科 · 数字经济系列教材

数字贸易学

马述忠　　濮方清
潘钢健　　熊立春　　等 著

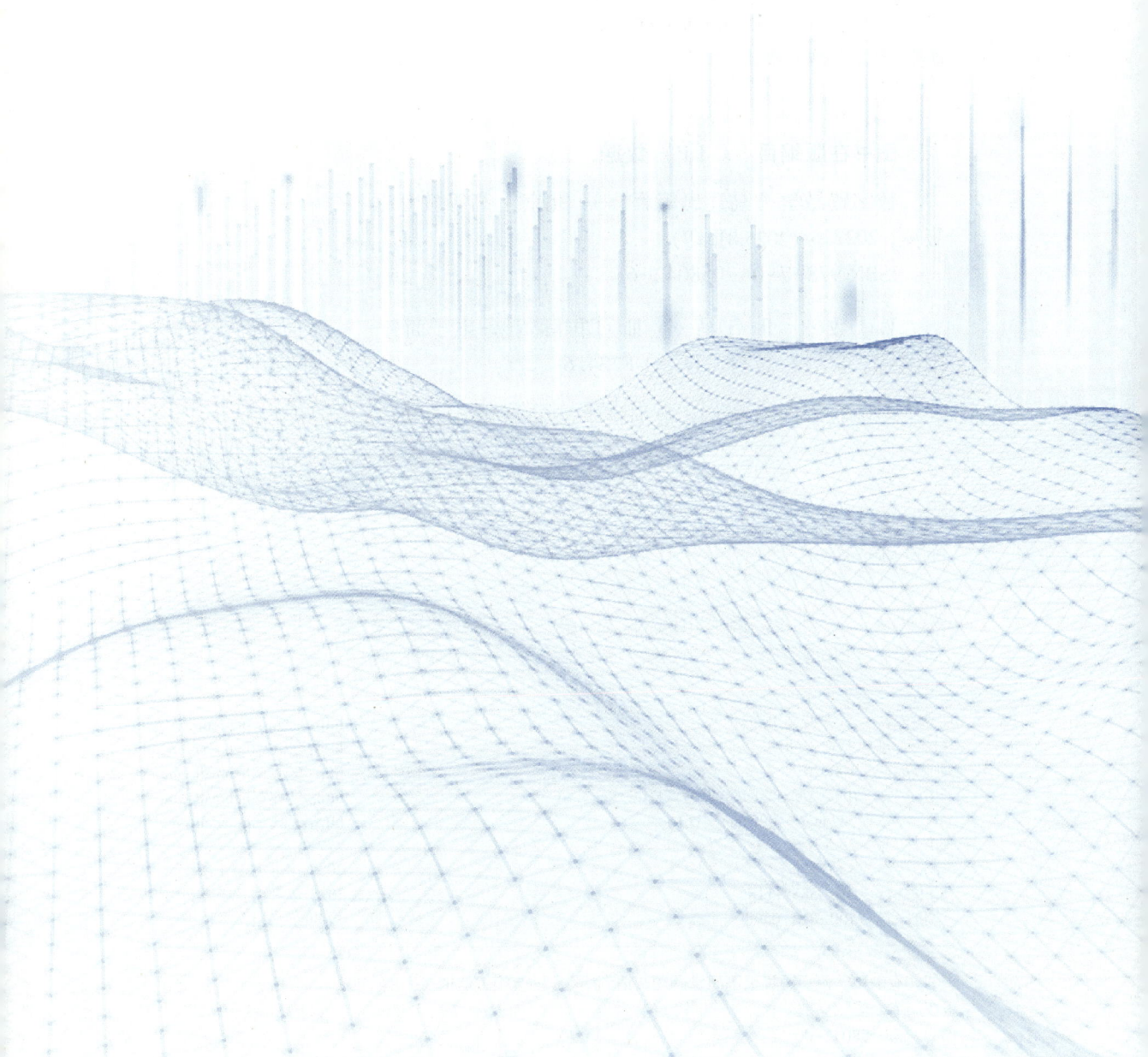

中国教育出版传媒集团

高等教育出版社 · 北京

内容简介

本书坚持中国经济学理论与中国经济实践相结合。一方面,本书通过成体系的学科理论和标识性概念创新性地构建数字贸易学科的学术体系以及话语体系。另一方面,本书介绍了大量中国数字贸易的宏微观数据和典型案例,利用相关理论知识对中国数字贸易发展实践进行剖析与解读。本书内容深入浅出,难度适中,科学性和逻辑性强,有利于培养学生分析问题和解决问题的能力。本书主要围绕三个教学目标展开:系统学习数字贸易学的基本概念和基本理论;全面了解当今数字贸易发展的新特征和新趋势;准确认识数字经济时代的中国数字贸易实践。

本书可作为普通高等学校经济学、国际经济与贸易、国际商务等专业本科生和专业硕士生教材,也可供对数字经济问题感兴趣的读者学习数字贸易学相关理论知识使用。

图书在版编目(CIP)数据

数字贸易学 / 马述忠等著 . -- 北京:高等教育出版社,2022.6(2025.8重印)

ISBN 978-7-04-058042-6

I. ①数… Ⅱ. ①马… Ⅲ. ①国际贸易-电子商务-中国-高等学校-教材 Ⅳ. ①F724.6

中国版本图书馆 CIP 数据核字(2022)第 015390 号

数字贸易学

Shuzi Maoyixue

策划编辑 于 明 赵 鹏	责任编辑 赵 鹏		封面设计 姜 磊		版式设计 杨 树
插图绘制 李沛蓉	责任校对 刁丽丽		责任印制 耿 轩		

出版发行	高等教育出版社	网 址	http://www.hep.edu.cn
社 址	北京市西城区德外大街 4 号		http://www.hep.com.cn
邮政编码	100120	网上订购	http://www.hepmall.com.cn
印 刷	山东临沂新华印刷物流集团有限责任公司		http://www.hepmall.com
开 本	787 mm×1092 mm 1/16		http://www.hepmall.cn
印 张	25.5		
字 数	540 千字	版 次	2022 年 6 月第 1 版
购书热线	010-58581118	印 次	2025 年 8 月第 7 次印刷
咨询电话	400-810-0598	定 价	59.80 元

物 料 号 58042-00

新文科·数字经济系列教材编写委员会

顾问（按姓氏拼音排序）：陈诗一、樊丽明、江小涓、李金昌、李善同、吕炜、邱东、汪同三、王瑶琪、袁志刚

总主编：洪永森、汪寿阳

编委（按姓氏拼音排序）：

黄益平　北京大学
黄　卓　北京大学
李建平　中国科学院大学
刘　颖　中国科学院大学
吕本富　中国科学院大学
马述忠　浙江大学
乔　晗　中国科学院大学
沈　艳　北京大学
田英杰　中国科学院大学
熊　赟　复旦大学
许宪春　清华大学
余乐安　北京化工大学
曾　燕　中山大学
朱扬勇　复旦大学

新一轮科技革命和产业变革方兴未艾，以大数据、人工智能、量子信息、移动通信、物联网、区块链为代表的新一代信息技术加速突破应用，使人类认识世界、改造世界的能力得到极大延展，引发了深远的生产力和生产关系变革。数字经济发展日新月异，正在成为重组全球要素资源、重塑全球经济结构、改变全球竞争格局的关键力量。我国经济进入新常态，改革开放向纵深推进，产业发展韧性不断提升。与此同时，西方国家"逆全球化"思潮不断涌现、贸易保护主义抬头，国际环境日趋严峻复杂，不确定性、不稳定性、不平衡性特点突出。为此，高等院校应该布局具有前瞻性和战略性的新兴交叉学科，加快建设高水平的教材与教学体系，主动应对科技革命和产业变革的人才需求。

数字经济事关国家发展大局，是推动构建双循环新发展格局、建设现代化经济体系、构筑国家竞争新优势的着力点。自20世纪90年代以来，中国以互联网行业发展为开端，逐步成为世界公认的数字化大国。三十余年间，中国数字经济不仅在信息基础设施建设、应用市场规模上实现飞跃式发展，创新模式也由模仿创新逐步转变为自主创新，从信息传播到数字商务，从网络服务到智能决策，新产业、新业态、新模式不断涌现，在诸多数字化实践领域出现了"领跑"局面。

技术和产业的发展加快了知识创新速度，但是与数字时代相适应的经济学、管理学理论架构尚未系统更新。数字经济背景下，消费者决策体系、企业经营模式、价值创造方式、产业组织形态、市场竞争结构、劳动就业形式、资源配置模式等均呈现出与工业经济不同的特点。站在国家发展新征程的起点，如何立足我国数字经济实践，提炼和总结数字经济与数字管理的基础理论、知识体系、研究方法论，培养新时代有理想、有知识、有能力的创新人才，促进数字中国建设和数字经济高质量发展，是当代中国经济学界和管理学界面临的新命题。

在这样的背景下，我们和高等教育出版社联合建设新文科·数字经济与新文科·数字管理两套教材，组织该领域具有丰富教学经验和卓越研究基础的专家学者，成立编写委员会，将国内外相关研究成果总结提炼、系统归纳、融入教材，力争讲好数字经济发展中的道理、学理、哲理，助力形成中国特色、风格、气派的理论体系，为全球数字经济与数字管理的研究和教学贡献中国智慧。这两套教材是教育部首批新文科研究与改革实践项目"数字经济与数字管理新文科建设实践"的主要成果，力求体现如下特点：

第一，鲜明的时代特色。系列教材要求紧跟时代步伐，反映中国数字经济、数字管理的特色实践，建立数字技术与经济管理专业知识之间深层内在关联，梳理总结数字技术对经济管理知识结构和研究范式的影响，全面揭示历史发展过程和最新发展动态，以适应新技术革命所带来的新经济业态、新生活方式、新运营模式的挑战。

第二，系统的知识体系。系列教材要求传承经典、体现前沿，构建完整的学科知识体系，内容条块清晰、知识衔接流畅，使学生系统、准确地掌握基础理论、知识要点和分析方法，引入前沿成果培养创新思维和学科思维能力，提高科学素养。

第三，理论与应用的结合。系列教材不仅要体现理论知识和分析方法，更重要的是突出这些理论和方法的实际应用。通过交叉创新融合、典型案例分析、方法应用实践等环节，培养学生独立判断和思考，提升分析问题和解决问题能力。

第四，注重价值塑造与协同发展。系列教材除了传递专业知识，还需要让学生更加清晰地理解科学技术背后的使命与价值。因此，在编写过程中也更加注重学生科学知识与人文素养的协同发展。通过挖掘对学生长远发展的积极因素，培养学生正确的人生观、价值观和世界观，使学生拥有更健全、更完善的人格，提升自身道德品质。

第五，多样化的形式。系列教材采用数字化等多样化形式，每本教材均设置了二维码关联数字资源，配备教学课件、习题解答和实验指导等，便于学生课外阅读、拓展知识面，提高教学和学习的效率。

第六，适用的广泛性。系列教材的选题规划、内容设定进行了充分的科学论证，采纳同行学者的意见和建议。教材编写采用主编负责制，同时强调编委成员的广泛性，鼓励更多院校参与，使教材内容在同行中达成共识，提高教材的适用性。

新文科·数字经济与新文科·数字管理两套教材的编写是一

项具有挑战性的复杂工程，在教育部新文科建设工作组的指导
下，在高等教育出版社的高度重视和精心策划下，在全国高校、
科研院所、业界的专家学者的同心协力下，我们有信心这两套
教材能够成为精品教材，为我国数字经济与数字管理人才培养
做出有益探索。我们在此由衷地感谢为本系列教材写作和出版
做出贡献的每一位专家！尽管本系列教材的编写者为教材编写
付出了很多汗水和智慧，但难免存在不足之处，我们也真诚地
希望得到广大读者的批评和建议，以便在日后的修订中不断改
进和完善。

总主编：

改革开放 40 多年来，我国经济社会发生了翻天覆地的变化，在人均资源和资本积累都不是很丰富的条件下，实现持续高速经济增长，造就人类发展史上的经济奇迹。随着我国经济发展进入新常态，数字经济逐渐成为我国产业转型升级的重要驱动力，其最活跃、最集中的表现形式是电子商务。 2020 年，面对突如其来的新冠肺炎疫情，数字经济展现出强大的发展韧性，实现逆势增长，为世界经济复苏、增长注入重要动力，其中数字贸易更是成为打通国内国际双循环的重要载体。 2021 年是中国共产党建党 100 周年，中国全面建成小康社会。科学总结我国在数字经济和数字贸易领域取得的伟大成就和成功经验，分析未来需要应对的挑战，对于进一步全面深化改革、向第二个百年奋斗目标迈进、实现中华民族伟大复兴的中国梦和构建人类命运共同体具有重大意义。

习近平总书记曾指出："不断推进学科体系、学术体系、话语体系建设和创新，努力构建一个全方位、全领域、全要素的哲学社会科学体系。"这要求我国学者基于我国鲜活的经济事实提炼标识性概念，打造易于为国际社会所理解和接受的新概念、新范畴和新表述，引导国际学术界展开相关研究和讨论，从而加大中国方案和中国理念传播力度，使其成为世界表述当代中国故事的源头、读懂当代中国的标识。因此，基于我国的经济实践经验，归纳总结得出系统化的经济学理论，并通过撰写一系列教材，完成新兴学科体系的构建是十分必要的。一方面，这有利于构建我国经济学理论体系，并用来指导新的伟大实践，特别是应用于后疫情时代我国经济发展的需要。另一方面，这有利于向世界各国，特别是广大发展中国家贡献中国智慧、中国力量和中国方案，促进其经济发展。

基于此，我们撰写了这本《数字贸易学》教材。 相较于传统的国际贸易学教科书，本书具有以下特色：

第一，本书坚持经济学理论体系与我国鲜活经济实践的统一。一方面，本书通过构建成体系的学科理论和标志性概念创新性地构建数字贸易学的学科体系；另一方面，本书引入大量我国数字贸易的宏微观数据和典型经济现象，利用相关理论知识对我国数字贸易实践进行剖析和解读。

第二，本书坚持章节之间宏观知识面和章节内部具体知识点的结合。一方面，本书涉及数字贸易学研究的各细分领域，章节之间逻辑结构紧密，相互照应，彼此支撑。另一方面，本书每一章具体内容不追求大而全，而是在典型代表性经济现象的基础上形成能够向其他国家推广的一般性知识。

第三，本书坚持教学的科学性、逻辑性和严谨性。本书内容深入浅出，难度适中，既在各章文中设置了必要的专栏，又在各章末提供了情景式思考题，符合学生学习规律，有利于培养学生分析问题和解决问题的能力。

本书撰写团队来自浙江大学中国数字贸易研究院。马述忠负责搭建逻辑框架，确定全书的写作风格，并参与了全书的撰写工作。按照章节先后顺序，其他参与本书撰写工作的团队成员包括：第一章濮方清，第二章王修远、房超和濮方清，第三章房超和濮方清，第四章张道涵和潘钢健，第五章杜特和潘钢健，第六章刘锴和潘钢健，第七章潘钢健，第八章濮方清，第九章伍湘陵和熊立春，第十章沈雨婷和熊立春，第十一章毛纪云和潘钢健，第十二章贺歌和潘钢健，第十三章胡增玺和熊立春，第十四章熊立春，第十五章曾兮和熊立春，第十六章刘青青和濮方清，第十七章刘夙扬和濮方清，第十八章周学玮和熊立春，第十九章郭继文、王爱华和濮方清，第二十章吴鹏和潘钢健，第二十一章耿学用和潘钢健，第二十二章李力和熊立春，第二十三章王今非、孙睿、郭雪瑶和濮方清。全书由马述忠、濮方清、潘钢健和熊立春统稿和定稿。

感谢高等教育出版社和中国科学院大学经管学院联合发起"新文科·数字经济"和"新文科·数字管理"系列教材项目，并邀约马述忠教授团队加盟。感谢高等教育出版社经管法事业部有关编辑为本书的编辑出版提供的优良服务和全方位支持。

本书可供高等院校经济与管理类各专业本科生、硕士生以及相关研究机构和业务部门从业人员学习参考之用。作者已尽力确保本书准确可靠，但囿于精力和时间所限，部分细节难免有不妥之处，恳请同行专家、学者以及广大读者朋友不吝赐教，批评指正。

作者

2022 年 2 月

目　录

第一篇　数字贸易概述

第三篇　数字贸易方式

第四篇 数字贸易综合服务

第一章

导论

第一节 数字贸易学形成的学科背景

一、数字贸易快速发展需要理论指导

2016 年 9 月二十国集团（G20）杭州峰会上，《G20 数字经济发展与合作倡议》发布；2016 年 10 月习近平在中共中央政治局第三十六次集体学习时强调，推动互联网和实体经济深度融合，加快传统产业数字化、智能化，做大做强数字经济；2017 年党的十九大报告中提出"数字中国"；2020 年党的十九届五中全会提出"发展数字经济，推进数字产业化和产业数字化……打造具有国际竞争力的数字产业集群"。从上述会议和文件可以看出，随着 5G、人工智能、物联网、云计算和大数据等数字技术的发展，以数据为核心生产要素、以数字技术为驱动力的数字经济给人类生产、生活和生态带来了全面深刻的影响（戚聿东和褚席，2021）。在此背景下，电子商务、跨境电子商务在经历萌芽期、成长期和成熟期后分别蜕变成为数字贸易和全球数字贸易。在中国层面，2021 年商务部国际贸易经济合作研究院发布的《全球数字贸易与中国发展报告》显示，中国数字贸易额已经跃入全球前十，其中跨境电子商务零售出口额位居全球第一。在全球层面，根据中国信息通信研究院《数字贸易发展白皮书（2020 年）》公布的数据，2019 年全球数字服务贸易总规模达 31 925.9 亿美元，增速高于同期的服务贸易和货物贸易。2020 年新冠疫情以来由于线下交易受阻，不论是数字服务贸易还是跨境电子商务都呈现出爆发式的增长。

数字贸易和传统贸易在时代背景、时空属性、行为主体、贸易标的、运作方式和监管体系等方面存在不同（马述忠等，2018），数字贸易中的种种贸易现象不能较好地被原有的国际贸易学理论解释，因此需要全新的方向性、全局性的贸易理论。全新的数字贸易学理论可以在难以解释的现象和难以解决的问题出现时，帮助学者和决策者探究现象的起因并剖析问题的症结所在。和其他学科相比，数字贸易学具有多学科交叉的特征，不仅涉及国际贸易学、产业经济学和金融学等经济学领域，还和计算机科学、管理

学、国际关系学、法学等学科相关。数字贸易学不仅能够促进经济学和其他学科的优势互补，还能够实现多领域研究的协同突破、多学科的交叉融合以及跨学科的发展共振。数字贸易学的形成为解决数字贸易发展中的问题和矛盾提供了思考和分析的框架，同时为贸易强国建设、"一带一路"倡议、国内国际双循环相互促进的发展格局提供理论支撑和思想引导。

二、中国经济学体系不断完善

经济学是致用之学，具有很强的实践性，所以在数字经济实践领先世界的中国，更加需要紧跟时代步伐且具有中国特色的经济学体系。中国经济学体系作为中国特色哲学社会科学体系的重要组成部分，以习近平新时代中国特色社会主义思想为指导，紧密结合改革开放和社会主义现代化建设实践，不断汲取中华优秀传统经济思想精华，同时吸收借鉴现代西方经济学的有益成果。

经济学学科体系的完善需要紧贴经济社会发展实践，数字贸易的出现不仅改变了市场的交易方式、人民群众的消费方式、企业的生产流通方式等，还改变了国家产业结构和全球经济秩序。相比世界上其他国家，数字贸易广泛而深刻的实践较早发生在中国，中国也较早出现了对数字贸易问题的思考，相关的课程教学和学术研究日益增多，但始终没有形成完整有体系的学科体系、学术体系和话语体系。所以在新的时代条件下，数字贸易学的形成可以更好地解释中国经济发展，尤其是数字贸易发展的伟大成就和关键性问题，可以更系统地梳理中国数字贸易的独创性贡献，讲好中国故事，对于完善中国特色经济学体系不可或缺，具有鲜明的中国特色和时代特征。

三、数字贸易人才培养亟需模式创新

数字贸易的发展离不开相应的人才，但和中国数字贸易庞大的人才需求不相符的是人才供应的短缺。从人才需求角度出发，数字贸易相关的行业将数据和技术作为其生产的重要投入要素，因此数字贸易创造的新就业对从业者的知识、技能有着较高的要求。大量传统企业在贸易数字化以及智能制造方面迫切需要相应的人才，尤其是熟悉数字运营管理的高层次人才。另外，以数字产品与服务、数字化知识与信息为贸易标的的企业对同时了解技术、运营和管理的人才需求更加旺盛。从人才供给角度出发，高校和企业共同参与的培训模式由于渠道单一缺乏创新，难以有效整合资源，已经不能满足数字贸易人才的培养需要。同时传统的国际贸易学、电子商务、物流管理等课程严重制约了数字贸易人才知识结构，相应的培养方案也很难满足数字贸易实践的需要。

鉴于目前人才供需的结构性失衡现象，数字贸易学的学科建设有助于重新审视数字贸易人才的培养体系、探索数字贸易人才的培养模式，并根据不断发展的数字贸易人才需求动态调整培养方案，进而为贸易数字化和数字化贸易进程持续提供人才支撑。由于数字贸易学多学科交叉的特征，除了经济学相关的课程之外，培养时还需要接受计算机科学、管理学、法学等课程的学习，同时增加数字贸易各个环节的实践教学内容，进而增加复合型人才的供给。综上所述，数字贸易人才培养模式的创新需要全新的数字贸易学。

四、全球经济治理话语权日益增强

全球经济治理经历了以英国为中心的霸权竞争治理、以美国为中心的霸权支配治理、美苏争霸下的霸权争夺治理、发达国家主导的南北合作治理，进入新兴经济体崛起下的全球共同治理阶段。数字贸易的到来对全球经济版图的重构和全球经济理论话语权的变更产生至关重要的作用，中国将在全球经济治理中发挥更大的作用。这一趋势要求我们基于新的贸易现象提炼出相应的理论命题和标识性概念。习近平总书记 2016 年在哲学社会科学工作座谈会上指出："每个学科都要构建成体系的学科理论和概念。"成体系的学科理论命题构成学术体系，而成体系的概念构成话语体系。设立数字贸易学在完善中国经济学体系的同时，还有助于中国把握国际贸易、数字技术、数字金融和数字安全等规则体系的话语权。全球数字经济治理、数字经济共同体、包容性发展和数字丝绸之路等标识性概念，同相关的数字贸易学理论一起，为确立和强化中国在全球经济治理中的话语权提供了强大的经济理论和规制体系支撑。

第二节 本书的整体架构

本书共有五篇，分为三个层次：第一层包含第一篇"数字贸易概述"，该篇总括性地介绍数字贸易的产生背景、发展阶段和数字贸易概念等基础知识，为后面的学习做铺垫；第二层包含第二篇"数字贸易生态圈"、第三篇"数字贸易方式"和第四篇"数字贸易综合服务"，分别介绍数字贸易环境与主体、贸易数字化和数字化贸易、数字贸易配套服务；第三层包含第五篇"全球数字经济治理"，介绍数字贸易相关的全球发展问题以及中国方案。具体如图 1-1 所示。

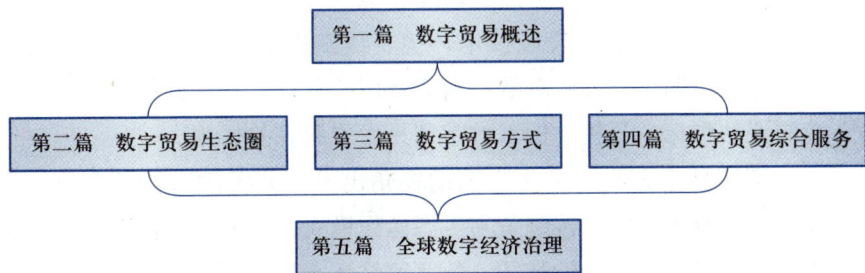

```
                    ┌─────────────────────┐
                    │  第一篇  数字贸易概述  │
                    └─────────────────────┘
   ┌──────────────────┐  ┌──────────────────┐  ┌──────────────────────┐
   │ 第二篇  数字贸易生态圈 │  │ 第三篇  数字贸易方式 │  │ 第四篇  数字贸易综合服务 │
   └──────────────────┘  └──────────────────┘  └──────────────────────┘
                    ┌──────────────────────┐
                    │ 第五篇  全球数字经济治理 │
                    └──────────────────────┘
```

图 1-1 本书整体架构

一、数字贸易概述篇的架构

第一篇"数字贸易概述"包含第二章和第三章（见图1-2）。第二章从时间角度介绍数字贸易的产生背景和发展脉络，第三章从范围角度介绍数字贸易的概念框架和界定标准。

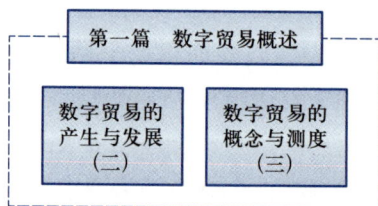

第一篇 数字贸易概述

数字贸易的产生与发展（二）　　数字贸易的概念与测度（三）

注：括号中数字为对应的章节序号，后图相同，不再赘述。

图1-2 数字贸易概述篇的架构

第二章"数字贸易的产生和发展"主要介绍了数字技术、数字经济等数字贸易产生的背景，并对数字贸易和全球数字贸易的发展阶段进行划分，归纳出每个阶段的发展特征。

第三章"数字贸易的概念与测度"是本书的核心章节，着重介绍了数字贸易的内涵和外延，基于数字贸易的概念框架，从数字贸易标的、贸易主体和贸易规则三个方面详细说明数字贸易的标准，同时介绍了实体货物、数字产品与服务、数字化知识与信息这三种数字贸易标的是如何测度的。

二、数字贸易生态圈篇的架构

第二篇"数字贸易生态圈"包含第四章至第八章（见图1-3）。第四章介绍生态圈所处的数字营商环境，第五章介绍生态圈的圈层结构、贸易主体及主体关系，第六章介绍生态圈的载体开放型全球数字贸易平台，第七章介绍平台上的贸易主体全球公司，第八章介绍居于数字贸易核心地位的消费者。

第四章"数字营商环境"从"数字+营商环境"和"数字营商+环境"两个方面阐述数字营商环境的内涵，从数字设施技术环境、数字市场运营环境、数字政策政务环境、数字司法治理环境四个方面解释数字营商环境的外延。并在此基础上分别构建上述四类营商环境的评估指标，分析它们对数字贸易发展起到的作用。

第五章"数字贸易生态圈"从生态圈的视角出发，分析数字贸易对传统生态核心主题、传统外贸综合服务部门、传统贸易生态运作模式的冲击，将数字贸易生态圈发展分为四个阶段并归纳出各个阶段的特征。数字贸易生态圈模型包含核心层、环心层、相关层和外部层，其中核心层包含数字贸易的交易双方和交易所在的数字贸易平台。该章还介绍了数字贸易生态圈对数字贸易发展的作用。

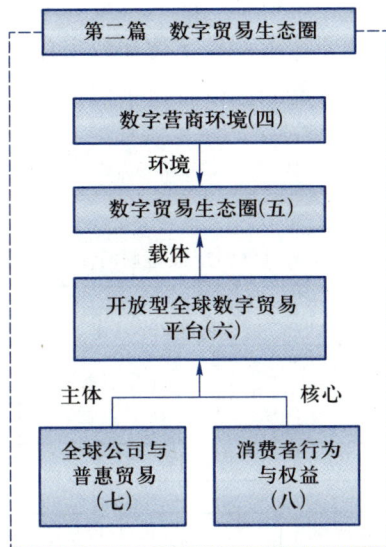

图1-3 数字贸易生态圈篇的架构

第六章"开放型全球数字贸易平台"介绍了开放型全球数字贸易平台的产生背景和发展阶段，并从其面对的数字贸易主体、使用的数字技术手段、实现的交易目标、提供的贸易服务等多个维度对开放型全球数字贸易平台的内涵进行界定，总结出多边化、生态化、智能化和数字化的平台特点。将平台置于数字贸易发展的背景中分析其扮演的角色，阐述平台既是数字贸易的引领者，又是中小企业的服务提供者。

第七章"全球公司与普惠贸易"先介绍经济全球化、互联网技术发展和数字经济普及在全球公司产生和发展过程中的作用，从平台属性、资源范围、对象范围等维度对全球公司的内涵进行界定，从全球公司与跨国公司在经营模式、组织形式和核心竞争力三个方面的异同对其外延进行辨析，按照全球公司的三种类型分别阐述其对数字贸易发展的作用。该章还介绍了普惠贸易的产生与发展、内涵与外延及其对数字贸易的发展的作用，最后分析了全球公司和普惠贸易的关系。

第八章"消费者行为与权益"先强调了数字贸易中消费者的核心地位以及数字贸易发展中个性化需求的驱动作用，说明学习消费者相关知识对掌握数字贸易学的重要性。该章从消费者行为和消费者权益两个角度介绍相关内容，消费者行为部分包括消费者搜寻行为、消费者购买决策、消费者反馈行为、信息不对称、消费者注意力和信息过载。消费者权益部分介绍了社会普遍关注的问题，如消费者福利、消费者数据安全和消费者隐私保护。

三、数字贸易方式篇的架构

第三篇"数字贸易方式"包含第九章至第十四章（见图1-4）。第九章从消费互联网向产业互联网转型的角度介绍数字贸易方式的相关背景，第十章介绍电子商务和实体货物贸易的数字化，第十一章介绍以数字产品与服务、数字化知识与信息为标的的数字服务贸易，第十二章至第十四章介绍贸易数字化和数字化贸易所包含的主要内容，分别是数据及本地存储与跨境流动、智能制造以及数字贸易成本。

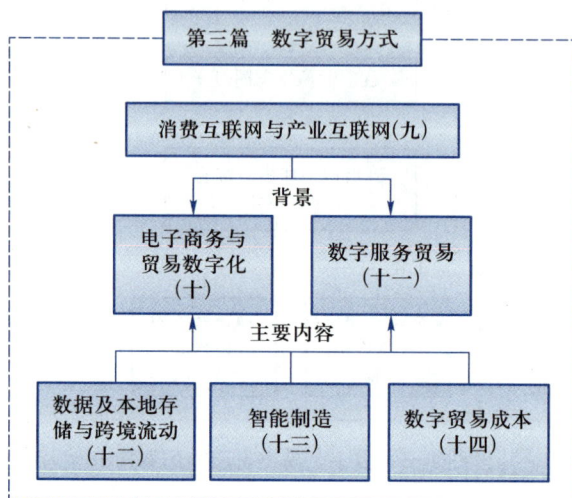

图 1-4　数字贸易综合服务篇的架构

第九章"消费互联网与产业互联网"主要介绍消费互联网和产业互联网的相关概念，并分析在电子商务发展到数字贸易的过程中，消费互联网向产业互联网转型升级所遇到的机遇和挑战。

第十章"电子商务与贸易数字化"主要介绍电子商务、跨境电子商务的内涵、外延及其数字化蜕变，并分析从电子商务到数字贸易的数字化转型过程中所遇到的机遇和挑战。

第十一章"数字服务贸易"是有别于传统贸易学的重要内容，除了介绍数字服务贸易的产生、发展、内涵和外延之外，还着重梳理了传统货物贸易之外的两类贸易标的——数字产品与服务、数字化知识与信息。这一章分别介绍两者的内涵、外延及其对数字贸易发展的作用。与实体货物线上交易的贸易数字化相对的是以非实体货物为标的的数字化贸易，该章最后一部分分析数字化贸易中遇到的机遇和挑战。

第十二章"数据及本地存储与跨境流动"是比较有特色的一章。该章介绍数字贸易中数据的内涵、外延及其对数字贸易发展的作用，并且针对数字贸易中数据的本地存储和跨境流动问题进行详细阐述，包括风险、举措及其对数字贸易发展的作用。

第十三章"智能制造"主要介绍了智能制造及其与数字贸易的关系，从内部动力和外部环境介绍智能制造产生的背景，依次介绍数字化起步、网络化加持和智能化实现三个智能制造的发展阶段。在概括智能制造内涵的基础上，归纳出管理智能化、服务智能化等五个智能制造外延特征。在智能制造和数字贸易关系部分，智能制造作为数字贸易的重要目标和历史使命同时也在市场匹配效率、产业链运行和弱势群体融入方面受到数字贸易助推。

第十四章"数字贸易成本"在介绍数字贸易成本的内涵和外延的基础上，将数字贸易分为搜索成本、信息成本、合同成本、监督成本和数据存储成本，并分析数字技术、数据流动、综合服务、仓储运输和贸易规模对数字贸易成本的影响。

四、数字贸易综合服务篇的架构

第四篇"数字贸易综合服务"包含第十五章至第十八章（见图1-5）。第十五章对数字贸易综合服务进行概述，后三章分别介绍三种主要综合服务类型，包括数字营销、数字支付和智慧物流。

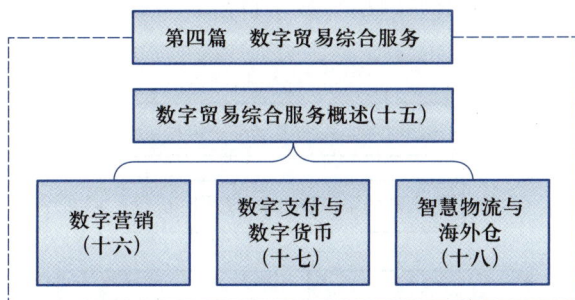

图 1-5　数字贸易综合服务篇的架构

第十五章"数字贸易综合服务概述"总括性地介绍数字贸易综合服务的相关知识。从贸易新业态发展、中小企业渴望、政策支持、数字技术应用等维度说明数字贸易综合服务产生的背景，从服务萌芽、产业启动、市场扩张和转型升级四个阶段及其特征介绍数字贸易综合服务的发展历程。在此基础上，该章总结出数字贸易综合服务的内涵、外延及其细分服务类别。最后阐述数字贸易综合服务通过降低交易成本和提高交易效率这两个渠道促进数字贸易的发展。

第十六章"数字营销"先介绍了数字营销的产生背景和发展阶段，并从载体、手段、目标等维度得出数字营销的内涵，从与传统营销的异同出发辨析数字营销的外延。基于快速发展的数字营销实践，将其分为用户行为营销、网络平台营销和智能技术营销三种类型，其中网络平台营销还分为电商平台营销、社交平台营销和媒体平台营销，智能技术营销还分为人工智能营销、AR 和 VR 营销以及物联网营销。

第十七章"数字支付与数字货币"分别介绍了数字支付、数字货币以及数字货币对数字支付能力建设的作用。在数字支付部分，除了介绍其产生、发展、内涵和外延，还分别介绍了数字支付的四种类型——电子支票网络支付、银行卡支付、第三方平台支付和数字货币支付，此外还分析了数字支付对数字贸易的利弊影响。在数字货币部分，除了介绍其产生、发展、内涵和外延，还分别介绍了数字货币类型以及其对数字贸易的利弊影响。该章最后部分从提高结算效率、促进迭代升级、打破平台壁垒三个方面阐述数字货币对数字支付能力建设的作用。

第十八章"智慧物流与海外仓"先介绍了智慧物流的相关基础知识及其实现路径，并阐述智慧物流和数字贸易的关系。该章还介绍了海外仓的概念及其模式类型，阐述海外仓和数字贸易的关系。最后从降低储运成本、加快物流效率和延展服务链条三个方面说明海外仓对智慧物流建设能力的作用。

五、全球数字经济治理篇的架构

第五篇"全球数字经济治理"包含第十九章至第二十三章（见图1-6）。第十九章对全球数字经济治理进行概述，后四章分别介绍了包容性发展与全球数字鸿沟、数字基础设施与数字丝绸之路、数字贸易壁垒与数字自由贸易以及数字贸易规则构建与新一轮电子商务谈判。

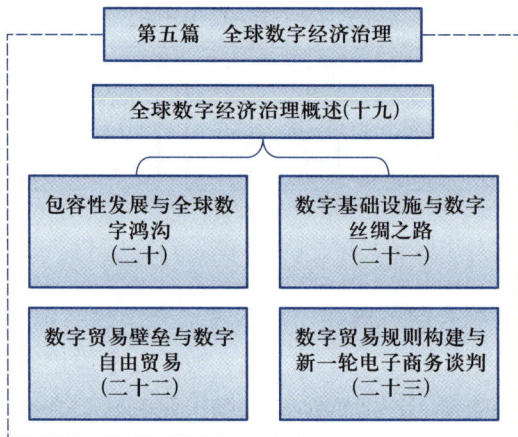

图 1-6　全球数字经济治理篇的架构

第十九章"全球数字经济治理概述"回顾了全球经济治理的历史演变，分析数字贸易对全球经济治理的影响，在此基础上提炼出全球数字经济治理的内涵和外延，并从全球数字技术治理、贸易治理、金融治理、安全治理四个方面介绍全球数字经济治理的议题。最后该章介绍了"人类命运共同体"思想和全球数字经济治理原则。

第二十章"包容性发展与全球数字鸿沟"包括包容性发展和数字鸿沟以及全球数字鸿沟治理两个部分。第一部分在介绍两者内涵、外延的基础上，分析了两者之间的关系。第二部分从主体微观化、类型复合化和影响深刻化三个方面介绍了全球数字鸿沟的发展趋势，从对于供需两端不利影响的角度出发分析了全球数字鸿沟对数字贸易的作用。最后该章基于包容性发展视角介绍了全球数字鸿沟的治理理念和实践。

第二十一章"数字基础设施与数字丝绸之路"分别介绍了数字基础设施和数字丝绸之路两者的概念，以及其对数字贸易发展和全球数字经济治理的作用，在此基础上论述了两者的相互关系，即数字基础设施夯实数字丝绸之路基础，数字丝绸之路推进数字基础设施建设。

第二十二章"数字贸易壁垒与数字自由贸易"包括数字贸易壁垒和数字自由贸易两个部分。第一部分以数字贸易壁垒产生的原因、演变的趋势为铺垫，引出其内涵、外延、类型及其和全球数字经济治理的关系。第二部分在介绍数字自由贸易阶段性表现和发展趋势的基础上，归纳出其内涵、外延、作用及其和全球数字经济治理的关系。

第二十三章"数字贸易规则构建与新一轮电子商务谈判"包括数字贸易规则构建和新一轮电子商务谈判两个部分。第一部分从多边层面和区域层面介绍规则构建核心议题的构成，从跨境数据流动、源代码本地化、数字服务税和文化例外原则四个方面介绍规则构建的伙伴关系，并分析了规则构建的机遇和挑战。第二部分介绍了谈判的关键议题、影响因素以及中国在谈判中的策略。

第三节　数字贸易学的主要理论命题

数字贸易学是学术体系和话语体系相统一的学科。数字贸易学的学术体系是揭示数字贸易研究对象本质和规律的成体系的理论和知识。数字贸易学理论以数字技术、数字经济快速发展为现实背景，以数字贸易为核心，引入圈层概念搭建了数字贸易生态圈框架，围绕贸易数字化和数字化贸易丰富了数字贸易方式内涵，紧贴实践总结了数字贸易综合服务创新，提出以构建数字经济共同体为目标的全球数字经济治理理念。数字贸易学的主要理论命题略述如下：

在第一篇"数字贸易概述"中，第二章"数字贸易的产生与发展"包含四个理论命题，分别是数字技术对数字贸易的作用、数字经济的内涵、电子商务发展过程和趋势以及跨境电子发展过程和趋势。第三章"数字贸易的概念与测度"包含四个理论命题，分别是数字贸易的内涵、数字贸易的概念框架、数字贸易规则以及数字贸易的划分方法。

在第二篇"数字贸易生态圈"中，第四章"数字营商环境"包含三个理论命题，分别是数字营商环境的内涵和外延、数字营商环境的架构以及数字营商环境对数字贸易的影响。第五章"数字贸易生态圈"包含四个理论命题，分别是数字贸易生态圈的产生背景、数字贸易生态圈的发展趋势、数字贸易生态圈的内涵以及数字贸易生态圈的圈层结构。第六章"开放型全球数字贸易平台"包含两个理论命题，分别是数字化转型的内涵以及开放型全球数字贸易平台的内涵。第七章"全球公司与普惠贸易"包含两个理论命题，分别是全球公司的内涵以及普惠贸易的内涵。第八章"消费者行为与权益"包含三个理论命题，分别是消费者个性化需求及其驱动作用、消费者注意力及其特征以及数字贸易对消费者福利的作用。

在第三篇"数字贸易方式"中，第九章"消费互联网与产业互联网"包含两个理论命题，分别是消费互联网的内涵以及产业互联网的内涵。第十章"电子商务与贸易数字化"包含三个理论命题，分别是电子商务的内涵、贸易数字化的内涵以及跨境电子商务的内涵。第十一章"数字服务贸易"包含四个理论命题，分别是数字服务贸易的内涵、数字产品与服务的内涵、数字化知识与信息的内涵以及数字化贸易的机遇与挑战。第十二章"数据及本地存储与跨境流动"包含五个理论命题，分别是数据与大数据、数字贸易中数据的角色、数据本地存储的内涵、数据跨境流动的内涵以及数据跨境流动对数字贸易的影响。第十三章"智能制造"包含两个理论命题，分别是智能制造的产生背景和发展阶段以及智能制造的内涵。第十四章"数字贸易成本"包含两个理论命题，分别是数字贸易成本的内涵以及数字贸易成本的来源。

在第四篇"数字贸易综合服务"中，第十五章"数字贸易综合服务概述"包含两个理论命题，分别是数字贸易综合服务的产生背景和发展阶段以及数字贸易综合服务的内涵。第十六章"数字营销"包含两个理论命题，分别是数字营销的内涵以及数字用户画像的内涵。第十七章"数字支付与数字货币"包含三个理论命题，分别是数字支付的内涵和类型、数字货币的内涵和类型以及数字货币对数字支付的作用。第十八章"智慧物流与海外仓"包含三个理论命题，分别是智慧物流的发展趋势、智慧物流的内涵以及海外仓的内涵。

在第五篇"全球数字经济治理"中，第十九章"全球数字经济治理概述"包含四个理论命题，分别是全球经济治理的演变过程、数字经济对全球经济治理的影响、全球数字经济治理的内涵以及全球数字经济治理的逻辑。第二十章"包容性发展与全球数字鸿沟"包含三个理论命题，分别是数字鸿沟的内涵、包容性发展和数字鸿沟的关系以及数字鸿沟对数字贸易的不利影响。第二十一章"数字基础设施与数字丝绸之路"包含三个理论命题，分别是数字基础设施的内涵、数字丝绸之路的内涵以及数字丝绸之路中各个主体的作用。第二十二章"数字贸易壁垒与数字自由贸易"包含两个理论命题，分别是数字贸易壁垒以及数字自由贸易。第二十三章"数字贸易规则构建与新一轮电子商务谈判"包含两个理论命题，分别是全球数字贸易规则构建以及新一轮电子商务谈判。

上述主要理论命题构成的学术体系充分揭示了数字贸易的本质和规律，是对原有国际贸易理论的重要补充。另外，数字贸易学学术体系中的全球数字经济治理理念为形成公正合理、包容联动的经济治理体系贡献中国智慧、中国方案和中国力量。最后，数字贸易学的学术体系是数字贸易学话语体系的内核和支撑，学术体系的水平和属性也决定着话语体系的水平和属性。

第四节　数字贸易学的主要标识性概念

话语体系是由成体系的概念构成的，话语体系是理论和知识的语词表达，是学术体系的表现形式、语言载体和传播方式，是构成学科体系之网的纽结（谢伏瞻，2019）。

数字贸易学的主要标识性概念是在对中国实践解读的基础上提炼而成的，能够成为国际社会所理解和接受的新概念、新范畴、新表述。主要标识性概念如下所述：

在第一篇"数字贸易概述"中，第二章"数字贸易的产生与发展"包含的标识性概念有数字技术、数字经济等，第三章"数字贸易的概念与测度"包含的标识性概念有数字贸易、数字贸易概念框架、数字贸易标的、数字贸易主体、数字贸易规则等。

在第二篇"数字贸易生态圈"中，第四章"数字营商环境"包含的标识性概念有数字营商环境、数字设施技术环境、数字市场运营环境、数字政策政务环境、数字司法治理环境等。第五章"数字贸易生态圈"包含的标识性概念有数字贸易生态圈、数字贸易生态圈共生单元、数字贸易生态圈共生环境、数字贸易生态圈圈层结构、数字贸易生态圈动态平衡等。第六章"开放型全球数字贸易平台"包含的标识性概念有开放型全球数字贸易平台、跨境电子商务平台、B2B2C商业模式、世界电子贸易平台等。第七章"全球公司与普惠贸易"包含的标识性概念有跨国公司、全球公司、天生国际化企业、普惠贸易等。第八章"消费者行为与权益"包含的标识性概念有消费者核心地位、个性化需求、消费者搜寻行为、消费者注意力、消费者福利、消费者数据安全、消费者隐私保护等。

在第三篇"数字贸易方式"中，第九章"消费互联网与产业互联网"包含的标识性概念有消费互联网、产业互联网、互联网+。第十章"电子商务与贸易数字化"包含的标识性概念有电子商务、电子数据交换、跨境电子商务、全球数字贸易、贸易数字化等。第十一章"数字服务贸易"包含的标识性概念有数字服务贸易、数字产品与服务、数字化知识与信息、数字产品的非歧视待遇、数字产品关税等。第十二章"数据及本地存储与跨境流动"包含的标识性概念有数据、数据本地存储、数据跨境流动长臂管辖、数据安全机制等。第十三章"智能制造"包含的标识性概念有智能制造、数字化、网络化、智能化等。第十四章"数字贸易成本"包含的标识性概念有数字贸易成本、数字贸易搜索成本、数字贸易信息成本、数字贸易合同成本、数字贸易监督成本、数字贸易数据存储成本等。

在第四篇"数字贸易综合服务"中，第十五章"数字贸易综合服务概述"包含的标识性概念有数字贸易综合服务、电子商务综合服务、数字贸易交易服务、数字贸易支撑服务、数字贸易衍生服务等。第十六章"数字营销"包含的标识性概念有数字营销、数字用户画像、用户行为营销、网络平台营销、智能技术营销等。第十七章"数字支付与数字货币"包含的标识性概念有数字支付、数字货币、私人数字货币、法定数字货币、去中心化、双层投放运营体系等。第十八章"智慧物流与海外仓"包含的标识性概念有智慧物流模式创新、智慧物流技术创新、自建海外仓、第三方海外仓等。

在第五篇"全球数字经济治理"中，第十九章"全球数字经济治理概述"包含的标识性概念有全球数字经济治理、全球数字技术治理、全球数字贸易治理、全球数字金融治理、全球数字安全治理、人类命运共同体、数字经济共同体等。第二十章"包容性发展与全球数字鸿沟"包含的标识性概念有包容性发展、第一阶数字鸿沟、第二阶数字鸿沟、第三阶数字鸿沟、全球数字鸿沟治理等。第二十一章"数字基础设施与数字丝绸之路"包含的标识性概念有数字丝绸之路、新型基础设施建设、制造业数字基础设施、服务业数字基础设施、商业数字基础设施、金融业数字基础设施、医疗业数字基础设施、政务服务数字基础设施、农业数字基础设施等。第二十二章"数字贸易壁垒与数字自由贸易"包含的标识性概念有贸易壁垒、数字贸易壁垒、数字自由贸易、数字产品税、数字服务税等。第二十三章"数字贸易规则构建与新一轮电子商务谈判"包含的标识性概念有全球数字贸易规则构建、跨境数据流动、源代码本地化、新一轮电子商务谈判、文化例外、双层博弈理论等。

以上述主要标识性概念构成了数字贸易学的话语体系，话语体系通过语言将学术思想塑造、成型和表达出来，具有特定的思想指向和价值取向。数字贸易话语体系的产生过程扎根于数字贸易实践，具有很强的活力和生命力，容易被世界各国所理解和接受，并引导国际学术界的研究和讨论。

本章小结：
中国视角

在中国数字贸易快速发展，中国经济学体系不断完善，数字贸易人才培养模式亟须创新，以及中国全球经济治理的话语权日益增强的背景下，数字贸易学逐渐发展并成为一门新的学科。本章介绍了数字贸易学的主要理论命题和标识性概念。其中数字贸易学的理论命题在新的时点上对原有国际贸易理论和跨国公司理论进行补充以解释新的贸易现象和问题，而数字贸易学的标识性概念则是基于中国数字贸易实践提炼而成的新概念、新范畴、新表述，以期引领国际学术研究。本书不仅体现了系统性和专业性，还能立足数字贸易的实践、把握时代脉搏，体现出原创性和时代性。

延伸阅读

［1］刘洪愧．数字贸易发展的经济效应与推进方略［J］．改革，2020（3）：40-52.

［2］马述忠，房超，梁银锋．数字贸易及其时代价值与研究展望［J］．国际贸易问题，2018（10）：16-30.

［3］戚聿东，褚席．数字经济学学科体系的构建［J］．改革，2021（2）：41-53.

［4］田心铭．学科体系、学术体系、话语体系的科学内涵与相互关系［N］．光明日报，2020-05-15（11）.

［5］谢伏瞻．加快构建中国特色哲学社会科学学科体系、学术体系、话语体系［J］．中国社会科学，2019（5）：4-22.

第一篇

数字贸易概述

第二章

数字贸易的产生和发展

21 世纪以来，随着数字技术的创新发展和全面应用，数字医疗、数字政务、数字交通、数字城市等新现象如雨后春笋般涌现，广泛而深刻地影响着人们的生产和消费方式。数字技术与实体经济的深度融合催生了以数据化、产业化、平台化和普惠化为核心特征的新型经济形态——数字经济。数字经济不仅加速了生产要素的流动，还显著提升了贸易的效率。以电子商务和跨境电子商务为代表的新型贸易模式逐渐成为贸易的重要组成部分，对交易成本、交易流程、交易方式、交易场景和交易标的等产生了显著的影响。作为电子商务和跨境电子商务的高级形态，数字贸易逐渐受到了全球主要国家的重视，并在数字技术变革和数字经济发展的浪潮中朝着全球化、数字化、生态化和个性化的方向发展。通过本章的学习，可以了解数字贸易产生和发展的背景，熟悉数字贸易和全球数字贸易发展过程中的阶段性表现，掌握数字技术、数字经济、数字贸易和全球数字贸易等重要概念，为后续深入学习数字贸易的相关内容打下基础。

第一节　数字贸易产生的背景

一、数字技术创新

21 世纪以来，以数字技术为主导的新一轮技术革命在世界范围内酝酿生产、流通和消费方式的重要变革。以 5G 通信技术、人工智能、物联网、大数据和云计算等为代表的数字技术创新成果不断涌现驱动传统经济贸易朝着数字化、网络化和智能化的方向发展。

（一）数字技术创新成果

1. 5G 通信技术

第五代移动通信技术（5th generation wireless technology）简称 5G 通信技术，作为基础通信技术，具有广泛的应用场景，且对其他数字技术的发展具有推动作用，人工智能、物联网、云计算和大数据技术均在 5G 通信技术的加持下实现快速迭代升级。全球主要国家都在数字化战略中把 5G 通信技术作为优先发展领域，以期塑造新的竞争优势，代表性国家有中国、美国、俄罗斯和日本等。

5G 通信技术具有以下特点：第一，延迟低。低时延意味着在 5G 信号覆盖范围内可以实现极短时间内的信息传递，为远程医疗、远程教育等数字化产品和服务的普及和发展提供了肥沃的土壤。第二，速率高。5G 通信技术是对 4G 通信技术的升级，速率的提升是重要的升级内容之一。在 5G 使用场景中，无论是峰值速度还是平均速度均远高于 4G 通信技术。速率的大幅提升对交易中的数据挖掘、数据分析和数据展示都产生了重要的促进作用。第三，功耗低。5G 通信技术拥有的低功耗广域网技术，非常适合远距离传输、少量通信数据和长时间电池供电需要的物联网，为物联网技术的规模化应用奠定了基础。5G 通信技术作为基础的数字技术之一，凭借其延迟低、速率高和功耗低的特点，加速推动数字化平台建设并大幅提升了贸易的效率，助推数字贸易时代的到来。

专栏 2-1　新终端、新场景，5G 开拓数字阅读市场新疆域

2. 人工智能

人工智能（artificial intelligence）是指和人类行为类似的计算机程序。人工智能自 1956 年首次提出以来，经过几十年的发展，已经从最初的概念阶段蜕变至落地应用阶段，并和贸易活动深度结合，衍生出智能分析、智能决策和智能模拟等领域，成为推动贸易"智能化"和"智慧化"的重要力量。

人工智能具有以下特点：第一，智能分析。人工智能能够实现从海量数据中快速抓取有效的信息，分析数据并通过可视化的图表进行展示，在贸易数据处理、消费者偏好分析、市场趋势判断等领域具有广泛的应用。第二，智能决策。人工智能能够通过对现有资料的学习实现智能决策，在物流领域的应用尤其丰富。智能分仓技术帮助商家合理分配库存商品，实现成本最小化；智能调度技术基于企业自身的运输网络和运力资源进行车辆和线路安排，实现利用率最大化。第三，智能模拟。人工智能可以实现视觉、听觉、触觉及思维方式的模拟，在此基础上发展而来的人脸识别、虹膜识别等技术逐渐成为贸易安全的重要保障技术。基于人脸识别技术发展而成的"刷脸支付"已经成为数字支付的方式之一，既提高了支付的便捷性也巩固了安全性。人工智能技术作为具备极强实践意义的数字技术，广泛应用于贸易磋商、贸易谈判、贸易数据分析、贸易运作流程优化等环节，促使贸易"智能化"和"智慧化"的实现，有利于实现实体货物、数字产品和服务、数字化知识和信息的精准交换，催生数字贸易。

3. 物联网

物联网（Internet of things）是指实现任何时间、任何地点、任何物体之间互联的技术。物联网技术以"万物互联"为愿景，以射频识别（RFID）等传感设备为基础，通

过将物体和互联网的有效连接，实现物体的自动运作、自动感知和信息传递等功能，在交通监控、智能家居、公共安全等领域具有广泛应用。

物联网技术具有以下特点：第一，自动性。物联网技术赋予了物体"智慧"，能够根据外界的变化如温度、湿度和亮度等实现在无人干预的情况下自动运作和调节。如冷链物流行业普遍采用温度传感器进行运输全程的温度监控，当温度出现变化时会自动报警并触发温度调节装置。第二，感知性。凭借无线射频识别、传感器、定位器和二维码等手段随时随地对物体进行信息采集和处理。如部分高端牛奶在包装上嵌入了物联网感应器，消费者用手机扫描后能获取牛奶的生产、分销、物流、零售等全链路的信息。第三，传递性。获取的信息可以进行实时远程传送，实现信息的交互和共享。如商品的"电子身份证"，通过扫描电子身份证即可将商品数据通过互联网传到后台进行真伪鉴别。在5G通信技术的加持下，物联网技术的应用愈加丰富，凭借"万物互联"理念在制造业中的应用，不断推动消费互联网向产业互联网转型，促进数字贸易的产生。

4. 云计算

云计算（cloud computing）是一种新兴的共享基础架构的方法，可以将巨大的系统池连接在一起以提供各种IT服务。云计算最显著的优势是在极短的时间内处理海量数据，从而为各行业各领域提供基础计算服务。伴随着数据的价值性日益凸显，云计算凭借其在数据挖掘和分析领域出色的表现迎来了黄金发展期，IBM、谷歌、阿里巴巴等科技公司相继布局云计算领域，2020年，阿里巴巴宣布将投入2 000亿元用以发展云计算技术。

云计算技术具有以下特点：第一，规模大。云计算技术需要大量的服务器支撑，才能实现短时间内的海量数据处理。一般而言，企业需要至少具备上百乃至上千台服务器才能提供云计算服务，如知名电子商务平台、云计算供应商亚马逊就拥有超过10万台服务器。第二，通用性强。云计算技术服务并不会仅针对某一个应用或者领域，而是提供基础的计算服务能力。云计算为营销领域的广告推荐和消费者分析、物流领域的车辆调度和线路规划以及金融领域的投资决策等提供基础的计算服务支持。第三，可靠性高。云计算服务虽依赖于服务器但并不依赖于单个或少部分服务器，不会因为少部分服务器的故障而影响其计算能力，因此在实际应用中，云计算可靠性高、故障率低。如从云计算衍生而来的云存储为用户提供稳定、安全和长期的存储服务，解决了传统硬盘存储容量有限、安全性差和储存时间短的问题。云计算技术作为应用型的数字技术之一，为数字化平台提供基础的计算服务支撑，推动以数字化平台为载体的新型贸易活动——数字贸易的产生。

5. 大数据

大数据（big data）是指在一定时间内难以用常规软件工具对其内容进行抓取、处理、分析和管理的数据集合，大数据技术则是能够快速有效处理这些数据的技术集合，大数据技术以数据抓取和预处理为基础，以数据存储和分析为手段，以数据可视化为展现形式，广泛应用于营销、物流、生产等领域，并衍生出策略制定、趋势预测、风险管理等多元化的应用场景。

大数据技术具有以下特点：第一，复杂性。大数据技术不仅能处理以数字、字母等简单形式呈现的数据，还能够处理更加复杂的数据，如文本数据、声音数据和图像数据等。在贸易过程中产生的各种复杂数据通过大数据技术能够得到有效处理并为贸易趋势判断、贸易风险识别提供数据支撑。第二，高价值。随着数字技术和贸易的深度融合，由此产生的海量数据常常能够反映贸易双方的交易特征和偏好等信息，大数据技术能够从繁杂的数据中深度挖掘有用信息，充分开发数据的价值。如电子商务平台的推荐系统利用大数据技术分析消费者的性别、性格、学历、爱好等数据并实现精准广告推送和商品推荐，从而提高交易量实现利润最大化。第三，高速率。大数据技术受到政府和企业高度重视的原因之一就是能够快速处理海量数据，凭借大数据技术高速率的优势，在各领域应用广泛。如电子商务平台借助大数据技术能够实现交易数据的实时分析和展示，为企业的决策提供及时的参考。大数据技术强调了数据作为关键生产要素的高价值特征。通过深度挖掘数据背后的价值，加速数据在贸易中的流通效率，大数据技术已然成为推动电子商务向数字贸易转型升级的重要力量之一。

（二）数字技术和数字贸易

数字技术促进数字贸易的产生和发展，对数字贸易的交易成本、交易标的和交易方式产生了深刻的影响。

1. 数字技术降低数字贸易交易成本

数字贸易的交易成本包括搜索成本、信息成本、合同成本、监督成本和数据存储成本，而随着数字技术的发展这五类成本将进一步降低。第一，降低搜索成本。消费者可通过平台实时查询商品的静态数据如价格、型号和生产日期等，以及动态数据如物流进度、交易状态等；企业可获取目标消费者的历史交易信息。第二，降低信息成本。基于数字技术搭建的信息平台实现了贸易信息的汇总和共享，有效地降低了贸易双方的信息成本。第三，降低监督成本。传统贸易监管需要耗费人力、物力和财力，且往往效果不佳。基于数字技术搭建的监督平台能够实现对贸易交易过程跟踪、监控和反馈，提高监督的高效性和透明性。第四，降低合同成本。传统的合同签署需采用纸质合同且线下完成，而借助区块链技术能够在线上完成合同签署，不仅快捷便利而且安全性高。第五，数据存储成本。数字技术能够实现对数据的云存储，即通过整合存储资源集中存储，实现数据存储成本的降低。

2. 数字技术改变数字贸易交易标的

第一，数字技术实现了部分贸易标的的数字化。如书籍、录像带和杂志等商品在数字技术飞速发展的背景下衍生出电子书、网络视频和电子杂志等产品，实现了实体货物的数字化，并成为可线上交易的贸易标的。第二，数字技术催生了新型的数字化产品和服务。企业借助自身先进的数字技术，提供数字化平台、数字化工具、数字化标准和数字化方案，这些数字化产品和服务逐渐成为企业间或企业和消费者间交易的重要标的，同时也衍生出新的行业和领域，如云计算服务企业通过为客户提供个性化的云计算平台，输出数字化解决方案获取收益。

3. 数字技术重塑数字贸易交易方式

第一，数字技术改变数字贸易的交易场景。随着网络平台技术趋于成熟，企业间或企业和消费者间对交易时效性、便利性和安全性等方面的要求得以满足，部分线下交易转移到线上平台进行，从而改变了交易场景。第二，数字技术改变数字贸易的支付方式。数字支付技术和贸易的深度融合，提高了交易的效率、保障了交易的安全。尤其在B2C 领域，消费者通过数字支付打破了交易的时间和空间的限制，实现随时随地安全高效的交易。

理论命题 2-1

数字技术通过降低交易成本、改变交易标的和重塑交易方式促进数字贸易的产生和发展。

二、数字经济显现

（一）数字经济的特点

21 世纪以来，以大数据、人工智能和物联网为代表的新一代数字技术加速了商业化应用，推动世界新一轮科技革命和产业革命不断演进。数字技术和传统经济深度融合催生了新的经济形态——数字经济。数字经济的概念的提出最早可以追溯到 20 世纪 90 年代，由经济合作与发展组织①（OECD）首先提出。数字经济是指以使用数字化的知识和信息作为关键生产要素、以现代信息网络作为重要载体、以信息通信技术的有效使用作为效率提升和经济结构优化的重要推动力的一系列经济活动。数字经济具有以下四个特点。

1. 数据化

数字经济时代，数字技术和传统经济活动的融合产生了丰富的数据，数据能够反映经济活动的趋势、经济主体的特点等具有高价值的信息，因而受到广泛关注。数据凭借其易存储、可重复使用的特点，有效地减少了传统生产要素供给有限的弊端。同时数据作为新的生产要素参与生产和分配环节，大幅提升生产效率和改善分配结构。新的生产要素为传统产业提供了新的发展方向，极大地提高了生产的效率。

2. 产业化

数字经济正在加快向其他产业融合渗透，提升经济发展空间。一方面，数字经济促进传统企业数字化转型升级。数字经济和传统企业的融合带来业务工具、业务流程、业务模式甚至商业模式的创新和升级，助力传统企业在数字经济时代迸发出新的活力。另一方

---

① 经济合作与发展组织是政府间国际经济组织，旨在共同应对全球化带来的经济、社会和政府治理等方面的挑战，并把握全球化带来的机遇。其成立于 1961 年，目前成员国总数 38 个，总部设在巴黎。

面，数字经济和传统产业的融合催生新的模式，如数字经济和传统电子商务的深度融合，相继涌现了O2O（线上到线下）模式、内容电商、社区电商等新兴的电子商务模式。

3. 平台化

数字经济时代，传统企业加快平台化生态化转型。一类是业务平台。业务平台指的是企业借助自身资源和技术优势搭建促成供需双方交易的平台。如传统餐饮行业衍生出的外卖平台，传统出租车行业衍生出的网约车平台等，都是传统企业在数字经济时代平台化生态化转型的典型代表。另一类是组织平台。传统企业在发展的过程中随着经营范围的扩大，交易规模的提升以及聘用员工的增加，企业通常会走向集团化。庞大的组织体系让企业不得不考虑组织内部资源如何高效配置的问题，传统企业借助组织平台的建设能够实现人才资源和公共资源的优化，提升组织运行效率。

4. 普惠化

数字经济时代，经济发展的福利惠及每一个人。一方面，资源共建共享。数字经济的发展加速了资源的所有权和使用权的分离，并催生了共享单车、共享充电宝等新型共享经济。共享经济颠覆了传统的经济形态，依托数字技术的有效使用，广泛地为用户提供随时随地且多人共享的产品和服务。共享经济是数字经济时代的典型产物，加速了资源普惠化进程。另一方面，成果共建共享。数字经济时代，数字技术的广泛使用加速了成果的流动。典型代表之一就是知识成果，传统的知识成果依托书籍、报纸等为载体，通常只在指定的某一空间范围内流动。而数字经济时代这一空间限制被打破，在保护知识产权的前提下，知识成果借助开放的网络平台高效便捷的流动，助推全民阅读时代的到来。

（二）数字经济和数字贸易

数字贸易源于数字经济，是传统贸易在数字经济时代的延伸，数字经济是数字贸易产生和发展的基石，具体体现在以下两个方面。

1. 数字经济促进数字贸易的产生

第一，数据作为数字经济时代的关键生产要素参与流通环节，提升贸易效率和降低贸易成本。传统贸易的流通环节涉及采购、批发、存储、运输、分销、零售等，冗长的流通环节导致流通效率低、流通成本高等问题，而凭借数据可存储、易传输的特点可大幅缩短流通时间，降低流通成本，提高流通环节的效率。第二，平台化生态化为数字贸易的产生奠定了基础。数字经济背景下，企业朝着平台化生态化的方向发展，贸易双方借助数字技术可以在平台上实现精准匹配需求，并提供数字化金融、物流、营销等一揽子数字贸易解决方案。

2. 数字经济推动数字贸易的发展

第一，数字经济促进数字贸易基础设施建设。数字贸易基础设施作为贸易数据的载体，发挥着支撑数字贸易平稳运行的基础作用。随着数字经济的发展，各行业各领域对数字贸易基础设施的需求愈发旺盛。全球主要国家相继加大基础设施建设投入力度。如中国政府提出了"加快新型基础设施建设"重大部署，数字贸易基础设施开始纳入各省新型基础设施建设范畴。第二，数字经济提升数字贸易规模。全球主要国家相继将数字经济作为战略高地，更多地关注数字贸易的高质量发展，美国、英国和中国等世界主要经济体先后发布了数字经济时代下推动数字贸易发展的政策。此外，数字经济带动数字贸易参与者数量增加。数字经济时代，数字技术、数字产品、数字平台迎来了发展的高峰期，贸易活动更加自由化、便利化，从而促使全球范围内更多中小企业深入参与数字贸易。

专栏 2-2 中国发展数字经济的策略

　　作为一种新的经济活动形态，数字经济和数字贸易增强了知识和信息的流动，有助于提高传统产业的生产效率，促进经济增长，但是伴随它所具有的一些新特点也造成了一些新问题，带来了一些新的挑战。

　　第一，就业挑战。数字经济和数字贸易的典型特征，或者说提高生产率的一个主要途径就是通过网络提供各种可能的数字化服务。这样就产生了一个问题，即在正常情况下，一个员工可以在网络上同时提供多种服务，甚至这些服务都可以是由计算机自动完成的，从而节省了大量劳动，造成劳动替代和失业问题。

　　第二，初次分配的两极化。由于数字经济和数字贸易中扁平化的结构特征，消除了大量的中间环节，使得就业也出现了两极化的特征。出现了少数具有强大市场势力的独角兽型平台企业，创造了一批新的符合数字经济技术要求、需要良好教育背景和专业训练的高收入工作岗位。

　　第三，知识产权保护和跨境征税难度上升。网络化和数字化的知识与信息尽管能够极大地便利传播和交易，同时也能够通过各种技术措施达到保护知识产权和信息价值的目的，从而保护这些知识和信息的生产者权益，但是数字化的知识与信息还是不可避免地提高了这些产品的可复制性，也降低了复制成本。

　　第四，信用问题与监管难度。网络化的线上经济活动虽然方便了交易，但是也增加了交易后纠纷的解决难度，并且对监管提出了挑战。如果仅仅依靠线上交易，那么客户的鉴别难度和成本就会比较高，特别是线上匿名不仅使得信用调查比较困难，甚至身份认证和信息核实本身都是问题。此外，还有电子认证和电子签名等法律认证问题。

　　摘自：孙杰. 从数字经济到数字贸易：内涵、特征、规则与影响[J]. 国际经贸探索，2020，36(5): 87-98.

理论命题 2-2

　　数字经济是指以使用数字化的知识和信息作为关键生产要素、以现代信息网络作为重要载体、以信息通信技术的有效使用作为效率提升和经济结构优化的重要推动力的一系列经济活动。

第二节 数字贸易发展的阶段性表现

　　数字贸易作为传统贸易在数字经济时代的延伸，经历了电子商务萌芽期、电子商务成长期、电子商务成熟期以及数字贸易四个发展阶段。电子商务的产生最早可以追溯到20 世纪 60 年代末期，当时的人们开始用电报开展商务活动。发展至 20 世纪 90 年代，经历了第三次技术革命之后，全球主要国家的经济蓬勃发展，贸易活动日趋频繁，亟需寻找一种快速便捷且安全的贸易模式以满足日渐复杂的商务活动。电子商务凭借低成本、便捷性和灵活性受到了企业的青睐。电子商务是指以现代通信网络为载体，以实体货物为交易标的，通过信息通信技术的有效使用，实现商品的线上化交易的贸易活动。电子商务是在传统贸易模式的基础上通过数字技术对贸易全流程中各要素的重组和分配而发展来的，因此电子商务本质上并没有脱离传统贸易的三要素（买方、卖方和交易），而是着力于实现贸易全流程电子化以达到降本增效的目标。

一、电子商务萌芽期

　　第二次世界大战结束后，全球经济开始复苏，以美国为代表的战胜国进入了经济发展的快车道。发展至 20 世纪 60 年代，企业间贸易活动日趋频繁，造成了以纸张为载体的合同、证明和票据等商务文件数量激增，而传统的人工处理方式需要耗费大量的人力、物力和财力，已无法满足此时的贸易需求。此外传统的贸易模式交易流程复杂、交易手续烦琐、交易时间地点受限，严重限制了贸易规模的进一步增长。1968年，EDI[①] 技术首次应用成功，美国的部分大型企业开始尝试使用 EDI 实现"无纸贸易"，电子商务应运而生。电子商务是贸易发展的客观要求，也是技术发展的必然结果。

　　电子商务萌芽期的特征如下：

　　第一，数据实现自动交换。得益于 EDI 技术的发展，企业间的数据实现了自动交换的功能，显著提升了交易的效率。EDI 相对于传统的电报和传真具有自动性、便捷性和无纸化的三大优势，被广泛应用于贸易的询价、报价等环节。

　　第二，交易仍然依靠线下。交易双方通过 EDI 技术实现数据的自动交换，但仅限于标准格式的商务文件，其他的贸易环节如商品展示、贸易磋商、贸易结算等仍然需要线下进行。商务信息的电子化传递向企业展示了基于电子方式进行商务活动模式的可行性，并能大幅提升交易的效率，为后续电子商务成长期的到来奠定了基础。

---

　　① EDI（electronic data interchange，电子数据交换）是指商业或行政事务处理按照一个公认的标准，形成结构化的事务处理或报文数据格式，从计算机到计算机的电子传输方法。

第三，应用范围非常有限。电子商务模式在萌芽期的应用范围受到了设备固定成本的限制，使用这一模式的主要是大型企业。EDI 系统的建立需要较大的固定成本投入，同时 VAN[①] 的使用费用也非常昂贵，多数中小企业无力承担，严重限制了基于 EDI 的电子商务模式的应用范围。

二、电子商务成长期

电子商务萌芽期基于 EDI 的电子商务模式提升了贸易信息交换的效率，越来越多的企业意识到运用电子商务的方式开展实体货物的交易更加高效和便捷。但由于 EDI 的建设费用和 VAN 的使用成本高昂，仅大型企业才有可能使用，因此中小型企业迫切希望能够建立一种新的成本低、效率高的信息共享系统。20 世纪 90 年代中期，互联网迅速普及，计算机也从实验室走向了千家万户。凭借价格低廉、覆盖面广、功能丰富和使用灵活四大优势，互联网迅速替代 EDI 系统成为电子商务企业青睐的对象。电子商务企业借助互联网逐渐实现交易线上化和静态内容展示的功能，并吸引了中小企业的广泛参与。基于互联网的电子商务活动完全摆脱了传统商务活动的时空限制，电子商务进入快速发展的成长期。

电子商务成长期具有如下特征：

第一，交易实现线上结算。和电子商务萌芽期不同，交易线上化是电子商务成长期的里程碑事件。交易结算环节在指定的在线平台完成，相对于传统的支付方式而言，线上支付更高效、更安全、更便利，吸引了更多的企业和消费者选择通过该方式进行交易结算。1995 年，电子商务平台企业亚马逊在美国正式登记注册，开展纸质书籍网络售卖业务，用户在平台上通过银行卡或信用卡实现线上支付。此后，电子商务快速发展的大幕被正式掀开。

第二，静态网页内容展示。企业开始使用基于 HTML[②] 的静态网页向客户展示产品的参数、价格和图片等信息，方便客户随时随地查看。发展至 1997 年，部分企业开始探索将前端的网页展示和后端的订货系统结合起来，实现商品的交易订单实时查询。尽管这一阶段受技术限制，网页展示的内容较少、交互性较差，却为企业提供了向全球展示的窗口，拓宽了传统企业的贸易渠道。

第三，参与主体覆盖面广。一方面，和 EDI 系统不同，互联网的覆盖范围不断扩大，用户以几何倍数增长。基于互联网的电子商务能够实现远距离、全覆盖、大规模的贸易活动，同时打破了时间和空间的限制，让贸易双方随时随地进行交易。另一方面，互联网的固定成本和变动成本相对 EDI 大幅降低，性价比凸显，成为企业拓宽贸易渠道的绝佳选择。由此大型企业、中小企业、个体工商户和个人消费者等多种主体相继参与

---

① 　VAN（value added network，增值网络）是指网络自身具有附加价值的、进行信息分配和加工的结构。

② 　HTML 的全称为超文本标记语言，是一种标记语言。它包括一系列标签，通过这些标签可以将网络上的文档格式统一，使分散的 Internet 资源链接为一个逻辑整体。

到电子商务活动中。

第四，企业兼并趋势凸显。主要表现在以下两个方面：一方面，电子商务企业进入快速成长期后，马太效应①逐渐显现，企业呈现两极分化的发展趋势，部分优秀的企业逐渐脱颖而出，无论从市场占有率、用户规模还是营业收入等均处于领先地位，它们往往通过并购的方式快速获取其他企业的优质资产实现优势互补，增强核心竞争力。另一方面，电子商务规模的快速增长所带来的市场机会也吸引了资本的眼球，资本开始大规模进入电子商务领域，撮合电子商务平台间的收购和合并，促进行业进入发展的成熟期。

三、电子商务成熟期

随着电子商务逐渐成为贸易的重要方式，其业务模式、业务对象和业务需求也愈发复杂，而成长期的电子商务模式过于单一，局限性日益凸显。电子商务成长期主要以B2B②模式为主，几乎不涉及 B2C、C2C 和 B2B2C 等模式③，模式的单一性导致了一系列问题，如用户增长乏力和收入来源受限等，在一定程度上阻碍了电子商务的进一步发展。伴随着数字技术和贸易的深度融合，部分企业一边致力于提质增效、优化体验，一边探索和实践多元化的电子商务模式，实现了营收的稳定增长，并在资本的推动下进行市场整合，提高市场集中度。电子商务进入平稳发展的成熟期。

电子商务成熟期具有以下特征：

第一，提质增效优化体验。电子商务成熟期，B2C 电子商务模式得到了长足的发展，个人消费者对于质量、效率和体验提出了更高的要求。一方面，平台间同质化竞争严重，越来越多的企业开始关注客户黏性，培养忠实用户。由于消费者可选择的电子商务平台增多，转换成本降低，企业必须改变传统的以贸易本身为核心的陈旧思维，转向以客户为重心。如电子商务平台京东制定了"体验为本、技术驱动、效率制胜"的核心经营战略，并推出了"211 限时达"服务④，大幅提升质量、效率和体验。另一方面，电子商务相关法规的完善，倒逼平台关注质量、效率和体验。电子商务成熟期，行业规模不断扩大，全球主要国家相继颁布了电子商务相关的法律法规，完善市场监管。消费者权益得到进一步明确，当消费者对于电子商务平台提供的服务不满意时可通过退款退货甚至投诉的方式维护自身合法权益，消费者维权意识的增强倒逼企业愈发关注质量、效率和体验以提升客户满意度。

---

① 马太效应是强者愈强、弱者愈弱的两极分化现象。
② B2B（Business-to-Business）是指企业与企业之间开展交易活动电子商务业模式。
③ B2C（Business-to-Consumer）是指企业直接面向消费者销售产品和服务电子商务模式。C2C（Customer-to-Customer）是指个人消费者之间开展交易活动的电子商务模式。B2B2C（Business-to-Business-to-Customer）是指企业与消费者通过交易平台开展交易活动的电子商务模式。
④ 211 限时达是指京东物流的一种配送服务要求：11:00 前提交的现货订单当日送达，23:00 前提交的现货订单次日 15:00 前送达。

第二，市场集中度提高。电子商务行业的供给能力过剩，产品的利润率呈下降趋势，行业内竞争激烈，两极分化趋势凸显。具备规模经济效应的大企业具有资源、产量、人才、品牌等多方面的优势，根据马太效应，即使在投资回报率相同的情况下，大企业仍然能更轻易地获得比中小企业更多的收益，因而部分中小企业逐渐走向衰败或被吞并，市场集中度进一步提高。作为全球最大的电子商务市场，中国 2019 年电子商务企业因经营不佳破产倒闭的占全部的 11.4%，市场的 CR4[①] 达到 54%，集中度较高。

第三，多元化发展。电子商务成熟期后期增长逐步放缓，电子商务平台开始探索经营多元化业务，以寻找未来新的利润增长点。具体有两大发展方向：一方面，开辟新业务，电子商务企业在经营稳定好传统电子商务业务的同时，积极探索社交电商、社区团购、直播带货、短视频营销、内容平台等新业态。另一方面，线上线下相结合发展传统业务。在线上红利逐渐减少的背景下，电子商务平台开始探索线上线下相结合的消费场景，如利用线下引流线上消费的新零售模式。

四、数字贸易阶段

发展至电子商务成熟期后期，市场集中度提高，利润率下降，电子商务企业急需寻求新的利润增长点以实现进一步扩张和发展。电子商务阶段的交易标的是实体货物，随着人工智能、大数据、云计算等数字技术的发展，贸易数字化进程加速，衍生出了一系列数字化产品与服务如智慧医疗、智慧政务等。数字化产品与服务的出现和发展为传统电子商务发展注入了新的活力，丰富了交易标的，加速了电子商务与服务贸易的融合，促使电子商务朝着虚拟化、平台化、数字化的方向发展，逐步进入数字贸易阶段。数字贸易是以现代信息网络为载体，通过信息通信技术的有效使用实现传统实体货物、数字产品和服务、数字化知识和信息的高效交换，进而推动消费互联网向产业互联网转型并最终实现制造业智能化的新型贸易活动。

数字贸易阶段具有以下发展特征：

第一，中间环节大幅减少的趋势日益凸显。从贸易的不同获利方式，中间商可分为佣金中间商和加价销售中间商。数字贸易能有效减少因佣金中间商对贸易参与主体资质审查所需的征信、审查等中间环节，提高贸易效率。数字贸易还能有效促使企业和消费者直接进行沟通，达成交易，从而弱化了加价销售中间商在贸易中所起的贸易中介作用，缩减了相应的中间环节。在未来，数字贸易的中间环节会大幅减少。

第二，生态系统智能互联的趋势日益凸显。随着数字贸易的广泛应用，数字贸易平台将成为协调和配置资源的基本经济组织，是价值创造和价值汇聚的核心。在数字贸易平台上，价值创造不再强调竞争，而是充分利用互联网技术，通过整合供应链环节，促成相关贸易参与主体的交易协作和适度竞争。未来，将会逐渐形成以数字贸易平台为核

---

① CR4 是行业前四名份额集中度指标。

心、各贸易环节智能联动、各贸易参与主体互利共赢的数字贸易有机生态系统。

第三，个性偏好充分体现的趋势日益凸显。随着网络信息技术的迅猛发展，消费者对产品和服务的个性化需求被进一步激发。数字贸易在消费和生产流通环节之间搭建起了一条高效的交流渠道，使消费者的个性化需求能够得到满足。在数字贸易中，分散的贸易流量和消费者偏好等信息通过平台汇集成一个整体，这为数字贸易中的产品差异化生产和个性化服务定制提供了更多可能性，消费者的个性偏好和需求将因此得到充分体现。

> **专栏 2-3　数字贸易成为全球价值链调整的重要动力**
>
> 数字技术持续发展使数字贸易变革动态化和常态化，数字贸易成为调整全球价值链价值创造过程的重要动力。
>
> 第一，数字贸易将数字产品和服务嵌入全球价值链，使全球价值创造越来越知识密集化。当前基于互联网和信息通信技术的科技革命浪潮，重塑了世界经济格局，以物联网、人工智能、大数据、区块链、3D 打印等新一代数字技术主导的新技术集群向各行业深度渗透和融合，形成了全球数字产业化和产业数字化的发展趋势，数据信息的开放、共享和广泛应用提高了全社会的资源配置效率，成为提高全要素生产率的关键要素。
>
> 第二，数字贸易影响全球价值链收益分配格局。随着 5G、物联网、人工智能、机器学习在制造环节的应用，制造环节的核心竞争力不仅体现在成本降低方面，而且能在研发设计和营销的价值创造环节完成产品设计与市场需求的无缝对接，实现传统大规模制造向个性化定制转变，使研发、设计、制造、营销和消费呈现出社会化协同发展趋势。全球价值链生产制造环节战略地位的提高，为制造业转型升级提供了机遇。
>
> 第三，数字贸易进一步延伸全球价值链分工的深度和广度。通过降低通信成本、运输和物流成本、信息搜寻成本和组织协调成本，促使贸易主体间的联系更加紧密，拓展了全球价值链的长度和复杂度。与此同时，数字技术大大降低了复制、创建、访问和传播创造性工作的成本，提高了可数字化交付的产品、服务和业务流程的交易规模，促进了外包和离岸外包业务的发展，延伸了全球价值链长度。而数字贸易本身去中心化、无界化发展将会吸引更多国家参与到国际生产分工中，助推全球价值链转型升级，进而促进更快地贸易增长，形成新的国际贸易形式。
>
> 摘自：方英. 数字贸易成为全球价值链调整的重要动力[J]. 人民论坛，2021(1)：53-55.

> **理论命题 2-3**
>
> 伴随着贸易环节大幅减少、生态系统智能互联和个性偏好充分体现等趋势日益凸显，电子商务逐渐发展为以虚拟化、集约化、平台化、普惠化和个性化为核心特征的数字贸易。

第三节　全球数字贸易发展的阶段性表现

　　跨境电子商务是电子商务跨越关境的产物，随着经济全球化的推进，正逐渐成为全球商品的重要流通方式。跨境电子商务是电子商务的重要组成部分，是指分属不同国家或地区的交易主体，以现代通信网络为载体，以实体货物为贸易标的，实现商品线上化交易的贸易活动。跨境电子商务和传统电子商务相互联系，又存在着区别，主要表现在以下三个方面：第一，交易主体不同，传统电子商务的交易主体一般是国内的企业和个人，而跨境电子商务的交易主体则是境内外企业和个人。第二，业务环节不同。跨境电子商务本质上属于国际贸易，相较于传统电子商务业务环节，增加了海关申报、进出口税务、外汇结算等具有国际元素的业务环节。第三，适用规则不同。传统电子商务一般遵循所在国家的法律和规则，而跨境电子商务由于涉及两个甚至多个国家或地区，需要遵守国际上通用的或交易所在国家间约定的贸易规则如双边贸易协定等。跨境电子商务发展日益成熟，在持续量变积累下实现质变，迭代成为全球数字贸易。

一、跨境电子商务萌芽期

　　跨境电子商务是在外贸电子商务的基础上发展而来的。20世纪90年代末期，国际贸易活动趋于频繁，外贸电子商务的局限性日益凸显，主要体现在：第一，侧重于广告宣传的外贸电子商务面临流量瓶颈，企业需要花费越来越多的时间和金钱推广商品，造成了较大的负担。第二，外贸电子商务涉及的贸易环节较多，从境内生产、境内贸易、境外分销、境外零售到最后抵达境外消费者，冗长的环节造成的低流通效率和高流通成本成为困扰企业的难题。跨境电子商务作为新型国际贸易模式，通过跨境电子商务平台将商品直接售卖给境外的消费者，大幅缩短了流通环节，提高了流通效率的同时也降低了流通成本，逐渐替代外贸电子商务成为国际贸易的主流模式之一。跨境电子商务在诞生之初，跨境交易双方借助跨境电子商务平台提供的网页信息展示服务实现信息撮合，并在线下完成跨境贸易的其他环节，这是传统国际贸易结合互联网技术首次拓展的结果，也是跨境电子商务的雏形。

　　跨境电子商务萌芽期具有以下特征：

　　第一，以提供信息撮合服务为主。此时的跨境电子商务受到技术的限制，卖方只能通过基于HTML的静态网站展示商品信息，买方只能在登录网站查看企业发布的商品信息后，线下和卖方进一步沟通并完成后续的交易流程。这一阶段的跨境电商平台的主要功能是为企业提供信息展示服务，包括企业名称、联系方式、地址以及产品信息。并不涉及交易环节。平台主要通过收取提供信息撮合的基础服务费用，如会员费和注册费等，利润率低且收入结构单一。在发展过程中，平台开始围绕着信息撮合服务提供首页推广、竞价推广、项目咨询等一系列信息流增值服务。例如，1970 成立的环球资源公司于 1995 年正式建立亚洲资源网站，为客户提企业或产品的电子展览服务。

第二，贸易双方以大型企业为主。一方面，由于此时平台仅提供简单的信息展示，参与企业数量少，贸易监管弱，买卖双方需要和平台共担风险，此时的跨境电子商务对企业的抗风险能力要求较高，中小企业在此阶段的参与度较低。另一方面，此时的计算机设备价格昂贵，功能不够完善，覆盖不够广泛，在一定程度上限制了跨境电子商务的扩张，导致中小企业倾向于放弃这种性价低的贸易模式。

第三，贸易模式以 B2B 模式为主。一方面，跨境电子商务萌芽期计算机并未大面积普及，个人消费者的跨境购物需求主要通过代购、进口商贸企业等线下渠道得以满足。少部分企业依托网站向全球客户展示企业和产品信息，开展线上展示+线下交易的外贸信息服务。另一方面，个人消费者对于跨境电子商务的概念模糊，信任度不高，对跨境网络购物的安全性更是持怀疑态度。因此跨境电子商务萌芽期的贸易模式主要是 B2B 模式。

二、跨境电子商务成长期

由于以信息撮合为主的跨境电子商务平台主导能力弱，且贸易对象单一，在一定程度上限制了跨境电子商务的进一步发展。一方面，平台主导能力弱。跨境电子商务平台的功能不够完善，除在信息展示和交流上具备一定的优势外，和传统的外贸电子商务并无较大区别。此外平台上的卖家鱼龙混杂，假冒伪劣产品横行，平台缺乏监管的体系和工具，严重影响了平台的品牌形象。另一方面，贸易对象单一。平台的主要客户是企业，难以直接有效地触及具有巨大消费潜力的个人消费者，这不利于跨境电子平台在全球网络消费崛起背景下发展壮大。因此如何发挥跨境电子商务平台的主导作用和触及广大的个人消费者是此阶段企业关注的焦点。伴随着平台技术等数字技术的出现和发展，跨境电子商务平台的角色从信息撮合转变为交易撮合，主导作用显著增强，功能逐步完善，吸引中小企业广泛参与，大步迈入了跨境电子商务成长期。

跨境电子商务成长期具有以下特征：

第一，实现线上交易。萌芽期的跨境电子商务模式仅仅提供了线上信息交换的平台，形式上依旧是线下交易，整体的贸易效率仍然处于较低的水平。而成长期的跨境电子商务平台开始摆脱黄页[①]等纯信息展示行为，实现交易、支付、物流等流程的线上化，与此同时交易的部分数据得以沉淀。2002 年，跨境电子商务平台 eBay 收购全球第一家第三方支付公司 PayPal，借助其先进的支付技术向客户提供便捷安全的在线支付渠道。值得注意的是，跨境电子商务成长期 B2C 模式全部实现了线上化交易，而 B2B 模式仅部分实现，原因在于企业间的贸易涉及环节多且复杂，部分环节仍采取线下的方式进行。

第二，平台作用凸显。在这一阶段，跨境电子商务平台的主导作用逐渐增强，不再

---

① 黄页（yellow pages）是指国际通用按企业性质和产品类别编排的工商企业电话号码簿。

是单纯的展示平台，而是通过相关算法和技术实现商品搜索、推荐、匹配的功能。除此之外，跨境电子商务平台还逐渐开始为中小企业提供供应链增值服务，如包装代采、关税申报等，逐步提升平台在贸易中的主导作用。在占据一定主导地位后，平台开始提高准入门槛和建立监管体系，倒逼企业规范贸易活动。如 2012 年前后亚马逊和 eBay 开始大量清理假冒伪劣品牌，以保证平台健康发展。

第三，中小企业广泛参与。在跨境电子商务萌芽期，由于开展跨境电子商务业务需要较高的资金投入，且需要和平台共担风险，严重阻碍了中小企业的参与。进入跨境电子商务成长期，平台的抗风险能力提升，模式也趋于成熟，企业所需投入的资金门槛降低，加上政府监管相对宽松，带动了大量中小企业涌入跨境电子商务赛道。中小企业开展跨境电子商务业务的方式有两种：一种是在亚马逊、eBay 和阿里巴巴国际站等成熟的跨境电子商务平台开设店铺。由于该方式门槛低、风险低，一时间吸引了大量的创业者加入。另一种是独立建立跨境电子商务平台。由于跨境电子商务模式相对成熟，可以直接进行借鉴和复制。虽然建设和维护成本相较于第一种方式更高，但在资源整合和利润空间上的优势明显，同样吸引了有雄心的企业加入该行列。

三、跨境电子商务成熟期

跨境电子商务成长期，跨境电子商务得到了长足的发展。进入 21 世纪，全球经济贸易环境日新月异，跨境电子商务也需做出相应的调整以满足新环境下个人消费者碎片化订单和企业客户一体化服务的需求。一方面，移动终端设备的普及和移动通信技术的发展，使得个人消费者在贸易活动中逐渐占据重要地位，在跨境电子商务成长期已经有不少企业开始尝试扩展针对个人消费者的跨境电子商务业务。在模式沉淀和发展的过程中，如何更好地满足个人消费者多频次、少批量、个性化的需求成为企业关注的焦点，而习惯于 B2B 模式少频次、大批量、标准化交易的跨境电子商务平台已难以满足该需求。另一方面，经过跨境电子商务成长期的发展，大型企业、中小企业、个体工商户和个人消费者广泛参与跨境电子商务业务，随着业务范围的扩大和业务规模的提升，平台在跨境电子商务活动中扮演的角色愈发重要。平台不再满足于提供交易撮合的服务，而是开始介入跨境电子商务的全流程如采购、物流等，显著提升平台的主导作用。鉴于跨境电子商务成长期积累的成熟发展模式，消费者碎片化订单和企业一体化服务的需求倒逼跨境电子商务平台进行业务模式和业务流程的转型升级，并朝着模式多样化的方向发展，平台逐渐成为跨境电子商务活动的主导力量，促使交易数据基本得到沉淀，稳步进入了跨境电子商务成熟期。

跨境电子商务成熟期具有以下特征：

第一，模式趋于多样化。在萌芽期和成长期，跨境电子商务主要以 B2B 模式为主，进入跨境电子商务成熟期，更多创新的电子商务模式涌现。一方面，B2C 模式得到长足发展。伴随全球个人用户网络消费的崛起，对跨境网络购物的需求日益增长，推动了 B2C 模式的发展。以速卖通、亚马逊、eBay、Wish 等为代表的多家跨境电子商务平台相继开展 B2C 业务。另一方面，B2B2C 模式成为跨境电子商务新模式。随着消费者碎片化订单需求的增加，跨境电子商务 B2B2C 模式开始出现，个体工商户、小作坊等小包裹业务汇集到跨境电子商务 B2B2C 平台上，再批量运输到境内保税仓①，缴纳行邮税②出仓，最后完成境内配送，满足了消费者碎片化订单需求。跨境电子商务 B2B2C 模式的重要产物之一是海外仓，相较于传统海外仓储，跨境电子商务海外仓提供境外清关、存储、转运、分拣、包装、贴换标、配送及售后等一体化服务。

第二，平台企业成为主导。一方面，跨境电子商务平台企业的全球影响力大幅提升。伴随着跨境电子商务企业的转型升级，以亚马逊、阿里巴巴等为代表的电子商务龙头企业持续加强跨境电子商务平台的主导作用，其角色从单一的交易平台转变为提供供应链一站式服务的合作伙伴。经过 20 余年的发展，阿里巴巴国际站已经从提供黄页的信息展示平台逐渐成长为集采购、分销和零售为一体的跨境电子商务供应链服务平台。另一方面，跨境电子商务平台为产业数字化发展持续赋能。在需求端，跨境电子商务平台积极推动商业模式创新、业务创新和品牌创新等，并在提升消费数字化水平上发挥重要作用。在供给端，跨境电子商务平台赋能供应商、中间商等企业，驱动商品供给优化，提升供应链一体化和数字化水平，为供给端企业降本增效提供强有力的支撑。

第三，交易数据得到沉淀。在人工智能等数字技术飞速发展和消费者需求日趋个性化的背景下，从事跨境贸易的交易双方开始利用平台上沉淀的海量交易数据，实现供需的精准匹配，并借助平台上的低成本、专业、完善的生态化供应链服务完成线上交易和履约。如阿里巴巴国际站信保业务的全面上线使得交易全链路数据基本实现沉淀，同时平台汇聚的两千多种数字化工具，为中小企业提供全方位供应链服务。

四、全球数字贸易阶段

进入成熟期后，跨境电子商务发展面临诸多瓶颈：一方面，增长趋势放缓。由于各大跨境电子商务平台的流量格局已定，线上红利逐渐减少，新客获取成为困扰各大跨境电子商务平台的难题之一。此外全球的跨境电子商务产业经过多年的发展，其自身运营模式已相对成形，市场格局也基本确定。在跨境电子商务发展相对成熟的国家出现了行业的龙头企业，市场份额相对稳定，增长趋缓。如较早开始探索跨境电子商务模式的美国企业亚马逊在 2016 年收入规模首次突破 1 000 亿美元后，增速已经连续 4 年放缓。另一方面，生态化程度不足。贸易双方及其所处的贸易环境所构成的生态系统对于实现价值创造具有重要影响，跨境电子商务更多关注平台自身的建设和发展，而忽视了互利共赢的生态系统搭建。伴随着数字技术和贸易的深度融合，跨境电子商务将在持续量变积累下实现质变，蜕变为"全球数字贸易"。

---

① 保税仓是用指来存储在保税区内未交付关税的货物的多功能仓储库房。

② 行邮税是行李和邮递物品进口税的简称，是指海关对个人携带、邮递进境的物品的关税、进口环节增值税和消费税合并征收的进口税。

全球数字贸易阶段具有以下特征：

第一，全球化贸易趋势明显。全球数字贸易供应链服务跨国化逐渐成为常态，平台国别属性被进一步削弱，实现平台全球化。一方面，面向世界各国的买家和卖家，平台以"全球买、全球卖"为主要愿景，有利于整合和开发全球数字贸易资源；另一方面，作为多边贸易平台，全球数字贸易平台能够提供广阔的全球市场和便利的贸易服务，吸引来自世界各国的卖家入驻，有助于"全球买、全球卖"愿景早日实现。

第二，国际贸易弱势群体广泛参与。国际贸易弱势群体指的是相对于规模庞大的企业而言，在传统国际贸易中容易被忽视的贸易群体，如中小企业。尽管部分贸易弱势群体的产品和服务质量很高，但其却因信息不对称、贸易成本过高等问题难以进入国际市场。数字贸易的发展则为贸易弱势群体进入国际市场开辟了新渠道。数字贸易能有效弱化信息不对称，降低贸易弱势群体进入国际市场的门槛，进而使得各国贸易弱势群体能够广泛地参与国际贸易并从中获利。

第三，贸易模式复合化、扁平化。一方面，贸易模式复合化。伴随全球数字贸易的发展，为了充分反映消费者的个性化需求和制造业的智能化转型需要，B2B2C 模式日益凸显，成为一种重要的线上复合贸易形态，其既能匹配贸易成本降低的诉求，又能契合碎片化订单集聚的趋势。另一方面，贸易模式扁平化。全球数字贸易使国际贸易各环节之间信息流动频率加快，在很多情况下中间环节丧失存在必要性，呈现高度扁平化趋势。

> **理论命题 2-4**
>
> 　　跨境电子商务是电子商务的重要组成部分，在经济全球化背景下朝着全球化、平台化、数字化和普惠化的方向发展，并将在持续量变积累下实现质变，迭代为全球数字贸易。

本章小结：
中国视角

中国作为全球第二大经济体，在数字技术、数字经济、电子商务以及跨境电子商务等领域都走在了世界前列，其成功经验如下：第一，在数字技术领域，中国砥砺前行，奋勇直追。早在 1988 年，邓小平就提出了"科学技术是第一生产力"的观点。中国各级政府始终贯彻实施"科教兴国"战略，着力发展物联网、人工智能、云计算等关键数字技术，加快培养高精尖数字技术人才，持续培育区块链、大数据、5G 等新兴数字产业，显著提升数字技术应用水平，不断鼓励数字技术创新。第二，在数字经济领域，中国高度重视，发展迅猛。中国以开放的姿态积极推动数字经济健康发展，鼓励企业大胆尝试数字化转型升级并快速扩大规模。在市场发展逐步成熟后，政府再陆续出台相关政策加强监管，促进行业健康发展。"先松后紧"的发展策略符合中国国情，使得数字经济连续多年保持高增长的发展态势，截至 2020 年，中国已然成为全球第二大数字经济国家。第三，在电子商务领域，中国稳扎稳打，后来居上。中国作为全球最大的电子商务市场，始终积极推动电子商务实现平台化、全球化、数字化、生态化和个性化等方面的转型升级。中国电子商务起步较晚，但在政府政策的推动和消费需求的拉动下，后来居上，先后涌现了直播电商、社交电商等新型电子商务模式以及阿里巴巴、京东等优秀的电子商务企业。第四，在跨境电子商务领域，中国政策红利不断，规模屡创新高。为推动跨境电子商务行业的快速发展，中国颁布了《关于完善跨境电子商务零售进口税收政策的通知》等一系列利好的政策，加上海外消费者对"中国制造"需求量的上升，加速了中国跨境电子商务行业的发展，助推全球数字贸易时代的全面到来。

即测即评

思考题　　1. 打开手机 APP 就能随时随地购买想要的东西，用手机就能实现扫码支付或在线支付……数字技术正在改变我们的生活和消费方式。请结合实际思考数字技术为我们的日常消费带来了什么样的影响。

　　2. 贝恩公司携手百度发展研究中心于 2021 年发布《数字经济互联网之中国数字化发展模式》研究报告。报告显示，中国数字化进程持续加快，各行各业纷纷涌现出一批优秀的先行企业，迅速实现数字化转型，并打造领先全球的亮点。请你就企业如何拥抱数字经济谈谈自己的理解。

　　3. 中国是全球最大的电子商务市场，在发展的过程中涌现了一批优秀的电子商务企业，请你选择一家你感兴趣的电子商务企业，总结其发展历程及阶段性特征。

　　4. 随着全球数字经济如火如荼地发展，跨境电子商务将逐步蜕变为全球数字贸易。数字贸易作为一种新兴贸易方式，逐渐成为拉动全球贸易增长的新引擎。2019 年 6 月，阿里巴巴国际站启动了"数字化出海 2.0"，朝着开发型全球数字贸易平台迈出关键一步。请你谈谈从跨境电子商务平台到全球数字贸易平台可能面临着怎样的挑战。

　　5. 2020 年 9 月 4 日，习近平总书记在中国国际服务贸易交易会全球服务贸易峰会上指出："我们要顺应数字化、网络化、智能化发展趋势，共同致力于消除'数字鸿沟'，助推服务贸易数字化进程。"请你谈谈中国未来应该如何推动服务贸易数字化。

延伸阅读

[1] 汤潇. 数字经济：影响未来的新技术、新模式、新产业 [M]. 北京：人民邮电出版社，2019.

[2] 白东蕊，岳云康. 电子商务概论 [M]. 北京：人民邮电出版社，2016.

[3] 马述忠. 跨境电子商务理论与实务 [M]. 杭州：浙江大学出版社，2018.

第三章

数字贸易的概念与测度

纵观人类文明史，每一次科技革命，都颠覆了原有的生产生活方式。第三、第四次科技革命自然也不例外，正在广泛而深刻地影响着社会经济各领域[①]。信息技术的突飞猛进和全面应用，使得数字经济高速增长、快速创新，并逐渐发展成为世界经济增长的新引擎。贸易作为经济活动中配置资源的关键环节，受第三、第四次科技革命的影响，正经历数字化的深刻变革。以跨境电子商务为代表，数字贸易已经开始展现其蓬勃的生命力。但和数字贸易蓬勃发展不相称的是，学界和业界尚未对数字贸易这一概念达成广泛的共识。原有对数字贸易的理解已经无法满足新形势的需要，而建立在全新实践基础之上的数字贸易概念又迟迟得不到确立。这导致学界针对这一相关领域的研究和讨论无法得到有效开展。理解数字贸易的概念和测度数字贸易的规模，是开展数字贸易学定性研究和定量研究的重要基础。本章详细阐述了数字贸易的内涵与外延，搭建了数字贸易的概念框架，提出了数字贸易标的、数字贸易主题和数字贸易规则的标准，并提出了数字贸易测度的基本原则和测度三类贸易标的的具体方法。通过本章的学习，可以为本书后面章节的学习打下基础。

第一节　数字贸易的内涵与外延

一、数字贸易的内涵

（一）数字贸易的提出与演进

通过梳理美国多个机构发布的数字贸易定义（简称美版定义）以及相关研究文献，根据交易标的的不同，将数字贸易概念的演进历程划分为以下三个主要阶段：

第一阶段（2010—2013）：将其视为数字产品与服务贸易的阶段。在这一阶段，数

---

① 一般认为，第一次科技革命以蒸汽技术为代表，第二次科技革命以电力技术为代表，第三次科技革命以计算机技术为代表，而第四次科技革命是以 3D 打印、互联网产业化、工业智能化、工业一体化为代表，以人工智能、清洁能源、无人控制技术、量子信息技术、虚拟现实、生物技术为主的全新技术革命。

字贸易的标的仅包括数字产品与服务①。Weber（2010）在其研究数字经济时代国际贸易规则的文章中提出，一般意义上，数字贸易是指通过互联网等电子化手段传输有价值产品或服务的商业活动，数字产品或服务的内容是数字贸易的核心。熊励等（2011）将全球范围内的数字贸易概括为以互联网为基础，以数字交换技术为手段，为供求双方提供互动所需的数字化电子信息，实现以数字化信息为贸易标的的商业模式。这是发现的国内外最早的有关数字贸易概念的论述。美国商务部经济分析局（USBEA）在2012年的《数字化服务贸易的趋势》中提出数字化服务贸易概念，即因为信息通信技术进步而实现的服务的跨境贸易。② 这一概念主要用于衡量美国的国际数字服务贸易。2013年7月，美国国际贸易委员会（USITC）在《美国与全球经济中的数字贸易Ⅰ》中正式提出了数字贸易的定义，即通过互联网传输产品和服务的国内商务和国际贸易活动。③ 无论是Weber（2010）、熊励等（2011），还是两个美版定义，都将数字贸易的标的物限定在数字产品和服务范围内。这一阶段的数字贸易标的范围相当狭隘，和经济现实脱节较为严重，因而很快被全新的概念替代。

第二阶段（2014—2017）：将其视为实体货物、数字产品与服务贸易的阶段。在这一阶段，实体货物被纳入数字贸易的交易标的中，强调数字贸易是由数字技术实现的贸易。2014年8月，美国国际贸易委员会在《美国与全球经济中的数字贸易Ⅱ》中对数字贸易这一概念进行了修改，将其解释为互联网和互联网技术在订购、生产以及递送产品和服务中发挥关键作用的国内商务或国际贸易活动。④ 数字贸易的标的具体包括：使用数字技术订购的产品与服务，如电子商务平台上购买的实体货物；利用数字技术生产的产品与服务，如存储软件、音乐、电影的CD和DVD等；基于数字技术递送的产品与服务，即该机构发布的前一版定义中所包含的内容。2017年，美国贸易代表办公室（USTR）发布的《数字贸易的主要障碍》报告认为数字贸易应当是一个广泛的概念，不仅包括个人消费品在互联网上的销售以及在线服务的提供，还包括实现全球价值链的数据流、实现智能制造的服务以及无数其他平台和应用。⑤

第三阶段（2017—2020）：有关数字贸易的解读出现争议。美国国际贸易委员会在其2017年8月发布的《全球数字贸易Ⅰ：市场机会和主要外国贸易限制》报告中，将

---

① 1999年，WTO在《电子商务工作方案》中将"数字产品"定义为通过网络进行传输和交付的内容产品。这些产品是由传统或核心版权产业创造，通过数字编码并在互联网上进行电子传输，且独立于物理载体，分类如下：电影和图片，声音和音乐，软件，视频、计算机和娱乐游戏。2014年6月，欧盟委员会发布的《什么是数字服务》报告认为数字服务包括：信号、文字、图像等信息的传输服务，视听内容的广播服务，电子化网络实现的服务。

② US Bureau of Economic Analysis. Trends in digitally-enabled trade in services［R/OL］.，2012.

③ United States International Trade Commission. Digital trade in the U. S. and global economies，part 1［R/OL］，2013-07-07.

④ United States International Trade Commission. Digital trade in the U. S. and global economies，part 2［R/OL］，2014.

⑤ The Office of the U. S. Trade Representative. Key barriers to digital trade［R/OL］，2017.

数字贸易定义为通过固定或无线数字网络交付的产品与服务。[①] 从第一阶段到第三阶段，美国国际贸易委员会对数字贸易的解读经历了"窄—宽—窄"的反复，主要原因是相较于跨境电子商务，美国在数字技术和数字服务贸易领域更具比较优势，从窄口径理解数字贸易有利于提高其在全球数字贸易规制，特别是数据跨境流动领域的话语权。在这一阶段，除美国外的其他国家和国际组织仍保持了上一阶段的"宽口径"数字贸易定义，例如经济合作和发展组织、世界贸易组织和国际货币基金组织 2020 年联合发布的《数字贸易测度手册（第一版）》中，数字贸易的测度包括对通过数字化方式订购实体产品的测度[②]。

（二）数字贸易的内涵

随着跨境电子商务在我国的蓬勃发展，业界对数字贸易形成了更具中国实践特色的见解。2017 年 12 月，第四届乌镇世界互联网大会中提出："随着中国从消费互联网向产业互联网迈进，中国互联网企业开创了全新的'数字贸易中国样板'。中国样板具备三大特点：独创的商业模式，可推广的行业标准，以及可复制的创新实践，为更多的国家带来新的发展机会，赋能更多的中小企业通过数字贸易走向全球市场。"[③]

在制造业智能化转型的全球背景下，基于我国电子商务特别是跨境电子商务在世界范围内率先实践的有益尝试，从 G20 杭州峰会关于数字经济的权威解读出发，借鉴美版定义的合理内核，提出数字贸易的定义。

> **理论命题 3-1**
>
> 数字贸易是以数字化平台为载体，通过人工智能、大数据和云计算等数字技术的有效使用，统筹贸易数字化和数字化贸易进程，实现实体货物、数字产品与服务、数字化知识与信息的精准交换，进而推动消费互联网向产业互联网转型并最终实现制造业智能化的新型贸易活动，是传统贸易在数字经济时代的拓展、延伸和迭代。

和美版定义相比，本定义有如下突出贡献：美版定义在其演进过程中内涵和外延在不断完善，但仍然有很大的局限性。美国贸易代表办公室 2017 版的定义虽然也有提及智能制造，但仍将其视为一种服务纳入数字贸易的标的范围。而本定义则进一步提出数字贸易的发展将推动消费互联网向产业互联网转型，并将实现制造业智能化作为数字贸易发展的最终目标。这是结合我国数字贸易特别是跨境电子商务实践的全新提炼，平台化、生态化趋势日趋明显的当下，数字贸易成为重塑传统价值链、促进产业转型升级的

---

① United States International Trade Commission. Global digital trade 1: market opportunities and key foreign trade restrictions [R/OL], 2017.

② OECD, WTO, IMF. Handbook on measuring digital trade version 1 [R/OL], 2020.

③ 王静，杜燕飞．王树彤．乌镇发布"数字贸易中国样板"[EB/OL]．环球网，2017-12-04.

重要驱动力。本定义进一步深化了对数字贸易的理解和认知，为数字贸易的未来发展指明了方向。

> **专栏 3-1** 数字贸易在中国的新格局正在来临
>
>

（三）数字贸易的内在属性

1. 虚拟化

数字贸易的虚拟化属性具体表现在三个方面：生产过程中使用数字化知识与信息，即要素虚拟化；交易在虚拟化的互联网平台上进行，使用虚拟化的电子支付方式，即交易虚拟化；数字产品与服务的传输通过虚拟化的方式，即传输虚拟化。交易虚拟化在我国已经非常普遍，2020 年全国网上零售额达 11.76 万亿元，同比增长 10.9%，实物商品网上零售额达 9.76 万亿元，同比增长 14.8%，占社会消费品零售总额的比重接近 1/4。[①]

2. 平台化

在数字贸易中，互联网平台成为协调和配置资源的基本经济组织，不仅是汇聚各方数据的中枢，更是实现价值创造的核心。平台化运营已经成为互联网企业的主要商业模式，淘宝等电子商务平台是其中的典型代表。此外，传统企业也致力于通过平台化转型提升竞争力。传统食品零售企业良品铺子积极开展平台化运营，以线下门店为基础嫁接数字化系统，并基于电商平台、本地生活平台以及社交电商等平台开展新型零售活动，获得了非常好的业绩表现（程红等，2020）。

3. 集约化

数字贸易能够依托数字技术实现劳动力、资本、技术等生产要素的集约化投入，促进研发设计、材料采购、产品生产、市场营销等各环节的集约化管理。例如，美邦服饰等服装企业纷纷将智能化作为重点发力对象，建立"互联网+"平台，以准确反映市场需求变化，实现按需生产的集约化生产模式。[②] 此外，Lewis（2011）针对 eBay 二手车拍卖市场的研究发现，卖家在线上交易中更愿意将照片、文字等信息发布在网站上，这有效地减少了交易中的信息不对称，交易效率得到提升。

4. 普惠化

在传统贸易处于弱势地位的群体，在数字贸易中能够积极地、有效地参与到贸易中

---

① 商务部有关负责人谈 2020 年网络零售市场发展情况［EB/OL］. 中国政府网，2021-01-23.
② 温文清. 企业借助互联网按需生产［N］. 泉州晚报，2016-01-29（9）.

并且从中获利。数字技术的广泛应用大大降低了贸易门槛，中小企业、个体商户和自然人都可以通过互联网平台面向全国乃至全世界的消费者。2020 年，国家级贫困县农产品网络零售额为 406.6 亿元，同比增长 43.5%，增速较 2019 年提高 14.6 个百分点，更多农民将线下农产品转向线上销售。①

5. 个性化

随着个人消费者越来越多地参与到数字贸易中，个性化的需求也越来越受到重视。商家很难再靠标准化的产品和服务获利，根据消费者的个性化需求提供定制化产品和服务成为提升竞争力的关键。亚马逊海外购的分析报告发现，消费者的选择非常多样化，长尾选品（原来不受到重视的销量小但种类多的产品或服务）的销量增长明显。2017 年，亚马逊海外购中园艺类商品的销量增长近 3 倍，和单一色系的商品相比，色彩丰富的商品更受消费者的青睐②。

6. 生态化

数字贸易背景下，平台、商家、支付、物流、政府部门等有关各方遵循共同的契约精神，平等协商、沟通合作，共享数据资源，共同实现价值的创造，形成了一个互利共赢的生态体系。中国（杭州）跨境电子商务综合试验区注重创建整合货物流、信息流、资金流的综合性信息化管理服务平台，为各类商品提供一站式信息资源和服务，探索形成以"单一窗口"为核心的"六体系两平台"顶层设计，使贸易活动融入电子商务数据服务合作新生态。③

专栏 3-2 电商扶贫　畅通致富小康路

二、数字贸易的外延

（一）数字贸易与传统贸易的异同

数字贸易与传统贸易的相同之处体现在如下三个方面：

第一，贸易的行为本质相同。贸易最初始于史前社会，除了自给自足的生活方式之外，史前人类也通过彼此之间货物和服务的自愿交换，满足各自的需求。数万年后的今天，贸易的本质仍然没有发生变化，无论是传统贸易，还是数字贸易，本质上都是商品、服务、生产要素在不同主体之间的转移。虽然实现方式有所变化，但这并没有改变

---

① 罗珊珊. 去年国家级贫困县网络零售额超 3000 亿元 [J]. 中国食品，2021（4）：157.
② 2017 年中国跨境网购呈现三大特征 [N]. 中国服饰报，2018-02-16（1）.
③ 刘伟. 拥抱"网上丝路"新经济 [N]. 杭州日报，2016-07-25（1）.

贸易作为交换活动的本质。

第二，贸易的内在动因相同。无论是国内区域间贸易还是国际贸易，贸易活动的内在动因都是一致的。以绝对优势理论、比较优势理论为代表的古典国际贸易理论是研究贸易动因的经典理论，国内区域间贸易的研究同样使用了这一分析逻辑。国家间技术水平的绝对（相对）差异产生了绝对（相对）成本的差异，一国应当生产自己具有绝对（相对）优势的产品，而用其中一部分交换其具有绝对（相对）劣势的产品，这样贸易双方都将获得更高的福利水平。专业化生产和劳动分工以及由此产生的规模经济，是传统贸易和数字贸易的内在动因。

第三，贸易的经济意义相同。数字贸易和传统贸易一样，具有如下的经济意义：克服各类资源在各主体间流动的障碍，调整各个区域内资源的供求关系和价格；密切各主体之间的经济联系，弱化信息不对称；促进资源在更合理的结构上得到利用，使得各主体均可发挥其资源、技术的比较优势；激发各主体的创新活力，提高生产效率和经济效益。

数字贸易与传统贸易的不同之处体现在如下六个方面：

第一，贸易的时代背景不同。第一、第二、第三次科技革命带来了生产生活方式的巨大变革：火车等运输工具的出现，使得长距离运输成为可能；通信技术的进步使得实时通信成为可能；蒸汽机、内燃机的广泛应用使得机器生产代替手工劳动，贸易商品大幅增加。正是在这样的背景下，传统贸易大发展、大繁荣。而数字贸易则是在第三、第四次科技革命背景下诞生的一种新型贸易活动。数字技术使得原有的通信、传输方式发生重大变革，数据成为关键性的生产资料，传统产业正经历数字化、智能化的升级。

第二，贸易的时空属性不同。传统贸易从交易开始到交易完成的周期长，受商品价格变化、货币汇率波动等因素的影响大。而数字贸易的交易过程中，数字技术大幅提高了交易效率，贸易的时间不确定性大大降低。传统贸易受地理距离的制约较大，而数字贸易中，处于现代信息网络的贸易双方不再具有严格的空间属性，地理距离的限制作用大幅弱化。

第三，贸易的行为主体不同。传统贸易的交易过程存在代理商、批发商、零售商等诸多中间机构，供给方和需求方并不直接进行交易。但在数字贸易中，现代信息网络和信息通信技术使得供求双方之间的直接交易成为可能。此外，电子商务 B2C、C2C 等商业模式的普及使得个人消费者在贸易活动中扮演着越来越重要的角色。在未来的智能制造时代，C2B、C2M 等商业模式将进一步强化消费者的作用。

第四，贸易的交易标的不同。传统贸易的交易标的主要是货物、服务以及生产要素，数字贸易的交易标的相对复杂。数字贸易强调数字技术在订购、生产或递送等环节发挥了关键性的作用，因而其交易标的包括：在电子商务平台上交易的传统实体货物，通过互联网等数字化手段传输的数字产品与服务，作为重要生产要素的数字化知识与信息。

第五，贸易的运作方式不同。传统贸易需要固定的交易场所，以及证明材料、纸质单据等实体文件，而数字贸易则往往是在互联网平台上达成，全部交易过程实现电子化。传统贸易中，货物规模大、价值高，主要采取海运、火车等运输方式，而数字贸易则存在诸多的不同：个人在电子商务平台上订购的商品主要通过邮政、快递等方式寄送，部分跨境电商企业采取海外仓、保税仓模式；数字产品与服务的贸易则采取数字化的递送方式。

第六，贸易的监管体系不同。传统贸易中，各国海关、商务等监管部门，WTO等国际组织是贸易的主要监管机构；各国国内的贸易制度、国际贸易协定是约束贸易行为的主要法律规范。而数字贸易的监管体系，不仅涉及前述的监管机构和法律规范，还强调对数字贸易中的关键要素——数据进行监管。李海英（2016）认为数据本地化是数字贸易国际规则的重要焦点，包括服务本地化、设施本地化和存储本地化三重含义。

专栏 3-3　传统贸易向数字贸易转型

（二）数字贸易与跨境电子商务的关系

第一，作为有机组成部分，跨境电子商务会助推数字贸易时代的早日到来。电子商务特别是跨境电子商务作为数字贸易的重要组成部分，已经逐渐展现其旺盛的生命力。未来，随着云计算、大数据等数字技术的广泛应用，跨境电子商务的分析、预测、运营能力将得到大幅提升。原来以货物交易活动为主的跨境电子商务，将不断拓展其商务活动半径，整合传统产业链，推动生产、贸易活动的数字化、智能化转型。

第二，作为新型贸易活动，数字贸易是跨境电子商务未来发展的高级形态。现阶段的跨境电子商务仍然处于数字贸易的初级阶段，产业的垂直整合力度不够。而数字贸易并非只是简单的货物交易活动，它突出强调数字技术和传统产业的融合发展，将实现制造业的智能化升级作为最终目标。因而，数字贸易是跨境电子商务未来发展的更高目标。

（三）数字贸易与信息技术革命的关系

一方面，数字贸易以信息通信技术作为技术支撑。20 世纪 40 年代以来，信息通信领域取得重大突破，电子计算机、大规模集成电路以及互联网的发明和普及为数字贸易提供了必要的技术支撑。21 世纪以来，云计算、大数据、移动互联网等新型信息通信技术的发展又进一步推动了数字贸易的发展，不仅拓展了数字贸易的标的范围，而且提升了数字贸易的交易效率。

另一方面，数字贸易以制造业智能化作为历史使命。传统产业数字化转型的背景下，数字贸易的目标不再仅仅是实现货物、服务和生产要素的高效交换，数字贸易更应当承担起推动实现制造业智能化的历史责任。通过数字贸易的联结，来自世界各地的多样化、个性化需求被反映到产品研发、设计和生产过程中。制造业企业在努力满足消费者需求的过程中，将不断推动生产过程的柔性化改造，最终实现数字化、智能化的升级。

第二节　数字贸易的标准

一、数字贸易的概念框架

基于数字贸易的概念，提出数字贸易的概念框架，用以区分一项贸易活动是否属于数字贸易。

> **理论命题3-2**
>
> 数字贸易是使用数字技术的贸易主体，通过数字化手段订购贸易标的或者基于数字化形态传输贸易标的，受数字贸易规则制约的经济活动。

这一概念中包括三个要素，分别是数字贸易主体、数字贸易标的和数字贸易规则（见图3-1）：数字贸易标的包括数字化订购的实体货物，数字化传输的数字产品与服务、

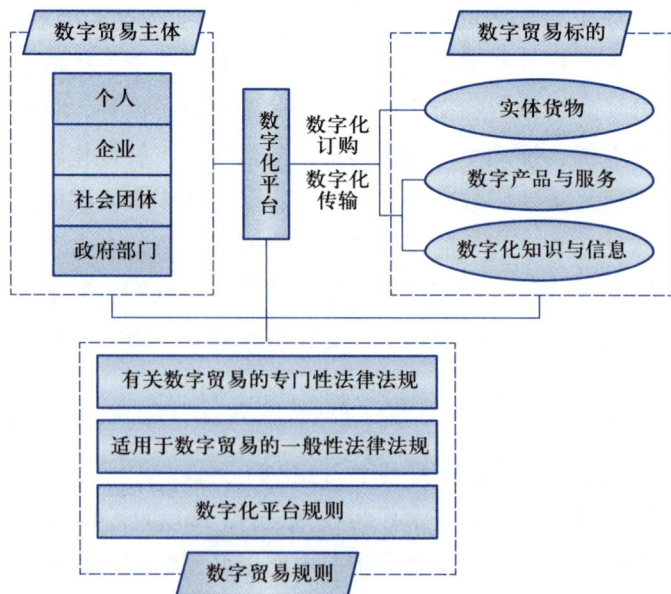

图3-1　数字贸易概念框架

数字化知识与信息；数字贸易主体包括个人、企业、社会团体以及政府等；数字贸易规则包括有关数字贸易的专门性法律法规、适用于数字贸易的一般性法律法规以及数字化平台的规则。除了这三个基本要素之外，另有数字化平台（或者更宽泛的数字化手段）作为数字贸易主体交易数字贸易标的的虚拟场所而存在。数字贸易主体、数字贸易标的以及数字化平台共同受到数字贸易规则的制约。如果一项贸易活动同时具备三项基本要素并依托数字化平台或数字化手段实现，则可称之为数字贸易。

二、数字贸易标的的标准

数字贸易的概念中提到，数字贸易标的包括实体货物、数字产品与服务、数字化知识与信息三类。

实体货物特指通过以平台为代表的数字化手段订购的实体货物，比如通过电子商务平台购买的衣物，以及通过跨境电子商务平台购买的食品等。在线下商店购买衣物，可能会通过扫码支付等数字化手段进行结账，但这并不属于数字贸易的范畴；在线上平台下单，然后到线下实体店提货，则属于数字贸易的范畴。实体货物这一类贸易标的必须是通过数字化手段订购的，除此之外，其和传统贸易中的实体货物并没有本质的区别。

数字产品与服务主要是指通过数字化的手段传输的产品和服务，包括视频、音乐、软件、教育等。这一类贸易标的全部是虚拟标的而不包括实体标的，具体区分标的属于产品还是服务则需要更深入地分析。传统意义上，产品和服务的区别主要在于：第一，产品是有形的，而服务是无形的；第二，产品的生产和消费是分离的，而服务的生产和消费是同时的；第三，产品是可以储存的，而服务是不可以储存的。由于数字产品通过比特的方式传输和存储，并没有具体的、固定的空间形态，无法通过第一条标准来区分数字产品和数字服务。第二、第三条标准，特别是第二条，可以作为区分数字产品和数字服务的主要标准。举例来说，电子书的交易中，电子书的创作和电子书的消费是截然分离的（第二条标准），电子书储存于服务器中（第三条标准），因而电子书属于数字产品的范畴。数字产品其他还包括电子音乐、网络视频、数字游戏等。直播课堂则是数字服务的典型代表，课堂中老师对知识的生产和学生对知识的消费是同时进行的（第二条标准）。数字服务其他还包括即时通信服务、社交媒体服务、搜索引擎服务等。

专栏3-4　我国数字出版产业极具活力

数字化知识与信息即数字化的生产要素。前两类贸易标的在商品市场上进行交易，主要用于终端消费；数字化知识与信息在要素市场上进行交易，其作为重要的生产要素，投入产品和服务的生产过程中。数字化知识与信息的传输方式和数字产品与服务一致，同样通过数字化的方式进行。大数据是数字化知识与信息的典型代表，其在提升生产效率、减少不良消耗等方面发挥着重要的作用。大数据作为一种贸易标的有其特殊性，一方面，不是所有大数据都可以作为贸易标的，政务数据、企业商业秘密数据和个人隐私数据等受到法律的保护，不能在市场上自由交易；另一方面，大数据并不存在标准价格，大数据的价值常常由需求方所决定，供给方很难事先对数据的价值做出评定，这使得大数据的市场交易非常困难。

三、数字贸易主体的标准

传统的贸易主体主要包括个人、企业、社会团体以及政府部门等。数字贸易虽然仍然包括这些主体，但不同于传统贸易，数字贸易将主体限定在使用数字技术开展贸易活动的主体。"使用数字技术"主要是指使用计算机、手机等数字处理设备基于互联网通信渠道进行接收、处理、发出等数据处理活动。一方面，"使用数字技术"这一限定使得大量通过线下活动开展贸易的主体被排除在外；另一方面，数字技术的使用使得原本无法参加贸易活动的贸易主体加入进来。例如，在线下实体零售店购买衣服的消费者并不是数字贸易的主体；而原本无法直接进行国际贸易的中小企业，由于跨境电商平台的出现而可以轻松地实现"全球卖"，这些企业自然成为全球数字贸易的主体。

与传统贸易主体分为买卖双方类似，数字贸易主体同样可以分为买方和卖方。需要明确的是，数字贸易中的买卖双方必然都在贸易活动中使用了数字技术。由于数据信息的特性，不可能出现一方使用数字技术而另一方不使用的情况。实体货物的数字化交易中，卖方通过数字化平台提供关于货物的数据信息，买方基于这些数据信息考虑是否进行购买，通过数字化平台下单。数字产品与服务、数字化知识与信息的贸易中，由于贸易标的本身是以数字化的形式存在的，买卖双方在传输环节中均需要使用数字技术。

四、数字贸易规则的标准

开展数字贸易活动应当受到数字贸易规则的规范。当然，由于相关立法工作滞后、国际社会存在意见分歧、数字贸易业态创新不断涌现等原因，数字贸易规则的发展往往落后于数字贸易的实践。

理论命题 3-3

数字贸易规则既包括有关数字贸易的专门性法律法规，也包括适用于数字贸易的一般性法律法规，还包括数字化平台制定的规则。

有关数字贸易的专门性法律法规如 2019 年 1 月 1 日开始实施的《中华人民共和国电子商务法》（简称《电子商务法》），其对电子商务经营者、电子商务合同的订立和履行、电子商务争议解决等均作出了详细的规定。适用于数字贸易的一般性法律法规如《中华人民共和国消费者权益保护法》，为线上购物中消费者权益提供了一般性保护。从总体趋势看，有关数字贸易的专门性法律法规近年来增长趋势明显，而且在很多方面突破了一般性法律法规的局限。跨境电商进口监管模式"网购保税进口"或"直购进口"等，即是对海关原有进口监管模式的突破。和前述法律法规由立法机关、政府部门制定不同，数字化平台的规则由平台自主制定，用以规范平台内的交易行为，具体包括店铺准入和退出规则、商品交易规则、争议处理规则、价格管理规则、品牌管理规则等。

从适应范围来看，数字贸易规则可以分为国内数字贸易规则和国际数字贸易规则。前者规范一国领土范围内的数字贸易活动，如《电子商务法》规范我国境内的电子商务活动；后者规范国家之间或者全球性的数字贸易活动，如《区域全面经济伙伴关系协定》（RCEP）"第十二章电子商务"中有关无纸化贸易、电子认证和电子签名等相关条款适用于缔结条约的十五个国家。由于世界范围内各国数字贸易发展极不均衡，各国的相关法律法规出台情况也有极大的差别，我国的相关法律实践处于全球领先地位。各国国内数字贸易规则的差异使得世界各国很难就国际数字贸易规则达成一致意见，美欧关于数字税的争端便是这一问题的集中体现。

专栏 3-5　RCEP 电子商务规则概述

RCEP 谈判经历了一个漫长的过程。谈判伊始，电子商务并未作为重点议题被列入其中，但随着全球范围内数字贸易的迅速发展，在 RCEP 中制定电子商务专章的必要性显而易见。最终，RCEP 电子商务规则紧密围绕着增强合作、促进电子商务的发展目标和原则进行制定，主要包括数字产品关税征收、通过电子方式跨境传输信息、计算设施的位置以及线上消费者及个人信息保护等方面。

RCEP 数字贸易章节（第十二章）

第一节　一般条款：

（第一条 定义；第二条 原则和目标；第三条 范围；第四条 合作）

第二节　贸易便利化

（第五条 无纸化贸易；第六条 电子认证和电子签名）

第三节 为电子商务创造有利环境

（第七条 线上消费者保护；第八条 线上个人信息保护；第九条 非应邀商业电子信息；第十条 国内监管框架；第十一条 海关关税；第十二条 透明度；第十三条 网络安全）

第四节 促进跨境电子商务

（第十四条 计算设施的位置；第十五条 通过电子方式跨境传输信息）

第五节 其他条款

（第十六条 电子商务对话；第十七条 争端解决）

摘自：黄家星，石巍.《区域全面经济伙伴关系协定》电子商务规则发展与影响 [J/OL].兰州学刊，2021（5）：1-22.

第三节　数字贸易的测度

一、数字贸易测度的基本原则

对数字贸易的测度，一方面，需要紧紧围绕上述的概念框架展开；另一方面，应当严格遵循如下四条基本原则：

第一，接轨国际标准。为了提升指标的国际可比性，在对我国数字贸易进行测度时，应当综合考虑各国和国际组织现有的测度方案，例如经济合作和发展组织、世界贸易组织和国际货币基金组织联合发布的《数字贸易测度手册（第一版）》[①]。

第二，供给中国方案。我国数字贸易的发展在世界范围内具有领先优势，在数字经济分类、电子商务统计、跨境电商进出口统计、大数据交易统计等方面有很多成熟的经验，在确定数字贸易测度的细则时应当进行充分借鉴，为其他国家测度数字贸易提供可供参考的中式模板。

第三，采用多源数据。由于数字贸易标的多样、内容庞杂，在测度时应当综合使用多种不同的技术手段，包括直接对企业和家庭进行调查，从海关、税务等政府部门获取数据，通过数字化平台采集数据，通过大数据交易所获取数据等。

第四，做到分类明确。为了提高统计数据的可比性，在对采集到的数据进行分类汇总时，应当尽可能采取已有的各类分类标准，比如《数字经济及其核心产业统计分类（2021）》、2017版《国民经济行业分类》、2017版《商品名称及编码协调制度》以及2010版《国际收支服务扩展分类》等。

测度数字贸易的报告模板如表3-1所示，左侧按照贸易标的进行分类，上方按照贸易主体和贸易范围进行分类。当然，这个模板报告的是宏观层面的数据，模板

---

① OECD, WTO, IMF. Handbook on Measuring Digital Trade Version 1［R/OL］, 2020.

中的每一个数据，比如进口的数字产品与服务，可以根据行业、地区、国家进一步细分。

表 3-1　数字贸易报告模板

贸易标的	按贸易主体				按贸易范围分			总贸易额
	个人	企业	社会团体	政府部门	国内贸易	国际贸易		
						进口	出口	
实体货物								
数字产品与服务								
数字化知识与信息								

> **理论命题 3-4**
>
> 从数字贸易概念框架出发，数字贸易可以按照贸易标的、贸易主体、贸易范围进行划分，也可以根据传统的贸易分类方法，按照行业、地区、国家进行更细致划分。

二、对数字贸易中实体货物的测度

对数字贸易中实体货物的测度已经较为成熟。国内贸易方面，我国国家统计局在社会消费品零售总额的统计中，已经包括"实物商品网上零售额"这一项，并按月定期发布。"实物商品网上零售额"是指通过公共网络交易平台（也就是数字化平台，包括自建网站和第三方平台）实现的实物商品零售额之和。这一数据通对限额以上数字化平台进行全数调查，对限额以下数字化平台进行抽样调查得到。此外，《中国统计年鉴》中报告了分地区、分行业企业信息化及电子商务情况，包括"电子商务销售额"和"电子商务采购额"两项[①]。通过加总"实物商品网上零售额"和"企业电子商务采购额"可以估计得到国内实体货物数字贸易规模。

国际贸易方面，实体货物数字贸易规模主要通过海关总署和跨境电商平台进行统计。2014 年以来，海关总署增列了 1210（保税跨境贸易电子商务）、9610（跨境贸易电子商务）、9710（跨境电子商务企业对企业直接出口）、9810（跨境电子商务出口海外仓）等监管代码，为跨境电商的统计工作提供了便利。海关打造的跨境电子商务零售统一版信息化系统与跨境电商平台、企业对接，极大地推动了报关服务和统计工作的数字化进程。海关总署已经充分借鉴《电子商务法》以及世界海关组织对跨境电商的定义，

---

① 报告单位为规模以上工业、有资质的建筑业、限额以上批发和零售业、限额以上住宿和餐饮业、房地产开发经营业和规模以上服务业的法人单位，具体数据由国家统计局服务业统计司根据《一套表统计调查制度》调查资料加工整理而得。

初步建立了跨境电商统计体系，并于 2021 年 1 月公布了初步统计的 2020 年跨境电商进出口规模。

三、对数字产品与服务贸易的测度

数字产品与服务国内贸易的测度，一方面基于国家统计局公布的"网上零售额"和"实物商品网上零售额"两个指标，二者相减得到非实物商品网上零售额；另一方面，来自国家统计局规模以上服务业统计中的相关数据，包括《生活性服务业统计分类（2019）》中的互联网医疗服务（0221）、电子竞技体育活动（0520）、数字文化服务（0650）、互联网销售服务（0720）、居民互联网服务（124）等分类，以及《生产性服务业统计分类（2019）》中的信息服务（03）大类下的信息传输服务（031）、信息技术服务（032）、电子商务支持服务（033）等类别。由于上述数字产品与服务贸易主要通过数字化平台进行，相关的统计数据主要通过对数字化平台的全数调查和抽样调查等方式获取。根据数字贸易主体的标准，还可以按照贸易标的的生产和消费是分离还是同时进行，进一步将这一类贸易标的细分为数字产品和数字服务，并进行分类统计。

由于数字产品与服务的国际贸易依托的大量是国外平台，通过数字化平台进行调查和统计存在一定困难。为了获取数字产品与服务国际贸易的数据，需要对商务部统计的服务进出口数据按照是否通过数字化手段传输进行分类。根据《国际服务贸易统计手册》（MSITS2010）和《国际收支服务扩展分类》（EBOPS2010），数字产品与服务主要包含在通信服务，计算机和信息服务，其他商业服务，个人、文化和娱乐服务等类别中。

四、对数字化知识与信息贸易的测度

和前两类贸易标的具有成熟的测算手段不同，对数字化知识与信息的测度还处在空档期，我国有关数据交易的相关实践为统计工作提供了可能。2015 年以来，我国成立了包括贵阳大数据交易所在内多家大数据交易所，通过对这些交易所交易数据的统计汇总，可以得到国内数字化知识与信息贸易的规模。2020 年 4 月，中共中央、国务院发布《关于构建更加完善的要素市场化配置体制机制的意见》，提出加快培育大数据交易市场，依法合规开展数据交易。这为进一步规范化大数据交易和测度工作提供了方向性的指引。

世界各国和国际组织对数据跨境流动的监管尚存在巨大分歧，例如我国提出的《全球数据安全倡议》、欧盟提出的《通用数据保护条例》（GDPR）、《美国-墨西哥-加拿大协定》（USMCA）等，使得对数字化知识与信息国际贸易的测度存在很大的困难。未来，国际大宗商品交易所模式可能成为数据跨境交易和流动的主要模式。2021 年 3 月成立的北京国际大数据交易所，首次采取"数据可用不可见，用途可控可计量"新型交易范式，将打造国际重要的数据跨境流通枢纽作为目标，有望为国际数字化知识与信息贸易和测度树立标杆。

专栏 3-6　北京国际大数据交易所成立

2021 年 3 月 31 日，北京国际大数据交易所（简称北数所）正式成立。这是国内首家基于"数据可用不可见，用途可控可计量"新型交易范式的数据交易所，标志着北京在数字经济开放发展上迈出了新的一步，对于打造全球数字经济标杆城市具有重大意义。

数据是基础性资源和战略性资源，也是重要的生产力。不同于土地、劳动力、资本等生产要素，数据有成本极低、再生性强、难以建立排他性等特点，权属界定不清、要素流转无序、定价机制缺失、安全保护不足等问题一直是掣肘数据要素高效配置的痛点。

据介绍，新成立的北数所将以数据使用价值为基本交易对象，从技术、模式、规则、风控、生态 5 个方面，进行全新设计，着力破解数据交易的痛点，打造全国数据交易探索新样板。"以技术体系为例，北数所将依托北京在隐私计算、区块链等领域的技术先发优势，将数据要素解构为可见的'具体信息'和可用的'计算价值'，对其中'计算价值'进行确权、存证、交易，实现数据流通的'可用不可见、可控可计量'，为数据供需双方提供可信的数据融合计算环境。"北京金控集团党委书记、董事长范文仲介绍说。

摘自：贺勇．北京国际大数据交易所成立［N］．人民日报，2021-04-01（6）．

本章小结：中国视角

西方国家在传统贸易的发展中起着主导的地位，传统贸易理论由西方学者提出，贸易测度方法由西方国家和国际组织制定，中国主要是参与者的角色。而在数字贸易的大潮中，中国无疑是重要的"弄潮儿"之一，在国际社会中拥有很大的话语权。数字贸易概念的"中国特色"体现在，从宽口径理解数字贸易，将通过数字化平台实现的实体货物贸易纳入数字贸易标的中。这一概念更符合我国电子商务领先发展、数字服务贸易能力略显不足的客观事实，更有利于我国参与全球数字贸易规则构建博弈和制造业智能化转型的国际竞争。数字贸易测度的"中国特色"体现在：实体货物国际贸易测度部分，充分借鉴了我国海关总署在跨境电商进出口监管中的实践；数字产品与服务贸易部分，参考了我国《生活性服务业统计分类（2019）》和《生产性服务业统计分类（2019）》中数字产品与服务的分类方法；数字化知识与信息测度部分，基于我国大数据交易所的创新实践，提出数据要素流动的测度方法。

即测即评

思考题　1. 诺贝尔经济学得主斯蒂格利茨（Joseph Eugene Stiglitz）提出，随着经济发展数字化加速，数字贸易的规模将越来越大，数字贸易的成本也将随着通信成本的大幅下降进一步降低。你认为除了贸易成本降低这一趋势，数字贸易的发展还呈现哪些趋势？请结合发生在身边的经济现象进行归纳。

2. 习近平总书记在党的十九大报告中指出："中国开放的大门不会关闭，只会越开越大。"我国要完成从贸易大国到贸易强国的转变，需要"拓展对外贸易，培育贸易新业态新模式"。你认为数字贸易对于全面开放新格局有什么意义？

3. 传统国际经济理论是对传统国际贸易的理论提炼。数字贸易作为一种全新的贸易业态与传统国际贸易存在很大的不同。你认为数字贸易会对国际经济理论形成哪些挑战？

4. 按照你的理解，谈一谈数字贸易中贸易数字化（实体货物贸易）与数字化贸易（数字产品与服务贸易、数字化知识与信息贸易）之间的关系是什么？

5. 本章的数字贸易概念是一个宽口径的概念，窄口径的数字贸易概念并不包括实体货物。从宽口径理解数字贸易，对于我国参与全球数字贸易规则构建博弈有何好处？

6. 近年来，大数据黑市交易案件频发，个人隐私信息成为不法商人牟利的工具。从数字贸易的概念框架出发，你认为大数据黑市交易是否属于数字贸易范畴？如果是，具体属于哪个数字贸易标的类别？为了打击大数据黑色交易，促进大数据交易阳光化、透明化，你认为政府部门应当采取什么样的措施？

延伸阅读　［1］BRYNJOLFSSON E, COLLIS A. How should we measure the digital economy? ［J］. Harvard Business Review, 2019, 97（6）: 140-148.

［2］李杨，陈寰琦，周念利. 数字贸易规则"美式模板"对中国的挑战及应对［J］. 国际贸易，2016（10）: 24-27, 37.

［3］乔斯林·马德琳，安德里亚斯·马瑞尔，白晓柯. 无疆界的数字服务贸易，该如何统计？［J］. 金融市场研究，2016（8）: 27-35.

［4］贾怀勤，刘楠. 数字贸易及其测度研究的回顾与建议：基于国内外文献资料的综述［J］. 经济统计学（季刊），2018（1）: 270-277.

［5］马述忠，沈雨婷，耿学用. 宽口径理解数字贸易的优势［N］. 中国社会科学报，2020-11-25（4）.

第二篇

数字贸易生态圈

第四章

数字营商环境

无论涉及何种贸易方式或贸易对象，贸易都需要在一定的营商环境中进行。营商环境之于贸易，如同自然环境之于生态圈，是其存在与发展的基础。一国营商环境的好坏，决定了其经济增速与贸易水平的高低（赖先进，2020）。在 21 世纪初，学界针对传统营商环境的研究与评估就已形成一套成熟的体系。而随着电子商务与数字贸易的不断兴起，数字营商环境的议题正逐渐受到关注。为和传统营商环境区分，数字营商环境也需要明确的概念界定和完善的系统研究。通过本章的学习，可以快速了解数字营商环境的内涵和外延，初步掌握一个地区数字营商环境发展质量的评估指标体系，并理解数字营商环境对数字贸易及其生态圈可持续发展的重要意义，为深入理解数字贸易生态圈打下基础。

第一节　数字营商环境的内涵与外延

一、数字营商环境的内涵

简单来说，进行数字贸易所依附的数字经济环境就是数字营商环境。具体展开，作为数字贸易生态圈的重要组成部分，数字营商环境指的是数字市场主体在从事数字贸易等经济活动中涉及的设施技术环境、市场运营环境、政策政务环境和司法治理环境等有关外部环境的总和。数字营商环境拥有双重内涵，既包括"数字+营商环境"，也包括"数字营商+环境"。

（一）"数字+营商环境"

"数字+营商环境"是指利用数字技术改造赋能后的传统市场环境。具体的赋能方式有生产赋能、交易赋能和管理赋能。

其中，生产赋能是指将云计算、人工智能等数字技术融入传统制造业的生产端。在赋能前，传统营商环境中企业的生产端需要大量的人工操作，从而产生高昂的运营管理成本。数字营商环境中，数字技术对营商环境的生产赋能，一方面可以推动市场主体在生产部门内，通过工步引导、机器视觉等技术，结合深度学习算法，实现生产的定制化与资源配置的高效化（马文秀等，2021），另一方面可以促成产品设计、流程设计等部门与生产部门的数据协作，大大缩短产品研制周期，发挥"1+1>2"的作用。总的来说，优秀的生产环境可以加速传统产业的数字化转型，从而提升生产效率、降低生产成本。

交易赋能则是利用数字技术支撑的数字平台，为以往只能进行线下交易的传统市场主体，提供更加高效便捷的交易渠道。数字平台既可以是市场主体的自建网络平台，也可以是市场环境中交易双方依附的第三方网络平台。自建平台一般由卖方企业自身开发和搭建，往往选择与门户网站结合，实现品牌塑造与营销一体化，直接与交易方对接，缩短了交易渠道，但是企业自身需要负担开发、更新与维护的成本，并自行判断与承担交易风险。第三方网络平台作为交易中介，独立于交易双方存在。买卖双方能够将线下谈好的交易转移到线上平台，但更多的是直接利用平台这一渠道沟通商谈以达成交易。第三方网络平台通常会对其用户进行信用与安全审核，也会收取一定的佣金。传统市场交易环境经数字技术的交易赋能后，可以使交易渠道更加便捷、畅通和多元。

管理赋能是将数字技术融入传统营商环境中政府的监管与服务中，使其升级为数字政务、智慧政务。市场主体从事经济活动时，营业执照的申请许可、退税缴税等活动往往不可避免，传统政务在这一过程中存在环节多、材料杂、时间长的顽疾，且在地区、部门、层级上有严格的限制。经过以互联网技术为代表的数字赋能，政务的办理可以从线下转到线上，突破地理和部门限制。数字政务还可以做到政务的公开，促进政务标准化。而当数字政务结合以人工智能为代表的新型数字技术后，数字政务可以进一步升级为智慧政务，从而更高效地对市场进行监督管理。在传统政务经历数字赋能后，营商环境将更加高效与安全。

> **专栏 4-1**　智慧政务的实质与典型应用
>

（二）"数字营商+环境"

数字营商环境的另一层内涵是"数字营商+环境"。不同于"数字+营商环境"强调数字技术对传统营商环境的改造赋能，"数字营商+环境"聚焦于面向和适应数字经济市场主体创新发展所需要的新型营商环境。

第一，数字经济市场主体的创新发展需要与之匹配的基础设施环境。一方面，高互联网接入水平、发达的物流快递设施是互联网公司、高新技术企业等数字经济市场主体生存的基础。另一方面，新型营商环境所具备的数字金融支付、网络安全维护等能力，是数字经济市场主体进一步发展的保障。

第二，新型营商环境的市场秩序管理也应适应新业态。具体有两个方向：一是新业态的低准入门槛，以促进数字经济市场主体的创新创业。二是新业态的高监管标准，要精准打击并预防数字经济市场主体可能出现的不正当竞争行为，维护营商环境的公平。

第三，新型营商环境需要提供适应数字经济市场主体的专业人才。数字人才是数字经济市场主体创新发展最宝贵的资源，新型营商环境应具有良好的人才生态体系，既要吸引高质量人才，也要积极进行人才培养和人力资源培训，从而为数字经济市场主体提供不竭动力。

理论命题 4-1

数字营商环境是数字市场主体进行数字贸易等经济活动中所依附的设施技术环境、市场运营环境、政策政务环境和司法治理环境等外部经济环境的总和。数字营商环境既包括利用数字技术改造赋能后的传统市场环境，也包括数字经济市场主体创新发展所需要的新型营商环境。

二、数字营商环境的外延

在明确了数字营商环境的定义与双重内涵之后，外延部分将对数字营商环境的组成要素与特征进行剖析。

（一）数字设施技术环境

数字设施技术环境组成了数字营商环境的底层架构，为其他三要素提供底层技术支撑，它包含了硬件与软件设施技术环境两部分。

其中，硬件设施主要有两类。第一类硬件设施是信息基础设施，包括卫星、光缆等各种网络通信设施，它实现了数字营商环境中不同主体的线上连接。第二类硬件设施是物流基础设施，包括公路等交通基础设施和相应的运载与仓储设备，它实现了数字营商环境中不同主体的线下连接。

不同于硬件设施存在实体的特点，软件设施栖身于数字世界。软件设施同样也分为两类：第一类是提供支付、信贷、信息流通等功能的各种网络平台，它们是信息基础设施的运行成果与功能延伸。第二类是以大数据和人工智能为代表的高新技术，此类技术的进步创新可以提高数字市场主体的运转效率与统筹协调能力，并不断助力其迭代升级。（Andrea Sestino，et al.，2020）

尽管在硬件设施方面存在一定的重合，与传统营商环境相比，数字营商环境中的设施技术环境的突出特征在于虚拟化。数字营商环境得以延续的核心设施是存在于虚拟数字世界的软件设施，而硬件设施的主要作用是为软件设施提供支撑。成熟的数字设施技术环境可以将交易过程中的关键节点完全转移至线上，从而突破时间与空间的限制，同时也可以对传统产业进行更成熟的改造，实现产能升级。

（二）数字市场运营环境

数字市场运营环境组成了数字营商环境的中层架构，是数字营商环境的核心，它包括市场规模环境和市场结构环境。

市场规模环境是指数字营商环境中所有数字市场主体的产业规模与交易总量。更庞大的市场，往往能形成更高的规模效益，这意味着更多的机会与更低的成本，由此可以吸引、容纳更多的新型产业，为促进数字市场结构环境的优化做准备。

市场结构环境有两个观测角度：一是数字市场不同产业的分布情况。市场中不同的产业越多，市场结构就越完善，其抗风险能力就越强。二是不同经济体量主体的分布情况。数字市场中各种经济体量的主体都应有一定的生存空间。在传统营商环境的框架下，开办企业的门槛越低，越有利于经济繁荣（董志强等，2012），这一规律同样适用于数字营商环境。数字新业态市场主体的诞生初期，体量往往较小，因此中小型主体也应在数字市场中占据一定的地位，这就要求较低的企业准入门槛。这样的主体结构可以有效促进创新，防止垄断，推动市场公平竞争。

与传统营商环境相比，数字营商环境中市场运营环境的特征在于多元化。在数字市场中，各行各业不同体量的市场主体百花齐放，特别是在产业层面，各种数字新业态主体是不可或缺的中流砥柱。更大的市场规模有利于吸引更多不同种类的市场主体加入，并促进数字环境下的业态创新，改良市场结构；而健康的市场结构又有利于市场主体的发展，促使市场规模不断扩大。最终，市场规模环境与市场结构环境相辅相成，形成多元化特征下的良性循环。

（三）数字政策政务环境

数字政策政务环境组成了数字营商环境的上层架构，作为上层建筑的一部分为数字市场主体服务，它包含了数字政策环境和数字政务环境。

数字政策环境反映了政府对数字市场的重视程度，主要分为三个政策重点，分别是技术类政策、市场类政策和人才类政策。技术类政策旨在拉动核心数字技术的升级迭代，并促成其在新兴领域和传统产业上的应用。技术类政策往往通过设立发展试验区、提供专项补贴等方式，促进人工智能、云计算、数字货币等技术的科研创新，并鼓励市场主体主动应用技术，将其与经济活动结合，为市场赋能。市场类政策聚焦于数字市场的扩大与市场结构的优化。一方面，典型的市场类政策包括设立数字自由贸易区、跨境电商综合试验区等，此类措施可以吸引国内外更多优质市场主体的加入。另一方面，市场类政策还会鼓励数字产业小微企业的加入，其方式包括降低准入门槛、激励金融机构积极为数字新业态小微企业发放贷款、建设"梦想小镇"和"科创走廊"等各种创新创业生态圈。最后,人才类政策往往落脚于数字产业相关的高等教育与职业培训。相关政策既可以通过全球人才招引和高峰人才引育等方式直接引进或培育人才,也可以与高等院校合作,增设数字贸易、电子商务等对口专业,实现高等教育体制机制的改革,落实"内生+外引"的多元人才政策(吴画斌,2019)。

数字政务环境反映了政府服务与数字技术应用的结合程度,是对传统政务各环节进行技术升级后的结果。数字政务环境的关键在于无纸化、一站式和公开性三种趋势的推进深度,利用数字技术,良好的数字政务环境可以将传统政务过程移至线上,减少各环节花费的时间,甚至实现环节的整合,并做到全流程的公开透明。

在具体分析了数字政策政务环境后,其特征可以总结为技术导向性,其中,数字政策环境旨在促进技术的发展与应用,而数字政务环境的形成就是技术应用的本身。进而,数字政务环境带来的效率提升,又可以进一步加快数字政策的落实,从而形成二者间的良性循环。

(四)数字司法治理环境

数字司法治理环境构成了数字营商环境有序运行的保护层,有监管和维权两大主要功能,是其他三要素存在的保障。类似本书对数字营商环境内涵的解读,数字司法治理环境也具有"数字+司法治理环境"与"数字司法+治理环境"两层内涵。

其中,"数字+司法治理环境"是将数字技术与传统司法流程结合,让司法规则接纳数字规则,重构司法制度内的权利分配和程序设计,通过数字资源平台和共享服务平台,提升司法事务效率(李占国,2020)。而"数字司法+治理环境"则是面向和适应数字经济市场主体创新发展所需要的新型司法环境,随着数字市场新业态的不断发展成熟,其重要性逐渐凸显。在新型司法环境中,数字司法治理既要大力打击电信网络诈骗等新型违法犯罪,也要通过建设维权平台等一系列措施保证监管的到位,还要加强保护在线知识产权与个人信息数据安全,特别是防止数字市场主体在取得市场优势地位后对消费者合法权益的侵犯。

不管是"数字+司法治理环境",还是"数字司法+治理环境",数字司法治理环境的特征在于其延伸性,良好的数字司法治理环境使司法力量得以扩散到数字世界中,继续维护秩序和打击违法违规行为。

理论命题 4-2

在兼顾"数字+营商环境"与"数字营商+环境"两种内涵的前提下,可以认为,数字营商环境由底层架构——数字设施技术环境、中层架构——数字市场运营环境、上层架构——数字政策政务环境,以及保障层——数字司法治理环境,共三层架构和一层保障组成,四种要素在数字营商环境中都占据独特的地位。

第二节　数字营商环境的评估指标体系

在理解了数字营商环境的定义、内涵、组成要素及其特征后，为更深入理解数字营商环境的架构，本节进一步延伸，在此构建一套数字营商环境评估指标体系。该体系由数字设施技术环境、数字市场运营环境、数字政策政务环境、数字司法治理环境四个一级指标，及下设的二级、三级指标构成。该指标体系的构建主要参考了世界银行发布的营商环境评价指标体系与数字商务指标体系。

一、数字设施技术环境评估指标

如表 4-1 所示，一级指标数字技术设施环境下设的两类二级指标分别为硬件设施环境和软件设施环境。硬件设施环境主要评估数字技术接入情况与物流设施情况。软件设施环境主要评估数字高新技术的发展情况与网络平台的质量和安全状况。

表 4-1　数字设施技术环境评估指标

一级指标	二级指标	三级指标
数字设施技术环境	硬件设施环境	1. 电信业务总量（亿元） 2. 基础通信设施概况 3. 邮政业务总量（亿元） 4. 基础物流设施概况 5. 电子商务物流和快递平均送达时间与服务最低收费情况 6. 利用信息技术促进物流便利化情况 7. 进出口合规时间及费用 8. 企业对物流和快递的满意度情况
	软件设施环境	1. 每百家企业拥有网站数 2. 人均 IPv6 地址数量 3. 城市金融科技发展情况 4. 数字技术科研情况 5. 数字技术市场交易规模 6. 地区融资便利性水平 7. 数字支付领域发展情况 8. 开展网络安全相关技术平台建设情况 9. 发生网络安全或数据安全事件情况 10. 网络安全企业情况 11. 企业为满足网络安全合规需付出的经济与时间成本

（一）硬件设施环境指标

硬件设施环境指标包含的三级评估指标有电信业务总量（亿元）和基础通信设施概况。其中，基础通信设施概况旨在评估地区数字技术的接入质量与应用情况，具体包括局用交换机容量①、移动电话普及率、光缆及长途光缆线路长度、固定宽带和移动宽带普及率、宽带平均下载速率（Mbps）、企业每百人使用计算机数、人均基站数量和通信卫星发射数量等。指标涵盖的数字技术既涉及最基础的电话通信技术，也包括更为先进的互联网技术。所使用的指标类型囊括总量、人均量、普及率和速率，能较为全面地反映数字技术的接入数量和质量。另外，企业每百人使用计算机数项指标还可以在实际评估中进行细分，统计传统制造业企业、能源类企业、建筑类企业等不同类型企业的每百人计算机使用情况，以反映数字技术对传统产业的赋能情况。

此外，硬件设施环境下的三级评估指标还有：邮政业务总量、基础物流设施概况、电子商务物流和快递平均送达时间和服务最低收费情况、利用信息技术促进物流便利化情况、进出口合规时间及费用、企业对物流和快递的满意度情况。其中，基础物流设施概况包括平均每一邮政营业网点服务面积与服务人口、邮路总长度等。

以上指标首先考察了物流产业的规模，这是物流设施运营与维护的经济目标和内生动力。接下来直接对物流设施进行数量层面的考察，通过物流设施的密集程度，评估其作为数字营商环境硬件设施的承载能力。另外在统计邮路总长度时，一方面可以进行农村邮路长度与城市邮路长度的细分，还可以按航空邮路总长度、铁路邮路总长度以及汽车邮路总长度等运输方式的维度划分，以便进行更完善的评估。最后，评估重点从物流设施的数量逐渐转向质量。其中，利用信息技术促进物流便利化情况，主要是指是否设有智能投递柜、快件的可追踪性情况等，企业对物流和快递的满意度情况主要通过投递的准时率和客户的投诉率反映。上述评估内容既有物流便利化情况这样自从业者角度出发的指标，也有服务满意度等从客户角度出发的标准，从而可以更加客观地反映物流设施运营的真实效率。

（二）软件设施环境指标

软件设施环境指标包含的前三项三级评估指标为每百家企业拥有网站数、人均 IPv6 地址数量和城市金融科技发展情况，旨在对数字高新技术的发展情况做出较为全面的评估。其中，城市金融科技发展情况包括金融科技企业数量、科创板和新三板及 IPO 情况、区块链应用及备案数量等。后三项指标中提及的"数字技术领域"包括但不限于大数据、人工智能、云计算、区块链以及 5G 通信技术等。

数字技术科研情况涵盖其投入情况和成果数量。其中，数字技术科研投入情况包括相关人员全时当量和经费支出，在统计时还可以将人员与经费分为基础研究类、应用研究类和试验发展类，从而更详尽地了解技术的发展结构与重心。数字技术科研成果也有许多种类，例如相关领域发表的科技论文、出版的科技著作、登记的科技成果、获得的国家技术发明奖和国家科学技术进步奖、申请的专利等。数字技术市场交易规模项除了

---

① 局用交换机容量指安装在电信企业内用于接续本地固定电话的电话交换机容量，包括接入网设备容量（安装在电信运营企业用于连接语音用户的远端节点的设备容量）。

统计市场交易额外，还可以测度高数字技术产品的进出口额。

软件设施环境下评估网络平台质量与安全状况的三级指标包括地区融资便利性水平、数字支付领域发展情况等。一些指标还可以具体展开，比如地区融资便利性水平项可以统计的项目有数字金融覆盖面和金融机构数字化程度。而金融机构数字化程度又可以通过线上信用贷款的流程与规模、各类金融 app 应用数量、银证保业务的线上服务比率等来体现。城市在数字支付领域的发展情况则包括属地数字支付企业的营收、在线交易信息披露要求、个人/企业在线支付开通情况、支付结算的平均周期和限额情况、支付服务商之间的壁垒和是否参加数字货币试点等。评估开展网络安全相关技术平台建设情况时，则可以关注评估地区是否已启动相关平台建设和已有平台的数量以及具备的技术手段能力。发生网络安全或数据安全事件情况囊括了发生感染计算机恶意程序、网站安全事故、分布式拒绝服务攻击①等事件数量及情况。最后，网络安全企业情况包括目前在评估地区注册的网络安全企业规模、上市网安企业规模、从业人员规模等数据。

二、数字市场运营环境评估指标

如表 4-2 所示，一级指标数字市场运营环境下设的两类二级指标分别是市场规模环境指标和市场结构环境指标。前者重在评估数字市场整体与各行业的发展规模，后者落脚于数字市场的主体分布是否健康。

表 4-2 数字市场运营环境评估指标

一级指标	二级指标	三级指标
数字市场运营环境	市场规模环境	1. 移动互联网接入流量 2. 人均数据流量消费 3. 网络零售总额 4. 企业电子商务交易总额 5. 跨境电子商务交易总额 6. 数字贸易总额 7. 有电子商务交易活动的企业数 8. 数字市场的就业人员数量、员工工资总额、业务收入、产品收入
	市场结构环境	1. 数字市场各行业企业交易额占总交易额比重 2. 数字市场各行业就业人员的平均工资对比 3. 数字市场各行业就业人口比重 4. 大型、中型、小型和微型四类企业各自的营业收入、就业人员以及资本总额占全体企业相应指标的比重

---

① 分布式拒绝服务攻击（distributed denial of service，DDoS）是指处于不同位置的多个攻击者同时向一个或数个目标发动攻击，或者一个攻击者控制了位于不同位置的多台机器并利用这些机器对受害者同时实施攻击。攻击者在进行分布式拒绝服务攻击的时候，可以对源 IP 地址进行伪造，这样就使得这种攻击的隐蔽性较好，非常难以防范。

（一）市场规模环境指标

在表 4-2 的市场规模环境指标中，移动互联网接入流量和人均数据流量消费聚焦于数字市场规模中的技术市场部分，而网络零售总额主要考察了数字技术的应用市场。接下来的企业电子商务交易总额、跨境电子商务交易总额、数字贸易总额和有电子商务交易活动的企业数、数字市场的就业人员数量等几项指标则可以通过在统计时进行行业的深度细分，实现同时涵盖两者。以最后一项指标中的数字市场相关指标为例，一方面可以统计将电子商务模式与传统零售业、制造业和服务业结合的企业，也可以统计软件行业、信息技术服务业以及主营大数据、人工智能、云计算等高技术行业的企业，从而兼顾"数字+营商环境"与"数字营商+环境"。

（二）市场结构环境指标

市场结构环境指标既要考察市场内所属不同产业主体的差异，也要衡量中小微主体的生存空间，以确保市场环境的可持续发展。

市场结构环境指标包含的考察市场内所属不同产业主体差异的三级评估指标有：数字市场各行业企业交易额占总交易额比重、数字市场各行业就业人员的平均工资对比、数字市场各行业就业人口比重。以上指标除了能反映数字市场各行业的生存状态，更可以通过对比分析各类产业占据的不同地位。类似对市场规模环境的细分评估，数字市场各行业既包括利用数字技术对自身进行改造的产业，也包括信息技术服务业等主营数字技术的产业。

为衡量中小微主体的生存空间，主要的指标是数字市场内大型、中型、小型和微型四类企业各自的营业收入、就业人员以及资本总额占全体企业相应指标的比重。在较为公平健康的数字市场环境中，中小微企业的生存空间更大，这也能从源头上减少市场垄断等不公平竞争行为的发生。

最后，以上的数字市场规模环境和结构环境评估指标都主要考察了数字市场的存量环境，在实际评估中，还可以统计相应指标的增长率或增长量，比如数字贸易总额的同比增长率、数字市场各行业的新增就业人员等，以此来反映数字市场整体和不同类型主体的经济活力。

三、数字政策政务环境评估指标

如表 4-3 所示，数字政策政务环境的评估指标分为政策和政务两部分，政策环境部分反映了当地政府对数字技术的扶持程度、对数字市场的优化意愿以及对数字人才的培育力度，政务环境部分则体现了政府服务能否较好地与数字技术结合。

表 4-3　数字政策政务环境评估指标

一级指标	二级指标	三级指标
数字政策政务环境	数字政策环境	1. 鼓励数字技术发展的政府规划数量 2. 数字技术领域研究与试验发展的政府资金经费支出 3. 数字市场主体的准入设置情况 4. 对互联网领域从业人员的资格资质设置情况 5. 数字市场负面清单情况 6. 数字贸易壁垒情况 7. 数字市场相关的综合试验区数量 8. 涵盖电子商务、数字贸易等数字经济相关专业的公立高等院校数量 9. 激活数字经济人才的公共开支占当地 GDP 比重 10. 数字化人力资源市场服务机构数量 11. 数字人才创新培养模式情况
	数字政务环境	1. 政府是否开发数字政务平台 2. 数字政务平台的服务方式完备度 3. 数字政务平台的服务事项覆盖度 4. 数字政务平台的办事指南准确度 5. 数字政务平台的在线办理成熟度 6. 数字政务平台的在线服务成效度 7. 数字政务平台的服务信息公开度 8. 政府决策时是否使用人工智能、物联网等技术感知、汇集和挖掘信息 9. 政府部门是否实现数据共享、平台整合以及业务融合

（一）数字政策环境指标

数字政策环境指标下设的三级指标分三类。第一类指标有：鼓励数字技术发展的政府规划数量、数字技术领域研究与试验发展的政府资金经费支出。两项指标都反映了政府在政策上对数字技术的支持，其中，鼓励数字技术发展的政府规划种类多样，例如，政府牵头组织实施的数字技术重大科研项目、布局建设的数字科技创新平台、设立人工智能或大数据等数字技术试验区、组织数字技术专业治理委员会等，都属于这一指标统计的范畴。

第二类指标主要考察政府政策在扩展数字市场规模、激发数字市场活力和优化数字市场结构上的努力，具体指标有：数字市场主体的准入设置情况、对互联网领域从业人员的资格资质设置情况、数字市场负面清单情况、数字贸易壁垒情况、数字市场相关的综合试验区数量。其中，对准入设置的评估可以参考政府对数字市场主体资质要求的项数，以及数字市场主体获得许可的平均天数。类似的，从业人员的资格设置情况也可以通过统计获得许可平均天数、资质要求项数等测度。数字市场的负面清单情况可以反映政府为优化数字市场结构，在市场中禁止和限制投资经营的行业事务，而各类数字市场主体可依法平等进入负面清单未涉及的领域。数字贸易壁垒情况则反映了国外数字市场主体进入本地市场的阻力，数据境内存储和数据流量限制等规制措施都是数字壁垒的表现，本书将在后续章节对数字贸易壁垒进行详细剖析。数字市场相关的综合试验区包括数字经济示范区、数字自由贸易区、跨境电商综合试验区等多种类型。不同于为推动技术开发与成果转化的数字技术试验区，此类综合试验区强调多维度创新协同发展，打造完整的数字产业链和生态链，从而为其他地区数字市场的健康发展提供可参考的经验，以点带面实现突破性发展（肖亮等，2020）。

专栏 4-2 中国市场准入负面清单的实践历程

第三类指标包括：涵盖电子商务、数字贸易等数字经济相关专业的公立高等院校数量，激活数字经济人才的公共开支占当地 GDP 比重，数字化人力资源市场服务机构数量，数字人才创新培养模式情况。这些指标主要用来评估政策对数字人才的重视程度。在评估数字人才创新培养模式情况时，主要评估当地是否存在产学研三位一体、人才国际转移等新模式，以及模式推动下的成果转化的典型案例。

（二）数字政务环境指标

数字政务环境的首要评估指标是是否开发数字政务平台，以此为基础，还可以评估数字政务平台的多种功能表现。其中，服务方式完备度指企业或个人是否可以在数字政务平台上快捷并准确地查找到所需服务。服务事项覆盖度指数字政务平台上发布的各类清单规范的覆盖面与完整度。办事指南准确度指数字政务平台上公告指南的可靠程度。在线办理成熟度考察数字政务在线办理的一体化程度，包括利用数字政务平台办理一项事务所需的平均时长与平均环节数量等。在线服务成效度指数字政务服务平台的用户体验、网办效率、服务质量等方面的实施效果。服务信息公开度指数字政务平台能否做到办理服务时全流程的信息公开透明以及办理出现失误时的责任可追溯性。

最后，在数字政务环境良好的情况下，还可以进一步评估智慧政府的建设情况。具体的评估指标包括：政府决策时是否使用人工智能、物联网等技术感知、汇集和挖掘信息，政府部门是否实现数据共享、平台整合以及业务融合。两项指标分别评估了智慧政府的技术应用和体制改进两个维度。

四、数字司法治理环境评估指标

如表 4-4 所示，数字司法治理环境评估指标下设的两类二级指标分别为监管环境和维权环境，前者是评估在数字市场出现恶意竞争或违法违规行为前的限制能力，后者则是衡量在恶性行为发生后的对受害者补救与对施害者的惩戒力度。

表 4-4　数字司法治理环境评估指标

一级指标	二级指标	三级指标
数字司法治理环境	数字监管环境	1. 对数字市场主体收集、使用用户数据的监督情况 2. 对数字市场不正当竞争行为的监管情况 3. 对网络平台向商户收取佣金、支付手续费、服务费等相关费用的监督措施 4. 对网络商品质量的监督举措
	数字维权环境	1. 在线消费者权益保障情况 2. 中小微商户线上经营权益保障情况 3. 在线知识产权保护举措及成效 4. 电信网络诈骗治理情况及成效 5. 网络平台内不良经营行为治理情况

（一）数字监管环境指标

数字监管环境包括的三级指标有：对数字市场主体收集使用用户数据的监督情况，对数字市场不正当竞争行为的监管情况，等等。其中，数字市场的不正当竞争行为种类很多，包括滥用市场地位、签订排他性服务合同、价格违法行为等。具体的监管措施主要是为数字市场量身出台和实施相关法律法规，结合建立信用档案、实施差异化监管等方式，增加违规成本，从源头上减少数字市场主体违法违规行为的发生。

专栏 4-3　信用档案的类型、内容构成与功能

按照信用档案构成主体的不同，可将信用档案划分为：个人信用档案、企业信用档案、中介机构信用档案和政府信用档案。按照信用档案记录性质的不同，可将信用档案划分为：优良记录信用档案与不良记录信用档案。按照信用档案功能作用的不同，可将信用档案划分为不同的层次：基础层，即反映信用主体的身份及相关基本情况；守法层，即反映信用主体的守法情况与签约、履约情况；信用层，即反映信用主体的信用评定等级、各项荣誉称号等。此外，也可分为客户的个人基本资料、客户的银行信用、客户的社会信用和特别记录等。

从信用档案资源角度看，信用档案内容包括两方面：一方面是道德信用方面的内容，如企业、个人的基本材料、与银行等部门的履约情况等；另一方面是资产信用方面的内容，如财务分析、资产负债等情况。从工作程序上讲，信用档案的内容一方面是收集记录的自然原始数据，如各种调查表等；另一方面就是在为确保信用资源的有效价值而建立的一系列制度中形成的材料。从内容所属性质看，信用档案内容主要包括：静态的内容，即反映信用主体相对稳定的基本情况材料；动态的内容，即反映信用主体在经济活动和社会活动中形成的信用信息和信用情况。

信用档案的功能有三。第一是揭示功能。信用档案真实地记载了信用主体的信用原貌，揭示了自然人和法人的诚信行为，明示出信用主体的信用状况。第二是预警功能。信用档案为判断信用主体将来的信用行为提供了有力的推断依据，也为选择合作或交往对象可能遇到的风险发出警示。第三是鞭策功能。由于信用档案内容具有动态性以及不良信用记录的非永久性，因而能刺激信用主体自觉地、不断地追求获得良好的信用记录，鼓励和鞭策信用主体树立诚信风尚，加快社会信用建设的进程。

摘自：颜海. 信用档案及其管理研究综述［J］. 图书情报知识，2003（6）：27-29，32.

（二）数字维权环境指标

数字维权环境包括的三级指标有：在线消费者权益保障情况、中小微商户线上经营权益保障情况、在线知识产权保护举措及成效、电信网络诈骗治理情况及成效、网络平台内不良经营行为治理情况。

其中，保障在线消费者权益、中小微商户线上经营权益和在线知识产权的手段较为相似，包括是否设立相关数字市场主体的投诉维权平台、年度受理投诉数量、平均处理时长等。在评估电信网络诈骗治理成效时，要注意囊括对使用钓鱼网站涉及抽奖、股票、刷单等各方面的新型网络诈骗的治理。最后，对网络平台内诸如虚假广告、贩卖假冒伪劣产品等不良经营行为的治理手段，不仅包括应用政府的法律法规，也包括利用信用信息公开、优惠诚信经营、清出失信用户等方式支持和引导网络平台内部的信用建设。

第三节　数字营商环境在数字贸易发展中扮演的重要角色

一、数字营商环境居于数字贸易基础性地位

从相对静态的视角来看，在数字贸易发展的各个阶段，作为数字贸易进行的场所，数字营商环境居于数字贸易的基础性地位，贯穿数字贸易全过程的始终，并且数字营商环境的四个组成要素都在其中扮演不同的重要角色。

（一）数字设施技术环境的支撑作用

在传统营商环境下，贸易活动往往需要借助市场主体线下的接触与互动，这就导致了信息传递的滞后性，而不达标的物流基础设施会进一步降低贸易效率，提高货品损坏风险，增加贸易成本，过程费时费力。但是在数字营商环境内，数字设施技术的加持使得数字贸易成为可能。

第一，信息基础设施提供了数字贸易最基础的技术支撑——通信技术支撑。通

信技术可以实现市场主体的远距离沟通，这大大突破了时空限制，节约了交易成本。

第二，优良的物流基础设施为数字贸易提供了运输技术支撑。合格的仓储物流不仅可以缩短贸易标的的运输时间，更可以保障路途中标的的安全。另外，现代物流基础设施还可以满足冷链运输的需求，这为过去一些因自身特质无法进行跨境贸易或远距离配送的贸易标的开辟了新的贸易渠道与市场。

第三，数字营商环境必需的移动支付平台、数字金融平台、在线交易平台等软件基础设施为数字贸易提供了平台技术支撑。平台技术是数字贸易过程中最重要的功能载具，例如移动支付平台解决了数字贸易过程中的结算问题，补全了交易链条最重要的一部分；数字金融平台则可以为数字市场主体，特别是小微企业提供更方便快捷的融资渠道，缓解信贷约束，助力其迈出融入数字营商环境的第一步，同时还能显著促进企业的技术创新（吴庆田等，2021）；在线交易平台则相当于将传统集市转移至线上，将数字贸易的交易方集中起来，并提供了虚拟空间内的交易场所。

第四，以人工智能、云计算、区块链为代表的高新技术可以为数字贸易产品产业的迭代升级提供技术支撑。随着数字贸易的规模化，数字市场主体要做到精准服务与高效运营，必须采用以人工智能等高新数字技术为支撑的智慧车间、精准推送、数字物流等新模式。

总之，数字营商环境的组成要素之一——数字设施技术环境为数字贸易的进行提供了通信、物流、平台和产业升级等不同层面的技术支撑，是数字营商环境居于数字贸易基础性地位的重要原因。

专栏4-4 数字物流对逆向物流的支持作用

数字物流是指在仿真和虚拟现实、计算智能、计算机网络、数据库、多媒体和信息等技术的支持下，应用数字技术对物流所涉及的对象和活动进行表达、处理和控制，具有信息化、网络化、智能化、集成化和可视化等特征的技术系统。

逆向物流是指物品从其消费地向其上一级来源地的流动过程，以补救物品的缺陷、恢复物品价值或使其得到合理处置。逆向物流与正向物流一起构成了循环物流系统，使资源由单向流动向循环流动发展，是废物转变成资源的不可缺少的关键步骤。从逆向物流角度来看，"废物"是资源放错了位置或未尽合理使用，即在不合理的地点、不合理的时间、放置了不合理的资源数量；或者只是某一阶段内被赋予的特定使用价值或功能的丧失，其本身的可利用属性尚未完全消失。在某一状态下（如位置、时间等）的物品是废物，到另一状态下或许就是资源。即通过物流来优化配置，还可获得新的使用价值。而在信息支持下的逆向物流正是在低成本、高效率、高质量运行的目标下，确保准确品种与数量的"废物"在正确的时间、到达正确的地点，重新发现其价值，使"废物"得以合理配置和使用。通过信息支持的逆向物流，废弃物能得以再生利用，以实现生产过程和消费过程中某些物资的循环，有利于循环型社会的构建。

在逆向物流这一过程中，信息的准确提供与传递是确保回收物资得以合理利用的关键，信息为物流在准确的时间，将所需的物品送至目的地提供了保障。数字物流充分利用其准确快速的信息、先进的技术来确保逆向物流的高效运营。

摘自：张则强，程文明，钟斌，等. 数字物流与可持续发展[J]. 科技管理研究，2007(04)：47-49.

（二）数字市场运营环境的连接作用

数字营商环境中的数字市场运营环境是与数字贸易关联最密切的组成要素，负责连接贸易双方和其他贸易相关角色，其连接作用主要体现在以下三点：

第一，数字市场运营环境可以为数字贸易提供必要的配套产业，实现产业层面的供需匹配。前文提到对数字贸易起支撑作用的通信、物流、网络平台和高新技术，其应用都依赖数字市场主体在背后的运营，而经营数字贸易的市场主体也必须依靠数字市场的大环境才能完成与一系列配套产业的高效匹配。此外，数字市场运营环境还能帮助数字贸易市场主体与宣发、文印、包装等辅助配套产业实现连接。

第二，数字市场运营环境可以为数字贸易提供海量的交易机会，实现微观层面买卖双方的供需匹配。对于数字贸易中贸易标的的生产者，具有一定规模的数字市场有利于其对接、打通供应链的上下游。对于贸易标的的采购者，数字市场则可以提供更多差异化的产品供其选择，满足其不同需求。由于大量买方卖方的存在，数字市场还能帮助买卖双方在数字贸易过程中实现包括 B2B、B2C、C2C、C2B 等各种垂直匹配方式，免去了中间商环节。尽管如此，数字贸易中间商在数字市场中也有可观的生存空间和贸易机会，还有可能实现规模化的数字转口贸易。

第三，数字市场运营环境还可以促进数字贸易的公平性，因为这一连接作用不只在交易层面，也体现在竞争层面。结构健康的数字市场中，各产业领域内不同体量的主体在同一环境内竞争，这既有利于数字市场主体迸发创新活力，激发新业态新模式的诞生，也能引导主体间自发地互相监督，减少垄断寡头出现和市场公平受损的可能性。

总的来说，数字市场运营环境不仅连接了数字贸易主体与配套产业，还连接了交易链中的各方，实现了各种维度的供需匹配，另外也连接了存在竞争关系的同类型数字贸易主体，最终促成了数字贸易的高效进行。

（三）数字政策政务环境的服务作用

进行数字贸易时，数字营商环境中的政策政务环境部分能够较好地服务数字市场主体，平滑贸易过程，增进贸易效率。

数字政策环境的服务作用体现在扬优势、补短板和固根基三个方面。第一，鼓励发展科技试验区等技术类政策能够促成大数据、云计算等各种主营高新技术的数字市场主体落地并致力于技术突破。而数字技术带来的高效沟通与统筹能力，正是数字贸易市场主体相比于传统企业的天然优势。因此，技术类数字政策可以加速数字技术对数字贸易的赋能，起到帮助数字贸易主体扬优势的作用。第二，设立数字自贸区等市场类政策可以起到补短板的作用，降低先天的高市场垄断风险。其高垄断风险的内在逻辑是，数字贸易仍属于新兴的数字经济细分领域，在数据、平台和算法构成的基本架构下，数字贸易市场主体容易形成高集中度的市场结构和明显的市场优势，由于相关的法律规制与管理体系还不够健全，还可以利用算法通过精准价格歧视、恶性压价等手段打压同类型市场主体，形成垄断寡头地位（李丽红等，2021）。而市场类政策扩大市场规模，优化市场结构的作用能够促进更多小微企业的加入，这一方面能通过促进产品的差异化，增加替代品来减少垄断，另一方面市场主体间的相互监督可以有效防止垄断行为的出现。第三，人才类数字政策能够起到固根基的作用。数字贸易过程中涉及的生产制造、渠道营销、物流配送等环节的正常进行，背后都是数字人才的知识支撑与技术创新。特别是还处于研发试验阶段的高新技术，其中难题更需要人才的攻坚。人才类数字政策既能直接招引高端人力资源，还能通过教育培训的方式促进新人才不断涌现，从而稳固数字贸易的技术根基。

相比于数字政策，数字政务环境的服务作用更加直接。数字政务将政务活动转移至线上一体化平台，一方面免去了数字贸易主体过去办理资格认定、经营许可等事宜时多部门奔波、长时间排队的麻烦，另一方面当工商部门将基本的手续、流程问题整理成册发布至线上平台时，可以帮助数字贸易主体规避因材料准备不全或流程了解不清造成的合规成本增加。另外，一旦政府出现处理不当的事宜，可以及时通过数字政务平台发布公告和解决方案，这也增强了数字贸易主体对政府的认可与信任度，进一步提升其参与、使用数字政务的积极性（陈岚，2012）。

综上所述，数字政策政务环境对数字贸易的服务作用体现在数字政策可以通过扬优势、补短板和固根基的方式促成数字贸易的高效进行，而数字政务可以利用线上一体化平台的优势减小数字市场主体贸易活动中的阻力。

（四）数字司法治理环境的保障作用

对于数字贸易，数字司法治理环境发挥保障作用的形式有两种，分别是违规行为发生前的监管和发生后的维权与打击，无论哪种方式，其目的都是保障数字贸易的市场秩序，管理市场主体行为。数字司法重点治理的行为分两类，分别是违规竞争和侵害权益。需要注意的是，数字司法治理环境和数字市场运营环境都可以促进市场主体公平竞争，区别在于前者动用了司法手段。

治理违规竞争的行为，一方面可以减少价格战、资源战、广告战等数字贸易市场主体间的恶性竞争，另一方面也能防止产业巨头设置市场进入障碍并获得垄断地位。产业巨头设置障碍的方式也和一些恶性竞争行为类似，并且在获得垄断地位后，会为了获取超额利润而牺牲产业效率和创新研发能力，易滋生腐败，还很可能出现另一类数字司法需要重点治理的行为——侵害权益。

数字贸易市场中侵害权益的行为有三种。第一种是市场主体通过"霸王合同"或利用垄断地位收取高价等方式，侵犯消费者的公平交易权、选择权和隐私权等其他权益，这极大损害了消费者福利。第二种是数字贸易市场主体对知识产权的侵害。只有通过数字司法手段保护知识产权，才能激发数字市场的技术创新活力，营造良好的市场氛围。相比于前两种行为稍显隐蔽的侵权方式。第三种是以数字欺诈为代表的更加明目张胆的恶劣违法行为，这既包括各种新型的电信诈骗，也包括无良企业或个人商家在数字贸易过程中售卖假冒伪劣产品的行为，这不仅会损害数字贸易市场的秩序，更会产生恶劣的社会影响，不利于诚信交易机制的树立（许光，2011），阻碍经济的可持续发展。

总之，数字司法治理环境的保障作用体现在通过预防与打击违规行为，对数字贸易的秩序进行维护。此外，数字司法治理由于应用了数字技术，治理过程也将更加高效，保障作用会更加显著。

二、数字营商环境优化驱动数字贸易生态圈拓展

从动态发展的视角来看，数字营商环境对数字贸易的重要性还体现在：数字营商环境的优化升级能够驱动数字贸易生态圈的拓展。

在一定的数字营商环境中，数字贸易发展到一定规模后，各类共生单元出现，数字贸易生态圈也粗具雏形，则市场必然会进入从蓝海演变为红海的阶段，数字贸易市场中卖方主体的关注重点也将从增量挖掘转变为存量争夺，随之而来的则是恶性竞争可能性的增多，而数字营商环境本身作为生态圈的重要组成部分，其优化则可以通过驱动数字贸易生态圈的拓展减少这一可能性，促进数字贸易的高效运行，其内在逻辑如下：

结合前文对数字营商环境组成要素的系统阐述，数字营商环境优化包括数字设施技术更新、数字市场规模扩大与结构改良、数字政策政务革新、数字司法治理升级等多方面的进步，这些优化不仅代表着数字营商环境更加稳固地居于数字贸易的基础性地位，还能吸引更多数字贸易市场主体的加入，而更多市场主体间自发的互相监督可以激励生产效率提升，减少违规行为，维持生态圈的健康与活力。此外，最重要的是，数字营商环境的优化有助于挖掘数字贸易中买方的新需求，诞生新的生态圈共生单元，开拓数字贸易新市场，扩大已有市场的资源存量，相当于提供更多可供数字贸易市场主体挖掘的增量，减小其争夺存量的压力和引致恶性竞争的可能性。而随着数字贸易生态圈的拓展，新技术、新业态的出现也有利于数字营商环境的进一步优化，实现良性循环。

因此，数字营商环境可以通过多方面的优化，拓展数字贸易生态圈的资源容量与共生单元，从而提高数字贸易效率，实现数字贸易生态圈的可持续发展。实际上，数字营商环境与数字贸易生态圈之间相辅相成，二者的优化升级可以形成良性循环。

> **理论命题 4-3**
>
> 　　从静态的数字贸易视角切入，数字营商环境居于数字贸易的基础性地位，数字营商环境的四个组成要素的各自发挥了独特的作用，即数字设施技术环境的支撑作用、数字市场运营环境的连接作用、数字政策政务环境的服务作用和数字司法治理环境的管理作用。从动态的数字贸易视角切入，数字营商环境的优化则能够驱动数字贸易生态圈拓展，实现数字贸易生态圈的可持续发展。

本章小结：中国视角

　　数字营商环境是进行数字贸易所依附的数字经济环境，包括"数字+营商环境"与"数字营商+环境"双重内涵。数字营商环境由数字设施技术环境、数字市场运营环境、数字政策政务环境和数字司法治理环境四个各具特征的要素组成，各要素都配备成体系的评估指标，并在数字贸易的进程和演化中发挥重要作用。

　　根据世界银行《2020 年营商环境报告》，中国的营商环境在全球 190 个经济体中的排名从第 46 位升至第 31 位。中国整体营商环境排名的提升，离不开迅速发展的数字营商环境。例如，在数字设施技术环境方面，拥有技术支撑作用的大数据中心等硬件设施和 5G 技术、人工智能等软件设施已被我国政府列入新基建的重点发展领域之中。此外，2019 年，中国网民人数占全国人口比重已超过六成，同时三大运营商公布 5G 商用套餐，开启了我国的 5G 商用纪元。在数字市场运营环境方面，2019 年，中国电子商务交易额达 34.81 万亿元，其中网上零售额超过 10 万亿元[①]，电子商务服务业营收同比增长 27.2%，实现了规模和结构上的双重升级。在数字政策政务环境方面，国务院发布了《优化营商环境条例》等一系列重点打造营商环境的政策文件，其中不乏推进线上一体化政务平台建设等数字营商环境范畴内的方针。另外，2020 年 4 月 7 日，国务院宣布在连云港市等 46 个城市和地区新设跨境电商综试区，至此中国跨境电商综试区已超过 100 个。最后，在数字司法治理环境方面，《电子商务法》自 2019 年开始施行，其内容涉及电子商务经营主体、线上支付等，填补了我国相关法律的空缺。与此同时，由各级主管部门推动，衔接事前、事中、事后全监管环节，以信用为基础的新型监管及维权机制正在逐步形成。

　　但不容忽视的是，中国数字营商环境的发展建设依然存在不足，企业数字化转型缺乏人才资金、各类主体的数据孤岛难以打通、数字营销的信用治理难题、农村电商"最后一公里"的薄弱环节等问题亟

---

① 中华人民共和国商务部. 中国电子商务报告（2019）.

待解决。因此，为进一步建设和治理数字营商环境，中国在过程中必须坚持新发展理念，实现高质量发展和包容性增长，加快新兴数字产业的发展，做到数字设施技术、数字市场运营、数字政策政务和数字司法治理环境的协同发展，为数字贸易营造更加先进和稳定的环境。

即测即评

思考题　　1. 2018 年 12 月 19 日至 21 日，中央经济工作会议在北京举行，会议提出加快 5G 商用步伐，加强人工智能、工业互联网、物联网等新型基础设施建设。5G 通信技术受国际因素的影响，是"新基建"概念被提出后最受关注的议题。请你简述 5G 通信技术的优势及其在构建与优化数字营商环境中的作用。

2. 2018 年 3 月 22 日，时任美国总统特朗普在白宫签署了对中国输美产品征收关税的总统备忘录，次日，中国商务部发布了针对美国钢铁和铝产品 232 措施的中止减让产品清单，拟对自美进口部分产品加征关税。自此中美贸易摩擦正式开始。试分析此次贸易摩擦对中国数字营商环境建设的挑战。

3. 截至北京时间 2021 年 1 月 27 日 3 时 30 分左右，全球新冠肺炎确诊病例累计超 1 亿例，达 100 032 461 例，死亡病例 2 149 818 例。新冠肺炎疫情的全球大流行对世界经济造成了巨大冲击，但也有观点认为新冠肺炎疫情可以倒逼数字营商环境的升级。请你辩证地阐述新冠肺炎疫情对中国数字营商环境建设的影响。

4. 在中国中央广播电视总台主办的 2021 年"3·15"晚会中，网络招聘平台售卖简历、手机清理类软件自动收集信息等事件被曝光，数字经济时代的消费者权益保护问题再掀热潮。请结合所学内容，以隐私权为例，谈谈如何有效地在数字营商环境背景下保护消费者的合法权益。

5. 2020 年 11 月 15 日，第四次《区域全面经济伙伴关系协定》领导人会议以视频方式举行，会后东盟 10 国和中国、日本、韩国、澳大利亚、新西兰共 15 个亚太国家正式签署了《区域全面经济伙伴关系协定》（Regional Comprehensive Economic Partnership，RCEP）。RCEP 的签署，标志着当前世界上人口最多、经贸规模最大、最具发展潜力的自由贸易区正式启航。请你简述签署 RCEP 对中国数字营商环境建设的意义。

延伸阅读

［1］ CANARE T. The Effect of Ease of Doing Business on Firm Creation. Annals of Economics and Finance, 2018, 19（2）: 555–584.

［2］杜运周，刘秋辰，程建青. 什么样的营商环境生态产生城市高创业活跃度?: 基于制度组态的分析［J］. 管理世界，2020，36（09）: 141–155.

［3］上海市人民政府发展研究中心. 推动高质量发展的营商环境研究 基于国际视角的比较分析［M］. 上海: 格致出版社，上海: 上海人民出版社，2019.

［4］孙丽燕. 外贸中小企业面临的国内营商环境研究［M］. 北京: 中国商务出版社，2016.

第五章

数字贸易生态圈

在数字贸易的发展过程中，各贸易参与者的交流合作使得数字贸易生态逐渐形成，参与主体的增多和各主体互联程度的加深则推动数字贸易生态的存在形式不断演变，数字贸易生态圈便是数字贸易生态综合发展的最终阶段。数字贸易参与主体的分工协同、数字贸易标的的高效流通以及数字贸易过程的有效监管，都离不开数字贸易生态圈的合理架构和各生态圈层的互通交流。因此，数字贸易生态圈可为维持数字贸易规模的稳步扩张提供优良环境，打造数字贸易生态圈也逐渐成为世界各数字经济体系的战略目标之一。通过本章的学习，可以快速了解数字贸易生态圈产生的背景、发展的阶段性演变及其内涵和外延，理解数字贸易生态圈的整体架构，并领悟其对促进数字贸易扩张、维持数字贸易可持续发展的重要意义，为进一步深入理解数字贸易生态圈打下基础。

第一节　数字贸易生态圈的产生与发展

一、数字贸易生态圈产生的背景

数字技术的蓬勃发展使得数字贸易规模日益扩大，根据本书第三章对数字贸易内涵的阐述，数字贸易被认为是传统贸易在数字经济时代的拓展与延伸（马述忠，2018），因此数字贸易生态圈也是在传统贸易生态框架基础上建立与发展的。传统意义上的贸易是指，世界各个国家或国家内各地区交换商品和劳务的基本活动，其中各国或地区将进行专业化分工，并在此基础上进行利益交换（卢荣忠，2005）。在商品设计、生产、销售等环节专业化分工日益细化的基础上，传统贸易生态的框架逐渐建立。

融合国内贸易与国际贸易的分工特点，传统贸易生态链的主体包括核心参与主体与外贸综合服务部门。其中，传统贸易生态核心参与主体可以分为进口方与出口方，进口方包括进口企业、进口中间商（进口代理商、进口经销商等）及进口个人消费者，出口方包括生产企业及出口中间商（出口代理商、出口经销商等）；外贸综合服务部门则包括运输部门、金融部门、政府监管部门等。由此，传统贸易的生态链可以表示为"生产企业→出口中间商（代理/经销商）→进口中间商（代理/经销/零售商）→进口企业/

消费者"（见图 5-1）。由于数字贸易与传统贸易的时代背景、行为主体、交易标的、运作方式等有所不同，所以数字贸易的出现将一定程度上改变各传统贸易参与主体的参与地位、参与方式、参与效率与功能作用，也将对传统贸易生态的运作模式产生冲击。

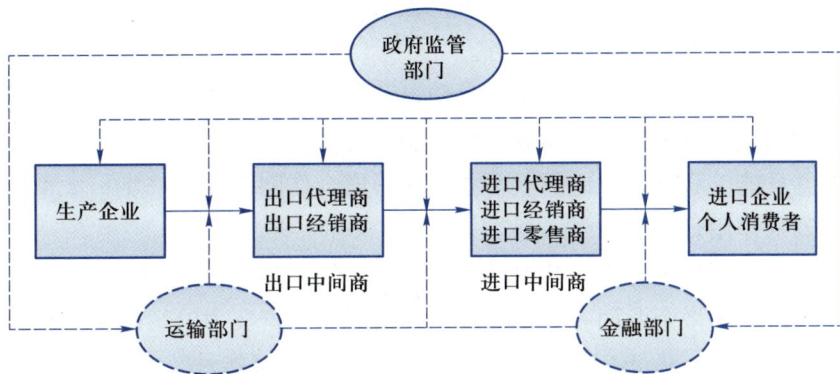

图 5-1　传统贸易生态链

（一）数字贸易对传统贸易生态核心主体的冲击

1. 对进口方的冲击

对于进口方来说，数字贸易会对传统贸易进口中间商的地位和存在意义产生较大冲击。

第一，传统贸易生态下的进口中间商对于本地目标市场了解较为深入，有利于帮助出口企业迅速进行市场定位、提高交易效率、增强销售能力并与进口厂商和消费者进行高效交流。然而，在数字贸易的传统实体货物交易中，B2B、B2C 交易模式将传统贸易下的"生产企业→出口中间商（代理/经销商）→进口中间商（代理/经销/零售商）→进口企业/消费者"的生态链条缩短为"生产企业→数字贸易服务平台→消费者/进口企业"，而数字贸易服务平台则能够代替进口中间商的市场定位、沟通交流作用，甚至能够为消费者提供更加个性化和多样化的选择，更深度地消除交易各方的信息壁垒，解决信息的不对称性，使生产者和消费者的连接更加紧密，因此进口中间商的地位显著降低。

第二，传统贸易生态下的进口中间商通常需要承担除商品销售外的一系列辅助事宜，如货物保险办理、运输办理、海关办理或售后服务等，而数字贸易则将保险、物流、报关等流程交予专业化分工的数字贸易综合服务部门，免除了进口方额外的运营成本。此外，数字技术的日益进步使得数字贸易平台的功能愈加丰富，从而带动了进口方的数字化经营，以此提高交易效率、增加了交易成功的可能性。

2. 对出口方的冲击

对于出口方来说，数字贸易会对传统贸易出口中间商的地位和存在意义产生较大冲击。

第一，在传统贸易生态下，出口中间商可以为产品购买商提供产品信息，并为其解答疑惑，但在数字贸易模式下，于平台上直接进行产品供应的企业在拥有传统出口中间商的大部分功能的同时，能够更全面、高效地为买家提供服务。例如，其能够直接在数字贸易服务平台上传商品信息，在线与买家进行沟通交流，为其答疑解惑，还可以负责款项收付、产品发货、售后反馈等事务。

第二，在传统贸易生态下，由于信息壁垒和地理距离的限制，生产者依赖于通过出口中间商来尽快找到目标客户，而数字贸易服务平台则能够实现生产企业和消费者的同时空交流，并且能够联合产业链的上下游企业形成合作网络并进一步扩大市场，因此传统出口中间商的作用日趋下降。

第三，在传统贸易生态下，出口中间商是连接出口厂商和目标国家市场的重要纽带，尤其是对于中小微企业而言，在缺乏信息资源和经营实力的情况下，出口中间商能够为其减少搜寻成本、降低交易风险、提高交易成功的可能性。而在数字贸易生态下，由于数字贸易的普惠性特征，数字贸易服务平台对中小企业的接受度极高，并且平台可以通过其丰富的资源帮助中小企业扩大业务规模、积累销售经验，在此情况下传统贸易出口中间商的存在地位会进一步受到冲击。

（二）数字贸易对传统外贸综合服务部门的冲击

传统外贸综合服务部门主要包括运输部门、金融部门和政府监管部门等。在传统贸易生态下，综合服务部门的功能较为单一，且服务周期较长、运营效率较低。在数字技术和信息网络技术创新的冲击下，各综合服务部门也逐步开启数字化、电子化变革，运输部门和金融部门逐步加深交流沟通和资源互享程度，政府监管部门的监管范畴进一步扩张、监管难度进一步增强。与此同时，技术服务部门的关键性逐渐增强，成为不可缺少的重点部门。具体而言，数字贸易对传统外贸综合服务部门的冲击有如下三方面。

1. 数字贸易将催生一体化仓储物流体系

在传统贸易生态中，货物运输主要通过海运、陆运、空运等方式，运输方式一般呈现"集中化"，一是为了降低物流成本，二是为了给货物交接环节创造更多时间。而在数字贸易生态下，订单往往呈现"分散化""小额化"特征，不适用于传统的集装箱海运运输方式。为了实现货物的高效流转和及时配送，一体化仓储物流体系在互联网技术的支撑下开始逐渐建设完善。首先，互联网技术为物流信息系统提供了"即时"对接的可能，通过即时信息系统，可以实现全程的物流信息跟踪，解决原有物流系统"信息不对称"的问题，从而建立"信任物流"和"管理物流"。其次，海外仓①、保税仓②等新型仓储形式的出现为一体化高效仓储物流体系建设提供了基础，在降低货物仓储成本、缩短物流周期的同时，助推"点对点"配送和异地发货的实现。

---

①　海外仓是指建立在海外的仓储设施。在跨境电商交易中，跨境电商企业可以先按照一般贸易方式，将商品批量出口到海外仓，再由电商平台在完成销售后直接将商品从海外仓送达境外消费者。

②　保税仓是指由海关批准设立的供进口货物储存而不受关税法和进口管制条例管理的仓库。

专栏 5-1　大数据技术在运输物流类企业中的应用

大数据运输物流类企业对于大数据的应用场景主要体现在货源与运力精准匹配、智慧物流、货运行业信用体系建设三个方面。

一是货源与运力精准匹配。货运 O2O 平台基于大数据技术实现智能配货和智能找车，使运输资源的利用率得到提升。货主将货源信息发布至平台，并输入始发地、目的地，以及对所需车辆参数、位置的需求；平台基于入网车辆的车辆位置、轨迹分析、车辆画像、安全驾驶指数等数据指标，通过大数据核心算法对入网车辆进行挖掘，为货主提供最优的货车运输方案和货源信息，实现货源与运力的精准匹配。

二是智慧物流。快递、物流企业对于大数据的应用主要体现在物流路线的智能调度和物流储运的主动感知上。在物流路线智能调度方面，快递、物流企业通过大数据与人工智能技术实现智能车辆路径规划，实现物流运输路径最优化。在物流储运主动感知方面，快递、物流企业根据消费趋势大数据预知需求提前分仓布货，使消费者的订单在最短的距离和时间内送货上门。

三是货运行业信用体系建设。一方面，建立实名认证体系。货车帮平台将车主信息上传数据库，对车主交易情况进行记录，并将信誉积分记录到相应的车主档案内。通过大数据工作体系筛选出高信誉度个体，淘汰低信誉度个体，提高了经济效益。另一方面，开展保险和信用保障。货车帮平台提供在线货运保险，支持在线即时购买和在线理赔，通过大数据将全部车辆信息同保险公司对接，系统自动推荐最适合此车辆的保险种类，保证每一辆货车都具有相应的保险。

摘自：许宪春，王洋. 大数据在企业生产经营中的应用[J]. 改革，2021(1)：18-35.

2. 数字贸易将催生新型金融服务

在传统贸易生态下，金融业务的服务内容主要是为贸易的交易过程提供汇付、兑取、融资、保险业务等，其中融资业务以传统的押汇为主，而银行为进出口商提供的传统贸易服务则以款项汇兑、托收、信用证等传统结算业务为主。在数字贸易生态下，由于互联网相关技术的迅速发展和在线支付需求的日益增加，数字金融服务及新型数字贸易保险服务正不断创新。首先，与传统贸易的复杂支付流程不同，数字金融（互联网金融）发展衍生的电子支付、数字货币等新型支付手段和媒介大大简化了货币支付程序，区块链技术的使用更是为支付过程的安全性提供了保障；同时，数字金融拥有普惠性特点，可以以较低的成本为各类企业融通资金。其次，在订单分散化和小额化的发展趋势下，新型数字贸易保险可以利用信息互联共享和大数据技术的应用，为卖家和买家提供更具专业性的货物安全保障服务，并针对数字产品和服务开发数字保险业务，全方位降低数字贸易交易风险。

3. 数字贸易将催生跨境数据流动监管体系

在传统贸易生态下，各国政府在贸易活动中主要对企业进出口的各种许可证、海关通行凭证以及合同等其他证件进行监督和管理，以期保证商品过境的严格合法化。而数字贸易由于其小额化、碎片化的形式特点，难以受制于传统贸易监管的规则体系，且由于数据流动涉及国家和个人信息安全问题，政府需要在对货物流通进行监管的同时，加强对数据流动的关注。因此，数字贸易规模扩张为我国跨境数据流动的监管带来了较大的挑战。现阶段我国需要制定实施明确、有效、全面的数据流动保护规范制度，解决数据流动管理机制单一化问题，建立完善多元数据分级分类保护和个人信息出境安全评估体系，为数字贸易的发展提供制度基础保障。

（三）数字贸易对传统贸易生态运作模式的冲击

在传统贸易生态下，"供应商→出口商→进口商→进口代理/分销商→零售商→消费者"的生态链流程较长，涉及的中间环节较多，导致生态链的运作效率相对较低。并且，由于传统贸易各生态主体功能独立，且各主体间存在一定信息交流壁垒，因此生态链的前后互动性不高，难以整合产业链和供应链资源并形成功能完整、互联互通的生态系统。相反，在数字贸易生态下，信息通信和互联网技术的应用疏通了各生态主体沟通交流的渠道，大数据和云计算技术则为产业链、供应链上下游的信息资源整合提供了支撑。由此，数字贸易给传统贸易的运作模式带来了以下两方面冲击。

1. 缩短生态链中间环节

在传统贸易生态中，生态链的冗长使得不同的贸易中间商能够在各中间环节中牟取利润。其中，佣金经纪人只卖服务，如个性化运输配送服务和融资借贷服务，而加价销售中间商则可以通过转售商品的所有权来获取利润，因此货物价格也在中间商收取服务佣金、分销转售货品的过程中被无形抬高。而在数字交易生态中，数字信息技术的使用和数字交易的特性使得佣金中介机构审查交易参与者资格所需的信用信息、审核、再验等中间环节得到缩减，提升了交易效率。同时，数字贸易可以有效促进企业和消费者的点对点交流和直接性交易，从而削弱了加价中间商作为贸易中介在贸易中的作用，减少了交易的中间环节。由此，数字贸易将大大减少传统贸易链的中间环节，并在未来呈现生态链两头活跃中间萎缩的发展趋势（马述忠，2018）。

2. 加强生态圈智能互联

在传统贸易生态中，由于生态链条的冗长繁杂，各生态参与主体难以进行紧密协作，因此也难以凝聚产品的核心价值。而在数字贸易生态中，数字贸易服务平台则是统一管理、价值创造和分配资源的领导中心，也是实现数字贸易产品核心价值的组织中心。在数字贸易平台上，各参与主体之间的竞争被弱化，取而代之的是通过使用5G、大数据、云计算等前沿技术，将产业链各生产阶段的分散资源进行整合，实现数字贸易平台、产品供应商和消费者等参与主体的沟通协作和平台上各厂商之间的合理竞争，从而促进各主体的协同发展。在未来，以数字贸易服务平台为中心，数字贸易生态会将各贸易主体紧密联系起来，并协调配置各生产环节的信息和资源，加强各生态参与主体发展的可持续性，从而形成一个智能互联、运转稳定、资源共享的数字贸易生态圈（马述忠，2018）。

> **理论命题 5-1**
>
> 　　数字贸易的发展从减少进出口方信息搜寻成本、催生一体化仓储物流体系、催生新型金融服务、缩短生态链中间环节、加强生态圈智能互联等方面给传统贸易生态带来冲击，同时也加强了政府监管难度，因此需要平衡各方利益，以充分发挥数字贸易生态圈在推动数字贸易价值创造和可持续发展中的作用。

二、数字贸易生态圈发展的阶段性表现

（一）数字贸易生态圈的初步建设阶段

　　在数字贸易生态圈的初步建设阶段，数字贸易平台作为生态圈的核心主体，倾向于首先进行自我发展和创建，以期带动整个生态圈的形成和拓展。在此阶段，数字贸易平台能够提供的数字化信息交流服务水平有限，往往为了迅速扩大平台交易规模而降低平台进驻壁垒，且辅助支撑数字贸易平台发展的海关部门、运输部门、银行部门等外贸综合服务部门还未形成互联互通的信息链条，平台的技术基础也尚未夯实，难以为平台提供全面优质的环境支持。

　　因此，一方面，数字贸易平台的有限服务难以吸引已经具有一定规模的卖家，反之，由于进入门槛较低，平台会吸引许多刚起步的中小卖家。中小卖家利用数字贸易平台已经具有的信息优势和数字化服务，各自进行小规模的交易往来，虽然难以短时间内创造巨大价值，但由于其数量不断增加，有利于形成"规模优势"，助推数字贸易平台增强知名度，激励其提高数字化信息服务水平。

　　另一方面，由于为数字贸易平台提供服务支持的部门链条尚未发展成熟，且处于生态圈外，监管、物流、支付体系有待完善，因此平台和卖家在运营过程中可能经常碰壁，需要进行反复摸索才能形成较为统一的生态圈运行规则和互联链条。这一数字贸易生态圈探索构建的初级阶段是各生态圈参与主体形成良性互动和持续交流的基础阶段，推动了生态圈的进一步延伸拓展。

（二）数字贸易生态圈的延伸拓展阶段

　　在数字贸易生态圈基本架构和运行规则形成的基础上，生态圈进入了进一步的延伸拓展阶段。在此阶段，一方面，由于市场需求的不断扩大和数字贸易平台服务水平的不断提高，许多大型卖家逐渐进入生态圈，使得平台能够提供更加多样的商品和数字服务信息，卖家能够创造更大规模的核心价值。同时，由于大型卖家拥有更多信息优势和运营经验，数字贸易平台倾向于对其倾注更多资源，提供相对优质的服务，以期由其带动整个平台的进步。

　　另一方面，支撑数字贸易平台发展的外贸综合服务部门逐渐进入生态圈内，从而扩宽了数字贸易生态圈的边界，增加了生态圈参与主体功能的全面性，使得生态圈的功能

进一步完善。然而，由于服务部门进驻时间尚短，还难以与生态圈内其他参与主体形成流畅的互通链条，也难以与数字贸易平台形成紧密的配合，因此，此阶段生态圈的运行效率有待提升。数字贸易生态圈边界的延伸拓展、参与主体多样性的增加和由大型卖家带动的服务水平的提高，为生态圈各参与者的进一步互助互联提供了良好的环境。

（三）数字贸易生态圈的结构调整阶段

随着数字贸易生态圈参与主体的增多，平台、卖家、买家和外贸综合服务部门之间的交流协作也日益增强，数字贸易生态圈进入了结构调整阶段。在这一阶段，一方面，数字贸易平台为争夺更优质的客户，会为实力强劲的大型卖家提供更多政策支持，因此，已经具有一定规模和领导力的大型卖家进一步占据了大部分市场资源，在生态圈发展初期进驻的部分未及时进行自我提升的中小卖家被挤出市场，其余中小卖家则多与平台的头部卖家进行合作，以实现自身发展。

另一方面，各综合服务部门逐渐明确自己在生态圈中的定位，并加强与其他相关部门的沟通交流，逐步形成了较为完整的物流、支付、监管、法律、认证等体系。同时，数字贸易平台与综合服务部门亦形成了互通互联的一体化链条，为卖家和买家之间的交易提供全面、高效、个性化的服务。但与此同时，由于大型卖家的资源垄断，市场秩序缺乏一定公平性，长此以往可能会导致整个生态圈的动态失衡。因此，为防止市场混乱，平台会出台一系列限制措施以维持市场秩序的稳定，以期实现数字贸易生态圈的长期持续发展。

> **专栏5-2　互联网单寡头垄断市场结构的成因**
>
> 传统经济理论认为市场容量的扩大会降低市场集中度，因为市场容量增大时虽然原处于领先地位的大企业具有先发优势，但传统产业的生产总会受到资源和成本的制约，大企业随着产量的增长必然会产生规模不经济，后进企业的竞争会降低市场集中度。这个理论的逻辑说明，如果是传统行业，由于供给方规模经济存在界限，需求方的规模经济并不必然导致寡头垄断。
>
> 互联网产业的供给方规模经济颠覆了传统理论，突破了传统供给方规模经济的边界，产品的供给不受资源稀缺性的约束，边际成本趋于零，供给方规模经济的区间趋向于无穷大。例如，在宽带成本固定的情况下，即时通信产品的生产只是增加了一个即时通信账号，其边际成本几乎为零；百度和淘宝网增加一个用户也几乎不会产生边际成本。
>
> 同时，互联网具有明显的网络效应，用户越多产品价值越高。需求方的规模经济使互联网市场的需求曲线呈现倒U形，这样就可能出现三重均衡：市场规模为零的稳定均衡；不稳定均衡；达到帕累托最优的稳定规模，而最终达到哪个均衡则取决于是

否达到网络临界点并形成正反馈。当网络规模没有达到临界点时，市场就会萎缩甚至为零；但一旦超过临界点，就会表现出很强的网络效应，引发正反馈机制，正反馈作用下又会产生消费者和标准的锁定效应，增加转移成本，为"赢者通吃"奠定基础。需求方规模经济与供给方规模经济的共同作用，颠覆了市场集中度随市场容量增大而降低的理论，形成"单寡头垄断"的市场结构。

摘自：傅瑜，隋广军，赵子乐. 单寡头竞争性垄断：新型市场结构理论构建：基于互联网平台企业的考察［J］. 中国工业经济，2014（1）：140-152.

（四）数字贸易生态圈的动态平衡阶段

在数字贸易生态圈完成了各内部系统的调整后，生态圈实现了一定程度的全面发展，生态圈的内部结构逐渐稳定。然而，随着市场竞争的增加和市场需求的升级，数字贸易平台可能面临技术和服务革新压力，头部卖家则可能面临需求更迭冲击和技术发展瓶颈，且由于头部卖家资源垄断导致的失衡局面亦可能发生。因此，处于领导核心地位的数字贸易平台将进行适度管理和统筹规划，加强资源整合和平台创新；平台中的卖家将不断调整和巩固自己在生态圈中的位置；综合服务部门也将均衡分配服务资源，与其他各主体紧密配合协作。

在此阶段，数字贸易平台将全力整合生态圈各层级链条的上下游资源，寻求创新发展的突破路径，并合理分配平台信息资源，防止进一步的市场失衡、效率降低和能量消耗。平台中的头部卖家也将进行创新尝试，加大对各交易环节的控制管理，拓宽自身服务边界，为买家提供更加多样性和个性化的服务，并与其他中小型卖家建立长期稳定的合作，由此在卖家与卖家之间形成合作交流、资源共享和适度竞争的良好格局。同时，综合服务部门继续提升服务效率，相关政府部门增强对数字贸易交易的监管，并继续修订和完善数字贸易规则体系，进而为数字贸易生态圈的扩展创造安全可靠的法律环境。最终，数字贸易生态圈将保持系统的动态平衡，在应对经济、制度、文化等外在环境变化冲击时具有较强的灵活性，从而持续创造价值，助力数字贸易和数字产业蓬勃发展。

理论命题 5-2

数字贸易生态圈的发展是一个各参与主体互相博弈的过程，随着规模优势的建立、技术水平的提高、产业链条的互通和外部环境的改变，各参与主体在数字贸易生态圈中的地位也在不断变化，总体来看，由单一平台走向多元主体、由自我发展走向互联互通、由资源垄断走向资源共享、由竞争失衡走向动态平衡是数字贸易生态圈发展的必然趋势。

第二节　数字贸易生态圈的内涵与外延

一、数字贸易生态圈的内涵

生态圈最早是一个生物学概念及理论，由英国学者坦斯利（Arthur George Tansley）于 1935 年首次提出，他认为生态圈是指在给定的自然空间中，由身处其中的生物和周围的环境共同构成的整体系统，在这个整体系统中，自然生物与外部环境之间相互作用、互为制约，并在较长的一段时间内保持动态平衡状态。随着社会经济发展与产业组织的演进，许多学者将生态圈概念引入了经济学领域。1996 年，美国学者穆尔（James F. Moore）提出"商业生态系统"一词并阐述其概念。穆尔认为商业生态系统是一个经济协同体系，在其中的商业组织和个体商户处于既竞争又合作的状态，注重发展共生、信息共享和协同共进，并且追求经济社会发展的全方位效益。2004 年，伊恩斯提（Marco Iansiti）和利维安（Roy Levien）在穆尔所提商业生态系统的概念基础上，将系统各参与者称为"物种"，将企业在商业生态系统中扮演的具体角色分为基石、支配者和利基参与者，并且认为各参与者若想要在商业生态系统中占据有利地位，则必须与其他参与者进行信息共享和资源分享，进而维持动态稳定的共生关系，这种稳定关系将促进生态系统的可持续性发展。

此后，同样来自生物学领域的"共生理论"也被引入经济学研究领域。1879 年，德国学者德贝里（Anton de Bery）提出了"共生"一词，并将其概念诠释为：数个具有不同属性的物种以某类物质为联系纽带，在某个系统中共同生存。基于此，1998 年，中国学者袁纯清首次结合共生理论研究分析了我国的经济发展情况，其在《共生理论——兼论小型经济》一书中，将经济学概念中的"共生"定义为经济参与者在物质存量方面存在的持续联系，并界定了共生三要素：共生单元、共生模式和共生环境。其中，共生单元是组成共生系统的基本单位，承担着能量产出和能量交换的责任；共生模式是共生系统中各共生单元进行能量交换和资源互享的方式，也可被称为共生关系；共生环境是共生系统中各共生单元所处的外在环境，影响着各单元的基本生存和发展。

专栏 5-3　从商业生态系统视角分析供应链的协同合作

供应链管理使松散联系的独立企业各自运作转变为多个企业协作努力，共同致力于提高运作效率、增强竞争力。在这种情况下，企业的精力开始从注重单独个体的运作转移到注重供应链的整体协调运作方面。为了便于研究，笔者应用商业生态系统的观点规划供应链。该商业生态系统中除了一般意义的供应链（即商业生态系统的核心部分）以外，还应包括：① 政府机构和其他管理组织；② 供应链的行业协会等组织；③ 同类的供应链（商业生态系统的扩展部分）。

通过组织学习，可以实现供应链与外部环境的共同进化。在现有的有关供应链协同合作的文献中，大多数将供应链看成一个高度结构化的、封闭的系统，很少考虑甚至不考虑外界环境的变化与影响。而实际上，供应链应与外部环境共同进化。政府机构、其他相关行业和企业、社区和公众等构成了供应链的外部环境。Moore 提出的商业生态系统理论的基本思想很简单：企业要想在新经济中发展壮大，必须密切关注并理解相关的经济环境及影响其进化的组织，想办法在其中做出独特的贡献。供应链运作成功，仅仅完善自身还不够，还要塑造整个商业生态系统的发展，因为其所处生态系统的前景制约着供应链的发展。

供应链能否动态地适应外界环境的变化，主要看其组织的学习能力。供应链成员通过不断创造、积累和利用知识资源，努力改变或重新设计自身，对环境的变化和市场需求作出快速协同反应，从而保持可持续竞争优势。与实体企业相比，供应链成员的学习形式有以下特点：一是组织边界的模糊性。供应链以任务信息为成员之间的联系纽带，跨越传统的组织边界，在所有成员之间构建了一条条紧密的知识链，这些知识链形成了错综复杂的知识网络；二是知识共享与优势互补。供应链成员都拥有自己的显性或隐性知识和核心技术，通过知识共享、优势互补，各自获得知识和技术的创新能力。因此，供应链是加速知识流动和知识创新的有效模式。

摘自：陆杉，高阳. 供应链的协同合作：基于商业生态系统的分析 [J]. 管理世界，2007（5）：160-161.

在商业生态系统理论和共生理论扩展到经济学领域后，其在商业经营、工业生态、货物贸易、区域经济、产业集群等传统经济贸易领域得到了广泛应用。而后，随着互联网先进技术的创新和新兴数字经济规模的不断扩张，电子商务和数字贸易作为数字经济的重要组成，成为新的研究方向和热点主题。

刘志坚（2006）较早将电子商务系统定义为以互联网作为竞争和交流中介的关系紧密的企业或组织，通过合作联盟等方式进行资源分享和互联互助，从而形成的复杂商业生态系统。胡岚岚等（2009）则在此基础上将电子商务生态系统中的参与"物种"分为领导物种、关键物种、支持物种和寄生物种。此后，张夏恒（2021）较为完整地构建了跨境电商生态系统框架，认为其由与跨境电商活动有关的个人、企业、组织或政府机构等物种构成，各物种通过跨境电商平台进行沟通交流与信息互享，共同组成具备能量流、信息流网络的复杂商业生态系统。由于数字贸易生态与跨境电商生态的基本构成相似，是跨境电商生态发展的更高级形态，因此，同样基于商业生态系统理论和共生理论刻画数字贸易生态圈的概念是可行的。

理论命题 5-3

数字贸易生态圈是由参与数字贸易相关活动的个体、企业、组织或政府机构等"物种"，以数字贸易平台为媒介，通过各种形式进行适度竞争、优势互补、信息流通、资源共享，促进实现普惠包容、产业互联、智能制造与技术进步，最终保持动态平衡的复杂有机生态系统。

二、数字贸易生态圈的特征

（一）数字贸易生态圈的共生单元

1. 领导物种：数字贸易服务平台

数字贸易生态圈的领导物种为数字贸易服务平台。在数字贸易中，数字贸易服务平台成为协调和配置资源的基本经济组织，不仅是汇聚各方数据的中枢，更是实现价值创造的核心（马述忠，2018）。第一，数字贸易平台是交易双方的连接中枢，可以降低交易双方的搜寻成本，促进数据信息的流动和交换，为交易双方提供多元化和个性化的服务；第二，数字贸易平台可以对系统上下游资源进行整合，用数字化信息和技术为供应链和产业链不同环节提供共享数据资源和技术支撑，带动供应链和产业链的智能化发展；第三，数字贸易平台还扮演了交易的沟通者和监管者的角色，通过规则制定维护交易双方的利益公平，及时为交易双方打通沟通交流的渠道，协调各方利益，并对各方交易过程进行监督管理，防止平台秩序扰乱者的出现。在数字贸易服务平台上，价值创造对竞争的要求减少，而着重强调利用信息技术和互联网技术，通过对供应链各环节进行有效整合，促进各数字贸易主体的互联互助和合理竞争，从而实现数字贸易生态圈各主体的互利共生，维持数字贸易生态圈的动态平衡（马述忠，2018）。

2. 关键物种：买卖双方

数字贸易生态圈的关键物种是在数字贸易服务平台进行传统实体货物、数字产品服务和数字化知识与信息交易的买卖双方，买卖双方可能是平台、企业或者个人。其中，传统实体货物的交易不仅涉及货物在平台上的交易流程，还涉及交易完成后货物的配送流程，因此可以一定程度等同于跨境电商交易，存在 B2B、B2C、C2C 等交易模式。数字产品服务和数字化知识与信息的交易通常只涉及在线交易流程，由数字贸易服务平台为买卖双方提供相关产品信息，买卖双方通过匹配自身需求搜寻目标，并通过平台规定的相关流程完成产品和信息的交易或交换，再由平台收取一定额度的服务费用。

此外，数字贸易服务平台自身也可充当卖家或买家角色。例如，平台可以自主对接个性化市场需求，直接向买家提供丰富多样的商品；或者，平台可以利用自身的数据集中优势，收集各方信息和数据，并按规定进行合法出售以获取相关利益。当然，由于数字贸易服务平台更多充当的是领导者和服务提供者的角色，是生态圈的"领导物种"，因此接受服务的生态圈"关键物种"主要还是指以企业或个人形式进行交易的买卖双方。

3. 支持物种

数字贸易生态圈的支持物种是指在贸易过程中为领导物种和关键物种提供最直接服务的群体，可以脱离其他物种独立存在。其主要包括以下几个部门。

（1）金融服务部门：第三方支付、保险等金融相关企业。

第三方支付是指由信誉度较高的企业或组织作为支付中介，通过直接与银行进行对接，帮助交易双方快速完成相关交易活动的在线支付形式。在数字贸易交易的流程中，在线支付是企业或个人实现利益获取和价值交换的重要节点，因此第三方支付企业是生态圈中不可或缺的支持物种。第三方支付企业在交易过程中的参与，可以有效控制政府、企业和个人在交易中与银行进行直接连接的成本，既能够实现相关企业重视数字产品开发和销售的目标，又能满足其在交易中的收付需求。并且，由于第三方支付企业在交易活动中保持利益的中立，因此可以避免与平台中的其他卖家产生业务竞争。

随着数字贸易规模日益扩大，交易过程产生意外的概率也逐渐增大。对于数字贸易中的实体商品来说，在距离较远、时间较长的运输过程中，由于不确定性风险的存在，难免会出现商品损坏、丢失的情况；对于数字产品服务和数字化知识与信息来说，可能会涉及版权纠纷等问题。这些问题一旦发生，就会使得消费者对于数字贸易平台和相关企业的信任度显著降低。因此，保险机构是为交易货物的运输和成功交付赋予一定确定性和安全性的重要组织，可以有效减少货物运输和配送中可能出现的破损、延迟交货或遗失等问题，是不可或缺的数字贸易生态圈支持物种。

（2）物流服务部门：仓储、快递等物流相关企业。

数字贸易实物产品的物流配送通常涉及跨境问题，因此物流链条较长，运输风险较大。基于此，仓储和快递等物流企业便成为产品准时、保质送达目的地的基础保障。在数字贸易模式下，快递行业将通过利用大数据、云计算和最新通信信息技术来完成创新变革。通过智能化互联手段，快递企业可以直接连通产品供应商和产品购买方，从而缩短物流周期，打通供应链上下游，实现物流运输的高质高效。仓储企业也不断创新经营模式，在全球各地分布仓储库点，以支持数字贸易交易的"小额、分散、高频"订单。

同时，数字贸易将推动"仓储+物流"的协同发展，即物流企业同时经营仓储服务和物流服务，点对点完成产品的运输、储存和配送，此协同模式呈现多样化发展趋势，诸如海外仓、保税仓、第三方物流等。这些新兴"仓储+物流"形式将大幅减少综合贸易成本、实现客户体验质的提升并逐步优化整合供应链，是支持数字贸易生态圈发展的重要保障。

（3）营销服务部门：广告、公关、舆情分析、网络监测等数字营销相关企业。

在数字产品网络销售中，除了通过提升产品品质和提高产品技术增加销量外，对产品进行有效宣传也十分重要，因此，数字营销活动的开展在数字产品销售过程中是不可或缺的重要环节。在广告服务方面，媒体的数字化转型使得各广告商不断拓展数字化业务，如通过大数据等技术对消费者需求进行准确定位，帮助企业把握消费者心理变化，从而更精准地进行广告设计和投放。

在公关服务方面，网络公关逐渐成为效率最高、受众最广的公关方式，许多数字营销企业为客户提供网络危机公关和品牌形象保护服务，以帮助其提高产品认可度和品牌声誉。舆情分析服务指数字营销企业通过智能化舆情监测技术，对网络评论等海量数据进行整理分析，判断产品市场发展方向和消费者的偏好走向，帮助客户进行产品定位。网络监测服务能够帮助客户扩展营销渠道，收集统计消费者的年龄、职业、地区等影响产品销售的信息，以为消费者提供更具针对性的服务。

（4）技术服务部门：互联网与信息通信技术相关企业。

数字贸易作为以互联网为中介、通过先进互联网技术与信息通信技术进行交易的新型贸易形式，十分依赖于数字相关前沿技术的创新与发展。因此，拥有 5G、物联网、区块链、大数据、云计算、人工智能等互联网与信息通信技术的企业，就成为支持数字贸易生态圈生存和发展的核心保证。其中，区块链技术作为一种前沿的互联网协同技术，可凭借去中心化、可追溯性、匿名性、防篡改性等特性和共识机制、智能合约等功能跨越数字贸易发展中的技术瓶颈，并且为数字贸易综合平台服务体系的构建、信用风险管理的实现和供应链的智能互联等提供稳固的技术保障（张衍斌，2018）。

大数据技术拥有数据的集合、分拣、整理和解析功能，能够充分发掘相关数据的价值潜力，而云计算技术则可以提供符合个性化需求的便利网络接口，并通过接口访问数据资源共享池，其中资源的提供效率很高，且所需的管理投入较少。通过这两项技术的协调运用，技术服务部门可以为数字贸易生态供应链上下游企业提供数据收集和共享服务，从而推动消费互联网向产业互联网转型，并最终实现制造业智能化。

（5）政府监管部门：数据信息、知识产权、市场、税收等相关监管部门。

在数据和信息安全监管方面，数字贸易作为一种新兴的贸易形式，虽然为消费者和企业提供了丰富便利的数字服务，但新型数字技术的应用却也使得数据安全问题凸显，数据自由流动需求和监管之间的矛盾更加尖锐，这将推动信息保护和监管制度逐步建成和完善。在知识产权保护方面，各个国家在网络内容审查和阻隔措施、数据存储、源代码开放、加密技术、电子支付许可、技术标准等方面的分歧逐渐显现，这对各政府监管部门的职责履行带来了一定挑战。

在市场监管方面，数字贸易作为新兴市场领域，其市场边界仍较为模糊，市场准入规则和市场竞争准则也尚未建立健全，市场监督管理处于薄弱阶段，因此，明确数字贸易市场概念边界，制订完善市场监管体系，及时整顿市场内平台垄断等不良竞争现象，对于一国数字贸易发展是有益且必要的。在税收监管方面，与传统贸易相同，数字贸易也涉及产品过境和征税问题，且由于数字产品的特殊性质，在保证税收公平的原则下建立数字贸易产品跨境征税体系仍是各国政府面临的难题之一，因此需要监管部门平衡各方利益，积极营造良好的数字征税环境。

4. 寄生物种：专业化服务机构、行业协会和高校

数字贸易生态圈的寄生物种是指为其他物种提供翻译对接、数据资格认证以及相关业务咨询等服务的行业协会或专业机构，以及培养专业型人才的高校。他们并不是促成数字贸易订单实现的核心必需种群，但能够在依赖于其他物种存在的基础上，促进数字贸易交易效率提升，推动数字贸易生态圈更好地发展，因此被称为"寄生物种"。

其中，翻译机构的参与可以降低数字贸易中跨境交易的文化壁垒，为买卖双方的高效交流提供条件；认证机构可以帮助企业加快实现数据保护能力认证，防止存储于企业数据库中的消费者个人信息遭遇泄露；咨询机构不但可为进驻平台不久的卖家提供经验介绍，也可以为其他企业提供信息帮助；行业协会及高校则可以提升数字贸易从业者的工作素养，培养掌握先进信息数字技术的专业化人才，促进数字贸易人才的吸纳、交流与激励，并提高潜在买家与卖家对于数字贸易的了解。寄生物种的参与可以一定程度上完善数字贸易生态圈的功能基础，提高数字贸易各环节创造的价值，是数字贸易生态圈发展的重要助力。

（二）数字贸易生态圈的共生环境

1. 数字营商环境

如本书第四章所述，数字营商环境指的是数字市场中的参与主体面临的外部环境总和，其内涵既包括"数字+营商环境"，也包括"数字营商+环境"。具体而言，数字营商环境包括以下四种环境：

第一，数字设施技术环境，其组成了数字营商环境的底层架构，也为数字贸易生态圈提供了技术支撑，将交易过程中的关键节点完全转移至线上，从而突破时空限制。第二，数字市场运营环境，其组成了数字营商环境的中层架构，包括市场规模环境和市场结构环境。更庞大的市场往往能形成更高的规模效益，提供更多的机会与更低的成本，促进生态圈边界的扩展；合理的市场结构则是生态圈运行的强大动力，能够促进生态圈的可持续性发展。第三，数字政策政务环境，其组成了数字营商环境的上层架构，包括数字政策环境和数字政务环境。良好的技术类、市场类和人才类政策可以促进生态圈核心数字技术的升级迭代，鼓励数字产业小微企业的加入，加强数字化人才培养；良好的政务环境则可以将传统政务过程移至线上，加强数字贸易生态圈政务措施的公开透明。第四，数字司法治理环境，其构成了数字营商环境有序运行的保护层，良好的数字司法治理环境可以维护生态圈的秩序和打击违法违规行为，保护生态圈各物种的合法权利，并推动生态圈稳步前行。

综上所述，数字营商环境是支撑数字贸易生态圈稳定运转的强大基石，拥有滋养生态圈各物种"成长"的广袤土壤，可以为生态圈的延伸拓展开道铺路。

2. 自然地理环境

数字贸易生态圈的自然地理环境可以从自然环境和地理环境两方面进行描述。自然环境主要包括数字贸易生态圈中心（通常是数字贸易平台）所处地区拥有的自然资源条件，以及数字贸易物流配送过程所面临的气候条件。自然资源较为丰富的数字贸易生态圈往往拥有更大的发展潜力；当数字贸易中产品运输过程遭遇自然灾害，则可能会引致整个贸易链条的短期停滞甚至长期瘫痪。由于数字贸易在线交易的特殊性质，气候条件对于数字贸易生态圈的影响小于资源条件，二者共同维持着生态圈的稳定发展。

地理环境是指数字贸易生态圈中各物种所在的地理区域和经济区域，可以从经纬度、沿海内陆相对位置和毗邻国家等方面对数字贸易产生影响。在经纬度方面，处在中纬度地区的国家位置居中，是数字贸易实物产品生产和物流配送活动最为合适的环境；在沿海内陆相对位置方面，沿海地区在气候、交通和出海口等贸易和运输条件方面存在优势，通常会吸引更多交易订单，拥有更大的数字贸易平台规模；在毗邻国家方面，靠近经济相对发达、贸易活动繁盛的国家与地区，可以通过技术交流合作促进数字贸易生态圈的技术更新迭代。虽然数字贸易相比于传统贸易而言不再具有空间属性，数字贸易中地理环境的限制作用也被大幅弱化，但地理环境仍在一定程度上影响着数字贸易生态圈的稳定运行。

综上所述，自然地理环境是实现数字贸易交易正常稳定进行的基础环境，是数字贸易生态圈的"硬环境"。

3. 社会文化环境

数字贸易生态圈的社会文化环境主要包括语言差异、宗教信仰、人口数量、教育水平、职业分布、收入水平以及跨文化敏感性等。语言是沟通中大部分信息的载体，语言差异使数字贸易交易双方沟通难度加大，信息获取的滞后性增强，并延长了搜寻和交易时间，也由此凸显了翻译机构这类寄生物种存在的重要性；宗教信仰决定了一个国家和民族的整体需求偏好，也影响着人们的消费理念；人口数量、教育水平、职业分布和收入水平影响着消费者的消费能力和消费偏好，拥有更高教育水平、职业地位和收入水平的群体，通常对互联网应用的掌握更加熟练，对数字贸易产品的需求也更为强烈；跨文化敏感性是指在差异性文化交杂的情况下，能够灵活地适应不同文化的能力，数字贸易平台和买卖双方的跨文化敏感性越强，数字贸易的交易过程越顺利，交易成功的可能性越高。

综上所述，社会文化环境影响着数字贸易消费群体的消费偏好、消费理念和消费能力，进而影响数字贸易交易氛围，是数字贸易生态圈的"软环境"。

第三节　数字贸易生态圈模型

一、数字贸易生态圈的圈层结构

（一）核心层

数字贸易生态圈的最里层为核心层，由数字贸易服务平台、卖家和买家共同组成（即领导物种和关键物种）。数字贸易的买卖双方有时会位于不同国家或地区，间隔着一定的语言、文化和地理距离，因此数字贸易服务平台作为双方交易的唯一渠道，对交易的达成和交易的顺利性产生着关键影响。数字贸易生态圈的核心层是价值创造的中心，是生态圈的"奇点"，也是生态圈得以运转的"马达"，为其他圈层源源不断地输送能量，引领其他圈层的发展。

（二）环心层

数字贸易生态圈的第二层为环心层，包括金融、物流、营销、信息与通信技术相关企业和数据信息、知识产权、市场、税收等相关监管部门（即支持物种），以及位于产业链、供应链的上下游企业。环心层的支持物种主要负责为核心层提供必要、直接的支撑性服务，可以帮助核心层克服各类壁垒，推进数字贸易交易的顺利安全进行，提高市场效率，保护交易隐私。并且，环心层还能通过制定信用管理规则、构建信息交流体系来解决核心层中各参与物种间信息不对称等问题，增强各物种在交易过程中的可信度，帮助建立平台、企业和个人消费者的信任网络。

此外，位于产业链、供应链的上下游企业贯穿了生态圈核心层与环心层，这是由数字贸易的内涵特征决定的。与跨境电商主要关注消费互联网不同，数字贸易对应的是产业互联网或工业互联网的普及和应用（马述忠，2020）。因此对产业链和供应链的整合成为数字贸易服务平台、各方卖家和服务支撑企业的经营目标之一。

综上所述，数字贸易生态圈环心层与核心层紧密相连，接受核心层输送的价值能量，并进行价值内化和重新释放，帮助核心层实现价值增值，是数字贸易生态圈不断扩展边界、壮大规模的重要动力来源。

（三）相关层

数字贸易生态圈的第三层为相关层，由翻译、认证、咨询等专业化服务机构及行业协会和高校构成（即寄生物种）。相关层不直接参与数字贸易的核心交易过程，但是各服务机构能够通过为核心层和环心层的各物种提供专业化和针对性的服务，间接推动数字贸易交易的进行。此外，位于相关层的行业协会的协调领导、高校对数字化人才的培育和科研院所转化的科研成果，都能够切实推动数字贸易生态圈的良性发展。同时，相关层在生态圈的相对外围，依赖于核心层和环心层的能量供给而存在，因此，生态圈相关层可以看作完善生态圈功能和基本架构的"志愿者"，是助力数字贸易交易顺利进行的催化剂。

（四）外部层

数字贸易生态圈的第四层为外部层，包括生态圈赖以生存的数字营商环境、自然地理环境和社会文化环境（即共生环境）。网络信息技术等技术环境的变化孕育了数字贸易，但由于数字贸易通常涉及跨境业务，国家间的政治形态、经济发展和社会文化等差异则产生了高度的环境不确定性，使得生态圈的其他圈层必须具有一定的抗风险能力。因此，生态圈的外部层既是滋养各物种生存和成长的土壤，是生态圈得以持续发展的基石，又充满了多变的不可抗因素，进而对各圈层的平衡稳定提出挑战。综上所述，生态圈核心层、环心层和相关层的发展离不开外部层提供的养分，也面临着多变的国际形势和宏观外部环境带来的困难和挑战。

综合第二节相关内容，将数字贸易生态圈模型归纳如图5-2所示。

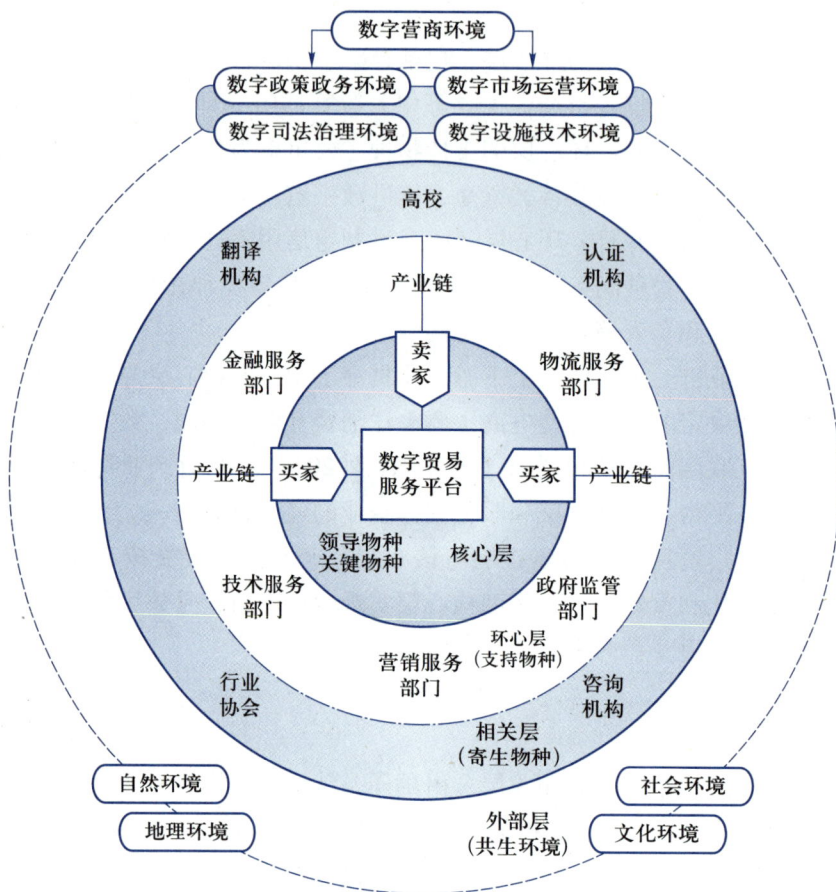

图5-2 数字贸易生态圈模型

> **理论命题5-4**
>
> 数字贸易生态圈由核心层、环心层、相关层和外部层四个圈层构成，核心层是创造数字贸易核心价值的中心圈层，环心层是实现数字贸易价值增值的动力圈层，相关层是完善功能作用的辅助圈层，外部层是维持结构稳定的基础圈层，数字贸易产业链则贯穿核心层与环心层。各圈层内部单元分工明确，圈层间相互依存，最终合力推进数字贸易生态圈的建设与发展。

二、数字贸易生态圈对数字贸易发展的作用

（一）深化数字贸易资源共享，提供金融、物流、技术便利

数字贸易生态圈集合了各方数据资源，并通过生态圈各物种和各圈层之间的货物流、资金流和信息流进行资源流转和共享。在金融服务方面，数字贸易生态圈内通常会

以第三方支付为纽带形成统一支付规则体系，这种相对成熟的支付生态可以为一国或地区数字贸易支付体系的建立和完善提供模板；同时，生态圈内的数字贸易规模扩张会促进数字金融货币的衍生和使用，进而在更大范围内提升数字货币的接受度和认可度，为数字贸易发展提供金融便利。在物流服务方面，生态圈拥有高效、完善的物流网络和仓储体系，可以促进整个国家或地区的货物流转效率，并通过圈内物流网络向圈外的延伸和拓展，助推全国、跨地区数字贸易物流网络的形成，为数字贸易发展提供物流便利。在技术服务方面，生态圈内数字贸易平台基础设施的建设、先进数字技术的孕育和数字化人才的培养，可以通过技术资本、人力资本的溢出和扩散惠及更多国家和地区，为数字贸易发展提供技术便利。

（二）凸显数字贸易普惠优势，释放数字贸易潜在需求

数字贸易具有普惠性特征，因此原本在传统贸易中处于弱势地位的群体，便能够积极、高效地参与数字贸易并且从中获利，数字相关技术的广泛应用将贸易门槛显著降低，中小企业、个体商户和自然人都可以通过互联网平台面向全国乃至全世界的消费者（马述忠，2018）。如前所述，在数字贸易生态圈建设初期，广大中小企业和个体商户是进驻数字贸易服务平台的主要群体，在生态圈形态不断升级的过程中，也有越来越多的个人消费者作为买家和卖家进入生态圈。因此，通过数字贸易生态圈的建设可以进一步发扬数字贸易普惠优势，实现数字贸易包容性发展。此外，由于数字贸易服务平台致力于为各交易主体提供符合个体需求的多样性服务，因而可以有效扩大数字贸易消费群体，激发潜在买家的消费欲望，释放数字贸易的潜在需求。

（三）加强知识产权、隐私保护，优化数字贸易交易环境

数字贸易是知识产权密集型的贸易模式，因此，政府制定的数字贸易政策体系不仅要能有效刺激数字贸易发展，更应该能够对数字贸易参与主体的知识产权、商业机密和个人信息进行有效保护。数字贸易生态圈则可以作为政府政策试点区域，扮演先行者角色，通过在完整的数字贸易交易流程中对新政策进行试行，获取相关经验并提出合理的政策完善建议，进而助推一国或地区数字贸易规则体系的形成。同时，数字贸易生态圈边界的不断扩张，可以倒逼政府制定更加严格和完善的数字贸易监管制度和相关法律法规体系，防止数据的肆意流动造成的个人、企业甚至国家隐私的泄露，提升参与主体在交易过程中的信任感，从而营造更加安全、平稳、和谐的数字贸易交易环境和氛围。

（四）整合数字贸易产业链条，推动制造业智能化变革

数字贸易生态圈拥有孕育数字贸易产业链的适宜环境，并拥有整合产业链上下游资源的内在功能。虽然生态圈内物种众多，但通过数字贸易服务平台的统筹和生态圈层的划分，可以使得物种在进入生态圈后迅速找到自己的定位，并通过已有链条与上下游企业或其他圈层企业进行沟通互动和信息交流。同时，在大数据、云计算等前沿技术的协

助下，生态圈虽汇聚大量数据信息资源，但很少产生信息冗余和混乱的情况，这都为数字贸易产业链的整合营造了优良的信息环境。并且，通过生态圈对产业链的整合，可以把遍布世界各地的数字贸易设备、产业链、销售商、数字产品和个人消费者紧密连接起来，实现各圈层、各交易环节数据互联互通，进一步加强创新性知识交流和先进技术合作，弥补传统制造业在生产管理、产业协同和核心技术掌握等方面的不足，以技术创新推动智能制造快速发展、传统制造模式迭代升级，并推动消费互联网向产业互联网、工业互联网转型。

> **专栏5-4　跨境电商生态圈与产业集群的协同发展**
>
> 　　一方面，跨境电商的网络属性突破了产业集群的地域锁定，能更合理地布局产业集群的全球供应链和生态圈。跨境电商逐渐改变了产业集群在全球供应链的位置和地位，即跨境电商使相关产业由微笑曲线的中间低谷向两端的高峰延伸。这一过程将借助跨境电商的网络系统，搭建集群内互联网交流平台，充分汇聚整合前端的研发设计、中端的生产制造、后端的销售运营等环节，培育相关辅助性机构，推动产业集群与跨境电商在发展理念、产业体系、生产模式、业务模式等方面全面融合，构建更加专业化的生产组织体系，带动技术产品、组织管理、经营机制、销售理念和模式的创新，激发制造业转型升级新动能，营造有利于构建全产业链的生态圈。
>
> 　　另一方面，产业集群的集聚特征有利于集群内跨境电商生态圈的构建和规模效益的产生。跨境电商产业链具有链条长、参与主体多、地域文化差异大等特点。单独建设跨境电商产业链或者是生态圈将耗费大量的资源。而产业集群内已有布局比较完善的产业链，可以快速有效融合跨境电商产业链上的其他节点，如平台企业、营销企业、支付企业和仓储物流企业等，从而打造完善的跨境电商生态圈，这可以解决以下问题：产业集群可以凭借其集聚优势和资金基础，打造专业化支付平台，致力于解决跨境电商企业小额支付、结汇等较为烦琐的问题；产业集群内的相关企业可以共建仓储物流配送体系，集中解决物流速度慢、价格高、退换货难等问题；目前开展跨境电商的企业以中小企业为主，国际市场推广费用高、难度大，跨境电商企业可借助产业集群的影响力建设自主品牌或者区域品牌，提升企业在国际市场的影响力，减轻单个企业的营销费用及沉没成本。
>
> 　　摘自：李芳，杨丽华，梁含悦. 我国跨境电商与产业集群协同发展的机理与路径研究［J］. 国际贸易问题，2019（2）：68-82.

（五）推动数字贸易国际分工，促进全球数字贸易扩张

　　在数字贸易服务平台规模扩张到一定程度后，其跨国业务会迅速增加，并成为平台的主要业务模式和收入来源。此时，数字贸易生态圈内各物种通常位于不同国家或地区，因此生态圈往往是以数字贸易服务平台为核心，在全球范围内为实现价值创造而进行一系列数字商品或服务的交易活动。由于世界各国资源禀赋、社会发展和技术水平的

差异，其主要参与的数字贸易环节也有所差别。供给方面，在数字贸易价值创造的知识密集化需求下，技术先进、经济发达的国家通常负责前沿技术的研发和供给、数字贸易标的设计和营销，技术、经济相对落后的国家则主要负责产品的生产、加工、组装；需求方面，由于数字贸易的普惠性特征，全球各国的消费者都可以自由地在相应平台进行数字贸易交易。基于此，数字贸易生态圈可以通过数字技术创新进一步促进国际专业分工深入发展，通过降低通信成本、运输和物流成本、信息搜寻成本和组织协调成本，促使数字贸易主体间的紧密联系，拓展数字贸易全球价值链的长度和复杂度，进而促进全球数字贸易的扩张。

本章小结：
中国视角

数字贸易的蓬勃发展给传统贸易生态的参与主体、协作组织和运作模式带来了巨大冲击，并促进数字贸易生态圈逐步形成。在传统贸易中，一国或地区的相对优势主要来源于异质性资源以及市场结构和行为等内生性和外生性因素（马述忠，2018）。而数字贸易则强调信息可得性、个性化需求、产业链资源整合和先进技术应用的关键性作用，因此确保贸易信息的时效性和共享性、打造数字贸易生态圈将成为国际贸易新竞争优势。中国作为传统贸易大国和数字贸易后发国，在此冲击中既面临着贸易竞争优势转变带来的挑战，也拥有利用数字贸易生态圈建设提升全球数字贸易地位的潜力。在消费结构升级、移动互联网技术发展、一体化物流网络全国性覆盖的多重驱动下，中国数字贸易生态圈经历了从初步建立到延伸拓展的基础阶段，正持续推动各生态主体的协作互联，并向保持生态圈动态平衡的最终阶段稳步推进。

在推动"以我为主"的全球数字贸易生态圈建设中，第一，中国积极制定数字贸易相关扶持政策，推动数字贸易生态圈的建设和扩张，与周边国家建立互联互助的合作交流网络，进而降低数字贸易壁垒，减少数字贸易摩擦，同时推动构建区域性数据流动协同监管体系；第二，中国加快推动数字贸易知识普及与信息技术高端人才培养，促进数字贸易新技术的"引进来"和"走出去"，鼓励技术标准创新与信息标准体系建设，为数字贸易生态圈扩张打下扎实的技术支持基础；第三，中国加强对本土企业的支持力度，助力建设更具全球影响力的本土数字贸易服务平台，在此基础上利用数字贸易生态圈的普惠性为中小企业谋福利；第四，中国推进与发达国家、RCEP各国以及"一带一路"沿线国家的互联协作，促进数字贸易服务平台的国际化发展，代表发展中国家向世界发声，为全球数字贸易生态圈的建设贡献中国力量。

即测即评

思考题   1. 数字贸易的出现给传统贸易生态的参与主体、协作组织和运作模式带来了巨大冲击，且相较于传统贸易，数字贸易生态的中间环节更少、交易效率更高、安全性更强，你认为数字贸易在未来会从根本上颠覆传统的贸易生态与经济活动吗？

2. 脱胎于比特币的区块链技术具有独特的去中心化、去信任、防伪溯源和智能合约等特性，可以有效突破电子商务和数字贸易发展的技术瓶颈，基于此，你认为区块链技术可以如何进一步应用到数字贸易生态圈建设中？

3. 2017 年 5 月，习近平在首届"一带一路"国际合作高峰论坛上正式提出"数字丝绸之路"的概念。数字丝绸之路是数字经济发展与共建"一带一路"倡议的有机结合，是中国在数字时代提出的推动人类共同发展的新方案。你认为数字丝绸之路的连接对其沿线国家共建数字贸易生态圈有何意义？

4. 2020 年以来，美国对 TikTok 等中国科技企业进行封锁，其深层意图之一是希望借"科技霸权—推广应用—数字美元"的逻辑打压数字人民币的发展势头，推进数字时代的美元霸权新布局。数字人民币的国际化趋势已经显现，你认为我国应如何借数字人民币国际化的"东风"，构建"以我为主"的全球数字贸易生态圈？

5. 2020 年，新冠肺炎疫情暴发并蔓延全球，你认为其给全球数字贸易生态圈建设带来了怎样的影响？

延伸阅读   [1] AHMED U. The importance of cross−Border regulatory cooperation in an era of digital trade [J]. World Trade Review, 2019, 18 (S1): 99−120.

[2] 王海燕. 中国与中亚国家共建数字丝绸之路：基础、挑战与路径 [J]. 国际问题研究, 2020 (2): 107−133, 136.

[3] 肖红军, 李平. 平台型企业社会责任的生态化治理 [J]. 管理世界, 2019, 35 (4): 120−144, 196.

第六章

开放型全球数字贸易平台

随着 B2B 与 B2C 复合趋势的进一步凸显，中小企业对于数字技术服务类型的需求进一步多元化，跨境电子商务平台也逐渐向开放型全球数字贸易平台转变。数字贸易平台的蓬勃崛起对全球经济发展既有有利影响，亦有不利之处。如何有效降低数字贸易平台的消极影响，充分发挥积极作用，是各个国家不懈追求的共同目标。通过本章的学习，可以快速地了解开放型全球数字贸易平台的产生背景，掌握全球数字贸易平台的基本内涵及外延，并理解其在全球数字贸易发展中所扮演的重要角色。

第一节 开放型全球数字贸易平台的产生与发展

一、开放型全球数字贸易平台产生的背景

（一）B2B 与 B2C 复合趋势显现化

随着互联网产业的兴起与繁荣，越来越多的消费者和企业推崇"让购物跨越国界"的消费理念和市场目标，逐步探索新的交易方式和交易渠道。B2C 模式的兴起与发展让"买全球、卖全球"的愿景变为现实，极大地提升了商品流通速度。但是伴随着小额高频 2B 订单的增多，B2B 模式迅速崛起。2017 年亚马逊发布的数据报告显示，亚马逊商业采购站点的业务企业买家数量已经突破 124 万。随着小额化、多元化和短期化订单的爆发式增长，跨境电商 B2B 模式的业务范围逐渐拓宽。位于中国广东自由贸易试验区的前海蛇口和南沙片区通过打造跨境电子商务 B2B 交易结算产品来适应品种多样、批量较小的订单碎片化采购趋势，并实现了与敦煌网等启动系统之间的对接。与此同时，对于服装等特定行业而言，消费者个性化需求的日趋丰富使得批量化供给的缺点被放大，B2B2C 模式逐渐显现。此种模式下，生产商可以处于与消费者直接进行协商沟通的前台，通过减少中间商的介入，增加生产者的既得利润，从而提升生产商对于技术研发和产品创新的动力，形成厂商和消费者共赢的局面。其中，B2B 就像是动脉血管，可以协调供应链，实现货物的大批量成交；B2C 既像毛细血管一样将货物运输至终端客户，又像神经末梢一般捕捉消费者的需求变动。

对于传统的跨境电子商务平台而言，其本身的缺陷无法满足 B2B 与 B2C 复合趋势下所产生的个性化需求，主要体现在以下方面：第一，跨境电子商务平台大多支持单一的 B2B 与 B2C 模式选择，难以解决批量化供给与个性化需求之间的矛盾。现有的部分跨境电商平台对行业和自身认识不足，仅仅将跨境业务作为一种收入来源，从而不可能持续地投入资金、技术等要素，难以实现综合服务能力的提升。第二，跨境电子商务政策更新迭代速度较快，平台综合税、行邮税、关税、增值税计算复杂等原因，造成了跨境电商平台控制不严，订单超过限额被退单等现象时有发生。第三，跨境网站信息化程度的差异，导致了传统跨境电子商务平台存在信息不对称等问题。比如，对于农产品跨境电商而言，国内农产品经营者和生产者对于自身的发展情况有比较深入的了解，但对国外消费者的需求感知却存在滞后性；而国外消费者有明确的消费需求，但对生产端的具体状况却知之甚少。第四，跨境电商平台模糊的市场定位，导致了流通商品严重的同质化竞争。对于跨境零售电商而言，顺丰等行业巨头的加入打破了传统跨境电商平台之间的平衡，也壮大了零售电商的队伍。但大部分企业对自身认知不足，且市场定位模糊，造成了类似商品的大幅集中，平台提供的服务大同小异，使得平台用户的体验感大幅下降。

（二）中小企业战略诉求多元化

在全球经济体系逐渐向数字复杂系统演化的背景下，作为国民经济发展主力军的中小企业，也承担着推动数字经济建设的重要任务。然而受限于资金不足、核心技术落后和人才争夺困难等问题，其在数字化转型过程中所遇到的挑战和阻碍也更为复杂，主要体现在以下方面：第一，部分中小企业抗拒数字化。对于依赖传统线下渠道的中小企业而言，数字化意味着短期内更高的运营成本和更为透明的行业竞争，会减少短时间内的企业利润，且自身利润规模较小，难以购买先进技术设备并建立自身的信息技术团队。第二，部分中小企业选择消极数字化。"消极数字化"是指部分中小企业并未意识到数字贸易带来的经济、社会等方面的巨大变革，只是简单地将跨境电商平台作为线下销售渠道的补充，或仅是被动接受平台所推荐的数字化工具，缺乏主动了解数字化工具的意愿。第三，自身能力不足，难以打造核心竞争力。数字技术难以独立掌握、数据信息难以独立获取、数字人才难以独立培育等难题对于资本积累较为薄弱、人才争夺能力较为缺乏的中小企业而言，是短期内难以跨越的"鸿沟"。网易云发布的《2017 年北上广深杭企业数字化发展报告》显示，在数字化早期和中期，企业面临的最大问题就是人才匮乏。

面对上述问题，中小企业在实施"走出去"战略时，衍生出更为多元化的战略诉求。而传统的跨境电子商务平台受限于自身的技术、盈利模式等因素，无法满足中小企业的发展需求，主要包括以下原因：第一，eBay 等传统的大型跨境电商平台以 B2B 业务为主要模式，较为单一的模式则选择要求对中小企业进行绑定，为其提供全部服务，而无法解决个性化需求。第二，中小企业在数字化进程中会出现短期利润减少的现象，它们希望平台能够提供更为廉价的服务以减小自身的短期损失，而跨境电子商务平台需要从服务中获取利润，与中小企业的廉价服务需求出现矛盾。第三，中小企业需要在全球范围内最大限度地调动有利于数字化转型的生产要素，以更好地洞悉市场需求，有针对性地提供产品和服务，而跨境电子商务平台受制于本身的双边局限性，并不完全具备有效整合全球市场和资源的能力，且无法承受随之而来的高额推广成本。第四，中小企业希望减少平台上企业之间的竞争，从而减弱数据信息获取、数字人才招聘的难度，而跨境电子商务平台则希望通过引进更多竞争性企业，获取更大的利润。自 2016 年 9 月以来，亚马逊、eBay 等跨境电商平台为争夺中国制造商，相继推出有针对性的企业出海计划，大批传统制造商之间的资源竞争更为激烈。

> **理论命题 6-1**
>
> 　　数字化转型（Digital transformation）是建立在数字化转换、数字化升级基础上，进一步触及公司核心业务，以新建一种商业模式为目标的高层次转型。

（三）数字技术服务需求多样化

　　数字技术的蓬勃发展引发了世界范围内的经济模式变革，并影响了世界贸易格局的调整。在数字技术的推动下，大规模定制、电子商务、云服务等新型生产方式和数字技术服务类型逐步兴起，其所带来的需求变动主要表现为以下方面：第一，随着数字化转型升级的进程不断加快，越来越多的企业渴望在全球范围内充分调动资源，随之而产生的全方位服务需求也日益增多。第二，外贸操作流程的升级优化。外贸操作系统包括推销、询盘、签订合同、进口商开信用证、报关通关等 20 多个环节，牵涉关、检、汇、税等政府部门。复杂的外贸环节、专业化的外贸术语和巨大的经济政策不确定性，成为外贸企业和从业人员的一大难题。操作流程的优化与调整需求日益强烈。第三，产品质量的线上检测。进出口产品的质量安全监测是关系到平台和中小企业合规经营的要义，也成为中小企业在目标市场能否获得优势的关键。但质量认证难以线上完成，从而在一定程度上影响线上产品的质量。

　　而传统跨境电商平台因为自身的短板和不足，无法满足日益多样化的数字技术服务需求，主要原因包括以下内容：第一，全方位服务需求严重超出了跨境电子商务平台原本的设计和承载能力。国内的大部分跨境电商平台仍以丰富商品、获取利润、完善系统等基础服务内容为工作重点，尚未对平台的承载能力和发展创新进行规划，且跨境电子商务平台大多支持单一的商业模式，无法提供企业发展所需的一揽子数字化服务。第二，跨境电子商务平台主要服务于中小企业的跨境 B2C 模式，而随着业务服务范围的拓展，规模较大的企业也陆续入驻，借助平台开展国际贸易与分工。外贸操作流程的优化需要跳出跨境电子商务平台的思维局限，在与政府部门充分协商和沟通的基础上展开。第三，质量检测环节并未实现线上化，且关键环节涉及各国质量标准以及各类专业性质量的安全监测,跨境电子商务平台并没有触及相关内容。第四,平台上数字化工具相对较少,缺乏充分竞争。一方面,数字化工具质量参差不齐,如引流工具所带来的流量转化率较低,使用数字化工具的企业尚不足30%;另一方面,数字化工具效果可视化程度较低,用户并不能确认使用数字化工具的效果,尽管其可能为用户带来可观的利润。

二、开放型全球数字贸易平台发展的阶段性表现

(一)跨境电商平台阶段

随着经济全球化程度的不断加深,消费者的个性化需求日渐增多,加上互联网技术的不断更迭,使得跨境电子商务平台的模式呈现出"日新月异"的发展局面,纵观其发展历程,可分为以下三个阶段:

第一阶段,萌芽期,时间为1998年至2004年。亚马逊和eBay进入欧洲市场,揭开了跨境电商平台发展的序幕。这一阶段的跨境电商平台并不参与交易过程,也无线上交易方式,仅仅充当信息收集的角色,支付、物流、通关等环节均通过线下完成,无法沉淀真实的交易数据。且由于对产业链层面的资源整合仅仅止步于信息流,导致只通过平台来提供信息的模式渐渐被取缔。此时的亚马逊平台商品品类还较为单一,仅限于图书类;而阿里巴巴国际站则主要提供信息撮合服务,通过推广国内中小企业的产品服务,达到帮助其出口的目的。

第二阶段,成长期,时间为2004年至2015年。随着线下交易向线上转移,信息平台在线上物流配送兴起的条件下逐渐蜕变为可以实现信息数字化的线上交易平台。在这一阶段,卖家缴纳费用后可以利用平台免费发布交易的详细信息。而随着越来越多的卖家入驻平台,单一的在线交易模式不足以支撑大规模发展的需求,行业内部的竞争也日趋激烈。此时的亚马逊平台逐渐开拓出适合自身发展的道路,不断拓展产品的经营范围,进军服装箱包、电子通信等市场领域,并与第三方电商平台卖家进行合作。而B2B领域的敦煌网则开创了中国跨境B2B线上交易的先河,助力中小企业更好地开拓国际市场;B2C出口领域的速卖通、兰亭集势等平台,B2C进口领域的洋码头、天猫国际等平台则使得消费者直接跨境购物成为现实。

第三阶段,成熟期,时间为2015年至2019年。数字技术更新加快的时代背景,催生出消费者日益多样化的服务需求,跨境电商平台向规模更大、业务更广的方向拓展。此阶段从事跨境贸易的交易双方能够充分利用平台上积累的交易数据和技术手段,实现供给和需求之间的精确匹配,并借助平台上的低成本、专业化的生态化供应链服务完成线上交易和履约的数字化贸易活动。此时的亚马逊平台选择采用自发货(FBM)与亚马逊专业物流(FBA)两种形式,其流量大、全球站点多、利润高,坚守重推荐、轻广告等四大商业理念,走的是一条精品化路线、品牌化路线。而阿里巴巴国际站信保业务的全面上线使得交易全链路数据基本实现沉淀,同时平台汇聚的2 000多种数字化工具,

为中小企业提供了全方位供应链服务。

专栏 6-1 典型跨境电子商务平台特点分析

（二）开放型全球数字贸易平台阶段

随着数字贸易发展的不断深入和数字技术的广泛应用，数字服务提供商可以通过平台方式集聚供需双方，从而形成专业性或综合性的全球数字贸易平台。与传统的跨境电子商务平台相比，全球数字贸易平台具备多边化、数字化等特点，能够打破各类贸易壁垒，促进线上"大一统"市场的形成与发展。利用数字贸易平台，中小企业能够实现数据资源的获取与利用，并通过数字技术实现数字化精准服务等环节。

现有的数字贸易平台对数字贸易发展造成了一定的影响。一方面，全球数字贸易平台减少了国际分工环节。对于商品而言，订购和消费的线上化减少了线下前往商场等地点进行采购的环节和流程。另一方面，全球数字贸易平台的发展改变了参与全球化经营的城市地位。全球数字贸易平台的服务技术升级，使其可以服务于更广范围的客户和消费者，纽约、巴黎、伦敦等世界传统金融中心在国际贸易中的地位，也会因资金流向的改变而发生变化。

然而，行业规则不完善、市场秩序难维持等因素也制约了数字贸易平台的进一步发展。为了更好地发挥多边化优势，充分整合全球资源，数字贸易平台在未来的发展趋势主要包括以下几个方面：

第一，线上线下的深度融合。通过全球数字贸易平台可以实现线下经济与线上经济之间的有机融合。通过联结虚拟经济和实体经济，实现数字营销、产品服务等数据间的共融互通，从而拉近企业和终端客户之间的距离。

第二，整合与变革数字贸易生态圈。全球范围内兴起的数字贸易变革，为传统企业转型升级和中小企业品牌增值提供了发展机遇。互联网企业的自我革新和产业结构的深刻变革，衍生和发展出新的行业，对产业链条进行了重构。

第三，优化资源配置，提供技术支持。开放型全球数字贸易平台能够提供开放、公平、互惠的发展通道，为国别不同、规模不同的企业尤其是中小企业提供数字化转型所需的数字资源和技术支持。

第四，变革数字贸易规则。数字贸易的持续发展，对服务贸易领域带来了巨大而深远的影响：服务领域的进一步细化、发展方式的不断更新等现象都在冲击着现有的国际贸易规则，可以说国际贸易规则的范畴已不能满足数字贸易的发展和演进，制定新型的数字贸易规则势在必行。

第二节　开放型全球数字贸易平台的内涵与外延

一、开放型全球数字贸易平台的内涵

在跨境电子商务向全球数字贸易蜕变的背景下，蓬勃发展的数字技术在影响局部领域的同时，对人类的经济社会发展也带来了巨大变化。《数字经济时代中国中小企业跨境电商白皮书》[①] 提出：开放型全球数字贸易平台是面向全球范围内的贸易主体，尤其是广大中小企业，通过大数据、云计算、人工智能等数字化技术对全球数字贸易买卖双方的需求进行精准匹配，为其提供数字化营销、交易、金融及供应链服务在内的一揽子数字化外贸解决方案，旨在构建开放型世界经济，推动全球数字贸易朝着更加开放、包容、普惠、平衡、共赢方向发展的多边贸易平台，具有发展成为世界电子贸易平台（eWTP）的潜力。作为数字贸易发展的重要依托，数字贸易平台可以通过集合商家、海关、服务商、政府、金融机构、买家、海外渠道等在内的产业链上下游，形成数字贸易生态圈，从而实现数字技术在文化贸易、数据交易等方面的应用。

为顺应全球数字贸易发展的趋势，许多企业纷纷构建数字贸易平台。由于数字内容和方式的不同，数字贸易平台也可以划分为不同的类型，主要包括以下几种：第一，以搜索引擎为主要服务内容，为用户提供信息搜索服务。例如作为中国最大搜索引擎平台的百度公司，以中国市场为服务半径，以在线信息和数据检索服务为核心业务，拥有世界上最大的中文信息库，且将战略重点放置于新一代人工智能（AI）技术。第二，以社交服务为主要服务内容，为用户提供网络沟通平台。例如腾讯公司的社交网络服务以中国市场为主，海外以华人市场为主，且能够做到一款 App 承载多种功能，解决多种需求，并将游戏收入作为主要收入来源。第三，以订购商品为主要服务内容，是用户进行商品买卖的渠道。例如亚马逊以订货服务为核心，面向全球市场提供数字服务，且在电子阅读服务（Kindle）方面具有较明显的优势。第四，以移动应用商店为主要服务内容，帮助用户享受智能生活。例如苹果公司在智能手机的应用商店方面，实现了操作系统和核心技术方面的垄断，且将手机制造业务实现全球范围的外包，自身主要业务包括研发、销售和应用 App 等。

---

① 《数字经济时代中国中小企业跨境电商白皮书》由浙江大学中国数字贸易研究院和阿里巴巴（中国）网络技术有限公司于 2019 年 9 月发布。

理论命题 6-2

　　开放型全球数字贸易平台是面向全球范围内的贸易主体，尤其是广大中小企业，通过大数据等数字化技术对全球数字贸易买卖双方的需求进行精准匹配，为其提供数字化营销、交易、金融及供应链服务在内的一揽子数字化外贸解决方案，旨在构建开放型世界经济，推动全球数字贸易朝着更加开放、包容、普惠、平衡、共赢方向发展的多边贸易平台。

专栏 6-2 世界电子贸易平台

二、开放型全球数字贸易平台的外延

　　从某种程度上讲，全球数字贸易平台与跨境电子商务平台既有许多相似之处，也存在诸多不同。相同之处体现在二者均为虚拟的互联网交易平台，为弱势群体参与国际贸易提供帮助。不同之处则主要表现为开放型全球数字贸易平台区别于跨境电子商务平台的特征：

　　第一，多边化。数字贸易平台面向全球范围内的买家和卖家，致力于实现"全球买、全球卖"的愿景，具有整合、治理全球数字资源的能力和条件。而跨境电子商务平台则以"买全球、卖全球"为主要愿景，国别化的概念仍较为严重，并没有凸显多边化的特点，且数字资源整合和治理能力较差，无法满足中小企业数字转型的资源要求。

　　第二，生态化。数字贸易平台可以整合社会资源，与政府部门、高等院校和行业协会等一道参与数字贸易的发展建设，提供一揽子数字化外贸解决方案，且方案中的各类服务内生于平台生态圈。而跨境电商平台受限于自身的资源整合能力，只能提供某一单元的服务内容，无法提供一揽子数字化外贸解决方案。

　　第三，智能化。数字贸易平台基于大数据、云计算和人工智能等数字技术，为买卖双方提供智能化的精准营销、交易履约和信用资产等服务。以中小企业为例，其在数字贸易平台上可以依据自身需要，有针对性地选择服务内容，而跨境电子商务平台因为无法进行精准化营销，则通过绑定中小企业的方式提供全部服务内容。

　　第四，数字化。数字贸易平台上的交易标的包括数量庞大的数字产品及数字化知识，且外贸全流程也实现了高度的数字化。而跨境电子商务平台则以传统商品为主导，且受限于数据管控、技术应用等短板，无法进行大量的数字产品与服务交易。

第三节 开放型全球数字贸易平台在数字贸易发展中扮演的重要角色

一、引领数字贸易呈现新态势

（一）推动企业线上贸易，引领中小企业数字出海

伴随着开放型全球数字贸易平台的构建，逐步完善的新型基础设施简化了中小企业进行外贸交易的流程，较低的对外贸易难度也会吸引越来越多的中小企业入驻平台，参与到线上贸易的环节之中。开放型全球数字贸易平台对各国中小企业数字出海的推动价值体现在以下几个方面：

第一，引领产品出海。数字贸易平台可以利用自身的多边化优势，帮助中小企业将产品卖到世界各地，实现"全球买、全球卖"的愿景。2015 年，嘉兴洁阳家居入驻阿里巴巴国际站，两年后其旗下品牌宝家洁已经行销全球 46 个国家和地区，还将东道国合作伙伴培育成为品牌分销商。

第二，引领品牌出海。数字贸易平台可以利用自身的多边化优势，帮助中小企业将品牌通过线上渠道更快地推向世界，提升品牌国际影响力。2016 年，在阿里巴巴国际站的帮助下，深圳市雅乐电子有限公司将品牌推广至中东、欧洲等多个区域，开启了品牌出海的战略行动。

第三，引领服务出海。数字贸易平台可以利用自身的生态化优势，帮助中小企业为世界各国客户提供金融、物流和文化等服务。截至 2021 年，CDP① 集团能够提供全球 116 个国家和区域的海外人力资源落地服务，已经搭建起的完整的全球知识库，拥有多位当地专家，提供当地招、本地支付的全方位服务，成为实现服务出海的典型案例。

第四，引领资金出海。数字贸易平台可以利用自身的多边化和智能化优势，帮助中小企业到境外投资设厂，为世界各国提供优质产品和服务。2019 年，阿里巴巴重庆新外贸本地化服务中心累计已引进 69 家中小微跨境电商企业，注册资金超过 1 亿元，培养、输送跨境电商专业人才 200 多人。

（二）吸引海外企业入驻，引领全球买全球卖浪潮

开放型全球数字贸易平台是多边贸易平台，能够消除各类贸易之间的贸易壁垒，从而提供更加开阔的全球市场和更为便利的贸易服务，通过吸引世界各地的卖家入驻平台，实现"全球买、全球卖"的愿景。

---

① CDP 是在中国及亚太规模领先的人力资源企业管理服务机构，通过"以人为本"的综合数字化企业服务理念，赋能超过 4 000 家大中型企业卓越发展。

一方面，平台有利于打破市场的边界。数字贸易平台具有的"多边化"特征，会弱化"国别化"的相关概念，减弱由于国家不同、市场不同所带来的各类贸易壁垒，实现真正意义上的"全球买、全球卖"。而随着平台的逐步落地，"大一统"的线上市场会最终形成。比如阿里巴巴国际站积极推动入驻供应商的国际化进程，并为这些海外供应商提供信用保障等服务，已经吸引印度、马来西亚、俄罗斯、美国等多个国家的供应商入驻。

另一方面，平台有利于打破服务的边界。数字贸易平台所具备的"多边化"和"智能化"特征，可以在全球范围内实现企业参与的同时，使得来自世界各国的服务商和中小企业都可以作为贸易服务的供给方和需求方，服务市场的供需两端均会突破国界的限制。

专栏 6-3 **数字化助力中小企业扬帆"出海"**

（三）主导各类标准定制，引领数字贸易行业规范

2017 年 12 月的 WTO 第 11 次部长级会议上，时任总干事阿泽维多表示支持 WTO 与 eWTP 全面合作；WTO、eWTP 和世界经济论坛宣布建立"电子商务赋能"长期对话机制，有利于汇聚各方意见，为全球数字贸易建设提供宝贵的经验。而开放型全球数字贸易平台最具发展成为 eWTP 的特质。

通过主导标准制定，开放型全球数字贸易平台可以对平台上各类主体进行管理：第一，制定平台上中小企业全球数字贸易准入和退出标准。通过审查注册资金、经营行业、风险控制能力等详细指标，严格执行准入标准和退出机制，促进数字贸易平台的可持续发展，更好地维护贸易环境。第二，制定全球数字贸易行业交易规则。建立完备的信用管理体系，通过惩处售假、失信、欺诈等行为，弘扬诚信精神，并建立失信单位黑名单，净化贸易环境。第三，制定全球数字贸易行业安全规则。规范平台企业的经营活动和交易活动，防范违法犯罪事件的发生，切实提供一个公平、合理、互惠、共赢的数字贸易平台。

此外，开放型全球数字贸易平台也可以将平台自身规则逐步推广和上升为全球数字贸易行业规范，并推动其接轨国际贸易规则，从而为全球数字贸易规则的制定与发展做出贡献。

二、服务中小企业形成新优势

（一）搭建数字贸易平台，助力中小企业开拓市场

开放型全球数字贸易平台结束了传统国际贸易的"大公司游戏"，将定位服务于广

大中小企业，从而通过搭建桥梁的作用，助力中小企业开拓市场，其价值体现在：

第一，作为信息匹配平台，帮助中小企业获取海外需求信息。具体而言，利用数字贸易平台的多边化和智能化优势，中小企业可以大大减少信息获取成本和因信息滞后导致的损失。比如重庆兴邦恒翔在入驻阿里巴巴国际站后，从发现一位埃及采购商4.5万美元需求到跟进和下单，前后只用了不到一个月的时间，大大减少了时间成本。

第二，作为交易达成平台，帮助中小企业签订并履行交易合约。具体而言，数字贸易平台可以为入驻的中小企业提供信誉支撑，从而减少因品牌国际化程度较低而带来的经济损失。2019年，淄博奥纳陶瓷有限公司通过阿里巴巴国际站得到了 Laguarda. Low Architects 的订单。对于淄博奥纳陶瓷公司而言，此次所达成的合作订单，不仅带来了巨大的经济效益，更为品牌的国际化打下了基础。

第三，作为服务提供平台，为中小企业跨境贸易提供数字化外贸解决方案。具体而言，数字贸易平台可以利用自身的生态化优势，结合中小企业的发展特征，提供一揽子数字化解决方案。如在2017年亚马逊全球开店卖家峰会上，其为中国的中小企业打造了以出口电商为核心的新贸易链条。通过充分利用亚马逊的海外平台和国际资源，中小企业能够直接扮演卖方角色，减少了中间商的介入，企业运营效率得到大幅提升。

第四，作为价值创造平台，数字化赋能中小企业，提升其全球数字贸易时代的核心竞争力。全球数字贸易平台具有整合和治理全球数字贸易资源的能力，可以在一定程度上解决中小企业数据获取能力差等难题，且平台本身所具备的资源、声望等也可以帮助中小企业打开市场，从而提升中小企业的核心竞争力。

（二）提供精准营销工具，助力中小企业匹配需求

中小企业从事国际贸易的一大痛点在于跨境匹配成本过高。开放型全球数字贸易平台通过提供精准营销工具，帮助中小企业以更低成本获取海外商机：

第一，平台买家需求匹配，通过大数据算法以及定制和现货的分栏目设置为中小企业匹配差异化的需求。具体而言，数字贸易平台可以利用自身存储数据帮助卖家准确描述货物，并采用设置疑问问答区、细化商品分类等方法，实现中小企业个性化需求的满足。比如阿里巴巴国际站提供多语言实时沟通工具，2018年9月采购节期间，实时翻译支持43种语言，并针对不同商业场景做语意优化，询盘成交比率大幅提高。

第二，平台买家地域匹配，为中小企业提供定点定向定期的广告投放服务。具体而言，数字贸易平台可以根据买家需求，在庞大的媒体数据资料库中选取符合广告主需求的行业和地域媒体进行基础匹配，从而使得中小企业的广告投放更为精准。比如亚马逊会着重展示同行卖家的产品页面，利用系统算法结合产品定位，实现广告投放服务。

第三，平台买家规模匹配，通过买卖双方信息标签化展示为中小企业匹配规模适应的买家。具体而言，数字贸易平台系统可以同时运营买家和卖家，利用固定化出的相应标签属性来打造更多的心智活动场景，实现平台买家规模的精准匹配。比如西安森宇生

物科技有限公司，利用阿里巴巴国际站的 P4P① 进行目标市场的精准定位，成功将产品销往欧美 40 多个国家。

（三）完善交易履约保障，助力中小企业完成合约

国际贸易环节复杂，形式多样，且涉及海关、出入境等业务办理，跨境交易中存在的不确定性因素，成为中小企业急需解决的问题。开放型全球数字贸易平台可以为中小企业参与国际贸易提供生态化的保障服务：

第一，通过打造生态化服务模式、搭建全球化支付架构、提供集约化拼箱方案等，平台可以为通关、支付、物流、金融、财税等环节提供基础性、模块化的履约保障。如 2015 年阿里巴巴跨境供应链团队正式推出的"一拍档"服务，通过提供引入本土化的外贸服务企业，为需求的客户群体提供详细具体的低成本综合服务。

第二，通过完善数字化信用保障，平台可以为交易过程中出现的资金、交期或质量等各类问题提供全方位的履约保障。如常州海格超细纺织品有限公司总经理陈舜赛认为，阿里巴巴国际站提供的数字化交易履约服务，包括信用保障、Pay Later、全球化支付、国际物流、关检汇税、供应链金融服务等，发挥了重要作用，为买卖双方提供了充分保障。

第三，通过运用区块链授信技术、构建一站式退税机制，平台可以为金融、财税等环节提供增值性、模块化的履约保障。如 BaaS（Blockchain as a Service）平台是蚂蚁金服旗下性能卓越、隐私保护力度大的区块链技术服务平台，能够高效解决区块链技术在多情景下的应用问题，为用户提供更好地一站式服务体验。

（四）加强信用资产支撑，助力中小企业赢得商誉

通过对海量数据的采集、整理、分析和挖掘过程，开放型全球数字贸易平台可以将数据转化为数字化信用资产，成为中小企业进行业务拓展和转型升级的数字资源，从而帮助中小企业赢得商誉：

一方面，可以充分展现中小企业实力。数字贸易平台积累并展示历史成交量、订单交付时间等数据，有助于中小企业展示发展历程和自身实力。如成都博百纳皮革有限公司合伙人赵魏韩便特别重视阿里巴巴国际站信用资产的数据沉淀。他认为，阿里巴巴国际站推出的数字化信用资产，事实上是让产品自己去售卖自己，以更专业的形式去告知采购商产品的优势、卖点以及产品背后供应商的能力。

另一方面，可以充分提升中小企业信誉。数字贸易平台通过建立信用评分体系使得无形的企业信用有形化，有助于中小企业赢得潜在买家的信任。比如 2018 年上线的阿里巴巴国际站全新商家星等级制度改变了以往只考虑商品交易总额和电商服务状况的情

---

① P4P（外贸直通车）是阿里巴巴国际站帮助中小企业做营销推广的高效工具，其在不同市场通过对供应商进行差异化标签展示，并不断调整优化，实现精准定向引流。

况，且更加重视采购商体验，利用供应商信息展示、履约保障等能力，采用多项指标综合评判信用状况。

本章小结：
中国视角

全球数字贸易平台的发展为国际贸易注入了新的活动，也为中国的经济发展提供了原动力。当前的中国经济正逐步形成以国内大循环为主体、国内国际双循环相互促进的新发展格局，数字贸易平台将成为"双循环"的加速器，推动中国对外格局向格局更优、层次更深、水平更高的方向发展，对于中国成为数字贸易强国有着十分重要的意义。

虽然中国在数字贸易平台建设方面已经取得了显著的成就，但仍存在不足，主要有以下原因：第一，核心技术基础薄弱。数字贸易平台建设所需的核心技术和主要操作方法基本上被美国控制，发展受限的数字技术在一定程度上阻碍了数字贸易平台的建设。第二，正品数字贸易困难。数字产品的易拷贝、易传播等特性，使得网络上未经授权的数字产品复制现象普遍存在，导致受知识产权保护的正版数字产品质量降低或者退出市场，不利于数字贸易平台的建设和发展。第三，数字规则亟待完善。数字贸易过程中的生产、交付等环节与个人隐私保护等内容的相关立法基础缺乏，加之数字贸易标准规范的发展滞后，制约了数字贸易平台的发展。

针对上述劣势和不足，中国要继续积极主动、全方位地参与双边、多边、区域数字贸易规则的制定，输出中国方案。在国内要强化政策支持对于数字贸易机制创新的引导，推进建立公平竞争的良好营商环境，加速数字经济的高质量转型。同时大力发展科学技术，依托高校和科研院所，培养新时代数字人才。

总而言之，中国要充分利用数字技术、国家政策等方面的先行优势，在数字贸易平台建设、跨境信息流动等方面加强与发达国家、新兴经济体和广大发展中国家的交流合作，以更高水平全面开放的姿态迎接未来挑战，为建设更高层次的开放型全球数字贸易平台不断贡献中国智慧和中国力量。

即测即评

思考题 1. 李克强总理在 2015 年政府工作报告中首次提出"互联网+"行动计划后，中国电商企业进行第二轮商业升级，各行各业都在构建"互联网+"的 B2B2C 的新体系。试比较其与 B2B、B2C 模式的异同，并阐述 B2B2C 模式的优缺点。

2. 2019 年 11 月 5 日至 10 日，第二届中国国际进口博览会（进博会）在上海举办，习近平在开幕式主旨演讲中指出："中国将推动进口和出口、货物贸易和服务贸易、双边贸易和双向投资、贸易和产业协调发展，促进国际国内要素有序自由流动、资源高效配置、市场深度融合。"请你谈一谈中国如何抓住进博会的契机，助推全球数字贸易平台开放共享。

3. 2021 年 3 月 10 日，杭州市商务局主办、杭州新丝路数字外贸研究院承办的杭州数字外贸服务平台上线试运行，旨在帮助外贸企业提高贸易机会，降低交易成本，请你谈一谈对这件事情的看法。

4. 党的十九届五中全会指出，要加快构建以国内大循环为主体、国内国际双循环相互促进的新发展格局。当前，数字贸易正成为全球经济演变的新方向、新趋势。请你谈一谈数字贸易平台与国际国内双循环的关系。

5. 2020 年新冠肺炎疫情肆虐全球，为世界经济发展带来巨大地不确定性和下行压力，此种情况下，各国政府相继采取不同程度地封锁措施，为进出口贸易带来一定阻碍。试谈一谈疫情期间应如何更好地发挥数字贸易平台的作用。

延伸阅读

［1］VILA SEOANE M F. Alibaba's discourse for the digital Silk Road：The electronic World Trade Platform and "inclusive globalization" ［J］. Chinese Journal of Communication，2020，13（1）：68-83.

［2］FARID B M. Digital platforms in Africa：A case-study of Jumia Egypt's digital platform ［J］. Telecommunications Policy，2021，45（3）.

［3］周广澜，王健. 基于 eWTP 的数字贸易探索与实践 ［J］. 对外经贸实务，2021（3）：7-10.

［4］王海峰. 世界电子贸易平台（eWTP）政企互动式创新 ［J］. 卓越理财，2017（5）：29-31.

［5］秦亚青. 全球治理：多元世界的秩序重建 ［M］. 北京：世界知识出版社，2019.

第七章

全球公司与普惠贸易

随着数字贸易的高速发展，传统跨国公司越来越难以满足新时期贸易发展需求，企业全球化成为数字贸易时代企业扩张的必然选择。数字贸易时代的企业全球化将催生一大批天生国际化的全球企业，它们相对于传统跨国企业而言，更依赖于平台企业整合全球资源，从而加快实现数字贸易的步伐。而数字贸易的不断下沉将惠及更多消费者和中小企业，推动普惠贸易进一步实现。通过本章的学习，可以快速地了解全球公司和普惠贸易的产生与发展背景，掌握全球公司和惠普贸易的基本内涵及外延，并理解其在全球公司和普惠贸易对数字贸易的作用，为进一步深入理解去全球公司和普惠贸易之间的关系奠定基础。

第一节　全球公司

一、全球公司的产生与发展

（一）经济全球化催生全球公司萌芽

第二次世界大战以前，企业跨国经营的能力非常弱，单个企业的经济势力十分有限，对国民经济乃至世界经济的影响微不足道。战后，世界各国特别是主要资本主义国家为了推动经济的发展，纷纷推动跨国企业合作，促进资金、技术、人力、商品等在全球范围内流动，提高国际分工水平，优化资源配置，促进生产力发展以及国际贸易的发展，跨国公司迎来了发展的机遇期。东欧剧变和苏联解体标志着冷战的结束，客观上为东方与西方、发达国家和发展中国家的各国各地区参与全球市场的整合，在全球统一市场上通过相互竞争和相互合作实现各自的发展与进步提供了有利的政治经济条件。在此期间，跨国公司发挥了关键作用，不断改变人类的物质和文化生活。由于经济全球化为释放市场力量创造了有利条件，跨国公司本身也获得了更大的施展身手的舞台，进一步提高了自己的国际化程度和竞争力。但随着经济全球化的程度进一步加深，生产全球化和消费全球化进一步凸显，传统跨国公司已经逐渐无法满足全球经济发展的需求，国际化程度更高的全球公司开始萌芽。

（二）互联网技术助推全球公司兴起

从 1995 年开始，以移动互联网技术为核心的信息技术开始广泛应用。信息技术和通信技术的革命使得全球联系空前加强，全球市场得以真正形成和运行。全球公司的企业战略和跨国管理有赖于世界范围内实施的信息技术和通信技术革命。互联网技术的广泛应用对传统跨国公司来说是一个不可忽视的挑战：一方面，互联网技术助推了管理层级与管理理念实现网络化，跨国公司向全球公司的转型也意味着跨国公司的管理模式必然进行相应的调整。跨国公司过去以总部控制为基础的纵向一体化结构已经无法灵活地应对全球各个市场的迅速变化，这既由于跨国公司经营市场扩大到全球范围，也由于产品技术的更新速度不断加快。为了平衡全球一体化经营和本地化经营，跨国公司有必要在全球市场的若干重点市场设立地区总部，实现统一协调管理。另一方面，互联网技术推动了管理平台更加"信息化"。跨国公司的战略向全球公司转型，且全球化的经营市场、服务化的经营业务、外包化的发展手段、集成化的发展途径、网格化的管理结构等都是基于信息化的管理平台。因此，互联网技术的出现使得跨国公司向全球公司的战略转型成为可能。

（三）数字经济支撑全球公司成熟

数字经济的兴起深刻影响了传统产业以及传统商业模式，创造了大量新业态和新模式。跨国公司全球价值链也出现了数字化、服务化、去中介化以及定制化的新趋势（詹晓宁和欧阳永福，2018）。为了应对数字经济的冲击，跨国公司出现了重国内资产、劳动力占比低、灵活分布全球布局和加强服务业投资这些新特征。这将推动更多跨国公司向全球公司转变，并助推全球公司进一步成熟。

在此过程中，一种全新的跨国公司"品种"和商业模式正在迅速发展，利用数字技术、创新创业在全球范围内颠覆传统行业，重新定义企业和社会的边界。此类新公司基本都是初创企业，但发展的速度非常快。与在现有生产流程中应用数字技术的传统实体企业不同，这些"天生的数字化企业"通常在初创期就以数字化的方式运作并提供产品，例如互联网搜索引擎（谷歌、雅虎、必应、百度）、互联网社交平台（脸谱网、Instagram、领英、推特、微信、WhatsApp、Youtube）以及基于互联网的分享平台（爱彼迎、优步、Dropbox、Google Drive）。已有研究一般赋予这些全球公司国际新创企业的概念，即"创业型初创企业，在其创立之初或临近创立时，就寻求从国际市场的产品销售中获得相当大比例的收入"，其内涵包括年轻且处于国际化进程中的企业以及成熟跨国企业的新创子公司（柴宇曦等，2021）。大多数年轻且资源匮乏的"天生国际化企业"则将出口作为其主要的国际化进入模式。这些全球公司还为用户提供了相互交流的平台，并通过用户原创内容来产生价值，同时也催生了新的商业模式。在其国际化进程中，多边参与者能够同时为平台的经济价值做出贡献。

总的来说，数字经济的发展为全球公司提供了新机遇，持续扩大的数字消费市场为全球公司提供了广阔的发展空间，互联网、物联网、人工智能、大数据、5G 等数字技术提高了全球公司的效能，提升了数据库、软件等通信设备的可贸易性，数字经济既能有效地扩大消费需求，也能带动投资需求，为全球公司的发展提供了新的机遇。

二、全球公司的内涵与外延

（一）全球公司的内涵

在经济全球化发展的初期，全球公司被认为是跨国公司的别称，或是跨国公司的一种子类。1974 年，联合国决定使用"跨国公司"一词来统一命名各种从事跨国经营生产活动的经济组织，并设立政府间的跨国公司委员会和跨国公司中心。

世界经济一体化的发展趋势为全球公司的诞生提供了宏观环境。现代的跨国企业更注重在全球范围内实现资源的最佳配置。对此，跨国企业对自身进行了大的改造，并逐渐向"全球制造、全球购买、全球销售"的全球企业转变。因此虽然全球公司是基于跨国公司的基础，但它与跨国企业之间仍然存在着较大的区别。全球公司也被称作全球企业。

> **理论命题 7-1**
>
> 全球公司是指基于平台生态系统的开发和利用，从全球获取和整合资源，面向全球销售商品和提供服务的新型全球化企业，其弱化了企业原本的国别属性，通常具有全球化的发展战略、治理结构和企业文化，不仅包括平台型企业，而且还包括入驻平台的企业，以及全球供应链服务商，是数字经济时代最具一般性的企业经营模式。

纯粹的数字技术跨国公司从其创立之初就倾向于全球化经营而非跨国经营，因而可以称为数字经济时代的全球公司（以全球竞争环境为出发点制定经营战略的企业），其内涵与国际新创企业或天生国际化企业完全不同。总的来说，数字经济时代的全球公司至少应该包括以下几种：第一，搜索引擎、社交网络、共享经济平台等提供服务的数字化平台，如谷歌、脸书等；第二，提供云托管和计算、在线支付以及用于企业管理和金融应用等数字解决方案的跨国企业，如微软、蚂蚁集团等；第三，电子商务企业，特别是跨境电子商务企业，如阿里巴巴、亚马逊等；第四，数字内容生产者和提供者，如 Youtube、字节跳动等；第五，大数据和客户信息提供商，如 IBM、网易等。

专栏 7-1　全球公司：跨国公司发展新阶段

（二）全球公司的外延

联合国《跨国公司行动守则（code of conduct）》（1982）的"序言与目标"指出，跨国公司系指一种企业，构成这种企业的实体分布于两个或两个以上的国家，而不论其法律形式和活动范围如何。按照这一定义，全球公司也是一种跨国公司，两者之间有许多相同之处，主要体现在经营模式上。在经营模式方面，无论是跨国公司还是全球公司，都打破了国与国界线，通过对外直接投资，在世界各地设立分支机构或子公司，从事国际化生产和经营活动的企业实体。一方面，两者均要求领导层实现国际化，并在此基础上，实现不同程度的供应链全球化和企业资本全球化。另一方面，无论是跨国公司还是全球公司都十分重视全球市场及其消费者，两者都通过子公司获取消费者相关信息，并在东道国实现不同程度的本地化，以降低文化冲突。

但随着全球数字贸易的逐步演进，普通跨国公司会发生适应性的调整和改变，转型成为全球公司的有机组成部分，全球公司又是区别于普通跨国公司的另一种国际化企业，两者之间存在诸多不同，主要体现在组织形式与核心竞争力上。

在组织形式方面，全球公司更加注重平台在数字贸易中的核心作用。这是由于全球公司伴随着数字贸易的发展而逐渐兴起，而在数字贸易时代，平台就是最重要的企业组织形式。一方面，部分全球公司本身就是平台，由于平台可以低成本地不同国家推广经验一国市场的经验且模糊了不同国家市场之间的差别，所以相较于跨国公司而言，全球公司更适应平台模式。另一方面，非平台全球公司重更视平台这一全新组织形式的重要性。这是由于数字贸易平台的价值主张在国家间具有一致性，非平台的全球公司能够借助平台实现全球经营，且无须在每个国家花费高额成本。

在核心竞争力方面，全球公司更加注重母公司在获取核心竞争力中的作用。在数字贸易时代，海外子公司对于跨国公司获取竞争优势的重要性正在不断减弱。全球公司基于母公司的竞争优势可能会得以加强，从而更容易进入全新的国外市场。这是因为全球公司相对于跨国公司具有更强的母公司区位优势，随着提高生产率的数字技术的广泛应用，已外包的业务流程、生产和服务将可能重新回到母国。例如，环境特有优势帮助instagram 和 airbnb 从母公司获取关键资源，包括用户群性质、规模以及网络效应，并快速进入外国市场。

三、全球公司对数字贸易发展的作用

（一）数字贸易平台：贸易生态的重要引领者

数字贸易平台作为全球公司的重要一环，向电子商务企业提供云托管和计算、在线支付以及用于企业管理和金融应用等一揽子数字化外贸解决方案，引领着数字贸易平台生态圈的发展。第一，数字贸易平台能够通过搭建线上数字基础设施，引领企业参与线上贸易。具体来说，数字贸易平台对企业数字出海的推动价值主要体现为"四个引领"，即引领产品出海、引领品牌出海、引领服务出海和引领资金出海。第二，数字贸易平台通过数字技术有效降低了企业进入各国市场的门槛，吸引海外企业入驻，进而引领全球买卖。数字贸易平台既有效地打破市场的边界，也有效地打破服务的边界，从而提供广阔全球市场和便利贸易服务，吸引来自世界各国的卖家。第三，数字贸易平台主导各类标准制定，引领数字贸易行业规范。数字贸易平台通过制定贸易准入和退出标准、行业交易规则和行业安全规则提升了行业的自我规范，进而实现数字贸易生态圈良性发展。

（二）电子商务企业：数字贸易的重要践行者

众多天生国际化的电子商务企业是全球公司的重要组成部分，本身就是数字贸易的重要践行者，对数字贸易发展的作用主要如下：一方面，电子商务企业是数字贸易平台的重要战略合作者，数字贸易平台引领贸易生态的许多具体措施由电子商务企业具体落实，能够依托平台实现数字化转型、实现智能化运营和生态化协同，进而共同推动数字贸易的发展；另一方面，电子商务企业还是提升全球公司国际竞争力的重要践行主体，电子商务企业可以通过平台积极参与全球数字贸易，从而实现全球买、全球卖，进而推动数字贸易的发展：第一，电子商务企业能够依托平台分享贸易便利化福利，降低数字贸易交易成本；第二，电子商务企业能够依托平台云化供应链管理技能，增进数字贸易运营效率；第三，电子商务企业能够依托平台研发个性化生产工艺，提高数字贸易利润水平。

（三）数字服务企业：综合服务的重要提供者

无论是提供搜索引擎、社交网络还是共享经济，数字服务企业都为数字贸易的发展提供了一系列重要的综合服务，极大程度上降低了企业的贸易成本，提高企业贸易效率。一方面，数字服务企业电子合同和无纸化通关等传统外贸综合服务进一步节约了交易双方的交易成本，进而降低了中小企业经营国际贸易的门槛，推动数字贸易普惠化发展。另一方面，数字服务企业基于数字技术提供的精准营销、智慧物流和海外仓等新型综合服务，提高了数字贸易企业交易效率和国际竞争力。

第二节　普惠贸易

一、普惠贸易的产生与发展

（一）互联网技术的兴起

20 世纪 90 年代以来，伴随全球范围内逐渐普及互联网，互联网企业迅速得到发展，贸易逐渐实现无纸化、电子化和平台化。互联网技术对贸易主体、贸易流程和贸易产品都造成重要影响，在产生数字化产品和服务的同时，也使得国际贸易的市场结构发生改变，其中就包括促进了普惠贸易的发展。互联网对普惠贸易的促进作用主要表现为互联网促进生产、贸易和消费全球化，降低了中小企业贸易门槛，给中小企业进入国际贸易领域带来了发展机遇，使得发展中国家参与到国际贸易中，成为全球经济体的一部分。中小企业还可以基于互联网享受低廉的信息成本，获取东道国市场、营销和法律服务等战略信息，进一步增加中小企业的全球竞争力。具体来说：

在宏观上，互联网促进了发展中国家参与全球贸易。一方面，互联网渗透广度与该国的国际贸易便利化程度直接相关，对国家经济发展起到至关重要的作用（王健和巨程辉，2016）。另一方面，发展中国家能够借助互联网参与全球价值链。企业全球化提升了发展中国家参与全球贸易的机会，进而提升其对全球价值链的参与水平，提高国内增加值在全球价值链中的比重，增加高附加值产品和服务额出口，使这些国家在价值链中获取更大的份额。

在微观上，互联网推动了中小企业参与全球贸易。一方面，互联网有助于中小企业开拓国际市场。对于许多外贸中小企业来说，互联网特别是数字贸易平台为之提供了一个几乎无国界的全球市场，使它们能够有机会与大型的跨国公司竞争，产品能够远销传统国际贸易不能到达的地方。另一方面，互联网有助于中小企业提高国际竞争力。中小企业可以通过互联网将报关、运输、保险、退税等业务外包，使企业能够专注于产品的研发和销售。

（二）电子商务的快速发展

从20世纪初开始，电子商务的快速发展帮助中小微企业、欠发达国家和地区连接国内外市场，在创造新就业的同时推动产业转型，促进经济贸易增长，进而推动普惠贸易的发展。根据《中国淘宝村研究报告（2009—2019）》的数据显示，截至2019年，全国25个省市区共存在淘宝村4310个，年销售额超过7000亿元，约占农村网络零售额的50%。"淘宝村"作为一种商业现象，对区域经济社会产生着显著而广泛的影响。总体而言，电子商务对普惠贸易的影响主要有以下三点：

第一，电子商务赋能小微市场主体。一方面，相对于传统专业市场，电商平台实现了线上线下的融合，重组商流、物流和信息流，给予了小微市场主体平等的贸易机会。另一方面，电商平台具备信息流分离与前置能力，对接市场需求与供给，商户群体通过对碎片化订单的处理，衔接信息流与商流、物流，将产品销售给需求者。电商平台对于碎片化订单的处理能力，赋予了市场主体以较小的规模进行运营的成本收益平衡点，降低了市场的准入门槛，促进了普惠贸易。

第二，电子商务促进了产业集群的小微化趋势。传统手工业市场与产业集群的发展十分依赖区域内大产业的比较优势。电子商务能够通过打破市场分割将手工业、产业集群融入进更大的市场中。例如，很多基于村落一级的"非遗"商品得到了市场机会，电子商务平台与手工艺市场的互动驱动了生产技术创新与创业升级，进而推动传统手工业文化的发展。产业集群的小微化给予了贸易主体更多的商业机会，也提升了市场商品类目的丰富化程度。

第三，电子商务大幅度降低了商业模式复制成本。传统贸易中，贸易弱势群体由于高昂的信息获取成本，难以复制贸易强势群体的成功商业模式，即使勉强学习之后也会囿于投入规模、先发优势和马太效应而最终失败。电子商务一方面能够通过降低贸易弱势群体获取产品信息的成本，快速学习店铺运营的成功经验。另一方面也能够降低贸易弱势群体参加贸易的成本，这得益于电子商务商业模式复制的门槛成本低，难度小。

> **专栏 7-2** 农村电商的"普惠"价值
>
>

（三）数字贸易的快速发展

随着数字贸易的不断发展，全球贸易格局迎来了新的发展，传统的贸易格局不断得到新的突破，在极大程度上强化了贸易一体化格局，进而推动了普惠贸易。数字贸易对普惠贸易的促进作用主要有以下两方面：

一方面，在传统贸易中处于弱势地位的中小微企业，在数字贸易中能够积极、有效地参与到贸易中并且从中获利。数字技术的广泛应用大大降低了贸易门槛，中小微企业都可以通过互联网平台面向全国乃至全世界的消费者（马述忠等，2018）。在阿里零售平台上，国家级贫困县的网络销售额在 2014 年和 2015 年先后突破 100 亿元、200 亿元大关，2016 年接近 300 亿元。

另一方面，几乎所有在传统贸易中处于弱势地位的主体都能通过全球数字贸易共享国际分工带来的福利增长。越来越多消费者个性化需求能够得到反映，推动订单需求碎片化趋势加快，最终实现传统大额订单贸易向零单贸易的升级。

二、普惠贸易的内涵与特征

（一）普惠贸易的内涵

普惠贸易最早可以追溯到传统贸易中的普惠制（Generalized System of Preferences，GSP），是发达国家对发展中国家出口的制成品和半制成品给予普遍的、非歧视的和非互惠的优惠关税，是在最惠国关税基础上进一步减税以及免税的一种特惠关税。但这种普惠制仅是强调两国关税之间的互利互惠，并没有重视微观主体的贸易利得。

随着电子商务特别是跨境电子商务的兴起，贸易对微观主体的普惠性逐渐受到重视。学界开始将这种能够利用新型贸易通道打破传统贸易垄断，让中小企业和弱势群体都能够参与到全球贸易的新业态称为普惠贸易。一方面，电子商务和跨境电子商务极大程度上降低了贸易成本，那些被传统贸易忽视的中小微企业和个体商户能够通过电子商务直接参与贸易，享受贸易福利。另一方面，消费者也可以通过电子商务和跨境电子商务直接与全球的商户、消费者沟通，获得更加多样化的产品和服务，实现全球性消费。

2015 年，阿里跨境电商研究中心发布的《互联网时代的全球贸易新机遇——普惠贸易趋势》指出，普惠贸易是指互联网的蓬勃发展带来的商业模式、产品及市场结构的变化，使得国际贸易出现了新机遇和转型。具体来说，消费者、企业和更多在传统贸易中的弱势群体都可以参与到国际贸易中来，获得更优质的资源、服务和各种各样的渠道，国际市场信息更加透明，贸易流程也更加方便。

> **理论命题 7-2**
>
> 　　普惠贸易，也被称为包容性贸易，是指各个阶层的贸易主体，尤其是贸易弱势群体能够参与到贸易中来的服务，其核心是指基于机会平等要求和商业可持续性原则基础上有效、全面地为社会所有阶层和群体提供贸易服务。

（二）普惠贸易的特征

普惠贸易具有以下典型特征：

第一，贸易主体多元化。数字贸易时代，几乎所有在传统贸易中处于弱势地位的主体都能通过全球数字贸易平台有效参与跨境贸易，共享国际分工带来的福利增长。普惠贸易的核心是全面有效地为社会所有阶层和群体提供贸易服务，涉及各个阶层的贸易主体。普惠贸易的本质是倡导社会各阶层参与到贸易中，使中小企业、个体工商户和消费者都能在参与过程中获取利益，实现合作共赢。

第二，贸易渠道多样化。相比传统贸易，数字贸易的碎片化订单促进了弱势群体通过不同渠道参与普惠贸易。互联网技术的普及与进步、第三方服务平台的兴起、运输技术和物流解决方案的进步等，为企业和消费者直接参与国际贸易提供多样化渠道。

第三，贸易服务便利化。传统贸易由于冗长的交易环节、复杂的交易流程，容易导致信息不对称、贸易效率低等问题。基于普惠贸易的数字贸易平台缩短了交易中间环节，通过整合物流环节，提供更加透明、集中的供求信息，实现信息的高速传递，促进贸易服务便利化。

第四，贸易流程透明化。在普惠贸易下，参与贸易的主体不断增多，平台成本得到进一步降低，有利于建立多方合作机制，构建统一完善的标准，促进国际的协同共赢。最终普惠贸易突破了地理距离的限制，促进了跨国资源的最优化配置，形成集海关、物流、支付金融等多系统的协同合作，为消费者和企业提供不断完善的外贸综合服务。

三、普惠贸易对数字贸易发展的作用

（一）推动数字贸易平台发展

传统模式下，国际贸易的发展主要是以线下平台为主，贸易的效率较低，贸易的风险较大，难以满足全球贸易的发展需求。随着普惠贸易的不断发展，贸易企业亟需一个能够提供综合服务的交易载体，进而催生出一批具备不同功能的数字贸易平台。一方面，普惠贸易的发展进一步降低了数字贸易平台的获客成本，进一步刺激了数字贸易平台的网络外部性，使其能够通过虚拟化的网络平台实现对各类贸易信息的低成本共享，有效地搜集目的国市场数据，并强化对各类数据的有效整理。另一方面，这些国际贸易网路平台的产生和不断应用使得国际贸易实现电子化和信息化，贸易的效率和整体质量不断得到提升，为全球贸易一体化的发展提供了新的契机。

（二）推动贸易企业实现贸易全球化

传统贸易一般都是以发达国家和大型跨国企业为主导，其具有较高的话语权并通过设定高昂的进入成本和制定复杂的贸易规则来形成较高的贸易壁垒，对发展中国家和中小企业具有一定的打压作用。但是，依托于电子商务、跨境电子商务和数字贸易的普惠贸易极大程度降低了企业进入新市场的成本，使得中小企业和发展中国家的贸易逐渐实现了全球化发展。在普惠贸易中，贸易企业通过互联网可以直接介入国际贸易中，并充分发挥自身的作用。可以预计，随着全球贸易的不断发展，发展中国家和中小企业异军突起，整个贸易的过程会变得更加公平、公正、公开。因此，普惠贸易在一定程度上促进了中小企业和发展中国家的贸易发展，这一贸易新格局将成为推动全球经济发展的关键性因素。

（三）推动消费者实现消费全球化

全球贸易一体化就必须要实现消费的全球化。普惠贸易极大程度上推进了消费全球化的贸易新格局。普惠贸易和互联网的双重驱动使得数字贸易不断实现纵深发展，其所涉及的范围、行业都在不断拓展，因此全球各地的消费者都能够消费异地商品，使得贸易和消费无国界的现象变得更加明显。一方面，消费者可以通过数字贸易平台购买数字商品。随着当代消费者个性化需求的不断增强，催生出购买海外高质量商品的需求，而普惠贸易的发展进一步降低了这部分成本，提升了消费者福利使得更多消费者参与数字贸易。另一方面，消费者可以通过数字贸易平台购买数字服务。现阶段，随着普惠贸易的不断发展，消费者能够借助互联网进行全球购买和消费，各类商品之间的流通更加顺畅，对全球贸易的发展起到了新的推动作用。

専栏 7-3　跨境电商、普惠贸易与消费者福利提升

第三节　全球公司与普惠贸易的关系

一、普惠贸易下的全球公司发展

（一）普惠贸易推动全球公司平台化发展

相较于传统贸易，普惠贸易带来前所未有的大量生产企业和消费人群，满足全球公司数字化发展需求，其机制是数字贸易平台通过发挥网络效应来实现正反馈发展。网络效应是指对于用户而言，产品的价值随着产品的其他用户数量的增加而增加。更大的网络规模会产生更大的价值并吸引更多的用户，从而导致积极的反馈循环。一方面，普惠贸易刺激数字贸易平台发挥直接网络效应。直接网络外部性可以在很多平台中被观测到，比如信息服务、在线社交或专业社区。在这些情境下，随着与其他用户的潜在直接连接数量的增加，平台对单个用户来说也变得更有价值。这主要体现为数字贸易平台用户数量的迅速增加。另一方面，普惠贸易刺激数字贸易平台发挥间接网络效应。当不断增长的用户基础通过吸引另一类互补性用户提升了平台对一类用户的价值时，间接网络外部性就产生了。这主要体现为数字贸易平台生态系统的完善。

（二）普惠贸易催生更多天生国际化的全球公司

基于普惠贸易的数字化平台生态圈极大程度上降低了中小企业的获客成本，为众多跨国企业的早期国际化和天生国际化企业的产生提供了重要途径，使得中小企业能够与大型跨国企业共享一部分现有的国际客户。一方面，普惠贸易提高了全球公司创新创业的能力，使它们能够在短时间内进入遥远的成熟市场并获取价值，提高开展业务的能力并降低国际化扩张政策的预期风险。2019 年，中国工业和信息化部在推进中小企业的国际化的会议上明确指出，鼓励和支持建立各类中小企业产品技术展示中心，鼓励中小企业利用跨境网络交易平台、跨境电商等渠道拓展市场。另一方面，普惠贸易降低了全球公司创新创业的风险，使它们能够通过与其他生态圈成员共担风险和成本，共享关键战略资源的可用性。

（三）普惠贸易推动跨国公司转型为全球公司

面对快速发展的普惠贸易，过去跨国公司以地区子公司为核心的模式已经不适应数

字贸易时代的发展，一大批跨国公司逐渐改变了传统跨国经营模式，开始以全球资源参与全球市场的竞争。一方面，普惠贸易推动母国区位优势的重新回归。在普惠贸易时代利用对外投资进行全球经营可能会减缓国际生产的全球化。跨国公司倾向于在国内保留最具生产力的资产，从而导致子公司的地理分布高度向母国倾斜。因此，对外直接投资地理分散化发展的趋势开始。另一方面，普惠贸易增强母公司获取竞争优势的能力。母公司角色正在悄然发生转变，使用公司边界来获取价值的有效性正在不断降低，区位因素和地理层次的相对重要性已经发生了变化，外包和回购流程也已经受到了影响，产品和流程的去垂直化和模块化可以促使形成复杂而并不一定分散的网络组织。

二、全球公司对普惠贸易的影响

（一）全球公司发展带动更多企业参与贸易

全球公司作为数字贸易生态系统中重要的组成部分，能够有效降低各类企业参与贸易的成本，提升效率，进而降低企业进入国际市场的门槛，带动更多企业参与贸易。一方面，数字贸易平台作为全球公司的核心，结束了传统国际贸易的"大公司游戏"，定位服务于广大贸易企业，特别是中小企业，促进了数字贸易的普惠性发展。其价值具体体现在：第一，作为信息匹配平台，能够帮助贸易企业获取海外需求信息。第二，作为交易达成平台，帮助贸易企业签订并履行交易合约。第三，作为服务提供平台，为贸易企业跨境贸易提供数字化外贸解决方案。第四，作为价值创造平台，数字化赋能中小企业，提升其全球数字贸易时代的核心竞争力。另一方面，许多天生国际化的中小全球公司参与贸易，本身就推动了普惠贸易的发展。在传统国际贸易理论中，普通企业想要成为跨国公司必须要能够克服远超国内贸易成本的国际贸易成本，因此仅有部分生产率较高的企业才能够参与国际贸易。但全球公司特别是数字贸易平台的兴起，以及众多服务企业的快速发展催生出一大批天生国际化的中小全球公司，它们不仅在创立之初以对外贸易为主营业务，甚至在发展成熟后积极到海外进行直接投资，推动普惠贸易的全球性扩张。

（二）全球公司发展带动更多消费者参与数字贸易

全球公司作为数字贸易生态圈的重要组成部分，降低了贸易成本、丰富了贸易渠道和拓展了贸易标的，有利于更多消费者参与数字贸易，进而推动普惠贸易发展。具体来说：

第一，全球公司极大地降低了贸易成本，进而降低了消费者参与数字贸易的收入门槛。一方面，全球公司降低了数字贸易的交易成本；数字贸易平台可以在线上实现一站式外贸综合服务。另一方面，全球公司降低了数字贸易的搜索成本。数字贸易平台可以直接省去所有中间商环节，让厂家直接向消费者去营销。

第二，全球公司极大地丰富了贸易渠道，进而提高了消费者参与数字贸易的便利性。一方面，全球公司拓展了消费者线上购物渠道。特别是在后疫情时代，全球公司推动线上经济高速发展，这对培育消费者养成积极参与数字贸易的习惯有着重要现实意义。另一方面，全球公司还帮助贸易企业拓展了线上采购渠道。消费者不仅能通过全球数字贸易平台直接购买海外产品和服务，还能通过国内电商平台间接购买海外产品和服务，在跨境 B2B2C 贸易模式下扮演越来越重要的角色。

第三，全球公司极大地拓展了贸易标的，进而带动更多消费者参与数字贸易。一方面，在全球数字贸易平台上，现货与定制将进一步相互渗透，使得更多传统实体货物，几乎是所有可贸易商品，都可以通过数字贸易方式实现跨境交易。另一方面，数字产品与服务成为重要消费品。数字贸易的发展也使得各国消费者更容易接触和接受多元文化，从而更愿意消费跨境数字产品与服务。而在全球数字贸易平台上，越来越多中小企业选择优质跨境供应链服务。

本章小结：中国视角

随着数字贸易的高速发展，全球公司从其创立之初就倾向于全球化经营而非跨国经营，并从生产经营和商业化销售两个维度上高强度拥抱互联网。来自新兴市场国家，特别是中国的数字化全球公司正在凭借庞大的母国市场累积数字资源、获取知识和关键技术、孕育崭新且可能具有革命性的商业模式。在这一时代背景下，中国企业需要更加重视全球公司和普惠贸易对全球数字贸易的影响。

中国大力发展全球公司和普惠贸易对自身数字贸易的发展乃至推动世界经济复苏和构建人类命运共同体都大有裨益。一方面，中国全球公司和普惠贸易的发展有利于进一步扩大在数字贸易的优势，重新建构数字贸易时代的全球竞争新格局。当前以阿里巴巴、腾讯等为代表的全球公司通过数字技术将贸易普及到更多国家和更多消费者，极大程度上扭转了中国在传统经济中跨国公司发展落后于发达国家的局面。另一方面，全球公司和普惠贸易为后疫情时代全球经济复苏和商品供给做出积极贡献。全球公司有利于中国引领发展中国家共同应对全球经济面临的各项挑战，维护全球产业链、供应链稳定，为世界经济增长发掘新动力，推动世界经济尽快复苏。普惠贸易则有利于中国分享高速发展的成果，改善受疫情严重影响的低收入阶层和广大第三世界国家人民的生活。

当然，中国进一步发展全球公司与普惠贸易，还面临着诸多挑战：一方面，以美国为首的发达国家仍然掌握着国际贸易的主要话语权，并且挥动霸权主义的旗帜促使逆全球化重新抬头；另一方面，国内面临着供需匹配失衡及企业高端制造创新不足的局面，要加快构建以国内大循环为主体、国内国际双循环相互促进的新发展格局。因此，中国应当进一步推进市场化改革，加强高端技术领域的创新、加强数字贸易行业监管、通过实际行动维护多边合作机制，坚定支持多边贸易体制，继续促进贸易和投资自由化便利化来推动全球公司和普惠贸易的发展。总的来说，中国应当把握当前全球公司和普惠贸易发展的机遇，引领世界各国构建开放、包容、普惠、平衡、共赢的新型数字经济全球化，最终实现从贸易大国到贸易强国的转变。

即测即评

思考题

1. 2016 年英国《经济学家》杂志报道称，全球消费端的跨国公司几乎都在亏损，这表明传统跨国公司在数字贸易时代面临巨大挑战。那么为什么说"全球公司"是数字贸易时代对企业国际化经营更为准确的描述？

2. 全球贸易电商化成为数字贸易的显著特征，疫情后全球贸易电商化会趋于常态化。你认为贸易电商化对普惠贸易的发展有哪些影响？

3. 在首届进博会上，阿里巴巴定下 5 年 2 000 亿美元的大进口计划，计划目前覆盖天猫、天猫国际、天猫超市、考拉海购、盒马、银泰、零售通等业务板块。阿里巴巴作为数字贸易平台，参与推动普惠贸易，建设数字贸易基础设施，加速全球商业生态的数字化转型，为中国消费者"买全球"带来更好的体验。试分析进博会是如何推动全球普惠贸易的。

4. 2020 年爆发的新冠肺炎疫情对全球公司与普惠贸易的发展都造成严重冲击，试论述全球公司与普惠贸易在疫情之后会发生怎样的变化？

延伸阅读

[1] Cavusgil S T, Knight G. The born global firm: An entrepreneurial and capabilities perspective on early and rapid internationalization [J]. Journal of International Business Studies, 2015, 46 (1): 3–16.

[2] 范兆斌，张柳青. 中国普惠金融发展对贸易边际及结构的影响 [J]. 数量经济技术经济研究，2017, 34 (9): 57–74.

[3] 王志乐. 静悄悄的革命：从跨国公司走向全球公司 [M]. 北京：中国经济出版社，2008.

第八章

消费者行为与权益

随着经济社会的发展，消费者需求偏好的个性化和多元化趋势日益显著。数字技术的发展使得消费者对商品和服务的个性化需求显性化，同时个性化需求也驱动了数字贸易的发展。数字经济背景下消费者的地位发生了巨大变化，消费者在数字贸易中居于核心地位，因此有必要了解消费者行为和权益的相关知识。通过本章的学习，可以从消费者搜寻和购买决策、反馈和信息不对称、注意力和信息过载等方面了解并掌握数字贸易中的消费者行为的主要内容，从数字贸易对消费者福利的利弊分析、消费者数据安全与隐私保护等方面了解并掌握数字贸易中的消费者权益。

第一节 消费者在数字贸易发展中扮演的重要角色

一、消费者居于数字贸易核心地位

（一）数字贸易中的消费者

消费者是商品和服务的最终使用者，购买的最终目的是为了满足消费者或其家庭的生活需要，而不是用于生产需要。

数字技术背景下数字贸易消费者和传统贸易消费者在信息环境、社群模式两方面有较大区别：一方面，数字化的贸易平台、社交平台和媒体平台等对传统信息传播媒介的全面替代，信息基础结构进化成为去中心化的网络，传统贸易中信息不对称的情况得到有效改善，信息获取、加工和传播的效率、范围和效果大幅提高，与此同时消费者在交易中拥有了更大的影响力和话语权。另一方面，数字贸易中消费者个体行为转向群体行为，互联网和数字技术催生的线上消费者社群让消费者个体间的交流互动更加便利，社群网络高度互联在平台积累的同时形成具有高价值的数字资产。

借助数字技术，尤其是大数据和云计算技术，数字贸易中对消费者数据的获取和分析方式也发生巨大变化。平台或企业通过网页浏览记录获取消费者的网络踪迹，通过搜索记录获取消费者的需求和关注对象，通过社交平台、媒体平台获取消费者的兴趣、类型等个人信息，通过线上订单、支付、物流等交易记录获取消费者购买历史信息。上述多源的、碎片化的数据经过清洗、加工、关联、聚类等数据处理手段可以得到消费者的用户画像，可以较为精准地描述消费者的多维特征。

（二）数字贸易中消费者的核心地位

相较于电子商务，数字贸易对消费者行为更加重视，消费者不仅参与了数字贸易的各个环节，消费者的数据还成为生产流通中重要的投入要素，消费者在数字贸易中的核心地位具体体现在以下几个方面：

1. 消费者是数字贸易的交易主体。一方面在面向消费者的交易模式中，消费者作为商品和服务的购买者和使用者，是整个交易链条的中心。平台和企业都是为满足消费者需求而服务的，其利益的实现以消费者需求获得满足为前提。另一方面，数字贸易平台上消费者作为贸易主体不仅可以购买，还可以在 C2C 模式中作为卖方出售商品和服务，可见消费者在数字贸易中兼具买方和卖方角色，并处于核心地位。

2. 消费者是生产要素的供给主体。传统制造业在数字化和智能化转型中将数据作为新型生产要素加以重视，数字化平台型企业更是积极收集、加工和利用数据，并依此向用户提商品和服务，其中消费者方面的数据是企业研发产品和服务、制定生产计划的依据。所以消费者是平台企业、制造企业尤其是智能制造企业生产要素的供给者。

3. 消费者是数字内容的生产主体。消费者既是商品和服务的使用者同时作为平台用户也是数字内容的生产者。数字经济时代下，UGC（User Generated Content）内容平台用户可以通过文字、图像、音视频等形式进行创作传播，如短视频直播平台中普通用户可以上传视频，分享日常生活、商品使用体验并提供购买链接。

4. 消费者是数字营销的服务对象。数字贸易中的数字营销离不开对消费者行为的研究，利用用户画像数据制定营销策略。一方面，数字营销在企业营销活动中发现市场机会，分析消费者未被满足的需要，在此基础上有针对性地开发产品。另一方面，由于细分市场是数字营销策略的基础，企业通过分析目标消费者和目标细分市场在数字贸易平台上有针对性地投放广告，使得消费者获得个性化的推荐等服务，提高了平台匹配效率和消费者福利。

二、消费者个性化需求驱动数字贸易发展

（一）消费者个性化需求

数字经济背景下，消费者的需求向个性化、多元化、层次化演变，与此同时信息技术、数字技术的发展使得消费者的碎片化、个性化的需求偏好得以充分彰显。消费者个性化需求是指消费者对商品和服务带有个人独特性质的需要，而不与他人相同。

在数字贸易中个性化需求往往通过消费者搜索的关键词直接表达或通过浏览、点击、购买等行为间接表达。消费者的个性化需求具有以下特征：第一，独特性。个性化

需求相对大众化需求具有相对差异性，反映了消费者作为个体的特性，以及消费者希望通过购买商品来展现自我的精神追求。第二，个性化需求具有多样性。由于消费者所处的生活、教育和工作的社会环境不同，形成了客观上相对独立的购物需求，消费者借助数字贸易平台的搜索功能输入关键词搜索商品，平台汇集的多种多样的关键词是个性化需求多样性的直接证明。第三，个性化需求具有相关性。相关性具有两层含义，一方面在空间维度上，处在相似环境中的消费者之间个性化需求具有一定的相关性，但随着空间范围增加，这种相关性会越弱；另一方面在时间维度上，同一消费者短时间内兴趣、性格、家庭环境不会出现较大变化，所以不同购物时间的个性化需求具有自相关性。

（二）个性化需求驱动数字贸易发展

随着贸易模式不断地迭代更新，居于数字贸易核心地位的消费者受到其他贸易主体越来越多的关注，满足消费者个性化需求是其他数字贸易主体追求的最终目标，具体来说，个性化需求通过以下渠道驱动了数字贸易的发展：

1. 个性化需求通过生产模式变革驱动数字贸易发展。为顺应消费者需求个性化和多样化的趋势从而获得更大的市场份额，制造业企业持续探索数字化、智能化的研发和生产模式，通过柔性制造、精益制造等智能制造方式为消费者定制商品，实现在同一时间大规模地满足个性化需求，进而从生产端推动数字贸易的发展。

2. 个性化需求通过数字技术创新驱动数字贸易发展。作为数字贸易的载体，数字贸易平台汇集了消费者的个性化需求，具体表现为海量数据的产生。为了收集、存储、加工和分析利用消费者数据，企业不得不开发大数据、人工智能等数字技术，快速精准地为消费者匹配商品和服务，挖掘潜在交易机会，提高交易成功概率，从而促进数字贸易发展。

3. 个性化需求通过营销效率提升驱动数字贸易发展。营销是通过发现、创造和交付价值来满足目标市场中消费者的需求。从本质上营销活动是由消费者需求驱动的，数字营销"无孔不入"地出现在消费者身边，试图激发和响应消费者个性化需求，随着数字技术的发展不断拓宽营销渠道，增加数字贸易的匹配效率，优化消费者体验进而提高购买意愿、实现利润最大化。可见作为最接近消费端的环节，个性化需求通过营销环节驱动数字贸易发展的作用更明显。

理论命题 8-1

消费者个性化需求是指消费者对商品和服务带有个人独特性质且不与他人相同的需要。个性化需求通过生产模式变革、数字技术创新和营销效率提升驱动数字贸易发展。

第二节 消费者行为

一、消费者搜寻与购买决策

（一）消费者搜寻行为

1. 消费者搜寻的概念与类型

消费者搜寻是消费者购买决策过程中非常重要的步骤。当消费者受到需求驱动并在识别、明确其购物需求后便会进入搜寻阶段。消费者先从内部信息开始，通过已有的信息确定备选购买方案，如果信息不足以确定，便从外部获取信息，如数字贸易平台、购物推荐网站等。与传统购物环境中的信息搜寻行为不同，数字贸易中消费者信息获取的成本大幅降低、渠道更加多样、便捷性和主动性大大提高，因此在数字贸易中如何定位信息比合适的信息来源更加重要。

对于经济学中的搜寻概念有如下几种理解角度：第一，搜寻是交易双方与市场中其他交易者接触之后，确定最有利价格的一种经济行为；第二，搜寻只是形容任何信息收集活动的简明术语，搜寻的利得体现在其可能带来的经济机会；第三，搜寻是一种分析资源配置的过程，通过信息收集实现潜在的市场交易；第四，搜寻是在收集市场相关信息的基础上，做出经济决策的资源配置行为。在数字贸易环境中消费者的搜索行为属于外部信息搜寻，所以这里的消费者搜寻行为概念是消费者在数字贸易市场中，以完成购买为目的而进行的信息收集行为。

消费者搜寻有多种分类方式，在数字贸易中消费者搜寻可以分为浏览和直接搜索。前者目标不明确而具有探索性，以体验的方式在浏览过程中发现并获取商品信息；直接搜索的目标更加清晰，具体方式有搜索引擎、品类导航和追踪关注等。随着人工智能、搜索引擎技术的发展，平台逐渐成为消费者购物主要渠道，平台上的搜索排序、推荐算法、页面布局和点击路径等机制设计拓宽了搜寻的方式和策略，因此数字贸易中的消费者搜寻也是一个不断变化发展的动态概念。

2. 消费者搜寻的原因

从狭义上来说，是市场中的价格离散导致了消费者的搜寻行为，数字贸易环境中造成价格离散的原因有很多：第一，滞后性，数字贸易市场的变化总是不同程度领先于信息传播和消费者获知的；第二，价格歧视，企业利用信息优势借助数字技术对同一种商品在不同市场中或对不同消费者收取不同的价格；第三，商品和服务的异质性，满足消费者同一种需求的商品和服务在质量、外观等方面存在差异，从而导致价格差异。其他因素还包括数字贸易市场中的竞争企业数量和定价策略等。

从广义上来说，搜寻是市场交易双方在信息上的不对称导致的，即使在数字技术快速发展的数字经济时代，消费者获取的信息仍是不完全的。非均衡分布的市场信息不仅包含价格信息，还包括商品和服务的质量信息、评价信息以及提供者信息等，所有的信息离散均产生消费者的搜寻行为。第一，商品和服务的质量信息，从内到外依次包含内部质量属性、购买经验和外部质量属性三个层次，由于质量信息不对称消费者无法准确判断商品和服务的质量。第二，商品和服务的评价信息，交易主体中信任者和被信任者之间存在信息不对称。第三，商品和服务提供者信息，卖方基于各种原因有限地提供自身信息造成信息不对称。虽然随着平台机制设计的完善，上述信息不对称得到极大缓解，但是数字贸易环境中仍存在信息离散情况，所以信息的搜寻仍是消费者购买行为的必要步骤。

3. 消费者搜寻的影响因素与起止条件

数字贸易中消费者搜寻行为的影响因素包括：第一，商品价格。商品价格在消费者搜寻中起到主导地位，市场中高价商品的消费者搜索量大于低价商品，当市场中的商品价格差异越大，消费者搜寻所需要的时间差异也就越大。不过商品价格对消费者搜寻的影响具有异质性，当消费者的收入越高，其搜寻行为受到价格的影响就越小。第二，搜寻成本。消费者的搜寻成本也是其搜寻行为的重要影响因素，消费者的搜寻成本越低，其搜寻量就越大、搜寻时间也就越长。另外，消费者购买的商品价值需要足够高才能触发搜寻行为。第三，其他因素。其他影响消费者搜寻行为的因素还包括任务因素、情景因素、个体因素、系统因素、环境因素等。

消费者搜寻的起止条件取决于消费者搜寻的成本和收益。获取信息是有成本的，从消费者角度出发，为了在价格离散的市场中购买到最实惠的商品或服务，必须投入时间和精力等直接成本，还需要承担因搜寻而失去的其他收益等间接成本。随着搜寻范围的增加，消费者搜寻到的最低价格逐步趋近整个市场范围的最低价格。搜寻成本可以通过搜寻时间来衡量，比其他方式更有效、更直接、更具可比性，随着消费者搜寻时间的机会成本越大，其搜寻成本也就越高。搜寻成本具有边际递增的特点。假如消费者只进行粗略的浏览，那么搜寻时间的机会成本很低，随着获取信息的深入、单位时间成本的递增，使得搜寻成本越来越高。消费者搜寻信息最大化其预期效用，作为市场参与者通过市场搜寻可以减少信息不对称、获取其他数字贸易主体的私有信息、减少不确定性获得的效用。同样搜寻收益是边际递减的，由于信息是有层次性的，在初始阶段可以大幅度降低不确定性获得较高边际收益，但随着搜寻次数和时间的增加其收益越小。随着搜寻的深入，边际成本逐渐上升、边际效益逐渐下降，当两者相等时消费者的搜寻终止。

（二）消费者购买决策

消费者购买决策是消费者在购买商品和服务过程中做出的选择和决定，其经历的过程包括确认需求、信息收集、评估选择、购买决策和信息反馈，涵盖了消费者对商品和服务的认知、评估到购买的全过程。

第一，需求确认。消费者的购买决策起始于对购物需求的明确，在这个过程中消费者意识到现实状态和理想状态的差距，并消除这个差距。和传统需求相比，数字贸易的消费者需求更加碎片化，选择范围更广，更新迭代更快。在数字贸易中，刺激消费者需求的购物需求的形式多种多样，如网站上的弹窗广告、短视频直播带货和 App 中的商品推荐等。

第二，信息收集。按照对信息的了解程度，可以从浅到深依次分为广泛、有限、惯常信息收集。按照来源的可以分为内部信息和外部信息，前者是消费者已经掌握的信息，如果内部信息不足以支撑购买决策，便从个人或公共等外部来源获取信息。在数字贸易中，消费者通过搜索引擎、购物网站上的搜索功能、第三方网站等方式从外部获取购物信息。

第三，评估选择。收集信息后得到关于商品或服务的一系列属性集合，消费者按照其需求偏好对商品属性的重要性进行排序，并根据感知到的商品属性形成对商品的评估和期望。在所有的消费者评价中促成购买决策的因素称为购买决策的主要因素，企业的目的就是让商品满足更多消费者的需求。在数字贸易中，消费者通过购物网站上的商品对比功能、比价网站和媒体平台上的测评资讯对购买方案进行评估选择。

第四，购买决策。在经历需求确认、信息收集和评估选择后消费者执行对商品的购买行为，满足最初的需求，弥补状态的差异。购买决策包含是否购买、何时购买、何处购买、购买什么和如何购买。根据计划性可以分为具体计划性购买、一般计划性购买和非计划购买。这一步骤是消费者购买决策过程的核心环节，受到消费者收入、商品价格、从商品中获得的期望效用以及风险偏好有关。在数字贸易中，消费者受到购物的时间和空间的限制减少，但同时集中在平台促销节日进行购买，背后的原因是企业会通过调价影响消费者对的价格预期进而造成购买时间的集中。

第五，购后反馈。消费者在购买并使用商品后得到关于商品的真实质量信息，但对商品的最终评价还受到之前预期的影响。如果质量或性能达不到评估选择时的期望，消费者会失望，并通过评论打分将负面评价反馈至数字贸易平台和卖方企业。数字贸易中，消费者基于购买和使用体验对商品进行评论和打分，并和企业进行互动，促进企业改进商品和服务。

在数字贸易环境中的消费者购买决策和传统环境中的消费者购买决策在过程上是一致的，但在行为上也存在一些不同。第一，当消费者在数字贸易环境中购物时，不需要逐个评估市场中大量的商品和服务，而可以在平台搜索、推荐等辅助功能的帮助下快速满足消费者偏好。第二，由于在数字贸易平台上购物需要通过用户界面与平台互动，所以消费者需具备一定的互联网、智能设备的使用经验和能力。第三，在数字贸易环境中购物时，消费者对企业及其提供的商品和服务的感知和信任发生变化，对个人隐私和数据安全较为敏感，因此消费者的购买行为逐渐谨慎。

二、消费者反馈与信息不对称

（一）消费者反馈行为

数字贸易平台的信息反馈机制是利用交易双方通过双向交流形成的规模巨大的口碑

网络。在这个网络中，消费者在很广泛的话题下分享自己的观点和经历，彼此之间通过交换交易信息和购物观点来降低来自商品和服务及其提供者的潜在风险。信息反馈机制对电子商务平台的成功至关重要，它搭建了消费者和企业之间信用的桥梁。

数字贸易平台上的反馈系统按照消费者参与度的高低和企业互动的积极与否可以分为企业声誉、商品推荐、消费者评价和第三方反馈，如表8-1所示。下面介绍消费者参与度较高的消费者评价和企业声誉等。

表 8-1 平台反馈系统

反馈机制		消费者参与度	
		高	低
企业互动	积极	企业声誉 消费者对企业经营表现的评价。例如：eBay.com 上的卖家反馈评分，淘宝网上的卖家排名。	商品推荐 企业通过消费者的用户画像、历史购买和浏览记录为消费者推荐商品和服务。例如：平台上的"浏览此商品的人还看了"或"购买此商品的人还买了"。
	消极	消费者评价 平台上消费者可以直汇报他们的经历和观点。例如：消费者评分和评论。	第三方反馈 第三方网站总结出一些评价指标供消费者做出购买决策。例如：Epinions.com 和什么值得买网站。

资料来源：整理自王洪鹏（2019）。

1. 消费者评价

消费者评价是数字贸易平台上反馈的一种，是网络口碑的重要形式之一。口碑是关于企业、商品和服务的一系列信息，其最重要的特征在于消费者之间关于商品、服务和品牌的，没有商业目的的信息交流。口碑传播和接受的主体都是消费者，起到影响消费者认知的作用，并影响消费者的购买决策。数字贸易环境中的口碑和传统的口碑相同都具有很高的可信度和很强的交互性，但数字贸易中的口碑传播范围更广、信息量更大、速度更快，还具有可存储、可匿名等、交互性强和不受时空限制等特点。

消费者评价是消费者在数字贸易平台上对购买的商品、服务和消费体验等发表的评论信息，包括消费者的使用感受、质量评判以及正负倾向等，具体形式主要包括评分评级、文字评论、图片评论和视频评论等形式，由于消费者评价是公共信息，平台上的其他消费者都可以通过阅读评价了解相关信息。

消费者评价的信息要素通常由评论数量、评分星级、情感偏向和内容构成。第一，消费者评价的评论数量指的是数字贸易平台上商品或服务获得消费者评论的次数多少，如果获得的评论越多，说明受到的关注越多，其他消费者由于从众心理而合理化自己购买行为。评论不仅提供了信息还扮演者推荐者的角色，评论数量越多说明销量越大，从而显著地正向影响消费者的购买决策。第二，消费者评价的评分星级是消费者基于其购物体验，对商品和服务的量化评价。数字贸易平台上的量化评价一般从 1 到 5 分依次表示最差到最好。与数量体现感知效应不同，评分星级更体现出劝说效应。在消费者购买决策中，高评分能够刺激购买，低评分会抑制购买。也有学者认为当消费者非常满意或不满时才会发表评论，所以评分星级的平均数并不能代表商品和服务的真实质量。第三，消费者评价的情感偏向是指消费者对商品和服务的评论可以分为正面的和负面的，分别对应消费者的态度是赞同还是不赞同的。评分星级相对于评价内容来说更加容易量化消费者的情感偏向，如果商品的高星级评分占比较大，可以认为评分的偏向是正面的。随着文本分析技术的使用，越来越多的评价内容也可以计算出其中的感情偏向。第四，消费者评价的内容是重要的组成部分，由于其难以测量的属性，可以从多个维度对其进行分类，如正面评价和负面评价，主观评价和客观评价，简单推荐型评价和属性价值型评价等。

2. 企业声誉与消费者生成内容

在数字贸易中和消费者反馈相关的其他方面还包括企业声誉、消费者生成内容（UGC）等。企业声誉是公众对企业的整体评价和长期判断，企业声誉的形成是一个复杂的社会认知过程，伴随着企业信息在数字贸易网络中的传播和扩散。企业声誉具有社会性、资产性、多样性和脆弱性，具有缓解信息不对称、约束投机行为并降低交易成本等作用。消费者生成内容是数字贸易中可公开获取、消费者原创的、非专业或权威人士创作的有关商品、企业、品牌等的媒体内容。

消费者生成内容主要来自数字贸易平台、第三方平台和社交媒体平台，不仅包含在线评论、网络口碑，还包含社会化媒体等。从文本特征角度出发，消费者生成内容情感强度越高、口碑越正向越积极对消费者购买的决策影响更大；从内容质量出发，消费者生成内容质量、可信度越高，趣味性、时效性越强对消费者购买决策的影响更显著；从定量角度出发，评论数量、平均评价等对内容的影响具有调节作用。

（二）信息不对称

在数字贸易中，某个数字贸易主体往往占有其他贸易主体不知道但能影响决策的信息。换句话说，与交易相关的信息在贸易主体间的分布是不均匀的，有些获得更多信息的贸易主体便成为信息优势方，获得相对较少信息的成为信息劣势方。以数字贸易中商品质量信息不对称为例，对于实体和数字化的数字贸易标的，互联网通过数字化形式传递商品信息，在适用于数字形式传输的信息方面，随着信息技术的发展，数字贸易中消费者信息不对称程度降低。但是从不便于数字化形式传输的实体质量信息角度出发，数字贸易市场和传统市场相比信息效率并没有提高。在数字贸易交易中，贸易主体为做出有效决策需要承担一定的信息成本以获得充分的信息，平台上的商品和服务提供者作为信息优势方同样存在一定的信息成本，但是消费者作为信息劣势方获取信息成本相对更高，获取信息和处理信息的不对称加剧了数字贸易中的信息不对称。造成信息不对称的原因有：

第一，劳动、知识分工导致消费者的信息不对称。劳动分工促进了生产效率的提高，劳动分工的本质是知识分工，两者共同推动了经济发展，同时分工使导致的信息差异性造成了交易中的信息优势和劣势。数字贸易中，由于消费者和其他贸易主体的专业分工不同，细分领域中专业和非专业主体之间的信息差距增加，造成消费者的信息不对称以及交易选择时的非专业性。

第二，认知能力有限导致消费者的信息不对称。数字贸易市场中，没有贸易主体可以掌握所有的交易信息，消费者在决策时的知识、技术和能力都有一定局限性。另外，在产品快速迭代更新的数字经济时代中，消费者对商品和服务的需求是被创造的，相关信息的获取远远滞后于商品和服务的提供者，这些因素都导致了消费者的信息不对称。

第三，信息获取成本导致消费者的信息不对称。即使在数字贸易环境中，互联网降低但没有消除搜索成本。由于市场的动态性、异质性和规模大小导致消费者在数字贸易市场中面对的价格呈现离散状态，因此消费者拥有了搜索的动机。消费者获取信息需要付出搜索成本，当消费者搜索的边际收益等于边际成本时，便停止搜索。在数字贸易平台上，商品和服务在质量、价格等方面存在很大异质性，消费者不断地搜集、分析、评价和决策导致边际搜索成本越来越高，阻碍了消费者获取更多信息，从而导致信息不对称。

第四，信息垄断优势导致消费者的信息不对称。劳动和知识点分工使得消费者获得的信息的局限性越来越大，相反数字贸易中商品和服务的提供者在专业化分工中拥有更越来越多的信息优势，而且利用信息优势对其商品和服务的信息进行操纵，形成了信息垄断。信息垄断为卖方自身利益最大化而隐藏对消费者不利的信息，例如卖方对商品和服务信息进行夸大和粉饰，类似隐匿信息和传播虚假信息的行为导致了消费者的信息不对称。

信息不对称造成的影响主要有以下两方面：一方面，信息不对称会造成道德风险。在市场中，达成契约的双方中如果有一方不需要承担风险，那么出于自身利益最大化，他的行为将会改变并在一定程度上向风险行为扭曲，从而形成道德风险。数字贸易中各个主体所面临的道德风险主要有交易过程中的安全风险、非法活动、隐私问题以及信用问题，例如消费者故意拖延付款时间、隐瞒自身缺陷或恶意退货等。另一方面信息不对称会导致逆向选择。信息不对称使得如消费者等信息劣势方难以顺利地做出交易决策，从而形成逆向选择，最终导致了价格的扭曲、供求的失衡和市场效率的损失。然而由于部分数字贸易标的为经验产品，其质量只在使用后才能被了解，另外又因为数字贸易主体身份难以识别、线上消费者评价存在主观性等原因，使得数字贸易中仍然存在逆向选择。另外信息不对称还会造成消费者的弱势地位和消费者非理性的消费行为。

三、消费者注意力与信息过载

（一）消费者注意力

1. 消费者注意力的概念

注意是指主体将心理活动聚焦于特定事物的行为。注意力是指在外界激励条件下，主体对客体进行一定强度和持续度关注的能力。注意是一种行为，属于心理学范畴；而注意力是一种主观能力，属于经济学范畴。随着信息技术的发展，信息将不再稀缺，但是经济主体为获得信息所付出的注意力将成为稀缺资源（Simon，1955）。

在数字贸易领域，注意力是引导贸易中主体和客体发生关系的中介，不仅受到主体主观能动性的影响，还受到客体信息的吸引。在数字贸易中，通过注意力的作用，消费者等数字贸易主体受和贸易对象、贸易标的等客体发生作用，并且引导消费者行为的发生。注意力成本的支付是主体获取信息的代价。表面上在数字贸易中存在大量的免费行为，但消费者以注意力作为成本和对价换取其他贸易主体提供的商品或服务，当消费者将注意力成本支付给其他主体后，后者获得了数字贸易市场中的注意力资源，这也是贸易主体获取利润的基础。

2. 消费者注意力的特点

第一，连续性。消费者在购买商品时，需要持续投入注意力，这里的持续投入可以是对数字贸易的某一对象的持续关注，也可以是对多个对象的不间断地投入注意力。消费者进入数字贸易环境中，为满足其商品或服务需求，必然离不开将注意力资源持续配置到可以满足其需求的客体上。在信息过载的市场中，消费者注意力的连续性特征更加明显。

第二，稀缺性。随着消费者对某一对象持续注意力投入，其边际效益递减，同时单一消费者的注意力也不能无限制地投入，另外数字贸易环境中卖家总是希望更多消费者浏览其提供的商品，导致客体对消费者注意力的无限需求。注意力需求的无限性和注意力供给的有限性导致了注意力资源的稀缺性。

第三，趋利性。由于注意力受到主观能动性的影响，消费者只会将注意力投入到能够满足其消费需求的客体上去，所以能动性也伴随着趋利性。对消费者没有价值的商品或客体，自然也失去了这些消费者的注意。注意力的趋利性也导数字贸易中注意力的价值属性。

第四，累积性。由于注意力的连续性使得消费者对某一客体的注意力得以累积，在数字贸易中消费者的对商品的认识、知识及经验就是消费者持续关注商品累积而成的。累积性除了在时间层面纵向积累，还在空间层面横向积累。同一个客体可以获得多个主体的注意力，商品的品牌、口碑在消费者群体中得以传播和累积，在数字贸易环境中由于信息传播速度快、范围广，注意力的累积性特征更加显著。

3. 消费者注意力资源

与传统经济学不同的是，数字贸易分析时不仅仅要考虑客观的资源，如土地、劳动、资本等，还需要主观资源——注意力资源。从资源的角度出发，还可以将数字贸易中的注意力理解为存在于贸易主体的一种资源，其价值体现在将资源从注意力主体向客体集中并满足主体的需求。客体汇集了多个贸易主体的注意力资源并能够满足主体的需求，说明客体的价值，吸引的注意力越多，客体的价值也就越大。如果客体失去了主体的注意力，那么从满足需求的角度可以认为客体失去了价值。由于注意力具有稀缺性，对于注意力主体而言，获取信息需要注意力的投入。可见注意力是关于时间、情绪、体力和环境的函数，所以注意力资源是一种具有主观特性的资源。注意力的配置决定了数字贸易主体获得信息量大小和信息结构，并降低信息过载引起的不确定性。

> **理论命题 8-2**
>
> 消费者注意力是指存在于消费者的一种资源，其价值体现在将资源从注意力主体向客体集中并满足主体的需求。消费者注意力具有连续性、稀缺性、趋利性和累积性。

（二）信息过载

随着知识的不断积累、技术的不断进步尤其是信息技术的飞速发展。信息资源呈指数发展，并由此引发了一系列问题：信息过载、搜索负荷加重和信息资源质量下降等。其中，信息过载成为数字贸易发展中各个主体面临的最为重要的问题，信息过载指的是主体接受了超出其认知和处理能力的信息。

导致数字贸易中信息过载的原因有以下几个方面：第一，数字贸易中的各个贸易主体和贸易标的信息的充分开发和展示，导致消费者在决策时所面对和处理的信息爆炸式增长；第二，数字技术使得信息的展现方式更加多样和多变，导致消费者处理信息的成本增加了；第三，数字贸易中信息传播存在不可避免的噪声，导致消费者甄别有用信息、识别商品的难度增加了；第四，数字贸易中各个主体缺乏相应的信息处理能力，如消费群体的信息搜索和处理能力相较于庞杂的商品而言较为缺乏。数字贸易中信息过载造成的负面影响有：

第一，信息过载会导致贸易主体识别有用信息的难度增加。在数字贸易环境中，商品和服务的提供者为获得消费者注意力，通过广告等营销方法吸引流量，并出现在消费者的选择范围中，其中和消费者需求不匹配的交易信息成为干扰消费者识别潜在交易的噪声，使得消费者识别有用信息的难度增加了。

第二，信息过载会导致贸易主体搜寻贸易标的的成本增加。消费者的搜索成本随着信息处理的数量增加而增加，在信息数量过多的情况下，每多搜索一次消费者的搜索成本边际递增。在消费者搜索商品时，搜索结果中过多的商品图片介绍和链接造成信息过载，并因此使得消费者的搜索成本增加。

第三，信息过载会导致贸易主体完成交易任务的效率降低。数字贸易中信息过载会影响主体交换和处理信息的速度和专注程度，因此会对消费等其他主体完成交易任务的效率和质量产生负面影响。另外信息过载还会导致心理负担和工作压力增大。

解决信息过载的方式有：第一，建立平台推荐机制。数字贸易平台可以通过建立个性化信息推荐服务，分析数字贸易主体的个性化需求以及兴趣目标，将能够吸引目标用户的信息资源呈现出来。具体而言，平台从用户发布信息、获取信息和反馈信息收集用户数据，形成用户画像，并构建用户兴趣权重数据库对用户个性化需求进行管理和分析，在用户浏览、搜索商品和服务时向用户实时推荐最有可能交易的商品和服务。第二，提升消费者信息素养。平台用户通过提升信息素养降低信息过载造成的负面影响。信息素养是用户判断需要什么信息、如何获取、评价和利用信息的能力。在数字贸易环境中，消费者等数字贸易主体借助经验法则①、略读法则②、去植法则③和过滤法则④。

专栏 8-1 知乎平台信息过载弱化机制

第三节 消费者权益

一、消费者福利

（一）数字贸易对消费者福利的有利影响

1. 缩短交易链条提升消费者福利

在传统的交易链条中，企业通过代理商、经销商、零售商等环节将商品销售给消费者，过程繁杂，流通效率低下，增加商品成本并挤压了利润空间。数字贸易缩短了交易中消费者和企业之间的距离，和传统线下购物相比，由于缺少了中间商的存在，消费者通过与商品和服务提供者的直接接触获得更低的价格，提升了消费者福利。同时企业通过自建网站或电商平台为消费者提供了新的购物渠道，增加了消费者选择的范围，也提升了消费者福利。

2. 网络外部性提升消费者福利

网络外部性指的是，如果消费者从某一商品中获取的效用随着使用该商品的其他消费者数量的增加而增加，也即随着同一网络中其他用户数量的增加而增加。消费者不仅获得了商品中包含的自有价值，还获得随着新用户加入而产生的协同价值。网络外部性可以按照来源分为直接网络外部性和间接网络外部性，直接网络外部性来源于消费同一商品的人数增加，间接网络外部性指的是消费某一商品的人数增加，溢出效应导致其互补品数量增加、价格下降。在数字贸易中，尤其是在平台上进行交易的数字贸易中，平台的系统性、消费者之间的互补性产生了正的网络外部性，消费者总福利呈几何级增长，具体表现在平台匹配效率增加、商品价格降低等方面。当消费者规模越大、连接程度越紧密、路径依赖越强、转换成本越高，数字贸易平台的网络外部性就越强，福利提升的作用就越显著。

---

① 消费者不以大量信息获取为目标，而仅取得现存信息的有用部分的方法。
② 使用略读或扫描方式来代替仔细与周全的阅读方式。
③ 除去多余枝节或仅在某一范围内选取信息的方法。
④ 专心处理某类信息而忽略其他相关信息的方法。

3. 个性化服务提升消费者福利

在数字贸易平台上，不论是手机 App 还是网页上，各式各样的个性化推荐随处可见。平台通过消费者的浏览、点击和购买记录，结合当下的流行趋势，将消费者可能感兴趣和购买的商品呈现在消费者容易看到的位置。个性化推荐等服务背后的逻辑通过设定好的算法完成，其目的是发掘潜在地交易机会、增加消费者黏性。对于消费者来说，推荐算法可以减少其搜索的成本，提高购物效率，增加消费者的福利。

（二）数字贸易对消费者福利的不利影响

1. 企业滥用市场支配地位降低消费者福利

当企业在某一市场中具有市场支配地位，可能利用其支配地位在超出公平合理的范围之外收集消费者的数据，并获取过高利润达到剥削的效果。消费者福利包含消费者的隐私利益，企业强制或过度的收集行为侵犯了消费者隐私，降低了消费者福利。在数字贸易中，部分企业占据市场份额较大，在消费者使用其手机客户端时，无意中或被动接受其数据采集行为，导致个人隐私信息泄露。可见强制和过度收集数据的实质是具有市场地位的经营者利用其市场支配地位实施的非价格剥削行为。

当企业利用其在某一市场中的支配地位获得稀缺数据并加以使用和开发，同时由于数据使用或转移的边际成本极低，企业在相邻市场通过数据获取市场支配地位以及排除、限制竞争的效果。例如，某一企业在其垄断市场中拥有独家消费者数据，通过加工整理使得该企业在数据市场中也具有垄断地位。可见数字贸易中倾向通过数据的垄断优势获取在其他市场中的支配地位，进而降低消费者福利。

数字贸易中企业运行离不开数据，并且是重要的生产要素，数字经济的外部性和锁定效应，独有的数据资源形成了其他企业进入市场的壁垒。所以拒绝提供数据使得具有市场支配地位的企业可以排除、限制竞争的作用，进而降低消费者福利。如果数据不可复制且是竞争的必要条件，同时没有合理的不开放理由，那么数字贸易企业拒绝提供数据会限制商品和服务的创新，对社会技术进步产生消极作用，限制了消费者的选择权，降低了消费者福利。

> **专栏8-2　京东和天猫"二选一"之争**
>
>

2. 企业算法定价歧视降低消费者福利

算法是数字贸易企业对数据进行处理、分析和使用的重要方式，作为企业生产的要素之一，具有高度复杂性和一定的反竞争效果。随着企业对消费者数据的掌握能力的提升，使其可以依据每个消费者的支付能力，设定个性化的价格以达到充分攫取消费者剩余的效果。价格歧视可能导致三种类型的结果：第一，直接剥削消费者福利；第二，通过排除竞争者间接剥削消费者福利；第三，通过损害下游企业利益间接剥削消费者福利。例如，谷歌利用其在搜索引擎市场的支配地位，通过算法将自己的服务排在搜索结果的靠前位置，抑制了竞争，限制了消费者的选择权。除了复杂性之外，数字贸易中算法歧视还具有广泛性、隐蔽性，使得算法歧视在消费者在购物中难以被察觉。

> **理论命题 8-3**
>
> 数字贸易一方面通过缩短交易链条、网络外部性和个性化服务等提升消费者福利；另一方面数字贸易企业通过滥用市场支配地位、算法定价歧视等降低消费者福利。

二、消费者数据安全与隐私保护

（一）消费者数据安全

消费者数据是数字贸易中记录消费者个人基本信息、消费偏好和行为等信息的数据。根据记录对象的不同可以分为：第一，描述类数据，记录了消费者的基本信息，有助于企业识别消费者，包含姓名、性别、年龄等个人信息；第二，行为类数据，包括消费者的购买商品的金额、数量、交易时间等购物历史信息等；第三，关联类数据，这类数据不是采集到的，而是为挖掘商业价值通过对前面两类数据处理加工得到的。

数字贸易的可持续发展对消费者数据安全有如下几方面的要求：第一，合法性要求，企业和平台对数据的收集、存储和开发需要遵守法律规定，尤其不能违反消费者权益的相关规定；第二，完整性，企业和平台需要按时检查，避免消费者数据丢失，从而保障企业商业利益；第三，可控性，企业和平台需了解数据结构、完善管理制度，避免数据泄露，从而保障消费者隐私安全。

消费者数据安全隐患有过度收集、管理不当、擅自披露消费者信息和擅自提供消费者信息等（杨虹和钟小飞，2017）。具体有如下三个表现形式：

第一，非法收集消费者数据引发的风险。数字技术的发展使得企业、平台乃至网络服务商可以获取其有关数据，包括个人身份信息，浏览、点击、购买、评价等行为信息等，这些数据可以帮助企业识别潜在盈利对象，挖掘有价值的消费者，为个性化推荐等营销手段提供基础。如果这些信息是在未经消费者允许的情况下获取的，则会产生违法风险。

第二，非法使用消费者数据引发的风险。在消费者数据被非法收集后，可能被用于分析消费者偏好、预测购买行为从而制定更有效的营销策略，可能会经过"二次加工"后在数据市场中被转卖给消费者数据的需求方，还可能会被用来和其他平台的消费者数据进行交换，实现双方数据共享与合作。在非法使用的过程中，消费者隐私随时面临着泄露的风险。

第三，窃取消费者数据引发的风险。在数据非法收集和非法使用的过程中，消费者信息会被不法分子通过黑客技术手段窃取。例如，消费者在数字贸易平台上浏览网页、账号登录、结账付款时键入的个人信息存在被窃取的风险。

维护消费者数据安全主要途径有：

第一，制定法律规范。虽然消费者数据的保护可以依托于名誉权、人格权、隐私权等，但并没有专门针对数字贸易消费者数据安全的法律法规。为了在数字经济时代更好地保护消费者数据安全，需要制定专门的个人数据保护法，禁止企业和平台非法获取、使用或窃取。

第二，形成行业自律。消费者数据安全保障除了法律规范之外，相关行业自律能够在数字贸易相关行业中起到一定的行为规范和指导作用。行业协会或企业组织需要将消费者数据问题明确化，建立行业内部和企业内部的自查监管机制，同时接受第三方的监管。

第三，完善技术体系。消费者数据在技术方面存在安全认证、安全监管和安全支付等方面的隐患，所以需要通过完善平台数据安全认证机制，防止不法分子窃取数据；通过构建网络监管体系，对数字贸易环境中的不明链接、钓鱼邮件、黑客入侵等交易风险进行监管；通过数字技术优化支付安全性，防止账户信息泄露和网络诈骗等不法行为。

（二）消费者隐私保护

数字贸易中的消费者隐私权指的是消费者对以数据形式存储的、和消费者自身相关的信息进行利用、控制和排除非法干扰的权利。消费者隐私保护不仅包含限制数字贸易企业非法获取和披露私人信息的行为，还包含隐私权主体对私人信息的自我决定权。

消费者隐私既是一项基本的人权，侵犯隐私就是个人空间和自由的一种侵犯，同时消费者隐私也具有经济品属性，可以作为经济活动的一种投入要素（唐要家和汪露娜，2020）。在数字贸易中消费者隐私问题集中在如何同时实现隐私的有效保护和数据的开发利用。基于信息经济学视角，信息不完全会导致市场的低效，隐私保护不是绝对的封闭而是适度的保护。一方面，消费者私人信息的披露可以提高企业提供个性化服务的质量，并降低信息搜寻成本，充分地利用网络外部性，起到优化资源配置的效果。另一方面，企业滥用消费者隐私信息，利用市场地位通过算法实现歧视性定价，攫取消费者剩余，造成消费者福利的损失。所以消费者隐私问题可以理解为如何确定私人信息披露和封闭的边界问题。

在消费者完全理性的假设条件下，经过对消费者隐私权的清晰界定，以及消费者和数字贸易企业间的市场化交易谈判，在不需要政府干预的情况下可以实现社会最优的隐私保护。具体地，理性消费者在衡量披露隐私信息的成本与收益后，选择最佳信息提供给企业。但是在现实的隐私决策中，消费者并不完全理性。消费者常常声称自己在意隐私，但却做出与之相反的行为，这种现象被称为"隐私悖论"。这种有限理性的结果具有情景依赖性，同时隐私的偏好具有异质性，最终为企业挖掘隐私信息提供了可能。

在完全信息的理想情况下，信息越多市场资源配置越高效，所以有些学者认为隐私监管不仅会限制信息自由流动，阻碍供需之间的有效匹配，还会增加信息不对称，阻碍交易的有效实现。但是数字贸易中仍存在私人信息市场失灵的情况，市场失灵的原因有：第一，隐私市场的信息不对称，消费者不知道企业是否收集以及如何使用隐私数据；第二，隐私谈判中消费者和企业的谈判力不对等；第三，隐私市场中平台的大规模隐私收集和滥用行为不能得到有效约束。所以适度的政府监管有利于提高隐私的有效性。

关于隐私保护监管体制的理论研究主要有两种思路：第一种注重发挥政策监管之外私人规制的基础性作用；第二种思路强调监管需要综合利用多种机制，除了政府监管、私人规制、社会规范之外，还需要运用技术性的解决方案，如算法设计等。在各国消费者隐私保护的初级阶段，市场存在失灵风险，所以需要市场机制和监管体制相互补充。一方面通过建立数据市场发挥市场机制在数字贸易消费者隐私保护中的作用，另一方面通过适度的监管体系，综合运用政府监管、私人规制、平台治理和技术手段促进隐私市场的发展。

本章小结：
中国视角

消费者在数字贸易中居于核心地位，其个性化需求驱动了数字贸易的发展。数字贸易相较于传统贸易消费者的搜寻成本大幅降低，但仍存在一定的信息不对称现象。同时由于数字贸易平台信息过载，消费者接收到的信息远远超过其能够处理的数量，消费者注意力这一稀缺资源成为企业竞相争夺的对象。平台通过合理的推荐和反馈机制设计可以缓解信息不对称和信息过载造成的不利影响。数字贸易在贸易便利化、网络外部性和服务个性化方面提升了消费者福利，但是数字贸易企业滥用市场支配地位和歧视性定价侵害了消费者权益。根据第47次《中国互联网络发展状况统计报告》，中国网购用户在2020年12月达到7.82亿人，相比2020年3月增长7215万人，占网络总用户的79.1%；其中手机网购用户达到7.81亿人，较2020年3月增长7309万人，占手机网络用户的79.2%。中国多家大型数字贸易平台通过大数据技术、人工智能手段收集并分析消费者行为数据，从而构建起较为全面的消费者的用户画像，通过先进的推荐算法将商品和服务推送给潜在的消费者，有效降低信息过载的负面影响。另外，平台提供灵活多样的营销推广方式为企业提供了吸引消费者注意力的途径，其中短视频平台通过对消费者注意力资源的整合利用将中国贫困地区的商品推广到全国各地，为扶贫事业做出了重大贡献。在消费者权益保护方面，市场监管总局对阿里巴巴集团实施的"二选一"等涉嫌垄断行为进行调查，并于2021年4月10日对其在中国境内网络零售平台服务市场滥用市场支配地位的行为做出行政处罚，并处以182.28亿元罚款。中国数字贸易的快速发展离不开数字贸易平台和企业对中国消费者需求、偏好和行为的深入研究以及合理高效的机制设计，与此同时数字贸易的可持续发展也离不开法律法规、行业规则对消费者权益的保护。

即测即评

思考题

1. 年轻人逐渐不再过度关注"大牌"，转而强烈希望满足自我审美偏好，基于这种趋势，某 App 平台发售商品时，会为不同颜色的商品赋予不同的名称，并为其描述不同的背后故事和精神，以满足年轻消费者的个性化需求。请基于 Kano 模型思考个性化需求是如何获取的。

2. 2020 年 12 月，市场监管总局根据举报，依法对阿里巴巴集团实施"二选一"等涉嫌垄断行为立案调查。2021 年 4 月 10 日，国家市场监督管理总局依据反垄断法对阿里巴巴集团在中国境内网络零售平台服务市场滥用市场支配地位的行为做出行政处罚，责令其停止违法行为，并处以其 2019 年销售额 4% 计 182.28 亿元罚款。请问"二选一"侵犯了消费者哪些权益？

3. 2018 年以来，多起涉及互联网平台巨头侵犯消费者隐私权的事件密集发生，凸显出整个互联网行业在用户隐私保护方面堪忧的事实。请分析数字经济时代消费者隐私权保障不力的原因。

4. UGC（User-Generated Content）用户原创生产内容，它是相对于 PGC（Professional Generated Content）专业生产内容的一种内容来源，简单来说，由专业个人、团队针对性输出的较为权威的内容都属于 PGC，例如电视节目、报纸刊物、媒体资讯等，而微博、知乎、抖音等平台上（由个人用户生产）的内容大都属于 UGC。试分析 UGC 对消费者行为的影响。

延伸阅读

［1］施炳展，金祥义. 注意力配置、互联网搜索与国际贸易［J］. 经济研究，2019，54（11）：71−86.

［2］李三希，武玙璠，鲍仁杰. 大数据、个人信息保护和价格歧视：基于垂直差异化双寡头模型的分析［J］. 经济研究，2021，56（1）：43−57.

［3］许恒，张一林，曹雨佳. 数字经济、技术溢出与动态竞合政策［J］. 管理世界，2020，36（11）：63−84.

［4］范晓屏，卢艳峰，韩红叶. 网购信息环境对消费者决策过程的影响：基于有限理性视角［J］. 管理工程学报，2016，30（2）：38−47.

第三篇

数字贸易方式

第九章

消费互联网与产业互联网

进入 21 世纪以来，随着经济的全球化、信息化以及数字化深入推进，数字贸易迅速发展并逐渐成为经济增长新动力。数字贸易起源于电子商务发展，为电子商务发展的高级形态。以电子商务为主要发展形态的贸易阶段，对应的是消费互联网时代，其往往为双边平台，依靠的是现代信息通信技术，助力"买全球，卖全球"。而进入数字贸易发展阶段，对应的是产业互联网时代，其往往为多边平台，依赖的是大数据、人工智能及区块链技术，助力实现"全球买，全球卖"的目标。通过本章的学习，可以全面了解消费互联网与产业互联网的内涵外延、进程以及迭代过程中对数字贸易发展带来的机遇与挑战。

第一节　消费互联网

一、消费互联网的产生与发展

1995 年雅虎、亚马逊两大互联网巨头成立，被视为全球互联网商业元年。截至 2021 年，互联网商业活动不仅在模式上多元发展，同时消费规模也呈现出爆发式增长。据联合国贸易与发展会议（UNCTAD）发布的数据显示，2019 年全球电子商务的销售总金额已达到 26.7 万亿美元，相较于 2018 年增长 4%。这其中包括企业间（B2B）和企业与消费者间（B2C）的销售额，相当于当年全球 GDP 的 30%。2020 年电子商务销售额在全球急剧增长，主要由于新型冠状病毒肺炎疫情全球大流行引发各经济体不同程度地采取了封锁措施，促使在线零售额在总零售中的份额从 16% 提高到 19%。而在中国，根据中国互联网协会公布的《中国互联网发展报告 2020》统计数据，截至 2019 年年底，中国电子商务交易规模已经达到 34.81 万亿元，连续多年处于全球电子商务市场首位。另外网络支付交易总额已达到 249.88 万亿元，且移动支付普及率远远高于全球平均水平，处于世界领先地位。中国数字经济高速发展，实现的增加值为 35.8 万亿元，位居世界第二位。

（一）产生：商业网络的开发与技术进步

消费互联网的快速发展主要得益于互联网技术革新发展。20世纪90年代，互联网发展逐渐向全社会开放，不再局限于政府机构或者是独立的各类商业网络。一方面，美国国家科学基金会通过技术升级实现网络的稳定高速连接；另一方面，以美国微软为主的全球大型网络信息技术公司已经完全进入浏览器、数据储存器以及互联网服务提供商（ISP）市场，这为全球消费互联网的发展提供了重要的先决条件。随后互联网发展以消费为主线，并快速渗透进社会生活的各方面，极大地影响了人们的消费习惯。

专栏9-1	互联网技术助推消费升级路径

（二）发展与成熟：互联网普及，消费互联网市场格局确立

进入21世纪，由于各类智能手机的出现与快速普及促使消费互联网的发展开始逐渐由计算机端向移动端发展，普及面也逐渐由城市地区用户转向农村地区用户，消费互联网凭借强大的市场渗透能力实现蓬勃发展。消费互联网的智能化、网络化，以及低货架与库存成本，使得互联网企业在市场竞争中相较于传统企业更具优势。尤其自2020年初新型冠状病毒肺炎疫情全球大流行以来，全球经济发展虽遭遇重大冲击，但对消费互联网的发展却带来了新的发展机遇。疫情期间不管是全球线上消费群体规模、消费频率还是消费总额等都有新的突破，进一步奠定其在全球经济发展中的重要地位。以中国消费互联网市场的发展为例，2013年中国市场基本确立了以BAT（百度、阿里巴巴、腾讯）三大互联网巨头齐头并进的竞争发展格局，在搜索、购物、社交等领域都取得了令人瞩目的发展成就。发展至2020年，消费互联网的格局已经基本确定，并进入成熟阶段。根据中国互联网络信息中心的统计数据显示，截至2020年12月，中国网络使用群体总规模已达到9.89亿，互联网的总体普及率已达70.4%，同比增速有放缓趋势。从互联网用户规模与普及率这两个指标来分析，消费互联网的受众群体规模与日均活跃度进一步提升的空间有限，市场趋于成熟。

（三）转型发展：互联网发展方向转向产业互联网

消费互联网的发展使得消费者与生产者间的市场环节减少，更为扁平化，进一步降低了信息不对称程度，减少交易成本。但中国消费互联网市场已经进入成熟期，面临发展的天花板效应，同时中国互联网巨头企业，如百度、腾讯、阿里巴巴等布局消费互联网的速度也开始放缓。人口红利下降和各线上行业渗透率已经接近饱和都说明了消费互联网已经呈现饱和状态。随着大数据、区块链以及人工智能等新兴技术的快速革新，互联网逐渐从影响和改变消费者的行为习惯，转变到融入企业的生产运作、管理方式与市场服务模式。当前以价值经济为主要发展模式的产业互联网已经兴起，消费互联网开始转向产业互联网发展阶段。另外结合中国及全球"互联网+"的发展趋势来看，在未来相当长的时间，产业互联网将成为互联网发展的主题。

二、消费互联网的内涵与外延

（一）消费互联网的内涵

消费互联网主要依靠互联网强大的信息传播和处理能力，促使传统线下的规模经济转变为线上多业务领域、多品种与内容的范围经济。消费互联网主要是以个人消费者为对象，以日常生活为应用场景的消费模式，是为满足消费者更为便捷和多样化的消费需求而产生。从消费互联网发展态势来看，其已经可以满足社会绝大部分的消费需求，包括电子商务，即时通信，在线娱乐等各领域的消费体验提升需求。消费互联网的本质是个人虚拟化，实现了个人传统消费方式的"线上化"，提升了个人线上途径实现的消费体验主要通过企业优化流量匹配、提升产品体验及交易频次等来实现。从消费互联网的实现手段来看，其主要包括两方面的发展属性：媒体属性，消费互联网主要通过由自媒体、大众社会媒体、以及各类资讯为主的门户网站等构建的主要信息提供平台；产业属性，消费互联网发展包含着企业为满足消费者需求而进行的产品生产与服务提供等过程中而进行的信息分析处理、信息对外发布、信息变现等一个完整的产业链条。

> **理论命题 9-1**
>
> 消费互联网主要依靠互联网强大的信息传播和处理能力，以个人消费者为对象，以日常生活为应用场景的消费模式，为满足消费者更为便捷和多样化的消费需求而产生。

（二）消费互联网的外延

消费互联网时代意味着个人互联网消费格局已经成型，企业为满足消费者的产品和服务需求也基本实现了在线化，并实现了常态化发展。从消费互联网在互联网消费中的作用来看，随着移动终端的智能化与多样化，互联网在社会各领域的渗透能力越来越强，其对互联网消费的发展作用越来越明显。具体来说，两者既存在密切联系又存在明显的区别。从两者的联系来看，一方面，消费互联网作为互联网消费的重要组成部分和发展形态，持续推动互联网消费向前发展。另一方面，消费互联网的发展奠定了互联网消费的发展格局和基础，只有当消费互联网达到一定规模并逐渐形成一种相对稳定的消费方式之后，互联网消费才会成为社会消费升级的新动力。从两者的区别来看，一方面，消费互联网为互联网消费发展到一定阶段的产物，主要依赖互联网技术与通信技术等相关基础设施条件完善和普及后才逐渐出现。另一方面，消费互联网与互联网消费的发展指向对象不同，消费互联网的指向对象往往是一种新商业模式，而互联网消费的指向对象则是一种相对线下消费而出现的新消费渠道。

三、消费互联网与电子商务

在消费互联网的发展中电子商务扮演极为重要的角色，其主要通过信息网络技术，以促进商品交换为目的，也可理解为传统商业活动各环节和领域在互联网（Internet）、企业内部网（Intranet）和增值网（VAN）上实现了数字化、网络化和智能化。

消费互联网的产生与发展得益于电子商务发展，同时消费互联网的发展也反过来促进电子商务新业态的出现。消费互联网与电子商务间的发展相辅相成，两者间的相互促进关系具体有以下体现：

第一，消费互联网促进了电子商务的业态更新。消费互联网的发展为电子商务发展带来了更多的应用场景和更大的应用市场，为电子商务新业态的出现提供了新动力，如跨境电子商务所实现的"买全球，卖全球"便是典型例子。

第二，电子商务的商业发展模式提升消费互联网的发展活力。电子商务为市场生产者与消费者提供了更为精准的生产与消费匹配信息，降低了诸多交易成本，为市场交易注入根本性动力。

第三，电子商务拓展了消费互联网的市场潜力。相较于传统的市场活动，电子商务弱化了地理与时间在经济活动中的边界，为全时空的市场活动提供了条件，使得市场规模经济与范围经济效应边界无限扩大。

第二节　产业互联网

一、产业互联网的产生与发展

随着经济全球化进程的加快、新兴技术迅猛革新发展的今天，以在线商业活动发展为代表的互联网经济已经成为一个国家或地区经济增长的重要驱动力。以互联网为纽带，以信息技术为手段，全球各产业内部和产业间都在进行新的匹配连接、协同以及融合与创新发展，这就是产业互联网。由产业互联网带来的新一轮社会化专业分工正在全面深入展开。

（一）初期发展（2012 年至 2017 年）

"互联网+"于 2012 年由易观国际董事长于扬首次提出，这一发展理念为互联网与传统行业的有效融合提供了新的发展思路。随着"互联网+"技术与理念的不断推进，互联网加速与制造业、金融业以及教育业等各个社会领域深度融合，产业互联网迎来快速发展，深刻改变了社会的生产方式，数字化与智能型企业将成为产业互联网时代的发展主角。同时，随着大数据、区块链以及人工智能加快与社会实体经济广泛深度融合，作为融合产物的产业互联网将为实体经济转型升级提供技术条件和历史发展机遇，将对社会经济发展产生全方位、多领域、深层次的影响。

过去相当长一段时间，人们一度认为"鼠标+网络"的新经济发展模式是对"砖块+水泥"为代表的传统产业的完全超越，如今才意识到互联网是一种可以广泛应用于经济社会发展的一种工具，其真正的魅力还在于对传统产业的改造。随着新一轮全球科学技术革命与产业革新发展，互联网与社会经济发展等各领域的融合发展拥有更为广泛前景和巨大潜力，并且成为全球经济发展新潮流。自 2010 年以来，中国互联网相关产业高速发展，特别是在互联网基础设施建设、互联网技术发展与应用以及社会融合等诸多方面都取得了较大的进展。其中阿里巴巴、腾讯、美团等中国互联网头部企业开启了以消费端为入口，依托完善的技术和高黏性度的用户平台，建立了全新的行业基础设施，如快递物流仓储等。这为互联网企业的整个供应链即 B 端赋能提效提供良好的发展条件。在 C 端流量红利逐渐消失，用户规模难以再取得高速增长的背景下，企业发展需要向产业链上下游延伸，重新开始从需求端向供给端转移。如果说互联网完成了社会上人与人之间的有效连接，形塑了消费者网络的发展格局，那么"互联网+"将向企业端延伸，继续将连接扩展到企业管理与生产中，有效形成了人与企业的外部连接，促进企业的商品与服务能有效及时地传递给消费者。因此，产业互联网的发展不仅从广度上将连接拓展到各企业间，同时在深度上进一步扩展到企业内部各环节，实现了以用户为中心的要素整合与生产管理模式创新，更有效地精准匹配供需。

（二）蓬勃兴起（2018 年至今）

经过初期发展，2018 年中国产业互联网开始兴起，其中腾讯提出的"扎根消费互联网，拥抱产业互联网"的发展目标引发了业界聚焦产业互联网发展的大讨论。另外依赖网民为市场主体的消费互联网面临的发展天花板效应日趋显现。中国互联网发展的人口红利开始出现拐点，根据中国互联网络信息中心发布的统计数据，2018 年年底中国已有网民规模达到 8.3 亿，网络普及率约为 60%，消费互联网的受众主体扩容降速，产业互联网发展成为众多企业发展的新选择。为抓住产业互联网发展的机遇，世界各国和地区也纷纷推出互联网发展战略，有效利用数字经济发展红利。一方面，从国外数字经济发展来看，美国先后发布抢占大数据技术制高点的《联邦云计算战略》，培育数据技术的《支持数据驱动型创新的技术与政策》及强调互联网技术合作的全球发展战略

《网络空间战略》。而德国推出数字经济发展的顶层设计《数字化战略 2025》和专注于人工智能技术在制造业中应用的《人工智能德国制造》等来实现德国智能制造强国战略。英国出台了数字经济发展 4 年计划的《2015—2018 年数字经济战略》，目的在于通过数字化技术的研发与创新来提升整个社会经济发展层次与全球的竞争力优势。日本则先后发布了《综合创新战略》与《集成创新战略》，大力发展数字网络经济。从主要发达国家推出的有关利用互联网或数字技术的战略来看，产业互联网已成为全球各国与地区经济发展重点领域。

从中国在产业互联网发展上采取的措施来看，政府极为重视新兴的互联网技术与产业的融合发展。从政府发布的《关于积极推进"互联网+"行动的指导意见》，可以明确了解中国在推进"互联网+"具体要求，如通过大力发展协同制造、电子商务、人工智能等多个新产业发展模式和重点领域，这是推进"互联网+"技术应用于产业发展的顶层设计。

另外中国先后还出台了《关于深入实施"互联网+流通"行动计划的意见》强调"互联网+"与流通领域的融合发展；《关于深化制造业与互联网融合发展的指导意见》明确了互联网在制造业发展中的融合任务与目标；《推进"互联网+"便捷交通 促进智能交通发展的实施方案》提出了通过互联网技术来促进交通网络的升级发展；《推进"互联网+政务服务"开展信息惠民试点实施方案》与《关于加快推进"互联网+政务服务"工作的指导意见》则对政府数字化政府构建提出了具体的要求和发展方向等系列措施，旨在充分有效发挥互联网在政府服务、企业精益生产以及社会资源优化配置和协同集成作用。在产业互联网的发展上，中国领军企业多数已经聚焦于"互联网+"技术的场景运用，如海尔在 2018 年"物联新平台场景新生态"的发布会上重点推出的 U+智慧生活 3.0，目的在于充分利用互联网与现代通信技术构建全场景智慧家庭；华为在 2019 世界移动通信大会期间也公布了 5G 时代华为"1+8+N"的全场景战略，预计 2025 实现智能化、协同化。产业互联网打通了产业间的内外部连接，以互联网技术的应用提高传统产业发展效率、以传统产业发展市场来提升新兴产业规模，实现 1+1>2 的效果，支持中国经济转型升级的目标顺利达成。

二、产业互联网的内涵与外延

（一）产业互联网的内涵

目前社会各界对于产业互联网的概念和内涵还没有一个统一的界定，但有关该概念的讨论与认识却经历了多次演变。2012 年，美国通用电气公司（General Electric Company，GE）基于自身转型成为全球软件业的领先者，提出了 Industry Internet（工业互联网）的概念，并受到各界的积极讨论。任保平等（2020）认为产业互联网是主要依靠物联网的架构，以消费互联网的发展为基础，以云技术等为支撑，以企业用户为主要对象的云平台。沈运红等（2020）认为数据信息是产业互联网发展的关键资源，在具体的发展过程中通过现代数据信息技术实现了人与产业要素的高度协同集成。

另外也可从与消费互联网相对应的概念来理解产业互联网。消费互联网主要服务对象是个人消费者,通过提升和满足个人消费体验,促进既有产品和服务高效提供,而产业互联网的发展主要为企业提供有效的生产型服务。同时有专家对此进行对比分析理解,马述忠(2020)认为消费互联网主要对应电子商务发展模式,而产业互联网对应的是数字贸易发展模式。从理论渊源来分析,产业互联网主要包含有两个渊源:一个渊源是源自西方的 Industrial Internet。这一概念最早源自硅谷的弗若斯特沙利文咨询公司(Frost & Sullivan)于 2000 年发布的一份咨询报告。在报告中,对 Industrial Internet 的定义是指用复杂物理机器、网络化传感器与软件来实现制造业企业的互联。受制于当时的社会发展环境与技术条件,这一定义在当时并没有引起人们的关注。直至 2012 年,GE 在报告《产业互联网:打破智慧与机器的边界》中再一次提出这一概念,它才开始被人们所讨论和逐渐接受。尽管在 GE 报告中,Industrial Internet 涉及制造业、能源以及交通等多个领域,但其应用的主要还是工业领域,因而当时这一概念被引入国内时,直接被翻译为"工业互联网"。另一个渊源则来自中国一些主要的科技型企业的实践探索。在中国互联网发展早期,就有部分企业开始专注于如何利用互联网从事为企业服务的"B 端业务",这些业务很多时候被称为"产业互联网"。①

根据产业互联网的发展实践与理论探索,本书认为产业互联网是在大数据、区块链以及人工智能等新兴技术基础上,有效打通企业各生产流程,实现供需供侧的有效相互联结,实现生产与管理的快速响应与协同。产业互联网作为一种新业态,充分发挥了互联网在社会生产要素配置中的优化配置和集成作用,促进了互联网与传统产业多维深度融合。相对于消费互联网的服务主体为个人消费者,产业互联网的服务主体则转向了企业,并且基于消费端经验更好地服务企业端。传统产品的线上化、智能化是产业互联网为服务对象提供服务的核心。在产业互联网的发展过程中,其对传统产业的影响在于价值链重构,主要通过平台模式将企业生产、研发设计、营销等环节进行无缝对接,实现了以服务主体和信息为主导驱动的研发设计模式再造,以数字化车间和智能型工厂为主导驱动的生产管理模式再造,以企业产品全生命周期为主导驱动的社会消费模式再造。

> **理论命题 9-2**
>
> 产业互联网是在大数据、云计算、人工智能等新一代技术基础上,利用互联网思维将生产流程有效打通,建立供给侧与需求侧的相互联结,实现生产的快速响应与协同。

(二)产业互联网概念的外延

产业互联网是主要通过互联网的方式为产业发展主体提供相关服务的一种新业态,

---

① 陈永伟. 走向产业互联网:互联网产业发展的最重要趋势 [EB/OL]. 腾讯研究院,2019-07-19.

其与消费互联网、工业互联网、"互联网+"以及数字产业化等主要概念有着诸多联系，但同时也存在区别，在理论分析和现实讨论中很容易引起混淆。

1. 产业互联网与消费互联网的关系

与消费互联网服务主体以消费者为核心，以社会消费活动为主要应用场景不同，产业互联网服务主体以生产者为中心、以各类生产与服务活动为应用场景。产业互联网涉及企业的采购、生产、营销以及产品服务等经济活动各个环节，重新构建了企业的管理模式、生产模式以及商业服务模式等，实现了降低生产成本、提高经营效率、节约社会资源的目的。当然，产业互联网会进一步拓宽消费互联网的市场空间，而消费互联网同时也可为产业互联网的场景应用提供更好的基础和市场环境。

2. 产业互联网与工业互联网的关系

产业与工业两词在具体语义中有着严格的区别，但产业互联网与工业互联网的英文翻译均为 Industrial Internet。因而在概念应用时，很容易将两者混淆。但从产业互联网与工业互联网的范围来看，两者存在明显的区别，如产业互联网的范围更为广泛，不仅包含了工业互联网还包括农业互联网以及服务业互联网等多个产业领域，工业互联网只是产业互联网的主要发展领域之一，一般特指制造业领域。

3. 产业互联网与"互联网+"的关系

产业互联网发展以互联网络等基础设施建设为基础，依赖智能移动互联网、现代通信网络、智能物联网等各类网络，将多种应用、平台、生态互通互联。它具有较强的垂直行业属性，不容易形成强烈的马太效应和波动剧烈的网络外部性，更有利于社会生态的稳定。同时它也是企业互联的一种形式，从信息层面实现对全产业链企业间整合，降低整体运营成本。而"互联网+"可以认为是"互联网+不同行业"，强调的是行业间的相互连接，主要发挥的是互联网在资源优化配置和集成中的作用。无论是"互联网+制造业"、"互联网+教育"，还是"互联网+娱乐"，其关注是如何通过互联网的有效连接实现信息精准匹配。但产业互联网的发展则与之不同，它不仅强调互联网技术在企业内外部的连接作用，更关注互联网技术在产业融合中的作用，尤其是互联网技术对产业发展效率的提升作用。因而可以认为，产业互联网的发展是"互联网+"概念的升级。

4. 产业互联网与产业数字化的关系

产业互联网的发展主要以数据为驱动。数据已成为产业互联网最重要的资产之一，其是推动产业高质量发展和助力企业信息化、数字化与智能化的动力源。产业数字化，主要指的是社会各行业基于数字技术的发展与应用从而带来的效率提升。产业数字化的定义来源于数字经济的发展，其范围相对广泛，与数字化转型的概念接近。不管是消费互联网还是产业互联网抑或工业互联网，其都是实现产业数字化发展的主要手段。因此，产业互联网相对于产业数字化是推进手段与抓手，而产业数字化相对于产业互联网的发展而言是过程与目标。

专栏 9-2 产业互联网时代的新特征

三、产业互联网与数字贸易

产业互联网时代，强调以数据与信息为核心纽带的企业服务能力，重视大数据以及人工智能等技术在产业整合与融合中的应用。而数字贸易便是产业互联网发展的一个重要内容。就产业互联网与数字贸易的发展关系而言，其主要有如下体现：

一方面产业互联网为数字贸易的发展提供了数字化平台。产业互联网的发展主要是互联网技术、通信技术及大数据技术与企业产业链的各个环节深度融合后，推进了产业数字化与数字产业化的目标实现。而数字贸易的发展依靠的载体为数字化平台，通过区块链、大数据和人工智能等多种技术的充分有效使用，推进贸易发展的数字化和数字化贸易发展的进程，实现实体产品、数字化产品以及各类服务的精准匹配交换。进入产业互联网发展阶段，数字产业及产业数字化的进一步发展都将为数字贸易发展提供数字产品和数字化平台。全球步入产业互联网发展时代，互联网平台经济的发展将被视为一种新的社会发展组织方式，平台可以促进供需有效匹配，实现数字贸易的便捷化与高效化。

另一方面数字贸易发展将进一步促进互联网等技术与企业各产业链多元深度融合。从全球数字贸易发展呈现的主要特征与态势来看：一是以安全有序跨境数据流动为驱动。根据全球著名的咨询公司麦肯锡发布的《数据全球化：新时代的全球性流动》报告显示，自金融危机发生以来，传统商品服务贸易增长动力后劲不足，发展速度趋于平缓，但跨境数据流动和服务则迅速发展，全球数字贸易的发展趋势良好。二是以数字化平台及平台服务为支撑。联合国《数字经济报告（2019）》指出，此前10年，得益于全球数据驱动模式的数字平台集中发展，大型互联网企业如微软、亚马逊以及阿里巴巴等均开启了跨国数字平台业务，更深程度地激发全球跨境业务与数字贸易深度发展，各国软件域技术等服务提供商已经深度融入互联网平台构建的国际分工环境中。三是以产业数字化跨界融合的市场生态为发展方向。产业互联网在促进生产制造业数字化转型发展的同时，也推动了仓储与物流等多种生产性服务业在线服务能力的提高，全球数字贸易发展开始形成"研发升级+生产管理+供应链"的数字化产业链格局。数字贸易的上述发展态势表明，未来产业互联网发展将呈现出比消费互联网更大的发展潜力，其不仅促使企业采取大数据分析技术、人工智能及云计算技术等更为精准和高效地匹配企业生产要素，也为数字贸易的发展提供了良好的数字化发展环境。

第三节　从消费互联网到产业互联网：机遇与挑战

一、从消费互联网到产业互联网的机遇

随着互联网与移动终端技术的发展以及智能设备的快速普及，互联网对消费者个体的影响到对企业甚至行业与政府管理乃至社会发展产生的影响越来越大，从消费互联网进入产业互联网的脚步在加快。从消费互联网跃升到产业互联网发展阶段，至少这三方面的主要变化：① 从追求流量为王的时代进入到数据为尊的时代；② 从经济活动中个体的人为单位到万物互联为主体；③ 从传统的线下经济到线下线上相结合。这种转变带来了巨大的机遇，但同样也面临不同的挑战。

（一）潜在消费市场大

由于人口红利开始逐渐消失、市场竞争日趋激烈，加之各类监管政策收紧等原因，消费互联网市场发展已经趋于饱和。与此同时，全球产业互联网的发展则由于互联网技术的发展与持续向产业端渗透，其潜在的市场空间巨大。我们可以从消费互联网与产业互联网的连接对象规模和 App 需求量来比较消费互联网迭代到产业互联网的主要前景。众所周知，计算机端与移动端是消费互联网发展中连接人的主要承载设备，全球有效连接数大约有 35 亿个。但产业互联网除了各终端设备与人的连接外，还包括企业生产涉及的设备与参与企业生产全过程的各类生产要素，其有效连接数已经超过 100 亿个。另从消费互联网与产业互联网正在运行的 App 数量上来分析，全球主要应用的消费互联网 App 数量据估算大约只有几百万个。而在产业互联网发展中，仅在制造业领域，其运行的 App 数量已经超过 6 000 万个。产业互联网的巨大发展市场潜力表明其未来的商机无限。具体就产业互联网发展基础较好的美国来看，其国内主要布局产业互联网的企业，如 Oracle、SAP 以及 Salesforce 三家企业合计市值已经超过 4 206 亿美元。而在中国其中主要从事提供生产性服务的公司如用友软件、东软以及金蝶，三家企业合计市值仅 142 亿美元，由此可见中国产业互联网的发展的空间十分巨大。随着产业互联网的发展，其对全球产业发展的升级再造以及市场空间的潜力都将逐步释放出来。全球著名的会计事务所普华永道根据其研究报告预估，至 2025 年中国新兴科技类企业市值总规模预估可达 40—50 万亿元人民币，其中 T2B2C（"T"代表科技企业）模式（技术端赋能企业端，服务消费端）的典型企业市值将占据 50% 以上规模。[①]

---

① 陈永伟. 走向产业互联网：互联网产业发展的最重要趋势［EB/OL］. 腾讯研究院，2019-07-19.

（二）信息化、数字化以及智能化技术融合态势良好

互联网产业技术发展更新速度可以说超越任何一个领域。尤其是以大数据、区块链以及云计算等为代表的新兴技术与社会各领域全面深度融合，催生了许多新产品、新业态、新发展模式，且互联网技术的溢出效应随着技术革新与应用的加快，其在整个社会发展中的优势不断放大，未来可挖掘的市场潜力巨大。信息化、数字化、云端化等技术融合在不断加快，这将是产业互联网快速发展的关键支撑。

同时从全球技术融合发展趋势来看，根据国际电信联盟发布的《衡量数字化发展：2020 年事实与数字》报告显示，2015 年到 2020 年，4G 网络覆盖范围在全球范围内扩大了一倍。另外 5G 技术也已在多个国家开始商用，推广应用到企业、产业以及政府治理等多个领域，并且取得了非常高的发展效果。随着新一代通信、网络以及大数据的不断革新，其应用的场景不仅局限在某一个领域，而是多领域的多元融合，万物互联融合的技术条件日趋成熟。信息化、数字化以及智能化技术融合的关键在于高端芯片的研制，如在芯片领域，硅光子、类脑神经形态芯片以及芯片超高制程技术的研发都正在兴起。这为产业互联网高效、安全发展提供了关键的技术支撑。除此之外，全球范围内以终端操作系统为关键领域的信息技术产业进一步发展，并呈现和人工智能等相互渗透及融合。区块链技术的发展已经成为数据生产要素集约化利用及数据资产化的理想支撑平台，其在与产业互联网发展融合中，区块链的技术应用已从数字安全保障与数字货币开始延伸到全行业的多个场景中，推动万物互联快速进入全联网时代，从而进一步为产业互联网的发展提供更多空间和机遇。

（三）政策红利较强

从全球范围看，抢抓产业互联网发展机遇期已成各国共识。为有效利用产业互联网发展的先机，各国纷纷推出了系列利好产业互联网发展政策。其中最早提出产业互联网的美国和德国，其分别推出了多方面的政策鼓励发展有关产业互联网技术，如美国国家科学基金会（NSF）有特别资助工业互联网基金，已经连续多年将工业互联网关键技术的信息物理系统（CPS）研发纳入重点资助范围。另外美国国防部牵头成立数字制造与设计创新中心（DMDII），优先重点支持先进制造、人工智能、高频数据处理等产业互联网发展的关键技术研发与产业化。而德国同样根据本国产业发展特色，于 2019 年正式启动《德国工业战略 2030（草案）》，其中指出机器与互联网安全稳定互联融合（工业 4.0）是德国产业互联网发展重点需突破的关键性技术。日韩同样在关键性技术突破、人才培育、数字产业化等多个方面也提出了"互联网+产业"政策，大力推动制造业与智能技术相互融合发展。如日本的"工业 4.1J"计划，计划将通过研发与运用云端技术时时监控系统模拟仿真全球各地工厂的生产运作情况，达到资产安全管理、远程协同服务以及工控技术支持。韩国推出《制造业创新 3.0》，通过加大通信技术、芯片以及物联网等前沿高新技术整合，并引入人工智能，力图建设智慧型工厂。同样中国为

促进产业转型升级，建设一批具有全球竞争力的产业，也于 2019 年与 2020 年先后分别发布《中共中央 国务院关于推进贸易高质量发展的指导意见》与国家发改委、中央网信办《关于推进"上云用数赋智"行动培育新经济发展实施方案》，其中对促进产业互联网发展，努力推动数字化转型提出了明确的发展方向和要求。加快推进产业互联网国家战略，通过数字技术助力各行业和公共服务机构实现数字化转型升级，成为中国实体经济高质量发展和国家治理能力现代化的重要途径。世界各国纷纷推出的产业互联网政策，一方面为产业互联网关键技术突破提供了多种解决方案，为解决产业互联网的关键技术提供了良好条件。另一方各国产业互联网政策的推出为产业互联网的全球互联、市场培育、产业化的转化等营造了一个优良的发展环境。

二、从消费互联网到产业互联网的挑战

（一）技术升级的挑战

相较于消费互联网的发展，产业互联网的发展涉及领域和环节多，很难像消费互联网通过单领域进行技术突破。在消费互联网发展过程中，企业发展的盈利模式简单，如企业多数时候通过软件平台的搭建就可实现增值收益。这种发展模式简单，因此在市场中也比较容易复制，可以迅速短期实现企业发展规模的扩大。但是在产业互联网发展中，这种模式却很难得到有效运用，因产业互联网不管是技术的复杂度还是其与企业的深度融合，这都难以复制和短期实现快速发展。就产业互联网发展的关键技术而言，其对数据的获取、存储以及处理等技术要求也非常高，虽然随着 5G 时代的来临，云计算、区块链以及物联网等技术应用快，数据来源于储存量与日俱增。但如何对海量数据进行有效分析和利用，真正发挥大数据的多元价值，成为企业面临的挑战。在产业互联网时代，所有的核心产业都以互联技术的发展为支撑，这要求网络技术必须具备高可靠性、稳定性及安全性。

（二）观念更新的挑战

从消费互联网进入产业互联网不仅有技术上的升级，同时更有发展观念上的转变，其带来的挑战可能更大。一方面，多数企业和个人对产业互联网发展缺乏正确的认知，主要表现有：一是对产业互联网的价值和运作规律认识不足，导致无法有效利用产业互联网商业模式促进企业转型升级；二是视产业互联网为洪水猛兽，担心产业互联网是企业现有发展模式与社会生活方式产生颠覆性力量；三是不同行业领域对产业互联网的认知也存在较大差异，如在制造业领域有相对较高的认知，但在农业以及服务业中的认知度则相对不高。另一方面，因为缺乏对产业互联网的科学认知，社会各界对发展产业互联网的动力未得到普遍释放，主要表现为多数企业对产业互联网发展持观望心态。

消费互联网时代，社会对传统产业利用互联技术改造升级动力不足是常态。而进入产业互联网时代，拥抱互联网成为与传统企业获得再发展的关键措施。产业互联网不仅有互联网技术在传统产业发展中的运用创新，还有互联网思维在产业全链条管理上的运

用，由此其对应的不仅是企业技术构架方面的革新，同时更有企业运营管理模式的变革，如果企业如果不能快速转变管理观念，利用大数据技术和思维，很难在产业互联网时代取得发展。

（三）法规完善与制定的挑战

从产业互联网发展趋势来看，影响其发展的快慢变量相互交织。就其发展的快变量影响而言，政府与企业的行动在加速，但与之相对的是市场与管理维度变化慢。政府与企业的积极主动作为加速了产业互联网起步，但产业互联网的可持续发展则由市场与管理维度的慢变量决定。因此，"十四五"时期的中国产业互联网发展主要挑战来自如何完善市场和管理的法规，如在产业互联网发展进程中，企业资产逐渐被数据资产所取代，而有关数据资产的权属与市场化交易定价等亟需破题，但与之相关社会法规要么缺位要么仍不完善。

从消费互联网演进到产业互联网，互联网服务对象从个人扩展到企业，产业链也开始从消费端扩展到产业端。这一演进背后也伴随着传统的电子商务与跨境电子商务朝数字贸易发展的迭代。具体而言消费互联网时代的小额外贸转向产业互联网时代的高额贸易与数字贸易方向。在此背景下，数字贸易已经融入企业发展的核心商业流程，其对企业的发展作用越来越明显。数字贸易不仅包括通过线上进行的一般货物贸易，同时还包括与货物贸易相关的各种服务贸易，比如检验检疫与通关报税等各环节。这也就表明消费互联网时代的生态规则和法制都要有新的调整来保障新的产业生态健康发展。

从消费互联网进入产业互联网发展时代的机遇与挑战可知，和一般的传统贸易相比，数字贸易发展同样也是机遇与挑战并存。就发展机遇而言，其主要包含三个方面：一是数字贸易为各国企业融入全球市场提供便捷和机会。因为数字贸易一定程度上降低了国际贸易的门槛与成本以及提高了贸易的便利度，使得各国开展国际贸易更为便利。二是数字贸易为数字化转型提供了动力。如在数字贸易发展过程中的全球优质数字资源配置，可加快各国数字化转型进程，这又反过来助推数字贸易发展。三是全球数字化分工为数字贸易发展带来新机会。进入产业互联网时代，产业价值链从市场端向生产制造端延伸，更多的社会分工机会将在数字产品与服务的生产提供中产生，这为全球各国更广泛地参与数字产品和服务生产，发展数字贸易带来新的市场。就数字贸易发展的挑战而言，其主要也包括三方面：一是数字贸易发展中的核心技术较难获取。数字贸易发展不仅包括生产制造技术、管理营运技术，还包括大数据技术。相关技术的获取及应用能力的提升，成为诸多国家尤其是发展中国家的一大难题。二是由技术驱动的业态变化导致监管压力增大。现代通信技术与大数据技术的融合及应用又导致贸易方式和贸易条件等整个业态环境发生变化，如国际贸易分工与分配模式重构以及日益复杂的数字产业与服务对数字贸易规则及监管新要求的挑战。三是数字贸易带来的价值分配难题。数字贸易促使企业收益向价值链前后两端同时迁移，导致贸易利益分配模式调整出现压力。另外在消费互联网快速向产业互联网迭代发展进程中，如何有效规范产业互联网发展各环节及各领域的有序发展，还需要从产业创新与社会治理创新角度去制定和完善法律法规。这些法律法规的制定和完善要既能起到监管作用，又能促进新业态成长。就中国而言，在全球数字经济发展的游戏规则与产业标准上本身话语权不足，这成为中国数字贸易发展的最大挑战。

本章小结：中国视角

数字贸易已成为全球数字经济发展的重要推动力，对国际经济发展中的分工、交易方式及贸易体系将产生广泛而深远的影响。中国政府极为重视数字贸易发展，且专门出台发展政策，如 2019 年 11 月公布的《中共中央 国务院关于推进贸易高质量发展的指导意见》不仅正式提出加快数字贸易发展，同时还明确了数字贸易发展的重要目标与要求。2020 年以来，中国数字贸易起步和发展态势良好，尤其是与现代信息通信技术高度相关的数字化产业已成为推动中国经济稳定增长最具活力的领域。

中国正在推进国际国内双循环发展新格局，并从供需两侧同时发力，推动产业转型升级，而数字贸易的发展将对加快促进从商品和要素流动性开放转向制度型开放，优化国内营商环境，统筹国内外一体化经营发展等产生诸多积极影响。同时国内众多企业也已经开始布局数字贸易，产业互联网已经成为企业转型升级的一个重要选择且在中国的发展已经具备一定的基础。在中国发展产业互联网过程中，通过选择深耕细分领域，探索各领域的产业互联网建设规律，发挥数字网络平台对产业赋能的作用。加快产业互联网的布局，其对加速推进中国数字贸易发展提供良好的基础和动力。因此在实现中国数字贸易高质量发展的目标中，一方面是中国企业抓住全球经贸转型的大趋势以及经济发展战略调整的机遇窗口期顺势而为，通过数字贸易带动企业发展的跃升。另一方面是充分利用中国数字经济的发展优势，加快企业技术和管理革新，为积极主动进入数字贸易化时代做好内功。

中国作为全球主要的贸易大国，不仅拥有潜力巨大的国内市场，而且互联网基础设施建设完善，数据资源众多，发展数字贸易优势明显。推进消费互联网走向产业互联网，充分利用消费互联网发展阶段积累的大数据与成熟的产品物流渠道，同时结合云计算以及人工智能等技术匹配好前端与后端的消费者偏好与企业的生产经营计划，大力发展数字贸易。这既是中国推进"双循环"新发展格局与进行供给侧结构性改革的重要抓手，同时更是中国进一步扩大对外开放的战略选择。

即测即评

思考题

1. 随着消费互联网发展进入成熟期，加之大数据、人工智能以及云计算等技术的出现，"互联网+"加速渗透与融合企业生产与管理的各个环节，产业互联网开始发展并受到全球各国各地区的重视，那么何谓产业互联网及其特征表现有哪些？

2. 在"互联网+"的发展背景下，由消费互联网迭代到产业互联网已成趋势，企业通过互联网面向对象开始由C端转向B端，在此过程中有哪些重要的技术变革？

3. 全球数字贸易将在贸易方式、贸易内容、贸易效应等多个方面颠覆传统贸易，你认为全球数字贸易的主要特征表现有哪些？

4. 数字贸易已成为全球数字经济发展的重要趋势，但数字贸易规则明显滞后于发展现状，如一方面已经制定相关数字贸易规则的国家，多数规则基于本国考虑，缺乏相对统一的标准，兼容性差。另一方面是绝大多数国家还没有制定数字贸易规则，数字贸易安全问题严重，数字贸易摩擦频繁出现。那么你对中国参与全球数字贸易规则制定有何建议？

延伸阅读

［1］王中美. 跨境数据流动的全球治理框架：分歧与妥协［J］. 国际经贸探索，2021，37（4）：98-112.

［2］刘典. 全球数字贸易的格局演进、发展趋势与中国应对：基于跨境数据流动规制的视角［J］. 学术论坛，2021，44（1）：95-104.

［3］戴艺晗. 贸易数字化与监管碎片化：国际贸易制度框架下跨境数据流动治理的挑战与应对［J］. 国际经济法学刊，2021（1）：1-13.

［4］王中美. 跨境数据流动的全球治理框架：分歧与妥协［J］. 国际经贸探索，2021，37（4）：98-112.

［5］陈岩，张平. 数字全球化的内涵、特征及发展趋势［J］. 人民论坛，2021（13）：26-29.

第十章

电子商务与贸易数字化

电子商务、跨境电子商务的诞生推动了传统贸易形式的变革，其以现代通信网络技术为依托，通过减少贸易环节、降低贸易成本、简化贸易手续等方式推动了世界经济的快速发展。随着大数据、人工智能、云计算等新型数字技术的诞生与创新，贸易的个性化趋势愈发显著，以实体货物贸易为主的电子商务、跨境电子商务在载体、交易模式、贸易范围、交易标的等层面都产生了一定程度的变革，并逐渐向数字贸易、全球数字贸易蜕变，而这个蜕变过程就是贸易数字化的过程，尽管电子商务的前期发展为贸易数字化进程创造了诸多有利条件，但国际数字贸易规则碎片化、数字鸿沟等问题的存在依旧阻碍电子商务向数字贸易的转型，因此，如何把握历史机遇，发挥自身优势，应对各类挑战成为世界各国以及中国所要面对的一项重要命题。通过本章的学习，可以快速明确电子商务和跨境电子商务的内涵与外延，了解如何实现电子商务向数字贸易、跨境电子商务向全球数字贸易的转型蜕变，以及在实现贸易数字化过程中的机遇与挑战。

第一节　电　子　商　务

一、电子商务的内涵与外延

（一）电子商务的内涵

从世界范围内来看，电子商务（electronic commerce）诞生于 20 世纪六七十年代，根据其依托媒介的变化可以大致将电子商务分为两个发展阶段。

1. 依托专用网的电子交易阶段（20 世纪 60—90 年代）

在电子商务发展初期即 20 世纪 60 年代初，大部分企业通过专用增值通信网络传递交易信息，企业内部局域网也开始诞生，进入 70 年代后，随着电子计算机技术以及网络通信技术的不断发展，电子商务以电子报送文件技术如电子数据交换（EDI）等形式快速发展，提高了企业的信息传送以及业务处理速度效率。

2. 依托互联网的电子商务阶段（20 世纪 90 年代后）

20 世纪 90 年代初，美国政府宣布向社会公众开放互联网，允许开发网上商业应用系统，标志着基于互联网的电子商务阶段到来，大量企业开始在互联网上建立网站、买卖产品、开展交易，诞生了一批知名企业诸如戴尔（Dell）、亚马逊（Amazon）以及谷歌（Google）等，随着互联网的快速发展，以此为载体的电子商务也呈现出旺盛的生命力。

对于电子商务的内涵，国内外以及各界均有不同的见解与认知。

国际组织中关于电子商务的定义。1997年，国际商会（ICC）在世界电子商务会议中提出电子商务是指贸易活动的电子化，其外延在于贸易各方通过电子的方式开展各类、各种形式的交易行为；1998年WTO设立"电子商务工作项目"（E-Commerce Work Program）以"检查所有与全球电子商务相关的贸易议题"，项目明确定义"电子商务"是指"通过电信网络进行生产、配送、营销、销售或交付的货物或服务"。2011年，经济合作与发展组织（OECD）指出电子商务是指"通过计算机网络进行的专门用于接收或下订单货物和服务的销售或采购"。全球信息基础设施委员会电子商务工作委员会则认为电子商务是运用电子通信手段开展的经济活动，包括对商品、服务的宣传、购买和支付等。

代表性国家、地区对电子商务的定义。美国：电子商务是主要以互联网为媒介，其包含了线上广告、数字化服务、交易、支付等。欧盟：电子商务主要通过数字方式开展，包括货物和服务数字贸易、在线数据传输、数字资金拨付、数字单证制定等，还包括商品、服务、传统活动和新型活动。中国：电子商务是指通过互联网等信息网络销售商品或者提供服务的经营活动。[①]

从电子商务的各阶段演变过程中可以发现，从广义上来讲，电子商务是利用计算机和网络等现代信息技术所进行的各类商务活动，其不仅包括通过互联网开展的贸易活动，也囊括了电子数据的传输与交换，例如生活中的手机购物、通过邮箱接收产品广告等都属于广义的电子商务范畴。狭义层面上的电子商务仅仅指以互联网为媒介的，以货物贸易为主要贸易标的的各类商务活动。多数情况下，我们所说的电子商务都是狭义范围的。

> **理论命题 10-1**
>
> 电子商务是以现代信息网络为载体，倚重信息通信技术实现实体货物交换的商务活动，其对应的是消费互联网。

（二）电子商务的外延

电子商务主要依托信息通信技术以实现交易行为的发展，是国家网络化、信息化、电子化进程的表现，其在国民经济中的地位也越来越重要，与国民经济发展的基础交易形式——传统商务间存在诸多相似与不同之处。

---

① 《中华人民共和国电子商务法》。

电子商务与传统商务的共同点体现在两个方面：第一，两者的目的都是提高效率、降低成本、实现交易以获取利润。第二，不管是电子商务还是传统商务，其交易的标的物都是实体货物贸易，且都有线下实体货物交付的环节。第三，电子商务与传统商务开展过程中都离不开消费者、企业等各类主体的参与。

相较于传统商务，电子商务有比较明显的优势。

1. 高效性

电子商务可以为消费者提供更加方便、迅速的购物方式，同时电子商务也为企业提供了良好的销售环境以及更大的消费群体，企业可以通过电子商务平台展示商品，且网上店铺降低了企业的劳动力雇佣成本且可以提供全天候的自动服务，节约了企业开销的同时提高销量，此外还可以记录客户访问记录、购物偏好等信息，为企业开发新产品、实现生产升级有较大的参考价值，提高贸易效率。

2. 便利性

消费者的购物不再受到时间、地点的限制，在传统商务中，消费者的购物往往被限制在固定的区域以及时间范围之内，交易对象和商品范围也受到限制，而电子商务的出现突破了这种局限，为消费者提供了更大的购物平台，其能够选择的商品范围扩大，不需要出门就可以全天候地购买商品，降低消费者的商品搜寻时间与成本，消费者利用碎片化的时间选购商品，从一定意义上来说也有助于其节约时间，降低消费的机会成本。此外，企业也可以通过电商平台获得更多的客户，并在线上快速达成交易，在传统贸易中，企业的消费群体往往受到地区的限制，对于商品的宣传也要依靠海报、报纸等传统宣传手段，成本较高且见效慢，在进入电子商务时代后，企业只需要在平台上发布产品信息即可吸引广大客户。可见电子商务为消费者以及企业都带来了较大的便利性。

3. 透明化

电子商务通过互联网平台完成货物的交易，消费者能够在电子商务平台上充分对比商品价格，这使得消费者可以拥有更大的商品选择空间，从而更加理性地选购商品，消费者也可以通过日趋完善的物流服务系统随时跟踪自己的商品信息。传统贸易中，依赖于市场分割实现的差异化定价现象在电子商务平台中将不再存在，信息传输以及获取速度的提升可以保证信息间能够相互校对、核查，防止单据伪造、欺骗等不诚信行为。电子报关以及银行联网能够有效规避进出口的虚假贸易、偷税漏税、骗税等现象。

4. 个性化

传统商务中，消费者能够选择的商品类型有限，而电子商务阶段，企业可以通过市场细分，为消费者提供个性化的产品、信息，其中，个性化信息指企业可以根据客户偏好有选择地为其提供商品信息，客户也可以通过检索获取自己所需的信息数据；个性化商品指企业可以根据客户需求定制商品，消费者也可以在电子商务平台上通过对比来选择更符合自己需求的商品。

5. 去中介化

在传统商务开展过程中，厂商往往需要把产品售卖给批发商、零售商等中介环节以完成商品的大批量销售与宣传，而中间商在层层销售过程中，出于自身利益的考量，会选择提升商品价格，导致中间成本的增加，因此传统商务存在贸易中间环节较多、贸易成本较高等弊端。而电子商务能够直接为企业与消费者提供信息交换的平台，企业、消费者能够通过平台发布、获取商品信息并快速完成贸易过程，通过减少中介环节，减低中间商获利空间，有效实现了企业、消费者效用的提升。

由此可见，电子商务在改变企业竞争形式，提高企业的生产、经营效率的同时，通过有效的数据分析与处理来为消费者提供个性化服务以及更有效的售后服务，也有助于企业降低成本、减少库存，减少贸易环节，提升企业与消费者的福利。

> **专栏 10-1**　电商产业扶贫的奉节探索
>
>

二、电子商务的数字化蜕变

数字贸易是电子商务发展的高级形态，电子商务是数字贸易发展的阶段性呈现。随着技术的进步发展，电子商务不断实现贸易数字化并最终蜕变为数字贸易，其蜕变过程主要体现在三个方面：

（一）数字技术的蜕变

最初的电子商务主要倚重信息通信技术实现高效交换，其最开始主要为企业提供信息交换的平台与场所，随着互联网的普及，电子商务开始逐渐具备线上交易、支付的功能，亚马逊、阿里巴巴、当当等电子商务网站先后出现，其主要通过线上的信息交换、支付以及线下物流以完成贸易过程，实现了传统货物贸易的数字化。21 世纪以来，大数据、云计算、人工智能等技术的腾飞为电子商务转型提供了重要契机，数据的重要性日益凸显，电子商务蜕变为数字贸易后不再局限于信息的交换交流，而是倚重人工智能、大数据和云计算技术实现精准交换。大数据技术能够收集散落在供应链各环节的离散数据，减少双方交易成本；人工智能技术能够帮助企业有效开拓大数据的应用途径；云计算技术能够帮助企业有效处理大数据，并对供应链环节的网络服务进行动态优化。数字贸易利用数字技术搭建数字化平台，挖掘大数据的价值，通过数据分析达到规范引导有关各方的行为的目的，具有内生化的治理功能和能力。

（二）交易标的的扩展

电子商务的贸易标的主要以实体货物为主，在向数字贸易蜕变的过程中催生出更多的新业态，贸易标的范围也随之逐渐拓宽，通过平台买卖的实体货物占有较大比重，但与此同时数字贸易的贸易标的还包括日益丰富的数字产品与服务、数字化知识与信息，数字服务贸易的占比逐渐上升。

（三）个性化需求的满足

电子商务侧重于通过信息的交换实现实体货物贸易，其贸易环节较为单一，对应的是消费互联网的普及与应用；而大数据、人工智能以及云计算等数字技术能够充分收集并处理数据，将研发、智能制造、智能定价、智能客服等上下游环节也囊括到贸易过程中，且更加重视消费者的需求，使得价值链的每个环节都积极地反映消费者偏好，对应的是产业互联网抑或工业互联网的普及与应用，其中，产业互联网反映的是平台数字化的商业路径，工业互联网反映的是平台数字化的技术路径。以智能定价为例，早在2015年亚马逊平台上就有超过500个卖家使用人工智能进行定价。人工智能系统能够根据消费者的年龄、性别、区域、手机操作系统等信息为不同消费者群体制定不同价格。

（四）贸易模式的完善

电子商务阶段最基础的商业模式是 B2B 和 B2C；数字贸易阶段最基础的商业模式是 B2B2C，其中，B2B 是大动脉，B2C 是支线，两者通过大数据算法相联系。在电子商务阶段，B2B 大批量成交和 B2C 碎片化营销的融合存在技术壁垒，然而，在数字贸易阶段，该技术壁垒被人工智能、大数据、云计算等数字技术打破。数字化平台既能满足贸易成本降低的诉求，又能契合碎片化订单集聚的趋势。

> **理论命题 10-2**
>
> 贸易数字化是指以实体货物贸易为主的电子商务借助数字技术向数字贸易蜕变的过程。

第二节　跨境电子商务

一、跨境电子商务的内涵与外延

（一）跨境电子商务的内涵

跨境电子商务（cross-border electronic commerce）是电子商务的子类别，是

电子商务在国际贸易层面的延伸，从世界范围来看，跨境电商主要兴起于世纪之交。随着电商巨头亚马逊和 eBay 分别于 1998 年和 1999 年登陆欧洲市场，跨境电商的帷幕徐徐拉开。1999 年阿里巴巴国际站的成立标志着中国跨境电商的兴起。在跨境电子商务的不同发展阶段，其内涵和外延也在随之变化，结合跨境电子商务发展历程，本书将跨境电子商务发展划分为 3 个阶段，分别是萌芽期、成长期以及成熟期，根据不同时期跨境电子商务的特征，我们可以总结其内涵变化如下。

1. 萌芽期

在跨境电商萌芽期，交易模式仅为单一的 B2B 模式，跨境电商平台只是单纯的信息撮合平台，不涉及线上交易，支付、物流、通关等环节均在线下完成，也无法沉淀真实的交易数据，贸易双方也以大型企业为主。以阿里巴巴国际站为例，其主要通过信息的展示与获取服务，例如向国外买家展示、推广国内中小企业的产品等，推动国内企业出口增长。

在萌芽期，跨境电商的内涵是指随着互联网技术开始普及，从事跨境贸易的交易双方在线上借助跨境电商平台提供的黄页服务实现信息撮合，以此为基础，在线下完成跨境贸易其他环节的一种信息化贸易活动，是传统贸易结合互联网技术首次进行拓展的结果。

2. 成长期

在跨境电商成长期，交易模式由单一 B2B 模式转变为 B2B、B2C 模式并行发展，B2B 的部分交易实现了线上化，B2C 则基本实现了交易线上化，同时支付、物流、外贸综合服务等供应链服务逐渐在平台上线，交易数据实现部分沉淀，中小企业也开始成为交易主体。

在成长期，跨境电子商务的内涵是指随着互联网技术的使用与推广，从事跨境贸易的交易双方借助跨境电商平台提供的线上交易功能，逐步实现交易流程的线上化，并开始借助数字化的供应链服务来降低交易成本、提升交易效率的一种线上化贸易活动。

3. 成熟期

进入 21 世纪后，订单需求日趋碎片化，伴随跨境电商 B2B、B2C 模式的不断融合，B2B2C 模式开始出现，同时供应链服务呈现明显的生态化特征，交易数据基本实现沉淀，平台企业成为主导力量。

在成熟期，跨境电子商务的内涵是指在人工智能、大数据、云计算等数字技术飞速发展和消费者需求日趋个性化的背景下，从事跨境贸易的交易双方能够充分利用平台上沉淀的海量交易数据，实现平台用户的供给与需求的高效、精确匹配，并借助平台上的低成本、专业、完善的生态化供应链服务完成线上交易和履约的数字化贸易活动。

> **理论命题 10-3**
>
> 　　跨境电商是指分属不同国家或地区的交易主体，以现代通信网络为载体，以实体货物为贸易标的，通过平台实现线上需求匹配、商品交易的跨境贸易活动，是电子商务的重要组成部分。

（二）跨境电子商务的外延

　　跨境电子商务是指不同国家或地区的交易主体通过线上平台实现交易过程的贸易行为，一定程度上可以认为跨境电子商务是国际贸易在数字技术发展新时期的全新表现形式，其在保留了一部分传统国际贸易特征的基础上，也展现出自身独有的优势与特点。

　　跨境电子商务与传统国际贸易的相似之处包括：① 贸易标的相同。都是以实体货物贸易为主要贸易标的，交易的最终目的是实现货物的跨境贸易与交换。② 进出口流程相似，都需要在达成贸易共识后签订合同、填写各类进出口单证，并完成国家海关检验、缴纳相应关税、交付运输、支付货款等一系列的贸易流程。③ 两者的目的都是提高效率、降低成本、实现交易以获取利润。

　　跨境电子商务相较于传统国际贸易的优势包括：

1. 简化交易程序，降低交易成本

　　Heil&Prieger（2009）认为电子商务模式相较于传统贸易大大降低了搜索和交易成本，扩大了企业和消费者的选择范围：传统国际贸易中交易双方往往需要通过在报纸、电视上发布信息、实地考察、熟人介绍等方式以寻求合适的合作对象，但这种方式往往导致较高的搜寻成本以及交易成本，而跨境电子商务则可以克服传统国际贸易这方面的短板，通过在网络上发布以及搜寻企业信息，各类跨国企业以及消费者可以拥有更广的选择范围并快速找到合意的合作、购买对象。Benjamin&Wigand（1995）认为传统的交易模式会随着信息技术的广泛应用逐步改变，传统国际贸易中交易双方往往需要通过面对面或者纸质贸易单证传递等线下的方式实现交易磋商，而跨境电子商务的主体则可以通过互联网、电子邮件等方式实现线上沟通。在贸易过程中，传统国际贸易往往存在中间商较多、贸易过程复杂、需要大量的纸质单证、订单量大且交易周期长等问题，但跨境电商可以利用数字技术实现贸易单证电子化、物流状态的实时跟踪以及中间环节的简化，从而满足多样化的需求，缩短交易周期。

2. 减少贸易中介，提供新型交易平台

　　根据 Spulber（1996）的研究，传统贸易中的贸易中介按照功能可以划分为两种类型：一种是从生产厂商处买入产品然后卖出，另一种是为交易双方提供交易平台。传统贸易中贸易中介广泛存在，其主要以从生产商处买入商品后卖出的形式存在，随着信息及技术的发展，贸易搜寻成本、协调成本逐渐下降，跨境电子商务使得企业与企业间、企业与消费者之间能够实现直接对接，从而使得传统跨国企业的套利空间缩小，以"买

入卖出"为主的传统贸易中介作用逐渐减弱。不少学者将跨境电商平台视为新型的贸易中介，因为各类跨境电商平台可以为跨国企业、消费者提供商品展示、贸易磋商、物流追踪、线上支付等服务，为交易双方提供交易平台。

3. 多方面提升生产者消费者福利

在生产者层面，随着跨境电子商务的应用程度的提高，出口市场营销策略与企业出口业绩之间的关系日益紧密，企业销售渠道不断扩张，互联网的使用可以使得商品信息为更多消费者以及买方企业获取，有利于提高企业的销售量、订单量，增加企业的营业收入；另一方面，跨境电商的线上贸易形式可以有效降低出口企业的搜寻成本、宣传成本等，随着企业销售额的增加以及成本的下降，其所获得的利润会不断上升，从而提升企业福利。消费者层面，由于跨境电子商务实现了买卖双方的直接对接，很大程度上去除了中间环节，消费者面临的商品价格更低，消费选择也更加多样化，消费者福利进一步提升。Lendle et al.（2012）利用 62 个国家的同一篮子商品数据进行的实证研究，结果显示，面对传统贸易模式下同样的交易，使用跨境电商模式会使得总福利平均提高 29%。

专栏 10-2 传统产业的跨境电商应用

跨境电商的快速发展降低了中小企业参与全球价值创造的壁垒，提升了中小企业的产品创造能力。制造业开展跨境电商应用的主要模式有跨境电商 B2B（Business to Business）、B2C（Business to Customer）模式，在此基础上，B2B2C（Business to Business to Customer）和 C2M（Customer to Manu-facture）等新模式不断产生。C2M 指制造企业利用跨境电商平台直接对接消费者，开展个性化定制。

通过跨境电商 B2C 模式，制造企业直接与消费者对接，具有多方面优势。一是跨境电商能够消除冗余的中间环节，降低贸易成本；二是企业能够直接了解消费者需求，根据消费者需求提升产品功能、创新产品；三是企业能够及时处理客户订单，倾听客户诉求，建立高效的客户服务和反馈机制，提升消费者体验。随着生活水平的提高，人们越来越注重个性化、品质化的商品，按需生产的规模扩大。C2M 是 B2C 的进一步发展，制造企业通过跨境电商平台快速收集分散、个性化的消费者需求数据，并将需求数据转变成生产数据，开展定制化生产。越来越多的制造企业通过跨境电商平台收集消费者碎片化的需求，逐步由大批量订单式生产向小批量、多批次的柔性化生产方式转变。

摘自：王惠敏，戴明锋，赵新泉. 跨境电商带动传统产业转型升级路径 [J]. 国际经济合作，2021（1）：33-40.

二、跨境电子商务的数字化蜕变

随着跨境电子商务发展不断成熟，阶段性特征愈发显著，最终会在持续量变积累下实现质变，蜕变为全球数字贸易，而这一蜕变过程实际上就是贸易数字化的过程，其主要表现为以下几方面。

（一）跨境电商平台进一步全球化

跨境电子商务贸易以双边贸易为主，助力"买全球、卖全球"，而数字技术的使用一方面可以精准匹配全球数字贸易买卖双方需求，整合和开发全球数字贸易资源；另一方面可以通过提供数字化营销、交易、金融及供应链服务的一揽子数字化外贸解决方案，吸引更多的各国中小企业进入跨境电子商务平台，从而使得供应链服务跨国化平台国别属性进一步削弱，最终实现跨境电子商务双边平台向全球数字贸易多边平台的升级。以阿里巴巴国际站为例，其2020年"三月新贸节"首周交易总额前10位买家国或地区既包括美国、英国、德国等欧美发达国家，也包括日本、韩国、中国香港等东亚发达经济体，还包括印度、俄罗斯等金砖国家，体现了"全球买、全球卖"的平台愿景。

（二）跨境电商参与主体进一步普惠化

一方面，在贸易数字化过程中，大数据、云计算等技术能够充分收集并深入分析消费者偏好数据，进而提升对于消费者个性化需求的关注程度，有助于突破传统贸易以大额订单贸易为主的局限性，推动零单贸易的发展。另一方面，数字技术的使用大大降低了实体货物贸易成本，为中小企业甚至个人参与全球数字贸易提供了机会。21世纪以来，随着跨境电商的发展，中小微企业在参与国际分工过程中所受阻力也逐渐减弱。跨境电商平台为中小企业搭建了一条直接对接国际市场的网上通道，有效改变了大型企业抢占营销渠道的局面；在跨境电商模式下，来自国外碎片化的订单需求能够迅速匹配到具备合适生产能力的中小企业，使得越来越多中小企业能够自主地参与国际分工。

（三）跨境电商供应链服务进一步多样化

第三方服务企业将为中小企业提供更多优质服务，扮演越来越重要的角色，最终实现跨境电商供应链服务1.0版本向跨境电商供应链服务2.0版本的升级。以数字产品与服务、数字化知识与信息为贸易标的的数字化服务贸易份额逐渐增加，以金融服务贸易为例，跨境电子商务的发展对跨境支付提出更高要求，催生了第三方支付的兴起，金融机构通过结合数字技术以开展"购付汇"和"收结汇"等业务，有效完成数据申报、支付结算及电子对账等一体化、数字化综合服务，促进了跨境金融服务的快速发展。此外，翻译服务、广告宣传服务等数字化服务的产生能够解决贸易过程中的语言、产品推广等难题，从而提升贸易成交量。

第三节　从电子商务到数字贸易：机遇与挑战

一、贸易数字化的机遇

（一）数字化技术飞速发展

数字贸易的发展离不开人工智能、大数据、云计算等数字化技术的使用与推广。首先，数字化技术的应用会提高第三方服务企业提供数字化工具与服务的质量，进而推动电子商务供应链服务的升级。其次，数字技术的创新与研发使用也会加速传统制造业的数字化转型，线上平台具有降低企业信息获取成本、高效匹配买卖双方需求等优势作用，能够通过线上交易线下交付等形式提高货物贸易交易量以及企业利润，进一步推动数字贸易的发展。第三，数字技术能够挖掘大数据价值，使得线上贸易不再局限于现代信息网络，而是构建具备自我治理能力的数字化平台，实现电子商务向数字贸易的转型。

（二）个性化需求日益凸显

在人们生活水平普遍提高、消费观念持续转变和生产技术不断改进的背景下，消费者对产品和服务的个性化需求被进一步激发，这为数字贸易替代电子商务提供了良好的契机，因为电子商务受自身局限性影响，主要聚焦于大宗货物的交易，无法满足消费者日益细化、个性化的需求，但数字贸易可以有效弥补这一不足之处，其能够运用大数据、云计算等数字技术搜集分析消费者个性化需求偏好并为其提供合适的产品与服务。对于消费者来说，一方面，其能够直接在数字贸易平台上购买更多类型的产品，享受更多类型的数字化服务；另一方面，消费者能够通过零单贸易使自身的个性化诉求得到满足。因此，会有更多的消费者选择数字贸易，这不仅为数字贸易的开展提供了巨大的需求市场，也有助于加快电子商务向数字贸易蜕变的进程。

（三）国内外政策支持力度日益提升

世界范围内数字化的快速发展，中国乃至世界各国对于数字贸易的重视程度逐渐提高，纷纷出台了一系列政策措施，为电子商务通过贸易数字化蜕变为数字贸易营造了良好的国内外政策环境。

就政策方面而言，相较于欧美等发达国家，中国相关政策制度尚不完善，但中国在电子商务领域具有现行发展优势并且拥有成熟、完整的电子商务运营体系，当前国内制定的电子商务相关规则制度可以为后续数字贸易规则的制定提供参考与借鉴。除了一系列电子商务有关立法外，中国也开始重视数字贸易的发展，2017 年 10 月，"数字经济"

首次写入党的十九大报告，并提出"推动互联网、大数据、人工智能（AI）和实体经济深度融合"的发展理念。2019 年政府工作报告中多次提出促进跨境电子商务（数字贸易）发展，并将跨境电商作为对外贸易发展新的增长点。

就国际政策而言，电子商务是国际经贸新规则谈判和世界贸易组织（WTO）现代化改革的热点议题。1998 年《电子商务工作计划》通过后，WTO 就开启了电子商务议题的规则谈判，其中也包含了数据跨境流动、数字关税、数字服务税等诸多数字贸易相关议题，此外，《美国-墨西哥-加拿大协定》（USMCA）、《日美贸易协定》以及《全面与进步跨太平洋伙伴关系协定》（CPTPP）等贸易规则中也包含了诸多数字贸易相关内容。2020 年新冠肺炎疫情的爆发推动了数字技术在各领域的应用，凸显了数字贸易在应对全球公共安全危机中的优势与重要作用，引起了国际社会各方的重视，2020 年 3 月底，国际商会秘书长丹顿公开呼吁要加快向数字贸易过渡，加速将世贸组织有关数字环境的规则引入 21 世纪；通过标准化实现数字贸易，与此同时制定开放的贸易标准以增强经济包容性。

二、贸易数字化的挑战

（一）"数字鸿沟"逐渐加深

进入 21 世纪以来，国际数字鸿沟的加深逐渐引起国际社会的关注，数字鸿沟是指随着信息社会的进步，产生了一大批被信息技术以及信息社会隔离在外的国家和人群，导致其逐渐与世界发展脱节。数字鸿沟主要由"接入鸿沟""使用鸿沟""能力鸿沟"三部分组成。"接入鸿沟"主要表现为是否可接触并获取使用数字技术，如果部分人可以获取并使用数字技术而部分人不能，则存在"接入鸿沟"；"使用鸿沟"指对数字技术使用水平上的差异。即随着通信成本下降与互联网的广泛应用，在拥有数字技术的条件下，人们对数字技术的使用水平参差不齐，具体表现为是否掌握使用数字技术的知识、数字技术的使用广度与深度等；"能力鸿沟"则表现在对于数字资源的获取、处理以及创造方面的差异，区别于强调数字技术接入与使用的"接入鸿沟"与"使用鸿沟"，是一种更深层次的"数字鸿沟"表现。

数字鸿沟不仅存在于国际范围内，也存在于一国的不同地区间，数字鸿沟威胁到互联网的普及以及数字技术的传播，"接入鸿沟""使用鸿沟"的存在意味着一国部分人群无法接入互联网、数字技术或者使用水平存在差异，限制了数字贸易的开展与普及；"能力鸿沟"则会导致数字技术使用效率低下、传统制造业企业转型速度放缓、数据分析不到位等现象，降低电子商务向数字贸易转型效率，因此如何缩小并弥合数字鸿沟是实现贸易数字化进程的重要挑战之一。

数字鸿沟的存在不利于数字化人才的供给。数字贸易的开展需要以数字技术、新型基础设施等为支撑，而数字技术的研发以及新型基础设施开展的过程都离不开数字化专业人才。据清华大学经管学院发布的《2020 年全球数字人才发展年度报告》显示，当前国际范围内数字化人才分布不均，主要集中在欧洲和亚太城市，且各地区间数字人才流动差异较大，可见"人才鸿沟"也是数字鸿沟的另一种表现，而分布不均衡、供给不充足的数字化人才将会阻碍贸易数字化的发展，不利于电子商务向数字贸易的进一步转型。

（二）数据安全缺乏保障

在数字经济快速兴起的今天，数据安全逐渐成为一项重要议题，激发创新力量、推动产业发展、提升经济运行活力离不开数据资源在地区间、产业间、用户间的流动与使用，可以说，数据安全是保证数据有效使用、数字贸易有序开展、数字经济快速发展的重要前提及保证。然而当前世界各国在享受数字经济所带来福利的同时也面临着数据过度采集、滥用、个人数据被盗取交易等数据安全隐患。

在数据资源开发和利用方面，存在诸如：公民个人信息频繁被盗用并形成相关灰色产业链，不法分子借助所盗用信息滥发广告甚至进行网络电信诈骗，侵害公民权益，不利于社会的稳定与发展；企业过度收集用户数据事件频发，侵害用户的隐私、降低用户体验等问题。

在网络数据安全标准化工作方面也存在缺陷，主要表现为：① 缺乏完整性、统筹性的标准体系，标准制定流程也尚未完善，同时缺乏在专业术语内涵、种类等级划分等方面的标准；② 缺乏数据安全评估、重要数据保护等关键性标准的制定，3.5G、云计算、区块链、人工智能、大数据、物联网等关键领域的国际网络安全标准尚待制定出台。

（三）国际规则尚待完善

当前国际范围内的贸易规则与统计方法无法满足数字贸易飞速发展过程中产生的各类需求。电子商务向数字贸易的转型缺乏统一完善的规则保证，是实现贸易数字化所面临的重要挑战之一，构建健全的数字贸易规则体系主要受到两个方面的阻力：

第一，与传统电子商务规则相比，数字贸易的贸易标的更加丰富、贸易环节逐渐增多，其规则要求也更为复杂多样，虽然 21 世纪以来世界各国在电子商务规则制定领域取得了一定进展，但这些规则的适用范围有限，支付、售后、消费者隐私、电子签名等方面的规则急待进一步完善以满足数字贸易发展的需求。

第二，国际范围内各国数字贸易规则制定存在较大的理念分歧与冲突，贸易规则制定呈现区域化、双边化、碎片化的趋势与特征，阻碍统一的国际数字贸易规则标准制定，不利于发挥全球数字贸易规则的溢出效应以带动各国国内相关规则进一步制定与完善，从而影响电子商务的贸易数字化蜕变。截至 2019 年 6 月，84 项区域贸易协定（RTA）将电子商务条款作为独立章节或专用条款，其中 60% 在 2014 年至 2016 年之间生效。分析已有数字贸易相关规则可以发现，各国在关于数据跨境流动、数据储存本地化、数字知识产权保护等领域尚未达成共识甚至存在较大的矛盾，如美国倾向于将数据隐私当作市场利益并将其放置于市场当中，欧盟将其视为不容侵犯的基本权利和自由，而中国则更关注个人数据、信息的安全。

（四）数字壁垒有待破除

各国在文化、价值观念以及规章制度制定等方面的差异与分歧最终导致了在解决隐私保护和境外管辖权等问题方面的国际分歧，其中美国与欧洲两方凭借自身庞大的数字贸易国内市场，成为跨境数据流动治理的主导者，并在数据跨境流动、用户隐私权维护、数字服务税等问题上存在着诸多的分歧与矛盾。而其他国家对于数据流动的不同态度以及处于国家安全的考量制定了不同程度的数据流动壁垒，致使目前世界范围内数字贸易的开展受到阻碍。

然而，陈寰琦（2020）研究发现：签订"跨境数据自由流动"协议对数字贸易产生了正向的促进作用，且随着缔约方经济发展水平差距的扩大，"跨境数据自由流动"的贸易促进作用将上升，可见数字壁垒的设置虽然一定程度上能够起到保护数据安全的作用，但是数字贸易时代，数据正逐渐成为重要生产要素，一方面，以实体货物贸易为主的电子商务、跨境电子商务的开展离不开对于数据的跨国传输以及对于国外消费者个人信息的获取，另一方面，随着电子商务向数字贸易转型，服务贸易比重逐渐上升，其对于数据的依赖程度更深，跨国数字服务的开展需要以各国消费者的数据信息为基础以提供个性化服务，受到数据壁垒的限制，国内外相关企业的业务开展也将受到阻碍，从长远来看将不利于数字贸易的开展以及电子商务向数字贸易的转型。

> **专栏 10-3** WTO 电子商务联合声明谈判的立场分歧

**本章小结：
中国视角**

中国是电子商务大国，2020 年 4 月，联合国贸发会议发布《2018年全球电子商务评估报告》显示，美中英三国电子商务销售成交额全球领先，且大型 B2C 电子商务公司主要分布于美国和中国，2018 年中国以 1 000 亿美元的 B2C 跨境电子商务销售额领跑全球，占全球交易总额的 24.75%，超过美国（21.03%）和英国（9.9%）。从中国数字贸易发展各阶段可以发现中国的数字贸易起源于货物贸易，即数字贸易是从以货物贸易为主的电子商务转型而来，且推动数字贸易快速发展的动力是货物贸易的便利化，通过数字化平台交易的实体货物从始至终都是数字贸易的核心标的。由此可见，不同于欧美等发达国家利用数字技术优势发展数字服务贸易，电子商务是中国参与全球数字贸易竞争的突破口所在。因此中国应该积极发展电子商务，推动电子商务、跨境电子的贸易数字化转型，提升自己在数字贸易领域的国际竞争力以及话语权，代表广大发展中国家的利益来推动全球数字贸易治理体系的重构。针对电子商务以及跨境电子商务贸易数字化蜕变过程中的机遇与挑战，中国应采取积极措施予以应对：

紧抓机遇，推进贸易数字化进程。① 继续大力支持电子商务、跨境电子商务在中国的发展，政府层面应不断完善电子商务顶层设计，推行利好政策以鼓励新兴行业的进步，弥补当前我国电子商务的不足之处；② 加快相关领域体制机制改革。在完善国内数字贸易相关规则制度的同时也可以适当借鉴他国合理规则；③ 鼓励数字技术的创新研发，转变当前技术落后之局面，突破发达国家的技术垄断与封锁。此外加大专业人才培育力度，推动产学研相结合等。

勇对挑战，化解贸易数字化难题。① 积极参与全球数字贸易规则体系构建，以电子商务、跨境电子商务为突破口，推广电子商务治理的中国经验，形成中国方案，提升中国在全球数字贸易规则治理领域的话语权。② 采取有效措施推动互联网以及数字技术的普及，弥合国内地区间的数字鸿沟，建设数字中国，此外为缩小全球数字鸿沟作出贡献。③ 确保数据安全。构建完善的网络数据安全保护体系，同时加强网络安全监管与治理工作，不断完善数据安全相关法律法规，此外也要加强国际合作，就数据跨境流动、国际数据安全、数据开放等议题达成一致共识，形成世界各国共同应对全球网络安全问题与挑战的局面。

即测即评

思考题　1. 跨境电子商务相关政策的不断出台，以及各综合试验区在制度创新、管理创新和模式创新等方面的探索，为跨境电商的发展创造了良好的环境。但是，传统产业在向跨境电商转型的过程中仍然面临着诸如发展不均衡、人才不足、管理体制不完善等问题，你认为该如何解决这些问题？

2. 世界贸易组织（WTO）于 2020 年 4 月 8 日发布《贸易统计及展望报告》称，疫情将可能导致 2020 年全球商品贸易总额大幅下滑 13%–32%，根据已学知识，你认为疫情期间电子商务、跨境电子商务有何发展优势？

3. 2003 年非典疫情的爆发客观上促进了中国传统商务向电子商务的转型，那么 2020 年新冠肺炎疫情的爆发对于电子商务向数字贸易、跨境电商向全球数字贸易转型又有何影响呢？

4. 电子商务条款被越来越多地纳入各项区域贸易协定中。截至 2017 年 5 月，向 WTO 通报并生效的 RTA 共有 275 个，其中 75 个包含电子商务条款，占比为 27.3%。你如何看待该现象以及全球电子商务谈判分歧的原因？

5. 据中国相关部门公布数据显示，截至 2020 年 6 月，全国 832 个国家级贫困县实现了农村电商全覆盖，贫困县网络零售额从 2017 年的 1 207 亿元增长到 2019 年的 2 392 亿元，年均增速高达 41%，带动贫困地区 500 万农民实现就业增收。你认为中国的电子商务脱贫经验可以为世界贫困问题的解决提供哪些启发？

延伸阅读

[1] 戴建中. 电子商务概论 [M]. 北京：清华大学出版社，2016.

[2] 鞠雪楠，赵宣凯，孙宝文. 跨境电商平台克服了哪些贸易成本：来自"敦煌网"数据的经验证据 [J]. 经济研究，2020，55（2）：181-196.

第十一章

数字服务贸易

数字经济时代的到来给世界各国的经济发展带来了广泛而深刻的影响。随着对数字贸易研究的深入，数字服务贸易概念逐渐从其中剥离，成为数字经济时代数字贸易领域重要研究分支，数字服务贸易的发展也为世界各国带来了不同的机遇与挑战。如何积极融入数字经济的产业转型大潮，在数字服务贸易的蓬勃发展过程中积极推动经济结构从制造业为主向服务业为主的转变，发挥数字经济的积极影响是世界各国围绕数字经济发展的重要任务。通过本章学习，可以快速地了解数字服务贸易及其概念内部的数字产品与服务、数字化知识与信息内涵及其外延，理解它们在中国的数字贸易研究和发展过程中的重要作用，对于数字化贸易发展的机遇与挑战也会有一定的掌握，有助于进一步深入理解研究数字服务贸易。

第一节　数字服务贸易的产生与发展

一、数字服务贸易产生的背景

人类文明史上的科学技术革命每一次都彻底地颠覆了原有的社会经济生产和生活方式，广泛而深刻地影响着我们社会经济各个领域。数字技术的加持促使了跨境数据的流动，贸易方式也随着信息共享的成本的降低出现了很大的改变，连接了服务价值链上不同参与者的同时也极大地改变了服务的商品生产方式和交付形态，从而推动了服务贸易"数字化"的发展。美国和欧盟已经在经济统计框架、管理措施、限制性政策等多个方面走在了数字服务贸易规则和管理体系探索的前沿，也为世界进入数字经济时代发展数字服务贸易奠定了基础。

着眼于传统服务贸易方面，数字化的技术对其具有两个显著影响：一方面，传统的服务贸易正在逐步实现数字化升级，服务的数字化应用程度大大提升，一些原本必须依靠实物传播媒介的服务，现在还能够通过这种数字贸易的形式在网上直接进行交易，数据已经成为世界各地重要的国际贸易商品与生产要素。另一方面，数字技术使得越来越多企业的服务贸易变得更加容易，一些新型的服务贸易模式、业态都纷纷在这里涌现并得到蓬勃发展，如搜索引擎、社会传播媒体、远程医疗、远程教育等。

二、数字服务贸易发展的阶段性表现

（一）转型：从传统服务贸易迈向数字服务贸易

随着全球服务贸易的快速增长，人力资源也随之逐渐释放以提供更多的服务。改进支持嵌入生产型服务业（如设计和研发）和生产型服务业（如物流和零售）推动了农业、制造业生产力的进一步提高。逐渐以服务业为基础的新兴经济体增长速度甚至快于发达经济体。所有发展中国家服务业占 GDP 的平均份额在 1980—2018 年期间从 42% 增至 55%，在这一背景下数字技术的创新进步也为传统服务贸易向数字服务贸易转型提供了巨大推力。

数字服务贸易借助于数字技术的发展，显著拉动数字经济增长，也成为实现全球价值链增长的重要途径。得益于全球连通性和跨境数据流，全球价值链的发展为国际贸易创造了许多新机遇。数字服务贸易的内容一方面是传统服务贸易数字化；另一方面是新型数字产业发展，其中包含云计算以及数字内容服务等数字服务。无论是数字化推动传统服务贸易的转型，还是各类新型的服务贸易供给方式，都是借助于互联网平台实现数据流动，从而产生经济价值，而这过程中的核心都是数据。在数字技术高速发展的加持下，数字服务贸易总量在全球各地区保持了迅猛增长，甚至改变了全球产业结构。数字服务贸易所带来的新业态的机遇也正在进一步加速世界经济格局重构。

（二）发展：数字服务贸易助力各行业快速发展

数字服务贸易自 2008 年以来发展速度迅猛，2008—2018 年，数字服务产品贸易交付进出口加值总额占比为 3.80%，货物贸易服务进出口加值总额占比为 1.87%，在全球服务贸易进出口总额中的贸易总额规模占比从 45.66% 大幅快速增长至 50.15%①。

许多曾经无法进行交易的服务业得益于数字化技术创新与通信技术的革命，已成为超越地理限制的新型服务业（例如全球跨境电子商务）。数字技术创新消除了地理距离的限制，使得服务贸易数字化和数据交易在全球范围内成为可能。数字化技术也大幅减少了各种信息传递的成本，从而极大程度减少了交易费用。例如 Netlix 等流媒体服务的普及、大规模开放式在线课程（MOOC）等电子学习平台的普及正逐步颠覆着传统的教育娱乐服务业。互联网技术的迅猛发展已经打破了传统医疗行业中的空间距离，远程医疗问诊与手术指导已经成为现实。由于新技术不仅使现有数字服务能够越来越多地被用于跨境交易，而且有助于推动数字服务新业态的发展和增长，数字服务的全球化可能会

---

① 资料来源：中国信息通信研究院 . 数字贸易发展与影响白皮书（2019 年）。

比预期的发展速度更快。

《中国数字贸易发展报告》统计显示，自 2016 年以来，数字化服务出口占全球服务出口比重稳步提升至 50% 以上，随着云计算等新业态继续保持稳步高速增长，中国数字服务贸易的发展也正在进入一个持续健康发展的关键时期。

> **专栏 11-1** 全球数字服务贸易规模快速增长

（三）完善：全球数字服务贸易规则构建日益关键

随着数字服务贸易如火如荼的发展，各国纷纷制定各类战略或规则试图抢占数字技术的制高点。由于各国在数字服务贸易领域的利益导向不同，发达国家倾向于消除数字服务贸易壁垒，而众多发展中国家由于需要保护国内脆弱的数字服务市场，通常会抗拒市场准入以形成壁垒。因此尽管各国在战略上高度重视数字服务贸易的发展，但在数字服务贸易的规则上却无法达成一致。

欧盟和美国以自身利益为导向，在缔结的双边、区域贸易协定中加入符合其利益的数字贸易规则条款。当前全球范围内，有关数字服务贸易规则主要表现为美式和欧式两大方向。美式规则极力抵制数字服务税的征收，倡导数据自由的跨境流动。其最直观地体现在 2020 年 7 月 1 日正式生效的《美墨加协定》（以下简称"USMCA"）中。该贸易协定首次以数字贸易作为章节标题，试图引领数字贸易规则制定方向，同时在内容上彰显美国数字贸易规则，比如推动跨境数据的自由流动、限制数据本地化措施、保护源代码。2015 年欧盟颁布的《数字化单一市场战略》也涉及数字服务贸易的多个议题。2018 年生效实施的 GDPR[①] 对欧盟数据的收集、跨境传输等作出了明确规定，对现行的数字服务贸易模式产生了重要影响。同时，法国、英国实施数字服务税的征收也在试图改变数字服务贸易的规则走向。

数字服务贸易正在逐渐发展成为拉动整个世界经济增长和复苏的强大推手。解决好数字服务贸易规则的分歧将有助于推动 WTO 在其他规则层面的改革。2020 年新冠肺炎疫情对于全球贸易和经济的严重冲击，加剧了当前世界贸易保护主义和单边主义倾向。此外，世界各国从自身利益出发并采取单边主义行动，在数字服务贸易规则领域的博弈也日趋激烈，力图占据数字技术领域的有利位置。

[①] 《通用数据保护条例》（General Data Protection Regulation，GDPR）为欧洲联盟的条例，前身是欧盟在 1995 年制定的《计算机数据保护法》。

第二节　数字服务贸易的内涵与外延

一、数字服务贸易的内涵

随着对于数字贸易理论研究的逐步深入，数字服务贸易这一概念逐渐由中剥离，并独立成为数字经济时代数字贸易领域重要研究分支。国际上普遍认为数字服务贸易是指企业通过互联网进行线上传输、交付各种数字形式的产品和服务，但对具体的服务对象、种类和范围并未得到统一。中国信息通信研究院认为，数字服务贸易是指通过信息通信网络（语音和数据网络等）跨境传输交付的贸易，除数字化产品和数字化服务的贸易外还包括数据的贸易。中华人民共和国商务部认为，数字服务贸易包括传统服务产业的数字化，其开展依赖于数字化载体，以及技术迭代后所催生的全新经济模式或业态。经济合作与发展组织（OECD）认为数字服务贸易指通过信息通信网络跨境传输交付的贸易，包括软件、电子图书、数据和数据库服务等。另外，OECD 还从交付方式、产品和参与方三个维度构建了数字服务贸易的统计框架，从交付方式维度来看，数字服务贸易包含数字化交易、数字化下单和交易平台；从产品维度来看，数字服务贸易包含传统服务和信息数据；从参与方角度来看，数字服务贸易的参与方包括政府、企业和个人。

依托于数字化技术，数字服务贸易提供的服务既包括传统服务，也包括新型服务。传统服务将服务提供商和消费者局限在线下交易，而现在可以通过互联网提供服务。传统服务贸易数字化所具有最典型的特征就是新增了线上提供的方式，比如法律咨询服务如今可以通过互联网线上进行；新型服务是指依赖于互联网和数据流提供的服务，新一代服务的数字化的特征是只能线上进行。因此，数字服务贸易是以数字技术为载体实现服务的交付和提供。也就是说数字服务贸易不仅包含在数字技术推动下传统服务贸易的数字化转型，也包括新型服务贸易形式。

> **理论命题 11-1**
>
> 数字服务贸易发展得益于数字技术的支持，其内涵除了服务外还涉及数据，泛指政府、企业或个人通过互联网等数字化方式直接进行电子数据服务传输和信息交付的一种商品服务贸易。

二、数字服务贸易的外延

数字服务贸易的发展随着新一轮科技革命的蓬勃兴起也得到了进一步的外延深

化。围绕以大数据等关键因素构成的产业链各个环节为中心，此次革命主要体现为：数据存储应用领域，数据存储与计算能力的融合将会直接引发企业生产管理方式的巨大变化，市场规模和效率正在逐步呈现出指数级的扩张；在计算应用领域，随着人工智能计算正逐步走向突破，数据计算的能力不断增强和提速，算力作为云服务、人工智能等物联网服务的重要基础，人类计算的能力必将迈出一个崭新的台阶；在数据传输技术领域，第四代移动通信技术（4G）正在逐步迈向第五代移动通信技术（5G）的时代，这也使得数据的传输速度也会有极大程度的提升，未来有可能会进入量子通信的时代，连接方式也正从传统的互联网向万物通信包括物联网等全球范围内转变，区块链等全球性新技术更迭在其中创造了更加安全高效的数据连接。而新技术的全方位进步也将极大提升数字服务贸易未来发展的质量和效率，为其突破与创新创造了更多的可能性。

新技术带来的突破和创新日益突出，充分体现在数字服务贸易的形式、规模和新兴业态等各个方面。第一，传统服务贸易加快数字化转型。越来越多的线下服务贸易将随着数据计算和传输的加速以数字化形式转移到线上，空间和时间的距离对于服务贸易的限制作用变得也越来越小。第二，数字服务贸易的新形式将不断涌现发展。在区块链技术直接推动下，数字化金融服务将会发生巨大革命，整个互联网支付系统将借助各种新型的数字货币进一步重塑，人工智能也将人们工作生活中涉及的各种活动通过数字化提供更多可交易的服务。第三，数字化技术将对传统产业产生革命性影响，带来便捷性、高效性的新特点。各种新业态如智能制造、工业互联网等将日益普及，成为常见生产形态。技术将使得制造业和服务业的边界进一步模糊化，数据流的制造将进一步解放传统制造业，摆脱对全球采购的各种限制，全球制造业和物流产业格局都将发生深刻改变。与此同时，新一轮的科技革命可能会涌现更多不同以往的新业态，甚至重新构建全新的数字服务贸易架构。

第三节　数字产品与服务

一、数字产品与服务的内涵

产品和服务包括有形的产品、无形的服务或它们的组合，是指作为商品提供给市场，能满足人们某种需求并被人们使用和消费的任何东西。产品和服务作为经济循环的中间品，在人的衣食住行方面深度融入，与企业和组织的经营生产息息相关。随着数据驱动、以人为本、增强客户体验理念盛行，服务已经贯穿于产品的售前和售后阶段，产品也借由服务的形式向客户延伸，产品和服务的界线越来越模糊。

国内外数字经济领域针对数字产品与服务的研究针对角度有所不同，但大多从定义角度开始入手。丹尼尔·克罗斯比（Daniel Crosby）认为，数字产品由跨境服务供应驱动，通过电缆、卫星和云服务等各种方式连接世界各地的服务供应商和客户。WTO 在 1999 年《电子商务工作方案》中表示，数字产品是通过网络进行传输和交付的内容产品。这些产品与物理载体下的实体不同，由传统产业创造，通过数字编码等数字化技术在互联网上进行电子传输。启隆辉和帕特里克（Kai and Patrick，2002）认为数字产品与服务是任何能被数字化的商品或服务。该定义是从跨境数字传输的角度出发，为有关跨境服务供应的部门分类、数字传输的壁垒等提供研究基础。2003 年，美国与智利达成的自贸区协定最早在特惠贸易协定中提出"数字产品"的概念，其中认为：数字产品是指图像、计算机程序、视频、录音、文本和其他经数字化编码，并以电子方式传输的产品，无论缔约方根据其国内法律将此类产品视为商品还是服务。这个定义明确表示数字产品不包括货币，也不包括金融工具的数字形式。2014 年，欧盟委员会发布的《什么是数字服务》报告认为数字服务包括：电子化网络实现的服务；文字、信号、图像等信息的传输服务；视听内容的广播服务。

由此，当前阶段数字产品与服务是指使用计算机应用程序、视频、图像、文本、声音记录或其他数据库上被进行数字化地编码和制造或电子化网络实现的产品与服务，它们能够被电子化地传输以便于商业销售或进行分发。但是数字产品与服务不同于《信息技术协议》（ITA）中的"信息技术产品"，并没有完全涵盖金融票证。

专栏 11-2　数字产品的国际化规则评析

USMCA（《美墨加协议》）规定：成员方不得对通过电子方式传输的数字产品及其进出口施加关税或其他费用。当然，免除关税不排除贸易伙伴对电子传输的数字产品施加内部税费；只要这些税费负担的征收方式与国际贸易协定相一致。然而，数字产品零关税可能与欧盟拟议的数字服务税（digital services tax）存在某种冲突。根据欧盟相关规则草案，"数字服务"是指通过互联网或电子网络提供的服务，其性质使其供应"基本上是自动的，人为干预程度极小，而且在缺少信息技术时无法实现"。同时，数字服务不包括传统的通过使用因特网或电子网络实现的货物或其他服务的销售。无论是对数字产品或数字服务征税，都面临着海关归类规则的挑战。从数字贸易的表现形式看，收税障碍包括数字化产品（或服务）本身的挑战，以及数字化手段和方法带来的挑战，两者有时会有交叉。如亚马逊销售的电子书属于数字产品，而在线销售本身则是数字化手段。对于软件等具有版权保护的数字产品，需要判断其收入性质是特许使用费、产品收入还是提供服务的收入。总之，无论是数字产品零关税还是电子传输免关税，既是符合数字优势国家的贸易战略，也是便利数字贸易操作实践的明智选择。

摘自：孙益武. 数字贸易与壁垒：文本解读与规则评析：以 USMCA 为对象［J］. 上海对外经贸大学学报，2019，26（6）：85-96.

二、数字产品与服务的外延

（一）数字产品与服务的种类

数字产品与服务是现代科技技术进步背景下传统产品和服务的子集，可被分为两个类型：数字原生的产品与服务和数字附加的产品与服务。

数字原生的产品与服务是通过能够产生、使用有效数据的信息技术实现核心功能的产品和服务，如果该部分信息技术所实现的功能不可用，该类产品或服务将失去全部对应价值。例如，软件应用如短视频平台、外卖应用、打车应用，如果数据不可用、网络不可达，用户将无法通过该产品获得如新闻、外卖、打车等需求。电子游戏如体感游戏、VR 游戏，如果数据不可用，将失去使用者享受游戏的需求。这些产品或服务是与数字同生的，并带来了与以往相比不同的体验。如滴滴平台将人们打车时间成本降低，并通过大数据拓展了业务，治理交通拥堵，增加了公共服务的正向溢出；体感游戏将玩家的现实运动与游戏建立短暂的数字孪生等。

数字附加的产品与服务是通过能够产生、使用有效数据的信息技术，增加额外功能的产品和服务，如果该部分信息技术所实现的功能不可用，该类产品和服务将仍保留产品和服务的部分价值。如配备耐高温摄像头的烤箱，可以将烘焙过程记录并一键转发朋友圈，满足了人们的社交、猎奇需求，当网络和摄像设备不可用，烤箱仍具备其原本的主要价值。从互联网行业兴起开始，以软件为代表的数字原生产品和服务就已经开始发展，并在多年以来通过流量形成了自身的商业模式，而以新型技术和手段为提供附加价值的数字附加产品和服务也正在价值创造层面进行着创新。

（二）数字产品与服务的特点

数字产品与服务有四大特点：第一，能连接到云端且通常能与其他设备直连。以智能家居为例，小米智能家居生态通过语音助手联络所有设备。第二，产品常具备机载处理智能，内置多种传感器。以智能手表为例，即便在没有网络的前提下，也可以通过内置传感器测量步数、心率等数据。第三，产品与服务依靠人工智能、语音识别和其他认知技术进行学习。以智能客服为例，顺丰可以通过 400 电话语音助手收集用户寄件信息，并安排对应工作人员前去服务。第四，许多产品将不再作为产品销售，而是通过成果导向型"即服务"业务模式进入市场。以微软 SaaS（Software-as-a-Service）产品为例，office 系列产品在序列号购买仍然可用的现在，office365 提供了按月、年付费的模式，同时在权限管理、同时在线编辑、文档共享等功能也给用户提供了更好的扩展性。

数字产品与服务的四大特点对经济活动的方方面面产生了深刻影响，也进一步深化了其特征，在数字化转型过程中，企业的重点应是依靠传感器和人工智能技术，从原有产品上进行突破，探索数字附加的产品和服务，最终要实现有效数据的产生和使用，转型中的企业要建立"数据资产就是'数字石油'"的理念。

数字产品与服务提升运行效率。利用人工智能、语音识别和其他认知技术赋能员工。并将用户数据在合理范围使用，提升服务运行效率和精准程度，如营销中通过合成语音电话排查潜在用户，人工智能客服解决通用性问题。

数字产品与服务转移客户价值主张。成果导向型的"即服务"，如软件即服务（SaaS）越来越被大多数人所熟悉，从一次性购买到按使用付费的习惯已经逐渐养成，许多软件即服务也随之产生。如此前流媒体按下载付费，变成了按月付费的在线收听会员制。

数字产品与服务创造更好的用户体验。顾客就是上帝，一切产品服务的最终受众是用户，任何产品服务的产生、优化，其初心从用户体验出发，如用户想获得更加快速的相应、更加直观的数据、更加便宜的价格等各种需求，这其中，技术应用扮演着越来越重要的作用，而如今随着技术的复用，专业技术越来越容易获得，新兴技术用新兴技术赋能传统企业的案例也比比皆是，如胃镜胶囊可以不通过导管就让用户完成检查；网络电商可以通过视频让客户进行试穿。在创造更好用户体验的同时收集了更多维度的数据，并通过这些数据服务客户。

> **理论命题 11-2**
>
> 　　数字产品与服务是使用计算机应用程序、图像、视频、文本、声音记录或其他数据库上被进行数字化地编码和制造的产品，它们能够被电子化地传输以便于商业销售或进行分发。在数字技术支持下以数字驱动参与经济循环，融入经济生活生产的方方面面，极大程度满足了市场需求。

三、数字产品与服务对数字贸易发展的作用

数字产品与服务对数字贸易发展的影响，包括对数字内容等新业态的影响和对传统服务贸易的影响两大方向。对新业态的影响来看，数字产品与服务有利于推动数字内容价值链的构建，即从内容制作到销售的价值链形成。在数字内容价值链的发展过程中，一方面，每一个环节都随着数字产品与服务的出现不断细分得更加清晰，其分销作为价值链的关键环节，已经逐渐形成了一个完整的价值链体系，具有多角度传输/连接、硬软件设施结合的特征。另一方面，数字产品与服务设计和制作的本地化、格式化和模块编码特征，不仅从语言上解决了许多传统存在的问题，也在技术上进一步消除了文化内容存在的数字化障碍，从而推动了数字产品与服务在大规模定制方向更具优势。

传统服务贸易被数字化产品不断地嵌入其中，实现了降本提效，也使产品与服务更贴近消费者的实际需求。数字产品与服务正在极大推动传统的服务业制造商向数字化转型，与此同时，数字产品与服务也逐渐改善国家之间、大小企业间的贸易利益分配，以及全球价值链在全球范围内的分布体系。在人工智能和工业互联网等技术的加持下，传统大规模生产方式也随之逐渐优化。数字技术加持下的数字产品与服务使每一个拥有了

数字化设计的企业都能够绕过传统供应链，同时还能够自主制造产品。工业互联网通过智能设备间的连接最终将人机连接交互进一步优化，并将在未来构建机器间的价值链，实现从低生产率的传统生产方式逐步演变到智能产品、智能连接产品以及产品系统。而在此过程中新型工业大规模生产下的数字化产品与服务也将极大促进传统制造业发展。

第四节　数字化知识与信息

一、数字化知识与信息的内涵

数字化知识与信息正在加速推动人类经济社会进入更高发展水平的时期，然而知识与信息在生产中的作用是随生产力的发展而不断增强的。当前以大数据、移动物联网、人工智能为代表的新一轮科技产业革命在世界各国产生越来越显著的影响，在这个过程中，人们提升了对于知识和技术的获得、应用能力，信息与数据也逐步成为重要的国家基础性战略信息资源。知识与信息的传播总量正在迅猛地增加，它的媒介已经从图书与人的经验逐渐地转变成了互联网等各种数字媒介。

在数字经济时代，数字化知识与信息对于经济增长的促进作用也日益突出，成为关键的生产要素。数据是指未经过加工的信息，可以从不同的角度运用，而信息是处理过的数据。从数据过渡到信息是为了进行价值判断，或再经过鉴别进一步处理后形成知识，即数字化知识与信息是在数字技术的支持下，数据经过加工、价值判断与鉴别后形成的有利于提升经济效率的信息资源。数字化革命的进程也进一步推动了数据经过加工鉴别形成数字化知识与信息。那些已经积累掌握了很多重要数字化知识与信息的新阶层将渐渐形成，并在经济活动的各个方面发挥日益重要的作用。知识和历史资料已经得到了充分的搜集挖掘并被有效地吸收综合利用，推动了许多领域中的重大而深刻的转型，深刻影响了现代人们的日常生活、工作方式与消费习惯，对于促进国民经济发展、改善社会经济生活和整个民族乃至国家的社会治理都产生着越来越重要的影响。正如《二十国集团数字经济发展与合作倡议》提出的："数字化的知识和信息将作为关键生产要素推动整个人类经济社会逐步进入一个全新的全球数字信息时代。"

专栏 11-3　国际视角看数字知识产权保护

在数字知识产权保护中，主要矛盾是既要保护内容原创者的合法权益，同时也要努力消除内容提供者与信息合理使用者之间的"信息鸿沟"。目前国内外都在积极探索阶段，标准尚未统一。美国在数字版权保护方面主要是通过技术手段，而欧盟则从通过明确内容原创者和传播者权责角度的展开。

美国在数字版权保护方面主要采取数字版权保护（DRM）技术手段，即对网络传播中的数字产品进行版权保护，包括了保护的技术、工具和处理过程，其核心技术是加密技术和数字水印。该项技术可以有效对数字资源保护提供技术支撑，但是也会造成版权相关产业对数字资源进行控制和垄断。

欧盟在 2019 年 4 月表决通过了《数字化单一市场版权指令》，其主要目的是为了适应当前的数字化环境，也成为当前对数字版权影响的重大成果。其中第 15 条规定了"链接税"，即规定"新闻出版商有权与新闻聚合者如互联网巨头、搜索引擎、社交媒体等进行授权许可谈判，内容原创者有权分享新链接所产生的额外收入"；第 17 条规定了"上传过滤器"，即"互联网公司要对上传到其网站的内容负责，要使用过滤器对涉嫌侵权的内容进行筛查，如果没有及时制止，就要对侵权行为负责"。

当前中国在数字知识产权保护中正在积极探索相关技术应用，但在法律建设方面需要予以加强和完善。在数字版权技术方面，中国版权保护中心于 2010 年提出了数字版权唯一标识符（Digital Copyright Identifier，DCI）体系，对每一件数字产品进行版权登记及相关合同备案，同时发放 DCI 码、DCI 标和作品版权登记证书，以实现确认版权真伪，明确版权归属以及在线查询、跟踪和取证的作用。

摘自：王拓. 数字服务贸易及相关政策比较研究［J］. 国际贸易，2019（9）：80-89.

二、数字化知识与信息的外延

数字化知识与信息作为数字贸易的关键性内容，通过现代信息网络传递最终实现经济活动效能和结构改善和优化，其外延的拓展深化也在数字服务贸易的发展中发挥了不可或缺的作用。

美国国际贸易委员会[①]（USITC）最初将数字化知识与信息的范畴包含于数字电子商务，后来又将其限定在数字产品与服务上，随后又排除了有实物属性的数字产品与服务。为实现经济效率的提升与结构优化，数字化知识与信息现在已与劳务、资本等其他传统的生产要素并列。随着其要素地位的提升，数字化知识与信息被单独视为一种生产要素投入，但是贸易过程中的数字化知识与信息传输和交易，除了某些针对非生产性服务的知识信息外，最终目标都是为传统经济活动降本增效，因此仍需依附于、作用于传统经济活动的服务业。在这个过程中，涉及数字化知识与数字化信息的广泛传播、运用与交易，信息的传递将对产业与市场的组织形态及其商业布局等方面产生重要的影响，知识的传递也能够直接推动企业提升产品生产效率。这些数字化知识与信息的生产，虽然不像传统产品生产一样存在直接的有形过程，但它们所形成数字化知识与信息也能服务于传统的实体经济行为，并最终提高社会福利，极大地推动经济增长。并且这种数字化的存储方式使得数字化知识与信息的生产和消费能够在时间和空间上进行分开，这也

---

① 美国国际贸易委员会是一个独立的、非党派性质的、准司法联邦机构，其前身为 1916 年创建的美国关税委员会。

让数字化知识与信息的传输与交易取得了相对于传统的服务业更多的市场发展空间。

> **理论命题 11-3**
>
> 　　数字化知识与信息是在数字技术的支持下，数据经过加工、价值判断与鉴别后形成的有利于提升经济效率的信息资源。信息是处理过的数据，从数据过渡到信息是为了进行价值判断，或再经过鉴别进一步处理后形成知识。

三、数字化知识与信息对数字贸易发展的作用

在数字经济兴起背景下，数字化知识与信息传播与交易进一步加速，显著提升了经济效率，也推动了技术进步，也给政府政策效率优化带来了新的可能。

第一，促进商业架构扁平化。数字化知识与信息具有信息直接流动和方便获取的优势，其有效促进了企业商业架构向扁平化发展，减少了企业架构的中间层，信息传递的便捷性也大幅减少了交易费用。大量企业借助数字化工具进行信息处理、搜索、分类和推送，能够提高对接效率，直接触达最终客户从而减少传统冗长分销体系增加成本，实现 B2B、B2C 甚至 C2C 的交易，有效提高了企业运行效率，真正实现了组织结构扁平化。

第二，强化了市场竞争。技术进步带来的数字化知识与信息的直接流动不仅扩大了信息可得性和潜在的受众范围，提高了获取全面的数据效率与便捷性，也降低了行业壁垒。降低行业壁垒表现在两方面，从需求方面看，提升了消费者的搜索效率、降低比较成本；从供给方面看，促进了同行业之间的竞争，最终实现了市场竞争的强化。此外，信息传递的流动性及可获取性也使得各行业企业涉及的边界进一步泛化，不仅加强了不同地理范围间的竞争，同时也使得类似产品替代性生产者竞争加剧，扩大了竞争的广度，最终促进不同区域竞争差异缩小，同步协调发展，有效实现资源的优化配置。

第三，提高了政府决策效率。数字化知识与信息的可得性、便捷性、可存储性特点和日益扁平化社会结构的特征也能逐渐改善了政府的决策效率。随着技术发展的支持，政府对于市场数据整合和处理能力将稳步提高，在收集信息的基本法律保障下，政府通过分析企业行为的变化，给予市场的指导和预警可以与市场调节实现更加有机的融合，进行更有效的监管，也可以推出更符合实际的产业政策工具，实现政策引导的优化，在一定程度上改善市场失灵问题。

第五节　数字服务贸易的机遇与挑战

一、数字服务贸易的机遇

数字技术创新加持下的数字服务贸易创造了许多全球性的经济增长机会，与此同时

也为全球经济和贸易、中小企业和发展中国家、消费者带来许多的潜在机遇。

第一，数字服务贸易将有效推动技术创新，提高生产效率。不仅使得数据和信息以极低的边际成本高效传输，同时使用了高效率、低成本优势的途径进行货物运输和配送，如货物实时追踪系统、现代化运输管理系统。根据美国国际贸易委员会估计，数字化进步使数字密集型产业的生产效率提高 7.8%～10.9%，使各国贸易成本降低 26%。同时，与距离相关的贸易成本的降低将通过进口替代效应提高本国消费者对进口产品的需求，降低国内产品相对需求量，这将有效推动传统国内行业进行技术创新以应对国际市场的冲击。

第二，数字服务贸易将逐渐消除区位劣势。阻碍中小企业参与国际贸易的主要壁垒是无法低成本高效收集和处理国外市场信息，而数字技术有效缓解了信息摩擦与信息不对称现象。由于数字密集型行业具有巨大的规模经济效应，市场效应有效保证了大型发展中国家进入国际市场的竞争力。此外，随着传统比较优势来源如物理性基础设施、制度因素、地理因素、通关效率等的重要性相对降低，基础设施和海关程序欠发达的经济体以及内陆或偏远地区的经济体将通过建立信息和通信技术产业获得抓住数字服务贸易融入全球经济的机遇。

第三，数字服务贸易将改善消费者福利水平。数字技术的进步使得消费者需求得以精确衡量，更好地实现个性化产品设计和定制，组合消费者偏好，从而推动了传统国际贸易向大规模定制化方向转变。最终，相似而高度差异化的产品贸易增加以满足不同消费者的偏好。此外，数字服务贸易在货币收入不变的条件下通过促进定价竞争和产品供给多样化提高实际收入水平从而改善消费者福利。据美国国际贸易委员会预测，数字服务贸易使美国家庭消费提高 1.07%，使实际工资水平提高 4.5%～5%，贸易利得从零售部门向其他生产性部门和家庭消费部门转移，其对消费的影响效果大于对 GDP 的影响效果。

理论命题 11-4

数字服务贸易通过数据流动加强产业间的知识和技术要素共享，引领各产业协同融合，也催生出了诸多新业态新模式，数字服务正成为服务贸易领域新的增长点，如何把握机遇，抓住服务贸易数字化风口，已成为各国政策制定者面临的新挑战。

二、数字服务贸易的挑战

数字服务贸易不同于传统贸易，是新兴的经济活动形态，从经济活动的各个方面促进了数字化的知识与信息的流动，极大改善和提高了传统行业的生产效率，推动了经济的增长，但不可忽视的是新生事物往往都具有两面性，伴随着数字服务贸易所带来的机遇，数字服务贸易也同时造成了一些问题与挑战。

第一，加剧了国际差异的影响。在互联网接入水平和各类 ICT 基础设施方面，不同国家地区、大小企业的差距仍然巨大，但这是各个国家地区、各类企业要实现数字化贸易利得、参与公平竞争所必须具备的前提因素。依据 WTO 在 2015 年 ICT 指标数据库的统计结果显示，发展中国家移动互联网接入率仅为 39.1%，而发达国家这一指标高达86.7%。各国中小企业与大型跨国公司的数字连接（e-connectivity）是差异最为巨大的指标，数字连接的差距在发展中国家表现得尤为明显。通过加强对数字化基础设施的投资、技术支持与援助是克服全球性"数字鸿沟"和消除"数字赤字"的当务之急。

第二，造成了就业压力。通过网络提供各种可能的数字化服务是数字化贸易的典型特征。这样也让计算机在很大程度上替代了人工，造成了劳动替代和失业问题。比如，电子商务的出现改变了人们的购物方式，提升了经济效率，但也同时打击了实体店发展。从就业总量的角度看，虽然电子商务的发展促进了物流业发展，吸纳了部分就业，但是在这个变化过程中，对劳动力专业素质的要求进一步提高，需求结构也发生了变化，伴随着可能出现结构性失业问题。

第三，发展中的两极分化问题。数字服务贸易在发展过程中提高了各个生产环节的效率，但中间环节的消失也意味着就业两极分化的问题将更加严峻。一方面，新行业、新业态中出现了越来越多的独角兽企业，这些企业发展的过程中创造了大量高收入新工作岗位，但这些岗位不同于传统岗位，它要求需要符合数字经济发展的技术要求、有良好的专业素养的人才。新业态中企业具有高度专业化特征，这使得传统企业也越来越要求更高的参与者专业素质。另一方面，传统劳动密集型服务业依然依托于实物经济，对劳动力要求相对较低，相应的自身生产率也提高较为缓慢，也造成了岗位低收入的问题始终无法改变。在这两方面的影响背景下，发展中的两极分化的问题也愈演愈烈。

本章小结：
中国视角

在新兴数字技术的推动下，数字服务贸易以互联网平台为载体提供数字产品与服务和数字化知识与信息，日益成为国际贸易不可忽视的重要部分。国家层面上，在过去传统服务贸易的国际竞争中，中国处于相对落后的地位，但数字服务贸易的发展无疑为数字经济发展领先的中国提供了新的机遇，因此中国政府大力推出鼓励数字经济发展的利好政策，国务院出台了《"十三五"国家信息化规划》等国家支持政策，为数字服务贸易的发展提供了良好的商业市场环境。中国数字基础设施日渐完善，互联网普及率达到 59.8%，带动中国数字服务贸易行业加速拓展海外市场，数字产品与服务出口发展迅速，云计算服务成为新的数字服务贸易增长点，数字化知识与信息日益发挥重要作用。中国数字服务贸易在广泛的移动互联网用户的市场群体下，数字基础设施的完善加上政府层面的政策支持，其发展具有巨大的潜力。

中国越来越多的服务业、制造业企业都在朝着数字化方向发展，数字服务贸易地理距离限制的消失大大降低了数字企业在境外的运营成本。同时，云计算等技术支持下的数据服务也为中国各中小数字企业提供了即时的平台支持，为企业参与国际市场竞争提供了巨大支持，为中国数字企业走向世界提供了难得的机遇。随着"一带一路"沿线国家的基础设施建设的推进，其与中国现存的数字鸿沟将逐步弥合，中国将在海外数字服务贸易竞争市场的发展中稳步前进，推动构建平等规则，积极为广大发展中国家发声，为形成开放平等、包容协调的全球数字服务贸易竞争环境贡献中国智慧。

即测即评

思考题

1. 商务部表示，到 2030 年数字技术将促进全球贸易量每年增长 1.8 到 2 个百分点，全球服务贸易占比由 2016 年的 21% 提高到 25%。随着数字技术的发展与应用，请简要分析数字技术对服务贸易产生了什么样的影响。

2. 2021 年世贸组织（WTO）和经合组织（OECD）共同启动了一项新的数据集，涵盖了 2005 年至 2019 年间 200 多个经济体的双边服务贸易数据。经合组织是如何界定数字服务贸易和构建数字服务贸易的统计框架的？

3. 数字产品有别于 WTO《信息技术协议》中的"信息技术产品"，世界各国是如何围绕新内涵下的数字产品制定相关的规则政策的，请举例说明。

4. 数字化知识与信息的充分挖掘和有效利用，推动了诸多领域重大而深刻的变革，围绕数字贸易，数字化知识与信息是如何在其发展过程中发挥积极作用的？

5. 2021 中国国际电子商务博览会暨数字贸易博览会于 2021 年 4 月 11 日在浙江义乌开幕。数字经济的发展创造了许多新的经济机会，然而数字服务贸易利得并非在所有国家或地区间公平分配，请简述数字服务贸易带来的机遇与挑战。

延伸阅读

[1] 马述忠，房超，梁银锋. 数字贸易及其时代价值与研究展望 [J]. 国际贸易问题，2018（10）：16-30.

[2] 盛斌，高疆. 超越传统贸易：数字贸易的内涵、特征与影响 [J]. 国外社会科学，2020（4）：18-32.

[3] 梅冠群. 全球数字服务贸易发展现状及趋势展望 [J]. 全球化，2020（4）：62-77，134.

第十二章

数据及本地存储与跨境流动

随着人类对于各种数据的挖掘、搜集、处理、分析能力的提升，数据，尤其是大数据已经成为重要的基础性战略资源，在国民经济发展中被赋予极为重要的地位。2019年6月，二十国集团（G20）在大阪会议上提出"信任的数据自由流动"主张，这意味着数据跨境流动规则已经成为全球数字经济治理中最受关切的议题，各大国间有关数字主权的博弈十分激烈，并且数据本地化趋势越发明显。尤其是在国家间技术差距进一步扩大、信任日益削弱的全球大背景下，各国均实施着不同程度的数据跨境流动限制政策。2021年9月1日，《中华人民共和国数据安全法》施行，以保障数据安全，促进数据开发利用，保护个人、组织的合法权益，维护国家主权、安全和发展利益。通过本章的学习，可以快速了解数据及本地存储与跨境流动的内涵，掌握其对数字贸易发展起到的作用，对于全球的数据治理体系也会有一定的了解，为进一步深入理解全球数据治理打下基础。

第一节 数 据

一、数据的内涵与外延

（一）数据的内涵

《牛津词典》认为，"data"有两层含义：事实或信息，尤指被用来发现事物或做出决定的事实或信息；存储在计算机中的数据资料。在计算机领域中，有学者认为数据是指能够输入计算机的任何东西，包括文字、声音等（朱扬勇和熊赟，2009）。从主客体交互的层面上讲，"数据"被认为是对客观世界的描述，部分学者认为，数据是用以表现事实的文本、数字、图形、图像和声音等；也有一部分学者认为，数据是对客观世界中特定对象某些属性的抽象表示（科尔曼，2016）。而在法学领域中，我国的立法层面尚未对"数据"的法律概念进行界定，多数时候，"数据"和"信息"没有严格区分表述和使用，可以认为现有法律、司法解释及相关规范性文件中默示"信息"和"数据"的同等含义，至少是在概念上混同使用。

在数字经济时代，数据是指为满足特定需求，通过电子设备采集并存储的，对客观事件进行记录的可鉴别的物理符号。特别地，对于那些海量、增长迅速、种类多样以及价值密度低的数据，学界称之为"大数据"。大数据可分为两类：第一，个人数据。个人数据是指可被识别的自然人的所有信息。第二，非个人数据。非个人数据与个人数据相对应，主要包括三种：公共部门数据、企业数据以及科研数据。

通常而言，大数据具备三大特征：第一，大数据涵盖了全体数据。在过去，由于我们只能记录、储存以及处理少量的数据，因此通常会采用抽样的方式采集到片面数据进行研究与利用，导致很难覆盖到小概率事件，容易发生"黑天鹅"事件（Black swan incidents）[①]。而大数据使得研究对象更广泛、更全面，通过使用海量数据，不仅可以规避抽样调查导致的小概率事件的不确定性，还能发现事物之间不那么"显而易见"的相关性与可能性。第二，大数据带有混杂性。在海量的数据面前，具体到每条数据的精确性不再那么重要，因此，一些偶然因素导致的小部分数据的不准确得到了很大程度上的稀释，从而可以在整体上确保数据反映有价值的统计规律。第三，大数据反映了相关关系。一般而言，相关关系不同于因果关系，这是因为相关关系中往往隐藏着很多的"黑箱"，难以被分析清楚。同时，相关关系又可以被看作是复杂的、非线性的"多因果关系"。而现实中事物的联系往往是复杂而紧密联系的，因此，透过大数据更能触及事物之间复杂关系的本质。

专栏 12-1	疫情之下大数据应用带来的风险和挑战

（二）数据的外延

在通常语义表达中，信息和数据常常被混同使用，但在直觉感知上，两者又有所区别。在大数据等相关的数字技术出现之前，数据较少被从法律层面加以保护，同时也鲜有将"信息"保护具体化到民事权利的高度进行保护。可以说，"数据"和"信息"这两个概念之间互相关联并存在内在联系（韩旭至，2020）。

具体而言，第一，从我国的立法角度来讲，"数据"与"信息"存在三种关系：一是"数据"等同于"信息"。例如，在我国《电子商务法》第 25 条中就出现了"数据信息"这一提法；二是"数据包含信息"。例如，在《快递暂行条例》第 34 条中，信息被认为是"电子数据"，属于"数据"中的一种；三是"信息包含数据"。例如，在《环境保护税法》第 15 条第 2 款和《监察法》第 25 条中均出现了"数据等信息"等表

[①]　指非常难以预测，且不寻常的事件，通常会引起市场连锁负面反应甚至颠覆。

述。而由于在立法中未能进行较好的区分，在司法实践中往往容易出现"数据"和"信息"两个概念相互混淆，不仅导致权利设定的偏差，还可能会引发司法判决结果不统一的结果。例如，个人信息和数据的含混，可能会导致个人信息权利和企业数据权利难以分割，引发企业数据财产权与用户个人信息权益之间的冲突，并威胁个人的隐私数据安全。

第二，从国际组织的定义来看，数据被定义为"以适于通信、解释或处理的正规方式来表示的可被重新解释的信息"①。在此定义下可以认为，数据是基于数字化技术对信息主体特征进行量化后精确可识别化的信息，而信息被以数据的形式"封装"了起来。数据是信息传播的载体，而信息是数据所要传达的内容。也就是说，数据是物理性的，而信息是在对数据进行拆解与处理之后得到的有价值的内容，是观念性的。数据本身是无意义的，而只有在对决策产生影响时，数据才成为了信息（周屹和李艳娟，2013）。

第三，在数字经济时代，"数据"与"信息"之间的关系就更为密切而含混。一方面，数据可以转化为信息。通过解析、清理和处理，数据可被转化为有价值的、对实体行为产生影响的信息。信息链理论为这种转化提供了分析范式，文本挖掘技术为这种转化提供了技术支撑。另一方面，信息可以转化为数据。例如，个人信息在被匿名化处理之后，就可形成我们所说的数据（魏远山，2021）。

> **理论命题 12−1**
>
> 　　"数据"是指通过电子设备采集并存储的，为了满足特定需求而对客观事件进行记录并可以鉴别的物理符号。特别地，对于那些规模大、形成速度快、类型多样以及价值性低的数据，学界称之为"大数据"。此外，"数据"和"信息"这两个概念之间互相关联并存在内在联系。

二、数据对数字贸易发展的作用

数字经济时代的发展核心是数据，数据是数字贸易交易标的传播载体和数字贸易发展中的关键生产要素，大数据更是通过反映数字贸易中个性化的消费者偏好推动了数字贸易的快速发展。具体而言：

第一，数据是数字贸易交易标的的传播载体。数字贸易的交易标的包括：在电子商务平台上交易的传统实体货物，通过互联网等数字化手段传输的数字产品与服务和作为重要生产要素的数字化知识与信息，而数据符号正是数字化知识和信息这一抽象化概念的传播载体。

第二，数据成为数字贸易发展中的关键生产要素。在数字经济时代，在我国经济进

---

① ISO/IEC 2382：2015. Information technology-Vocabulary ［EB/OL］.

入新常态的时代背景下，数据要素的投入可以优化资源配置、提高生产效率，尤其是大数据的供给，可以提高生产决策的科学性，促进研发设计、材料采购、产品生产、市场营销等各环节的集约化管理。

第三，大数据反映出数字贸易中个性化的消费者偏好。在云计算、人工智能等数字技术的加持下，数据，尤其是大数据可以帮助企业合理地分析消费者偏好和行为、选择目标市场。一方面，通过收集个性化订单大数据，企业可以实现柔性制造和定制化生产，以准确反映市场需求变化。另一方面，通过数据预测企业可以优化产品和客户体验。大数据可以较好地反映消费者偏好，从而促进数字贸易的发展。

三、数字贸易中的数据安全与隐私保护问题

数字经济时代，数字安全威胁日益增多，网络和大数据安全问题备受关注，特别是在数字贸易活动中，诸如损害国家安全、侵犯消费者隐私、大数据垄断等数字安全隐患日渐凸显。

第一，国家安全面临威胁。毫无疑问，国家安全和社会稳定是国家时刻放在首位的需要优先保护的核心利益。而在数字贸易活动中，企业日益成为重要的数据采集主体，但企业出于成本效益的考量，难以保证在整个数据采集、传输、存储等环节中都能最大限度上规避风险，从而导致数据外泄，甚至被有心人传输至境外，为境外势力所监控、利用。此外，政府数据也有可能出现安全漏洞，从而危及国家安全。

第二，个人数据面临隐私风险。在数字贸易中产生的每一组数据都存在被辨别分析的可能性，而大数据、云计算等数字技术使得每一组孤立甚至是零碎的数据汇集起来，并进行挖掘和加工以还原特定主体的生活，判断该主体的真实完整情况。当前主要的电子商务平台掌控着大量的用户身份信息、用户购买信息以及用户偏好信息等个人隐私数据，但其对用户数据的保护措施却远远不足。例如，2019 年第一季度，中国工业和信息化抽查了 100 家互联网企业，其中 18 家都存在违规收集或使用用户信息的问题。据统计，在 2016 年，中国网民因个人权益受损蒙受了约 915 亿元的经济损失①。此外，个人隐私数据已经变得越来越具有商业价值，导致个人数据被记录，暴露、转卖的现象时有发生，网络黑灰产业正在形成巨大的产业链，个人的隐私安全面临着巨大的威胁。

第三，大数据反垄断制度尚需改善。2020 年《〈反垄断法〉修订草案（公开征求意见稿）》正式公布，这标志着法律中首次纳入了互联网行业的垄断行为界定及其处置，这为数据要素市场反垄断提供了重要制度性依据。但是，对于数据要素市场一些特有的垄断行为，现有的反垄断相关法律条款难以覆盖，导致监管部门无法及时查处某些破坏市场公平竞争的企业垄断行为。例如，对于数据要素市场特有的"杀熟""二选一"等垄断形式的认定标准尚不清楚，处置的具体条款依然不健全。

---

① 中国互联网协会. 中国网民权益保护调查报 2016，2016-6-22.

第二节　数据本地存储

一、数据本地存储的结构与内容

　　数据本地存储一般是指国家通过制定法律或规则而采取的、使数据的流动逐渐退缩至本国内部的控制措施。一般而言，数据本地存储要求反映了一国的"数字主权"[①] 的行使，主要涉及对关键信息基础设施重要数据的储存、利用、控制与管辖。其基本要求为，一国境内的本国公司或外国公司在收集、存储乃至处理公民个人数据及关键领域数据时，必须使用该国境内的服务器。

　　从结构上看，数据本地存储要求可大致分为基本原则和例外两类。基本原则主要包括主权国家禁止其境内数据出境、要求本国或外国公司在本地储存和处理数据等要求；例外则放宽了禁止数据出境的要求，即允许非关键领域的数据在满足一定条件时出境，例如出口数据需经数据主体同意或规制机构许可等规定（彭岳，2018）。

　　从内容上看，数据本地存储指要求将数据的储存和处理放在数据来源国境内的数据中心和服务器上，且根据规定的严格程度可大致分为：① 仅要求数据在当地有备份而并不对数据跨境进行过多限制；② 数据留存在当地，且对数据跨境进行限制；③ 数据留存在境内自有设施上，不得向境外流动；④ 要求特定类型的数据留存在境内等（刘金河和崔保国，2020）。此外，从实施手段上看，数据本地存储主要包括：在本地建立办事处、境内设立数据中心或服务器的要求以及"须经个人同意或有关部门审查后方可传输数据"的规定等。

专栏 12-2　我国与数据本地存储相关的立法规定

　　2011 年，我国即对银行业做出了数据本地化存储的实质要求。后来，其他重点行业也陆续推出相同规定。2016 年 11 月 7 日通过的《中华人民共和国网络安全法》是中国在网络领域里第一部具有全局性的基本大法，首次在法律上对数据跨境流动进行了明确规定。《网络安全法》第 37 条规定："关键信息基础设施的运营者在中华人民共和

[①]　数据主权是指网络空间中的国家主权，体现了国家作为控制数据权的主体地位。

国境内运营中收集和产生的个人信息和重要数据应当在境内存储。因业务需要，确需向境外提供的，应当按照国家网信部门会同国务院有关部门制定的办法进行安全评估；法律、行政法规另有规定的，依照其规定。"此举被认为是确定了中国数据跨境流动规制的"本地储存，出境评估"制度。

2021 年 9 月 1 日起施行的《中华人民共和国数据安全法》第 10 条规定："国家积极开展数据安全治理、数据开发利用等领域国际交流与合作，参与数据安全相关国际规则和标准的制定，促进数据跨境安全、自由流动。"这与此前政策文件和发布的立法草案中一贯的"安全有序自由流动"原则的表述有所不同，后续立法值得关注。

摘自：黄宁. 数据本地化的影响与政策动因研究 [J]. 中国科技论坛，2017（9）：161-168；刘金河，崔保国. 数据本地化和数据防御主义的合理性与趋势 [J]. 国际展望，2020，12（6）：89-107，149-150；赵精武. 构建全新的数据安全法律保障体系 [N]. 经济参考报，2021-06-22（8）.

二、数据本地存储对数字贸易发展的作用

自 2010 年以来，多国都逐渐加强了对数据本地化的推进力度，并且大部分二十国集团成员国都实施了某些形式的数据本地化政策（毛维准和刘一燊，2020）。可以说，数据本地存储政策对一国的数字贸易发展具有一定的推动、防卫和保障作用。

第一，数据本地存储政策可以推动一国的数字贸易发展。政府通过实施数据本地存储政策，可以很大程度上避免本国丰富的数据资源（主要包括个人数据和商业数据）流出，而随着数据，尤其是大数据日益成为对经济发展至关重要的"新生产要素"，一国拥有的数据规模、数据质量所带来的马太效应将会形成明显的竞争优势，有利于增强本国数字经济的核心竞争力，促进数字贸易的发展。

第二，数据本地存储政策可以对本国数字贸易发展起到一定的保护作用。作为一种新型的产业政策，数据本地存储要求可以限制对数据服务的进口，以保护本国的信息技术产业发展。例如，许多新兴产业例如云计算等都需要大量数据传输，数据本地存储措施由此保护了本国的新兴产业。此外，数据本地存储增加了合规要求和成本，削弱了外国数字贸易相关企业在本国市场的竞争优势，在一定程度上保护了本国数字贸易相关企业的发展。

第三，数据本地存储政策有利于保障消费者的数字权利。数据本地存储政策更多地体现为防卫性措施，旨在保护个人隐私安全和国家安全，而不是以限制贸易为目的。尤其是考虑到当前数据权利已经在全球范围内达成共识，各国消费者对于个人隐私数据的保护意识愈发加强，数据保护成为提升消费者效用的重要途径。因此，加强数据保护并不一定会以贸易壁垒的形式影响消费者福利，反而有可能会通过增强消费者信任来提升贸易价值，进一步促进全球数字贸易发展。

理论命题 12-3

　　数据本地存储一般是指国家出于各种目的而采取的旨在对数据施加控制的措施，这些措施使数据的流动逐渐退缩至本国内部。由于数据本地存储政策对本国数字贸易发展具有一定的推动、保护和保障作用，绝大多数国家均已实施了不同程度的数据本地存储政策。

三、数据本地存储的风险及本土化措施

（一）数据本地存储的风险

　　第一，数据本地存储要求可能会阻碍全球数字贸易的正常发展。相关措施可能会形成非关税壁垒，提高数据传输成本，限制贸易机会，进而制约国际数字贸易和全球价值链的健康发展。据测算，互联网可以将企业的搜寻成本和市场进入成本削减 65%[①]。然而，数据本地化存储会削弱互联网的作用，导致贸易成本再次上升，抑制了数字贸易在降低贸易成本与贸易壁垒等方面优势的发挥，阻碍了贸易自由化的进程。

　　第二，数据本地存储要求可能会阻碍传统贸易的数字化转型。据统计，全球约 12% 的货物贸易已实现数字化，一半以上的服务贸易是通过数字平台完成。而数据本地存储政策可能会妨碍数据传输，影响跨境交易的达成，降低企业数字化收益，在有效激励不足的情况下，无疑会挫伤企业进行数字化转型与创新的积极性，从而阻碍传统的货物和服务贸易的数字化进程，不利于数字贸易的长远发展。

　　第三，数据本地存储的政策要求可能会引致国外对等性保护主义。例如，2017年 9 月，美国向 WTO 提交申辩文件，其中特别指出中国实施的数据本地存储政策将会对国际贸易产生不利影响。[②] 近年来，美国频频对中国提出贸易保护主义指控，以改善本国贸易逆差，掣肘中国信息技术产业的发展。这意味着，数据本地存储的要求可能会"授人以柄"，引致对等性保护主义。同时，由于他国向中国转移数据受到严格限制，这进一步制约了我国互联网企业走向海外的步伐，不利于全球数据中心布局。

（二）数据本地存储的本土化措施

　　在实践中，各国的数据本地储存法规区别较大，而按照其限制的严格程度可大致分为三种类型：第一种对数据跨境流动的限制较少。例如，美国拥有世界上六大顶级互联网公司，因此其出于自身利益的考量大力支持数据跨境自由流动，力求减少数据跨境流

---

　　① International Trade Commission. Digital trade in the U. S. and global economies, part 2 [R]. USITC Publication 4485, August, 2014.

　　② 参见美国向 WTO 贸易服务委员会提交的申辩文件：WTO, Measures Adopted and Under Development by China Relating to Its Cybersecurity law, S/C/W/374, 26 September 2017。

动限制。但同时，出于数据安全保护的需要，美国也规定了数据流动的原则和标准。代表性规制例如欧盟的《通用数据保护条例》（GDPR）以及美欧签订的《欧美隐私盾》（EU-U.S. Privacy Shield）。第二种规定只对特定类型的数据进行本地化储存。例如，中国法律规定运营商要将关键信息基础设施上产生的个人信息和重要数据储存在境内，同时允许数据有条件流出。第三种规定实施严格的数据本地化储存，或者说严格禁止数据跨境流动。例如，越南法律规定，其境内产生的所有个人数据都必须储存在国内，同时禁止数据出境。此外，作为强行实施数据本地化存储的典型代表，俄罗斯两次修改立法，要求公民数据的存储和处理必须在其境内进行。

总的来说，各国基于差异化的数字经济发展现状和未来发展的利益诉求，采取着不同类型的数据跨境流动规制。其中，以美欧为代表的国家致力于促进跨境数据流动，尽可能减少贸易壁垒，并认为严格的数据本地化储存会割裂全球数字贸易市场，严重影响全球数字贸易的发展（洪昇，2019）；而以俄罗斯为代表的国家则出于保护本国的产业发展、国家安全和公民隐私安全的考量，实施着极为严格的数据本地存储政策。而对中国来说，政府会在综合评估数据流入国的数据保护水平的基础上确保数据跨境流动，并通过政府监督下的企业自我管理实现对个人数据的保护。

专栏 12-3　《通用数据保护条例》概述

《通用数据保护条例》（GDPR）是欧盟 1995 年出台的《个人数据保护指令》的延伸。

其一，GDPR 首次提出数据遗忘权，并将该权利定义为：若用户不同意数据控制商的数据处理方式，有权将自身数据携带至其他控制商的权利。这一权利体现了欧盟对于个人数据自主权的维护。同时，数据遗忘权对于用户数据的维护并不是偏袒于单个用户，实质上是平衡数据主体与使用者。

其二，GDPR 为保障数据应用安全，直接统一了各国法律制度，重新进行规定。一方面，要求超过 250 人的企业必须设立数据保护官（DPO），并指出 DPO 作为独立职位可专门负责制定企业隐私政策，并可直接向最高领导汇报工作。另一方面，GDPR 将数据保护影响评估（DPIA）纳入法律，要求企业遇到以下情况时必须进行数据保护影响评估：

① 在自动化处理基础上，开展与用户有关的系统性与全面性评估；

② 大规模处理特定类型数据，或者是与用户定罪、违法相关的个人数据；

③ 大规模、系统性地监控公众可以访问的个别空间。

其三，GDPR 既包括了合作过程中的数据监管，而且采取事后问责机制，主要针对数据泄露问题进行追责。其对于违法行为进行如下规定：① 违法行为对于数据主体并没有造成较大影响，可以训诫方式代替罚款；② 对于默认数据保护行为，但是却没有执行数据保护措施的行为，采取最高 1 000 万欧元，或者企业上一财年营业总额 2% 的罚款，二者以较高金额为准；③ 对于数据隐私权造成严重损害，且情节严重的侵权行为，处以最高 2 000 万欧元，或者企业上一财年营业额 4% 的罚款，二者以较高金额为准。

其四，GDPR 要求所有欧盟境内数据处理与数据控制机构的应用数据行为不论是否发生在欧盟境内，都需要遵守 GDPR。部分在欧盟境外设立的公司如果向欧盟个人进行监控，或者给欧盟境内个人提供服务和商品的行为，必须遵守 GDPR。

摘自：赵盈盈. 欧盟 GDPR 对中欧数字经济合作的影响及应对［J］. 对外经贸实务，2021（2）：22-25.

第三节　数据跨境流动

一、数据跨境流动的内涵与特征

（一）数据跨境流动的概念发展

学者姚旭（2017）认为，总体而言，作为一个专业跨度大、连续性强、变化性大、治理成本畸高而带来的经济损失较小的过程，"跨境数据流动"这一概念自被提出起经过了较长时间的发展和演化。1974 年，美国学者戈特利巴伦（Gotlieb Allan）首次在《美国国际法学》第 68 期发表的《通过通信和计算机系统的跨境信息传输：问题、方法和指导原则》中指出："跨境数据流动是指存储在计算机中的数据通过电子手段实现以跨境流动"，由此引发了学界对于跨境数据流动问题的关注。

而后在 20 世纪 90 年代，部分学者采用了与跨境数据不同的提法。一是电子数据交换。部分学者将电子数据交换定义为"通过电子网络传输的，包含商品和服务有关信息和与个人和政府机构有关信息的数据"（Hoeren，1992；Carr & Williams，1994）；也有观点认为，电子数据交换取代了纸质信件、电话和传真，代表了一种有效且廉价的信息交换方式，从而大大提高了信息传播速度（Eiselen，1995）。此外，还有部分学者将电子数据交换和跨境数据流动这两种概念混用。二是国际数据传输/流动。有学者认为"国际数据传输/流动"不仅包含个人数据的国际流动，还包括政府和企业数据的全球流动（Schwartz，1995）。

进入 21 世纪后，与数据跨境流动相关的研究越来越多，但对究竟何为数据跨境流动尚未能达成普遍共识。目前学界主流上有两种观点：一种持"一元说"，认为数据跨境流动是"跨越国家、政治疆界的数据传递"（Fishman，1980）或"数据在国家之间的电子移动"（胡炜，2017）。而另一种持"二元说"，认为数据跨境流动有广义和狭义之分，其中广义上是指各种资料，包括数字化形式和纸质形式，以任何方式在国家间流动；狭义上是指为计算机自动化处理目的，个人资料借助通信网络跨国境流动。也有学者认为可将数据跨境流动分为两类："一是数据跨越国界的传输和处理；二是数据虽未跨越国界，但能被第三国主体访问"（周翔和吴文静，2016）。就内涵而言，现有研究尚未进行深入研究，多集中于"数据"范围的探讨：第一种观点认为数据跨境流动即个人数据跨境流动（王顺清和刘超，2017）；第二种观点认为跨境数据流动应包含个人数据和非个人数据（Kirby，1992）。

（二）数据跨境流动的内涵

要深入理解"数据跨境流动"的内涵，就要分别对其中的"跨境""数据"和"流动"三个概念进行剖析。

首先，就数据的定义而言，此处专指机器可读的电子数据。就数据的范围而言，应以"全类数据"为限，限于在一国境内运营中收集和产生的个人数据和非个人数据；或者非在一国境内运营中收集和产生的，但是经由该国出境，且涉及该国公民、企业或国家的数据。值得注意的是，公开数据不应被纳入跨境数据流动限制范围。其次，就"跨境"的定义而言，此处意为数据能够被境外的机构、组织和个人掌控。因此，数据跨境实质上既包括了"数据跨越国境或边境或司法管辖区域"，又涵盖了"数据未出境但被境外主体掌控"这一情形。最后，就"流动"的定义而言，数据跨境流动的方式不限，只要确实达到数据出境的效果即可。综上所述，数据跨境流动是指，一国非公开的数据，可被境外主体掌控（包括查阅、访问等），但不必然要求数据跨越国境。

（三）数据跨境流动的特征

第一，数据跨境流动呈现"有限性"特征。数据跨境流动是把"双刃剑"，其在推动全球贸易数字化的同时，也给有关国家带来了不同程度的安全威胁。例如，其可能会损害一国的国家安全利益，威胁其政府监管框架，甚至于执法权。因此，各国都在不同程度上对跨境数据流动进行限制，以保护其公民的数据隐私安全以及国家安全，使得跨境数据流动呈现出"有限性"特征。

第二，数据跨境流动呈现监管"灵活化"特征。由于不同数据类型所涉及的风险不同，多国都在试行数据分级分类监管，使数据占有主体明确哪些数据应当给予什么级别的保护。例如，澳大利亚禁止与健康医疗相关的数据流出境外；韩国禁止涉及科技、经济、工业等的重要数据跨境流动（张荣楠，2020）。此外，2021年9月1日，《中华人民共和国数据安全法》施行，这标志着我国也开始正式实施数据分级分类保护制度。

第三，数据跨境流动呈现监管"加剧化"特征。在美国"棱镜门"事件后，各国愈发意识到数据安全监管的重要性，实施了不同程度的数据本地化政策以加强对跨境数据安全的保护。但是，美国仍意图合规化其在数据跨境流动领域内的"长臂管辖权"以绕开各国的数据保护政策，这进一步加剧了各国关于数据管辖权以及执法权之间的冲突，使得各国有关数据跨境流动监管的矛盾加剧。

专栏 12-4　美国"长臂管辖"的司法实践

以著名的微软案为例，2013 年，美国司法部以调查毒品犯罪为由，依据《1986 年电子通信隐私法》向纽约南区联邦地方法院请求核发搜查令，要求总部在美国的微软提供其在爱尔兰都柏林数据中心存储的用户电子邮件数据。微软公司拒绝提供，认为该数据存储的服务器在爱尔兰都柏林，美国执法部门无管辖权，拒绝服从该命令。初审法院最初判决微软对境外数据有控制权，因而判决微软败诉。随后，该案件上诉至第二巡回上诉法院，该院推翻了下级法院的判决，认为微软从爱尔兰数据中心调取数据，这一行为将带来侵害他国主权的危险。最后，美国司法部向美国最高法院上诉。在美国最高法院审理该案期间，美国国会开始制定相关法律。2018 年 3 月，美国总统特朗普签署了《澄清合法域外使用数据法》（Clarifying Lawful Overseas Use of Data Act，简称 CLOUD 法案）。CLOUD 法案授权美国监管、执法、司法部门通过国内法律程序调取美国公司储存在境外的数据，同时也允许其认可的、"适格的外国政府"（qualifying foreign governments）直接向美国公司调取数据用于侦查执法以换取这些国家放弃数据本地化的要求。

通过将司法管辖权由数据位置变为数据控制者的控制范围，美国创建了一个关于数据主权划分标准的新框架，试图以此打破各国数据本地化政策的数据保护屏障。与此同时，由于该法规定了本国执法部门调取域外数据的宽松条件，却没有在互惠意义上给予外国政府同等权力，无疑使得美国政府可以轻而易举的获取他国公民的个人数据。

摘自：叶开儒. 数据跨境流动规制中的"长臂管辖"：对欧盟 GDPR 的原旨主义考察［J］. 法学评论，2020，38（1）：106-117.

理论命题 12-4

数据跨境流动是指一国非公开的机器可读的数据，可被境外主体掌控（包括查阅、访问等），但不必然要求数据跨越国境。当前，跨境数据流动呈现"有限性"特征，各国对涉及国家安全利益的数据采取"灵活化"对策，全球范围内围绕数据主权与长臂管辖权博弈呈现"加剧化"态势。

二、数据跨境流动对数字贸易发展的作用

第一，数据跨境流动促进了数字贸易的全球扩张。数据是电商企业赖以生存的资源，随着企业全球经营的步伐不断加快，跨境数据流动越来越重要，能极大地促进其面向全球的业务拓展。诸如速卖通、Wish 等跨境电商平台企业通过获取、处理和传输跨境数据，可以更容易接触到国外的客户，有效缓解信息不对称问题，从而降低搜寻成本与沟通成本，有利于实现其业务的全球性扩张。

第二，数据跨境流动降低了企业从事数字贸易的成本。数据显示，就全球而言，数据跨境流动使贸易成本平均降低了 26%，使用互联网交易的中小企业存活率达 54%，高出线下企业 30%。根据规模经济理论，当数字产品的销售规模达到一定的门槛时，数字产品复制和扩散的成本将极低。跨境数据流动可以促进相关企业顺利接入国际市场，扩大数字贸易的市场规模，使得贸易的平均成本不断下降，边际成本降低甚至趋向于零，最终实现规模经济。此外，数据跨境流动可以提高互联网流通的普及率，弱化地理因素所带来的信息扭曲，减轻运输成本给贸易双方带来的压力。

第三，数据跨境流动提升了企业从事数字贸易的动力。数字贸易具有显而易见的正外部性，即越多人使用某一数字产品，将提升相应产品的价值。例如，网络游戏的玩家越多，这个游戏就更加有吸引力；软件使用的人越多，则该软件越容易成为行业标准。当其价值上升，消费者愿意支付的价格也随之提升，社会均衡价格和产量随之提高。数据跨境流动可以让更多的消费者顺利接入跨境服务，进而扩大海外市场，此时数字产品的正外部性效用得到发挥，生产者由于产业利益的增加而提升了对外输出数字贸易的动力，最终推动了数字贸易的发展。

三、数据跨境流动的风险及安全管理机制

（一）数据跨境流动的风险

数据跨境流动在推动数字贸易发展的同时，也存在数据泄露或者被滥用导致的数据安全风险，泛化到国家和公共领域，数据跨境流动风险涉及经济、法律、政治等各个方面。具体来讲：

第一，不利于本国数字产业抓住发展机遇。数据跨境流动可能会导致数据资源向少数国家集中，威胁用户所在国的产业发展，不利于保护其国内的产业利益。从长远来看，数据本身是生产力的资源，如何积累数据、开发数据、精炼数据以及加工数据，关系到整个数字产业的发展前景。因此，对于数字产业能力不强的国家来说，放任数据不受限制地流向境外，会使本国数字企业丧失数字资源禀赋优势，错失提升企业全球竞争力的大好机遇。这也是一些网络用户众多，但是本国产业竞争力不足的国家出台数据本地存储政策的理由。

第二，引发个人数据泄露事件。用户个人数据与企业商业数据相互融合，是数据跨境流动的内容主体。由于各国的数据安全和隐私保护标准不一，保护水平差异很大，当个人数据从保护水平较高的国家向保护水平较低的国家流动时，可能会引发相应的数据安全问题。因此，许多国家的个人数据保护立法开始提出数据跨境流动的限制性规定，比如欧盟、新加坡、日本等国提出的"相同保护水平"要求，规定个人数据流入国需达到与个人数据流出国相当的数据保护水平，以更好地保障数据流出国公民的个人隐私安全。

第三，威胁国家主权与安全。由于社会经济活动的网络化和数字化程度不断加深，

各国政府越来越倾向于依靠数据进行社会管理。而数据跨境流动使得本国政府获取数据，尤其是企业数据的难度增加，加大了数据执法的难度和不确定性。此外，数据跨境流动可能会导致外国政府获得数据流出国企业的重要和敏感数据，导致数据流出国面临经济损失、甚至国家情报泄露风险。

第四，威胁全球数字安全。一方面，一国数字安全监管机构的职权行使范围受制于其主权范围而不享有治外的监管权限，因此，如果跨境数据流动出现某些法律问题，在国内法境外效力、冲突法法律选择以及境外执行等方面都会存在很大的争议和不确定性，导致该国难以对非法的跨境数据行为实施合理有效的监管，引发数据安全问题。另一方面，全球性的数据流动规则谈判可能会耗费相当长的时间和成本，往往几年甚至十几年也难以达成一致。此外，各国在数据治理中的价值取向分歧较大，利益诉求迥异，难以构建一个能够使各方满意的统一规制。在此情况下，国际社会上的数据治理各行其是，极易引发矛盾和冲突，严重威胁全球数字安全。

专栏 12-5 跨境数据流动风险类型

（二）数据跨境流动的安全管理机制

由于数据跨境流动存在着较大的风险，各国纷纷采取措施加以应对。总的来看，目前主要有如下的代表性机制：

1. 欧盟：充分性决定机制

2016 年，《通用数据保护条例》（General Data Protection Regulation，GDPR）出台，这意味着 GDPR 项下的充分性决定成为欧盟最重要的国际数据传输机制。通过与日本基于充分性决定结成数据治理同盟，欧盟试图借助充分性决定掌握数据规则制定的主动权，进而推动充分性决定机制成为被广泛接受的国际标准。根据 GDPR 的充分性要求，只有当个人的基本权利得到充分保护时，方可进行国际传输。例如，第三国只有在提供与欧盟相当的个人数据保护水平时，欧委会才会做出充分性决定，数据才能合法地出入境。为此，其他国家不得不通过修改法律、制定特殊安排等方式寻求充分性认定。欧盟也借助充分性认定机制，积极寻求其他国家与欧盟数据保护法律的融合。

2. 美国：APEC 跨境隐私规则体系

APEC 跨境隐私规则（Cross-Border Privacy Rules，CBPR）是美国大力支持、推动的区域性跨境数据流动体系。2011 年，CBPR 体系由 APEC 发布，它以自愿为原则，适用对象为亚太地区从事数据服务的经营者。美国作为最早加入的经济体，不遗余力地推广 CBPR 体系。例如，《美墨加协定》就在"个人信息保护"条款中写入了 CBPR 体系，并将其作为增强个人信息保护机制兼容性的参照物。此外，美国推动更多的 APEC 经济体加入，并试图将其扩展到 APEC 区域外的其他贸易伙伴，从而使得 CBPR 体系成为与 GDPR 相对抗的数据跨境流动机制。与 GDPR 相比，其具有数据保护标准较低、执行机制更加弹性等特征，是基于自愿原则在政府支持下开展的、为企业提供符合国际公认标准的数据隐私保护认证体系。

3. 日本：可信数据自由流动倡议

可信数据自由流动是日本主推的倡议，并通过 G20 机制得到了美国和欧盟的认可。2019 年 6 月，在大阪峰会上，数字经济领导人特别活动发布了《数字经济大阪宣言》，宣布与参加达沃斯《电子商务联合声明》的 WTO 成员一道，正式启动大阪轨道，以作为日本可信数据自由流动倡议的实现机制。其致力于数字经济国际规则制定，尤其是数据流动和电子商务规则，以实现可信数据自由流动、释放跨境数据流动带来的好处为目标，成为推动多方数据治理合作的概念框架。

4. 中国：数据跨境流动管控机制

自 2011 年以来，我国相继通过行业规范、网络安全立法等措施规范国内的数据跨境流动，以保障重点行业的数据安全，例如要求银行业进行数据本地化存储等。2021 年 9 月 1 日，《中华人民共和国数据安全法》施行，正式提出数据的分级分类保护制度，明确了数据安全保护义务。我国即对银行业做出了数据本地化存储的实质要求。总体而言，我国的数据跨境流动管控机制以数据流动禁止规定为主，缺乏程序性的法律规定，尚未能建立体系化的分级分类监管机制。

理论命题 12-5

数据跨境流动促进了电子商务模式的全球扩张，降低了数字贸易成本，提升了企业从事数字贸易的动力。但同时，可能会不利于本国数字产业抓住发展机遇，引发个人数据泄露事件，威胁国家主权与安全，甚至威胁全球数字安全。

本章小结：中国视角

在传统数据时代，中国受限于信息技术条件与市场规模，未能在全球贸易规则体系构建中扮演关键参与者与引领者的角色。而在大数据时代，中国的信息技术发展已经步入新阶段，数据规模的全球占比在 2020 年已经达到 18%，已经具备成为数据强国的优势条件，应致力于成为全球数字贸易规制体系构建的引领者和重要参与者。中国应把握优势，规避风险，充分利用国内丰富的大数据资源，抓住我国在数字贸易领域的先发优势，积极推动改革，构建并完善好以数据为核心的大数据产业链，使大数据成为经济转型升级的新动力，推动我国经济高质量发展。同时，中国应妥善解决目前存在的数据应用乱象和数据治理难题，一方面，做到"本末源流，班班可考"，明确界定数据主体资格，明晰用户数据的归属权和使用权，厘清数据分类和评定规则，从而规避个人隐私泄露和知识产权纠纷等问题。另一方面，做到"规圆矩方，准绳嘉量"，出台操作性较强的数据安全法律规范和监管政策，完善国内的数据安全监管框架，同时，促进各国就数据跨境流动监管开展合作，致力于推动公正、合理的全球数据治理体系的形成。

即测即评

思考题　1. 2018 年 6 月 11 日，一篇名为《××纵横，正在把你的私密信息暴露给陌生人！》的文章称，航旅类 App××纵横的选座功能可以查看其他乘客的历史飞行地点及频率，这一功能引起了一些用户对于隐私的担忧与不安。对于××纵横新加入的"虚拟客舱功能"，一些网友表示了不满，认为××纵横没有经过用户同意就允许了其他乘客查看自己的飞行信息，还允许其他乘客对自己打标签、向自己发私信聊天，给用户带来了很大的安全风险。结合上述材料，请思考归纳一下你所认为的大数据应用带来的安全问题有哪些？

2. 2020 年 4 月左右，视频会议软件 Zoom 被爆出漏洞，随后在暗网和黑客论坛上，有超过 50 万个 Zoom 账户被出售，黑客通过在之前的数据泄露中泄露的账户尝试登录 Zoom，然后将成功的登录名编译成列表，出售给其他黑客。Zoom 首席执行官袁征表示："根据经验我们急于去帮助用户，但我们错过了一些重要的事情，我们对系统的新用户考虑不周，对于用户来说，我觉得隐私更重要，在这一点上我们做得不好。"你如何看待这一事件？

3. 《中华人民共和国网络安全法》自 2017 年 6 月 1 日起施行，并规定"关键信息基础设施的运营者"收集和产生的"个人信息和重要数据"应当在境内存储，其跨境流动须经安全评估。但是，在经济全球化的背景下，不可避免会存在该政策可能会影响国际服务贸易的疑虑。2017 年，美国向 WTO 贸易服务委员会控告中国，声称中国的《网络安全法》及其一系列配套政策的有关规定将会阻碍数据跨境流动，影响到 WTO 框架下的服务贸易和在华外企业务的开展。基于此，美国要求中国承担《服务贸易总协定》规定的市场准入和国民待遇等方面的义务并暂缓发布和实施最终措施。你怎么评析这一事件？对于中国数据本地化存储的要求你有什么看法？

4. 2016 年 4 月 25 日，习近平在全国网络安全和信息化工作会议上指出：网络安全是动态的而不是静态的，是开放的而不是封闭的，是相对的而不是绝对的。你怎么理解这句话？我国又该如何应对数据跨境流动中的挑战？

5. 自 2016 年《通用数据保护条例》（GDPR）出台后，GDPR 项下的充分性决定成为欧盟最重要的国际数据传输机制。根据 GDPR 的规定，只有当个人的基本权利得到充分保护时，方可进行国际传输。那么，中国要促进我国的数字贸易发展应采取什么应对措施？

延伸阅读

［1］CARR I M，WILLIAMS K. Electronic Data Interchange, Data Protection and the European Community ［J］. Journal of Law and Information Science, 1994（5）：24-34.

［2］SCHWARTZ P M. European Data Protection Law and Restrictions on International Data Flows ［J］. Iowa Law Review, 1995（80）：471-496.

［3］EISELEN S. The Electronic Data Interchange Agreement ［J］. South African Mercantile Law Journal, 1995（7）：1-18.

［4］HOEREN T. Electronic Data Interchange：The Perspectives of Private International Law and Data Protection ［J］. Information & Communications Technology Law, 1992（1）：329-344.

［5］程卫东. 跨境数据流动的法律监管 ［J］. 政治与法律, 1998（3）：71-75.

［6］崔保国、刘金河. 论数字经济的定义与测算：兼论数字经济与数字传媒的关系 ［J］. 现代传播（中国传媒大学学报）, 2020（4）：122.

［7］韩旭至. 信息权利范畴的模糊性使用及其后果：基于对信息、数据混用的分析 ［J］. 华东政法大学学报, 2020（1）：85-96.

［8］洪昇. 浅析越南数据本地化储存的立法必要性和启示意义 ［J］. 信息安全与通信保密, 2019（7）：52-60.

［9］胡炜. 跨境数据流动的国际法挑战及中国应对 ［J］. 社会科学家, 2017（11）：107-112.

［10］毛维准, 刘一燊. 数据民族主义：驱动逻辑与政策影响 ［J］. 国际展望, 2020, 12（3）：20-42, 154.

［11］彭岳. 数据本地化措施的贸易规制问题研究 ［J］. 环球法律评论, 2018, 040（2）：178-192.

［12］刘金河, 崔保国. 数据本地化和数据防御主义的合理性与趋势 ［J］. 国际展望, 2020, 12（6）：89-107, 149-150.

［13］王顺清，刘超．欧美个人数据跨境转移政策变迁及对我国的启示［J］．法学论坛，2017（8）：96-102.

［14］魏远山．论跨境数据流动的内涵与原理［J］．政法学刊，2021，38（1）：110-122.

［15］姚旭．跨境数据流动治理中的韩国路径与欧盟路径［J］．韩国研究论丛，2017（2）：237-249.

［16］周翔，吴文静．信息主权视野下被遗忘权引发的跨境数据流动问题探析［J］．新闻与传播评论，2016（1）：131-141.

［17］张茉楠．数字主权背景下的全球跨境数据流动动向与对策［J］．中国经贸导刊，2020（12）：49-52.

第十三章

智能制造

21 世纪以来，以大数据、云计算和工业互联网等为代表的新一代数字技术，正不断与制造业深度融合，在全球范围内引起广泛关注与普遍重视。世界各国都在积极应对新科技工业革命带来的产业发展机遇，争夺智能制造发展高地。智能制造的兴起既有新一代数字技术催化的内部因素，也有金融危机使得全球制造业发生重大调整的外部因素。智能制造经过在传统制造业基础上实现数字化、网络化和智能化的转型，具有生产方式、产品、管理模式等方面的智能化特点，并逐步引领数字贸易的发展。通过本章的学习，可以快速了解智能制造产生的背景与发展阶段，领略智能制造的内涵和外延，并进一步深入理解智能制造与数字贸易的关系，同时对于世界各国智能制造发展的战略、内涵以及未来方向也会有一定的掌握，为进一步深入理解智能制造打下基础。

第一节　智能制造的产生与发展

一、智能制造产生的背景

（一）内部动力：新一代数字技术与制造业深度融合发展

21 世纪以来，以互联网为基础的信息技术发展迅猛并不断演变发展，形成了以移动互联网、大数据、云计算和工业互联网等为代表的新一代数字技术。这些新一代数字技术与传统制造技术不断结合演变，逐步形成了数字贸易、数字化生产、先进制造等全新概念，推动商业模式、经营模式乃至生产方式的变革升级，为传统制造业创新发展和转型升级提供了新的重要的机遇。与里夫金的"第三次工业革命"观点不同，施瓦布将这次新一代数字技术与制造业的深度融合和转型升级定义为"第四次工业革命"。

第一，从移动互联网方面来看。移动通信自 20 世纪 80 年代诞生以来，短短几十年间，经历了从 1G、2G、3G、4G，到目前已逐步开始大范围商用的 5G 的快速变革。传统的制造业生产由于网络不发达，时常出现时延不稳定、数据孤岛以及大量人力和物力的调用现象。而移动互联网的迅速发展使得以柔性化、智能化乃至高端化为目的的制造业转型升级不再因低延时、高速度以及大容量等需求与现实的矛盾所阻碍，不断赋能新型工业化发展。

第二，从大数据方面来看。中国信息通信研究院发布的《大数据白皮书（2020）》显示，大数据发展十分迅速，2020 年全球数据产生量达到 47 ZB[①]，预计到 2035 年会达到 2 142 ZB[②]。大数据技术的诞生之初，其主要的应用场景集中于互联网平台上的广告、营销等方面，随着大数据技术的发展及其门槛的降低，制造业逐步接触大数据技术后，其应用场景逐步向工业的生产以及供应链物流等方面进行拓展。随着大数据技术的不断发展，其在工业领域的应用不断深化和拓展，从最初的生产监控以及降低成本等功能逐步转型为支撑服务化的模式，推动智能化生产和个性化定制等新业态快速发展。

第三，从云计算方面来看。全球云计算市场呈现稳中有进的发展态势，据中国信息通信研究院测算，全球云市场规模在 2019 年达到 1 883 亿美元的市场规模，年均增长率近 20%[③]。自从 2006 年云计算概念诞生至今，在经历了形成、发展和应用的三个阶段后，云计算技术成为传统制造业进行智能制造转型的重要基础和必然选择。云计算技术在降低企业 IT 成本、提升企业 IT 运行效率等方面发挥着重要的作用，成为制造业数字化转型的重要和基础要素。

第四，从工业互联网方面来看。"工欲善其事，必先利其器"，工业互联网是新一代数字技术与传统制造业工业深度融合形成的新型应用形态，也是实现传统产业数字化转型的重要基础。从广义范围来看，工业互联网核心产业基本等同于工业数字化的相关产业，其主要包括工业数字化装备、工业自动化、工业网络和工业互联网平台及软件等。工业数字化装备指在传统装备基础上基于智能技术进行升级改造，可以降低生产成本提高效率；工业自动化主要在工业控制等方面提供数字化的解决方案；工业网络是工业环境下全要素（人、物、机）一体化的基础设施，是高效调动企业生产要素的基础；工业互联网平台及软件在工业企业内的经营管理、生产执行以及研发设计等方面具有基础性的支撑作用。

> **专栏 13-1** 新一代数字技术下的人工智能与经济增长
>
> 人工智能四项技术—经济特征很大程度上决定了其影响宏观经济增长的作用机制。首先，渗透性特征决定了人工智能对经济增长影响的广泛性和全局性；即便人工智能当下所产生的影响还仅仅是局部性的，但渗透性特征也意味着人工智能具备全局性影响的潜力。其次，人工智能技术替代性的发挥将是"人工智能资本"作为一种独立要素不断积累并对其他资本要素、劳动要素进行替代的过程；伴随人工智能资本的积累，其对经济增长的支撑作用也将不断提升。再次，人工智能协同性特征带来的投入产出效率或者说全要素生产率的提升，在微观层面将体现为企业利润盈余的增加，并最终转化为 GDP 的增长。最后，人工智能的创造性特征将通过知识生产促进技术进步，

---

① ZB，即 10 万亿亿字节，相当于 2^{30} GB。
② 中国信息通信研究院，《大数据白皮书（2020）》[R/OL].
③ 中国信息通信研究院，《云计算发展白皮书（2020 年）》[R/OL].

最终也将体现为全要素生产率的增长。当前，人工智能创造性促进技术进步的核心在于提高研发效率。在基因组学、药物发现、材料科学、量子物理等领域，研发过程具有"大海捞针"的特点，即能够确定创新存在于已有知识的某种有用组合，但是有用知识范围却广泛复杂，要找出来极不容易；而人工智能技术的突破性进展，能够大大提高识别效率，找出那些最有价值的组合。

摘自：蔡跃洲，陈楠. 新技术革命下人工智能与高质量增长、高质量就业 [J]. 数量经济技术经济研究，2019，36（5）：3-22.

（二）外部环境：国际金融危机使得全球制造业发生重大调整

2008 年的国际金融危机的爆发使得全球经济进入深度调整期，面对萎靡不振的全球经济形式，以西方发达国家为代表的主要经济体通过实施"再工业化"战略，加大了在新一代数字技术创新领域的投入，以期能刺激本国经济迅速回暖，提供源源不断的发展动力，并重塑其国际竞争力。其中的一系列战略包括：美国的"国家机器人技术计划"，德国的"工业 4.0"战略，英国的"先进制造业产业链倡议"，韩国的"新增长动力"战略，日本的"再兴"战略以及我国的"中国制造 2025"战略等。这些战略的共同点无非就是关注新兴产业，支持企业研发先进技术，注重人才的培养等。而这些共同背后的核心基础无一例外均为发展智能制造。

第一，从西方发达国家方面来看。在金融危机的余波下，为了以智能制造重塑竞争优势，美国围绕"新一代机器人""工业互联网"等布局智能制造战略，最早提出了2009 年的《重振美国制造业框架》，并陆续发布了《国家制造业创新网络初步设计》《制造业促进法案》等，并基于此提出了以工业互联网为智能制造核心的"先进制造伙伴计划"并成立了智能制造领导联盟。在国际金融危机后，欧洲深陷经济发展的泥潭，而德国经济率先回暖，其中主要的驱动力在于其制造业的转型发展。2011 年德国率先提出"工业 4.0"战略，并于之后发布了《保障德国制造业的未来：实施"工业 4.0"战略建议》，其核心命题是构建高度灵活的个性化与数字化的智能制造模式，并指明了颠覆传统制造业模式的智能工厂等发展方向。早在 1990 年，日本便开始布局智能制造的研究，并提出了一个关于智能制造研究的十年计划，以此为背景，日本制定并推行机器人大国战略。2015 年日本政府发布《机器人新战略》提出要成为"世界机器人创新基地""世界第一的机器人应用国家"等目标。

第二，从中国方面来看。国际金融危机后，中国投资和出口增速明显放缓，工业制造业面临产能过剩、结构失衡以及效益低下等突出挑战，过分依赖资源的规模扩张型粗放发展模式难以为继，对转型升级的需求极为迫切。同时，城镇化、信息化以及新型工业化的推进使得我国内需潜力不断扩大，为制造业转型提供了重要的基石。在西方各发达国家智能制造布局的压力下，为了推动智能制造更好地发展，把握新一轮全球数字技术和产业革命的机遇，中国提出了"中国制造 2025"战略（制造强国战略研究项目组，

2015）。随后中国又提出了诸如《关于深化制造业与互联网融合发展的指导意见》《深化"互联网+先进制造业"发展工业互联网的指导意见》等为代表的智能制造政策文件。

二、智能制造发展的阶段性表现

（一）数字化起步（1952—1966 年）

数字化是智能制造的基础，制造业向智能制造进行转型时，第一步就要进行数字化的升级和转型。早在 20 世纪 80 年代，便已经诞生了智能制造这个概念（Zhou，2013），但是由于当时数字设施和技术并没有发展到高阶人工智能阶段，还难以解决工程问题，因此当时的智能制造是以数字化为形式呈现的，这也被称作第一阶段的智能制造。在此之后，工业制造业的发展对数字技术的要求越发明显，需求也更多元化，以数字化为具体表现的信息技术在制造业中不断推广，使得制造业从本质上发生了重要转变。制造业的数字化起步指的是制造业与数字化技术深度融合，可以对需求进行快速反应，通过分析用户的需求，对产出的产品及其生产过程中的工艺的应用和资源的配置进行数字化的分析和决策，实现对满足用户需求产品的生产及其过程的迅速调整。

作为智能制造发展阶段的初始，数字化起步有如下三个特征：其一，数字化起步要求数字技术在生产过程和产品上实现广泛应用，实现数字化的创新。其二，数字化起步要求数字化设计、数字化装备、建模仿真、信息管理等在制造业企业内实现普遍的运用。其三，数字化起步要求制造业企业集成优化其生产过程。

在数字化起步中，数码控制技术与数控机床为其中最主要的代表。麻省理工学院（MIT）在 1952 年实现了三坐标铣床的数控化，并与之后实现了数控机床的批量生产。数码控制技术与数控机床的实现体现了数字化起步阶段是以强调生产过程的数字化，主要作用于产品研发和制造环节的主要特征。

（二）网络化加持（1967—2012 年）

网络化加持，是智能制造发展的第二个阶段，与"互联网+制造业"密切相关。20世纪末期，互联网技术迅速发展并得到了普遍的运用，对于制造业而言，互联网的普遍运用使得企业内和企业间的数据、生产要素、人员、流程等关键环节和节点紧密连接，实现了企业间的协同合作与发展，甚至实现了社会上资源的共享。这种现象体现了一种"互联网+"赋能制造业发展的态势，推动了制造业与互联网技术的深度融合，甚至重塑了制造业的价值链，并在数字化的基础上实现了网络化的跨越发展。

网络化加持阶段作为承上启下的重要节点，有如下三个特征：其一，制造业的生产过程和产品实现网络技术的广泛应用，在研发设计环节实现协同和整合式发展。其二，整个制造业的上下游以及内部和外部实现数据和信息的全链路打通，在纵向和横向以及端到端方面实现集成发展。其三，制造业企业可以通过互联网平台与需求端的用户实现互通互联，实现服务化的一个转变，制造业的生产逐步摆脱以产品为中心，并逐渐向以用户为中心靠拢。

基于网络的分布式 CAD 系统是网络化加持阶段的重要体现，体现了其强调以互联网技术为支撑，突破时间空间对企业发展的限制，实现企业合作、信息共享和协同运行的重要特点。20 世纪七八十年代，基于网络的分布式 CAD 系统开始出现，并与 CAM 共同发挥作用，并在美国通用公司和波音公司的共同努力下实现了二者的融合。而在其出现的十年后，基于网络的分布式 CAD 一体化三维软件不断涌现，广泛应用到工业制造业领域。

（三）智能化实现（2013 年至今）

经过了数字化起步、网络化加持，制造业向智能制造转型的最后阶段为智能化的实现，这也是智能制造的最终的具象呈现。在经济社会的强烈需求之下，在以移动互联网、大数据、云计算和工业互联网等为代表的新一代数字技术与传统制造技术不断结合演变推动传统生产方式的变革的同时，新一代数字技术不断演化，形成了方兴未艾的新一代人工智能技术，其中以大数据智能、群体智能等为代表。在以新一代人工技能技术的不断驱动下，制造业积极融合不断转型升级，最终形成了数字化、网络化、智能化"三化合一"的智能制造的终极形态。

智能化实现作为智能制造的最终体现阶段，具有如下特征：其一，无论是在企业生产过程和产品、还是设计制造环节，企业的全链路全生命周期的所有节点和流程全部一体化集成化，在全链路中进行自我反馈和改良，并在此过程中催生新产品、新技术、新生态，实现制造业乃至整个社会的生产力的飞跃，深刻改变整个经济社会的生产方式以及生活模式等。第二，新一代人工智能技术将成为制造业的核心驱动力，给制造业带来革命性的变革。

以德国"工业 4.0"为代表，智能化实现阶段得到了完整的体现。德国"工业 4.0"指出智能工厂是未来发展的方向，在智能工厂中，自动化运行的智能终端在产品的生产、零部件的装配以及要素的合理配置等方面发挥着基础性的作用。借助"互联网+"，工厂的生产能实现远程控制。通过网络化加持，数据也成为重要的生产要素。工厂的每一个环节都会生成实时数据，进而形成大数据系统，并基于该系统对工厂每个环节进行实时分析并优化，进一步通过该网络系统反馈到产品的生产和工艺流程当中，实现全链路智能互联。

> **理论命题 13-1**
>
> 智能制造的兴起是 2008 年国际金融危机作为外部冲击下，积蓄力量依托新一代数字技术从而破土而发，不断演进发展的大概念范畴。发展阶段可以归纳为数字化的运用起步，在网络化的加持下进一步发展，最终实现智能化的最终范式。三个阶段依次展开，却又彼此交织，相互融合共同在智能制造中发挥作用。

专栏 13-2　中国智能制造的三个阶段

中国的智能制造发展历程也可以划分为三个阶段。

第一阶段为工业化带动信息化阶段（1958—2006）。尽管 1958 年中国成功研制第一台数控机床，但是直到改革开放以后制造业信息化才真正进入正常的发展轨道。从 1979 年开始，高新技术产业化走上了快车道，电子工业成为优先发展行业，电子技术也应用到机床改造、工业炉窑控制等多个方面。1987 年信息技术（智能计算机系统、光电子器件及其系统集成技术等）在 863 计划中被列为七大重点发展领域之一，20 世纪 80 年代末期科技部提出建设"工业智能工程"，尝试探索智能制造。20 世纪 90 年代至 21 世纪初，中国逐步开展先进制造技术的推广应用和互联网建设，重点科研院所和高校连接上国际互联网，诞生了众多互联网公司和软件服务企业，覆盖全国范围的信息网络逐渐成形。

第二阶段为两化融合阶段（2007—2014）。2007 年党的十七大提出"大力推进信息化与工业化融合，促进工业由大变强，振兴装备制造业"，亦即提出"两化融合"战略，标志着"两化融合"的开启。2010 年，全国已基本实现信息化，信息产业成为国民经济的重要支撑部分。

第三阶段为信息化引领工业化阶段（2015 至今）。2015 年《国务院关于积极推进"互联网+"行动的指导意见》指出推动互联网与制造业融合，大力发展智能制造。同年《中国制造 2025》将推进智能制造作为制造业发展的主攻方向。一系列重要文件预示着制造业智能化将成为中国制造业未来的发展方向，推动制造业生产方式的重大变革。

摘自：李廉水，石喜爱，刘军. 中国制造业 40 年：智能化进程与展望［J］. 中国软科学，2019（1）：1-9，30.

第二节　智能制造的内涵与外延

一、智能制造的内涵

随全球范围内制造业的智能化转型，有关智能制造的研究成为各类学科追捧的国内外学术热点领域。首先是智能制造的内涵问题。"智能制造"（Intelligent Manufacturing）是一个非常广泛的概念，这一概念首次由 Wright & Bourne（1988）提出，其关键定义为：在制造软件系统、集成知识工程、机器人视觉和机器人控制等的基础上，抽象化工人技能和专家知识，实现在无人操作下的（小型）自动化生产。Kusiak（1990）也认为所谓智能制造是基于"智能"进行制造，所谓"智能"是通过计算机来抽象化人类的思维与决策，对人类的脑力活动进行智能化的替代，从而在生产过程中通过智能化的模拟实现智能化的制造活动的过程。

21 世纪以来，以移动互联网、大数据、云计算和工业互联网等为代表的新一代数字技术不断演化，形成了方兴未艾的新一代人工智能技术，不断推动制造业向新一代智能制造的转型升级，在此过程中也赋予了与 20 世纪不同的智能制造的新内涵。熊有伦（2013）认为智能制造的内涵是在决策执行等制造环节被融入专家的经验与知识，使得产品的生产制造和产品本身具有自我进化的特性，是产品生产全链路都具有的一种属性，这也是经历了数字化、网络化、智能化发展的必然结果，并以丰富的科学内涵成为全新高新技术制高点，是全球新一轮科技革命和产业革命的重要方向。周济（2015）指出智能制造是三大驱动力的结果，其一为数字技术指数级增长，其二为数字化网络化普及应用，其三为集成式智能化创新；并认为其内涵包括产品、生产、模式、基础四个维度，其主体为智能产品，其主线为智能生产，其主题为产业模式变革。张映锋等（2019）指出智能制造的内涵为以打破数据流壁垒为功能的全面互联，以科学的数据分析为功能的数据驱动，以数据采集、分析和决策为功能的信息物理融合，以集成专家知识和生产过程、实现智能化资源配置和生产服务为功能的智能自助以及以打破企业、经济社会边界实现全社会共享为功能的开放共享五个方面为基本特征；并以制造系统架构为逻辑角度，通过物理信息系统构建物联网制造、服务型制造、工业互联网制造等之间的桥梁，从而形成"数据采集—信息融合—数据分析—智能决策/控制优化"的基准架构；并形成基于制造物联的制造服务智能感知与互联技术、基于大数据分析的设计—制造—运维一体化协同技术等方面的技术基础的制造业转型升级活动，本质上是人工智能与制造业的结合。随着人工智能的深入发展，还有大量研究对智能制造的概念进行了重新界定与扩充（朱剑英，2013；王焱和王湘念，2015；周济，2018）。

此外，各国的智能制造战略规划不断赋予智能制造新的内涵，其中以德国、美国和中国为代表。德国的工业 4.0 战略赋予智能制造的新内涵为柔性化以及高度灵活生产和服务系统，贯通生产、流动和销售环节的数据联通。在这种新内涵下，传统行业之间的边界将不断模糊乃至消失，并以经济社会中的跨平台、跨企业等多元化主体的协作为主。美国的"实现 21 世纪智能制造"赋予智能制造的新内涵是人工智能为代表的数字技术不能简单地替代制造业中人类的作用和功能，物联网、大数据、云计算乃至人工智能技术对制造业的作用应当与人类的作用进行协同看待和融合优化，即通过协作型智能制造解决方案的设定巧妙结合人和技术的能力，充分发挥主观能动性，来增强制造业系统能力。而中国的"中国制造 2025"战略赋予智能制造新内涵为新一代数字技术与制造业融合发展、集成创新，实现智能制造、绿色制造以及生产经营活动的智能化、网络化和自动化。

二、智能制造的外延

智能制造是在新一代人工智能技术的催化下，在传统制造业的基础上不断转型升级并被赋予新的内涵的过程。某种程度上，智能制造可以看作是新时期、新背景下制造业转型升级的重要组成部分，与传统的制造业相比，具有管理智能化、服务智能化、生产方式智能化、装备智能化和产品智能化的五大外延特征。五大外延特征紧密相连又相互促进，从而实现构建新型智能化制造业体系的目标。

（一）外延特征一：管理智能化

智能制造相比传统制造具有管理智能化的特征。作为从调度各生产要素和生产方式及设备的重要系统，管理智能化是智能制造的关键环节。在传统的制造业中，传统的管理方式需要大量的人力和物力，成本较高且容易造成物质资料的浪费。不仅如此，传统的管理过程需要频繁维护，这导致了较高的运营成本和保养成本。此外，由于管理者精力有限，在进行管理的过程中可能会出现非主观性错误，从而为生产活动带来管理风险。通过将大数据、云计算以及人工智能等新一代数字技术应用到管理领域，制造业可以建立高效、全面、智能的新型管理系统。通过运用大数据分析以及人工智能技术，新型智能化管理系统可以迅速查找管理流程中的漏洞并进行修复和补救，由此大大降低了管理成本，提高了管理效率。应用智能化技术实现的新型管理系统具有数字化、网络化和智能化管控模式的特征，可以实现生产全链路、各环节、各要素的协同调动，从而优化管理方式。

（二）外延特征二：服务智能化

智能制造相比传统制造具有服务智能化的特征。服务智能化是智能制造的延伸，也是智能化时代的必然要求。在全新的数字技术加持下，制造业企业利用产品积累的历史数据进行分析，从而可以满足消费者所需的服务要求。在此过程中，制造业呈现一种向服务性产品生产的态势，体现了制造业的布局从传统的更注重产品向同时注重营销等方面的转型。制造业服务化的过程也体现了以产品为中心向以消费者为中心的转变，也体现了消费互联网向产业互联网的演变。服务智能化转型的突出典型便是 IBM，早在 2005年 IBM 的总收入中已有超过 50% 是服务性的收入。此外，美国通用电气公司在服务智能化中具有独特表现，通过将传感器和数据收集器安装在飞机发动机中，并实现数据的实时传输，从而实现为飞机发动机进行时刻的监控和维护，从而实现服务的智能化。

（三）外延特征三：生产方式智能化

智能制造相比传统制造具有生产方式智能化的特征。作为从研发到最后产品生产的重要神经网络和载体，生产方式智能化体现了智能制造最大的特征。在传统制造业中，大规模制造有利于发挥规模经济的优势，也符合过去物质资料匮乏需要集中利用的时代背景。但在个性化的需求逐渐涌现且呈现大规模扩张态势的背景下，生产方式的非标准化更符合时代的潮流，这必然离不开生产方式的智能化升级加持。此外，传统的制造业经历数字化、网络化以及智能化的转型升级，必然会导致生产流程的升级，这是以生产方式智能化来体现的，这主要包括两个方面。一方面，生产方式的智能化必然伴随着研发设计的创新。相比传统制造业，研发设计的智能化意味着在多元化海量的知识数据库加持下，借助计算机仿真网络、虚拟现实等技术，研发设计可以通过实现完全的数字化网络化和智能化来并行协同地在虚拟数字环境中来进行智能产品的设计，以期提高产品设计的效率和产品的性能、功能的提高。以波音 787 飞机为例，其研发过程实现了全数字化的设计、测试和装配，并使用 VR（虚拟现实）技术进行测试，体现了生产方式中的设计智能化的特征。另一方面，生产方式的智能化也意味着生产技术的创新。与传统制造业相比，通过运用新一代人工智能技术，生产方式的智能化催生了智能化车间、工厂和智能化系统，从而大幅度提高生产方式的性能。在智能化转型过程中，制造业往往通过用机器替代人力来实现生产效率的提高和成本的降低，工业机器人的使用体现了生产方式中生产技术创新的特点。

（四）外延特征四：装备智能化

智能制造相比传统制造具有装备智能化的特征。在传统的制造业中，装备主要指的是机械设备，这些机械设备主要包括动力、传统和工作装置。"工欲善其事必先利其器"，装备智能化是智能制造的重要前提。从粗放型生产到智能化生产的转变过程中，制造装备也由机床逐步转向智能车间。相比于传统制造业，智能制造在装备智能化方面有两个重要改进。一方面为工作原理的智能化，这也是装备智能化区别于传统制造装备最基础的特征。以 3D 打印机为例，与传统制造的多步骤原理不同，3D 打印可以一次成型。福特汽车公司和 ExOne 公司已经共同完成了使用黏合剂喷射技术进行 3D 打印铝部件的专利方法申请，而传统制造业则需要材料进行压铸才可以成型，在使用 3D 打印后制造出来的产品的特性有了极大的提升而且产品生产时间也得以降低。另一方面是控制系统和驱动的智能化，这主要体现在制造业可以通过数控技术来改变传统驱动方式，并以此形成新型制造装备，如通过电驱动和网络控制的无人机等。智能产品的生产只有以智能装备为支撑才能发挥最大的效率。因此，作为智能产品生产的装备基础，装备智能化的发展不断拓展智能制造的外延特征，也将成为智能制造转型的重要前沿领域。

（五）外延特征五：产品智能化

智能制造相比传统制造具有产品智能化的特征。对于传统制造而言，产品同质化和消费同质化是时代的基础特征，但是经济与社会的发展不断促进人们收入水平的提高，同样也带动了消费者需求水平。随着消费水平的提高，消费者的多样化需求也进一步涌现，传统制造的同质化产品已经无法满足日益多样性的消费需求，而智能化产品通过捕捉消费者需求的动态变化从而形成反馈，可以满足消费者对于个性化和科技性的追求。因此，产品智能化也可以被称作智能制造的动力基础。对于产品智能化而言，通常需要以制造业的生产流程的智能化为基础，只有在实现了生产过程的智能化条件下，产品被赋予全新的定义并满足多样化的需求的功能才可能被满足。宝马的德国慕尼黑工厂可以实现不同车型的个性化定制，在接到用户需求订单后，智能工厂以及周边的服务链会即刻开始个性化定制生产。产品智能化是促进制造业向"智能时代"迈进的重要力量源泉，也是从根本上提高产品质量、性能和竞争力的关键所在。

理论命题 13-2

智能制造是新一代人工智能技术与制造技术深度融合，贯穿于产品生命周期各环节以及系统优化集成，最终实现制造的数字化、网络化、智能化。与传统制造业相比，智能制造具有管理智能化、服务智能化、生产方式智能化、装备智能化和产品智能化的五大外延特征。

第三节　智能制造与数字贸易的关系

一、智能制造引领数字贸易

（一）智能制造是数字贸易的重要目标

数字贸易并非只是简单的跨境交易活动，其强调数字技术与传统产业的融合发展。数字贸易的内涵指出，数字贸易的发展将推动消费互联网向产业互联网转型，并将实现制造业智能化作为数字贸易发展的最终目标。传统制造业智能化主要聚焦于能够负担高额数据成本的大企业。随着数字贸易的广泛应用，价值创造不再强调竞争，而是充分利用互联网技术和信息集成，通过整合各供应链上的相关环节，促成包括产品提供者、服务商和消费者等在内的相关贸易参与主体的交易协作和适度竞争，共同创造价值。以数字贸易为核心，实现各贸易参与主体和环节之间的智能联动，不断强化各贸易参与主体的共赢性以及整体发展的持续性，从而打造出一个更为互联、更加智能的有机生态系统，最终实现制造业智能化转型。

（二）智能制造是数字贸易的历史使命

在平台化、生态化趋势日趋明显的当下，数字贸易成为重塑传统价值链、促进产业转型升级的重要驱动力，制造业智能化已成为数字贸易发展的历史使命。在传统产业数字化网络化智能化转型的背景下，数字贸易的目标不再仅仅是实现货物、服务与生产要素的高效交换，数字贸易更应当承担起推动实现制造业智能化的历史责任。通过数字贸易的连接，来自世界各地的多样化、个性化需求，被反映到产品研发、设计与生产过程中。未来的制造业生产模式是基于消费者大数据驱动的，是充分反映消费者个性偏好的。制造业企业在努力满足消费者需求的过程中，将不断推动生产过程的柔性化改造，最终实现数字化、网络化、智能化的升级。

二、数字贸易助推智能制造

（一）数字贸易提高智能制造的市场匹配效率

供需匹配是智能制造中最基础的一环，在个性化需求迸发的时代，所谓"需求创造供给"才得以真正实现，数字贸易可以打通供需两端，快速将需求端的变动传递给制造业供给端，才能使工厂及时有效地生产出个性化的智能产品。数字贸易在此过程中起到了重要的桥梁作用。

随着人们生活水平的提高和生活方式的转变，国内外的市场需求不断变化，对制造业企业的设计和生产要求也随之不断提高。同时，随着网络信息技术的迅猛发展，消费者对产品和服务的个性化需求被进一步激发。数字贸易可以突破时空限制，有利于企业迅速、全面地获取市场信息，提高供求双方的搜寻效率，解决供需双方信息不对称问题（岳云嵩和李兵，2018），在消费与生产流通环节之间搭建起了一条高效的交流渠道，使消费者的个性化需求能够得到反映与满足。一方面，商品信息展示工具、实时翻译工具等在跨境电商平台的上线以及日趋多元的营销场景使广告宣传、询盘磋商的效率大幅提高；另一方面，平台上沉淀的海量信息可以帮助中小企业更准确、及时地掌握消费市场的情况，精准匹配的效率持续提升。在数字贸易中，大量虚拟企业、中小企业乃至个人都可以通过网络共享信息、资源，进行生产经营合作，分散的贸易流量和消费者偏好等信息通过平台汇集成一个整体，这为数字贸易中的产品差异化生产和个性化服务定制提供了更多可能性，也为实现智能制造提供了更充分的消费者信息集成，消费者个性偏好和需求将因此得到充分体现。通过打通供需两端的信息壁垒，数字贸易使得智能制造中从需求端的个性化定制的形成再到生产端柔性化生产的实现成为现实，从而为智能制造的发展提供现实性的动力基础。

（二）数字贸易保障智能制造的产业链运行

产业链稳定是智能制造的基础，只有保证产业链的正常有序运行，智能制造中的全链路智能化才可能成为现实。数字贸易通过平台化的认证、大数据的反馈以及云计算的模拟，可以及时、充分发现产业链中的不稳定之处，并基于数字化的调度予以化解，从而实现稳定产业链运行，为智能制造提供基础保障的作用。

数字贸易保障智能制造的产业链稳定运行主要体现在两个方面：一方面，传统生产和贸易流程烦琐，生产要素采购、支付结算、出货跟单、关检汇税等环节存在的各种问题往往超出了中小企业所能独立承受的阈值。很多实力不够雄厚的企业无法掌控自己企业的产业和供应链，其中某一环节的波动甚至断裂，对该企业的影响也是不可估量的。数字贸易能够依托数字技术实现劳动力、资本、技术、管理等生产要素的集约化投入，实现研发设计、材料采购、产品生产、市场营销、物流运输等产业链各环节的集约化管理。具体而言，数字贸易可以赋能支付、物流、通关、金融、财税等各个环节的产业链服务，促进履约效率持续提高，尤其对于那些履约能力差的个体，数字贸易对这些个体实现了一种无形的数字化的督促。另一方面，数字贸易能有效减少因中间商和中间组织与企业之间的接触所增加的中间环节，提高贸易效率。数字贸易能有效促使企业和消费者直接进行沟通，交换信息，达成交易，从而弱化了中间商在贸易中所起的贸易中介人的作用，缩减了相应的中间环节。随着数字贸易的发展，贸易的中间环节会大幅减少，并逐渐呈现出两头活跃、中间萎缩的发展态势。数字贸易对产业链的整合以及对中间环节的减少起到促进作用，由此成为推动制造业智能化转型的重要力量。

（三）数字贸易赋能弱势群体融入智能制造

数字技术的应用可以大大降低数字贸易的门槛，在传统贸易处于弱势地位的群体如中小企业等，都可以通过数字贸易平台面向各种各样消费者的个性化需求。在此过程中，中小企业可以迅速根据消费者的个性化定制进行生产，从而促进弱势群体融入智能制造。

数字贸易充分利用互联网与数字技术优势，能有效降低各个贸易环节的成本支出，其中包括信息成本、交易成本、合同成本、通关成本和通关成本等（马述忠等，2019）。而数字贸易的广泛应用大大降低了贸易门槛，在传统贸易处于弱势地位的群体，都可以通过数字贸易平台面向全国乃至全世界的消费者，从而在数字贸易中能够积极地、有效地参与到贸易中并且从中获利。国际贸易弱势群体指的是相对于规模庞大的企业而言，在传统国际贸易中容易被忽视的贸易群体，如中小微企业和个体商户。目前，尽管部分贸易弱势群体的产品和服务质量很高，但其却因渠道垄断、信息不对称和贸易成本过高等问题难以进入全球市场而为消费者所知。数字贸易的发展则为贸易弱势群体建立国际竞争优势并进行智能化转型提供了新的机遇。在数字贸易中，互联网平台成为协调和配置资源的基本经济组织，不仅是汇聚各方数据信息的中枢，更是实现价值创造的核心。全球数字贸易平台降低了中小企业获取消费端数据的成本，使更多中小企业能够通过全球数字贸易平台累积消费端数据并将其与生产端的设计、制造、管理等环节结合，实现生产端的精准分析和快速响应，这体现了促进中小企业向智能制造转型的特征。

专栏 13-3 中国"智能"制造

本章小结：中国视角　中国于 2015 年正式推出"中国制造 2025"战略，这标志着中国正式全面布局智能制造。我国的智能制造发展与世界各国存在一定的差异。一方面，中国全面布局智能制造不仅是新一代数字技术的发展及其与制造业不断融合演变催生的，也是面对金融危机导致的全球经济疲软，各国纷纷布局智能制造的外部压力的必然，更是人口红利逐渐退去，科技人才匮乏，产业链亟须升级的内部要求。智能制造是中国谋求通过科技创新实现制造业转型升级，进而引领全球制造业变革的重要环节和推动力。另一方面，中国智能制造的发展阶段与世界趋势略有不同，世界智能制造的发展大多被总结为数字化制造、网络化制造以及智能化制造阶段，而中国的智能制造发展则被总结为工业化带动信息化、两化融合以及信息化引领工业化阶段（李廉水等，2019），体现了在政策的引领下进行缩短进程进行弯道超车的特点。

早在"中国制造2025"战略提出以前，中国的产业智能化转型已经现出端倪，智能制造的发展势头凸显。第一，在智能制造战略框架方面，早在2010年，国务院就出台了如何培育新型产业的政策，其中明确提出了七大战略性新兴产业；紧接着"十二五"规划的出台更是指明了智能制造装备领域的四类重点发展对象，这些为中国智能制造的发展奠定了良好的制度基础。第二，中国的东部沿海地区早已经率先进行了智能制造发展的试点，比如上海等地推行的"工业机器人产业技术创业联盟"等，这体现了东部发达地区对智能化转型升级的迫切需求，为中国各地全面推进智能制造提供了借鉴参考。第三，中国领先的制造业企业率先布局智能制造，如2012年海尔集团就率先进行了互联网工厂的设立，这为中国的其他企业提供了先行典范。中国拥有巨大的科技创新潜能和庞大的国内市场，这将使得中国有望成为全球智能制造的引领者。一方面，全球最完备的工业制造业体系为中国引领世界制定智能制造标准提供了保障；另一方面，中国正在逐渐引领新一代数字技术的跃迁，这为成为智能制造的引领者提供了内在动力。尽管中国在智能制造布局上具有独特的竞争力，同时也有望成为全球智能制造的引领者，但是中国发展智能制造还是存在亟须解决的重要问题：其一，需要进一步增强信息化和工业化"两化"融合水平；其二，需要进一步提高基础研发能力；其三，需要进一步解决工业软件、网络安全以及制造标准的话语权问题；其四，需要进一步加强复合型人才的培育工作。

即测即评

思考题　　1.《第四次工业革命》的作者克劳斯·施瓦布在书中提到"在物理、数字和生物技术相结合的推动下，它们在发展过程中相互促进并不断融合，现在已经发展到了一个转折点。各行各业都在发生重大转变"。

你认为伴随着新一代数字技术发展的"第四次工业革命"会对我们所处的经济与社会带来怎么样的影响？

2. 2020 年新冠肺炎疫情的爆发是一次"黑天鹅"事件，按下了全球制造业发展的"暂停键"，给全球的制造业带来了巨大的损失。而在疫情中，早就尝试智能制造转型的企业却能够尽量减少损失，尽快完成复工复产。这说明新冠肺炎疫情这只"黑天鹅"同时也启动了智能制造的"快捷键"，向全世界揭示了智能制造的重要性，将加速智能制造的发展。请结合你的亲身体验说明智能制造在本次抗击疫情、复工复产方面，展现了哪些价值和潜力？为什么疫情会成为智能制造发展的重要"启动键"？

3. 自 2008 年国际金融危机以来，世界经济发生深刻调整，在即将进入 21 世纪第三个十年之时，以英国"退欧"和美国"退群"为代表的"逆全球化"浪潮兴起，中美贸易摩擦愈演愈烈，全球价值链供应链越发不稳定。你认为随着智能制造的兴起，全球价值链供应链将如何变化？

4. 自 2015 年"中国制造 2025"战略提出以来，中国先后出台了《国家信息化发展战略纲要》《智能制造发展规划（2016—2020）》《高端智能再制造行动计划（2018—2020）》，此外近年历年的政府工作报告也着重提出了智能制造的发展战略。比较以上提到的政策文件，梳理中国智能制造的未来发展趋势。

5. 当前，中国制造 2025 战略已经进入全面实施阶段，发展成效也初步显现。但是，在全面推进过程中，还存在自主创新能力有待提升、产业结构有待优化、投资结构仍需调整、人才供需匹配性有待提高等问题。面对这些问题，你认为中国可以从哪些方面入手解决这些问题？

延伸阅读

[1] 李廉水，石喜爱，刘军. 中国制造业 40 年：智能化进程与展望 [J]. 中国软科学，2019（1）：1-9，30.

[2] 周济. 智能制造："中国制造 2025"的主攻方向 [J]. 中国机械工程，2015，26（17）：2273-2284.

第十四章

数字贸易成本

近年来，伴随着数字贸易的快速发展，数字贸易成本相伴而生，尽管在内涵、内容上与传统贸易成本有一定差异，但相比于传统贸易成本而言，数字贸易在降本增效上更具优势。数字贸易成本可以看作是传统贸易交易费用在数字贸易时代的衍生与新形态，它包含企业从供应链到售后服务的所有环节。数字贸易采用更智能的方式，帮助中小微企业节约资金和劳动力，同时提高了效率，其成本内容主要包括搜索成本、信息成本、合同成本、监督成本和数据存储成本等。在数字贸易时代下，世界各国通过寻找降低贸易成本的方法，促进数字贸易稳步发展，同时带动全球数字经济朝着开放、包容、普惠、平衡、共赢的方向发展。通过本章的学习，理解数字贸易成本的内涵、外延、产生、构成和分类等，对于全球数字经济治理也会有更深入的掌握，为了解下文全球经济治理打下基础。

第一节　数字贸易成本的内涵与外延

一、数字贸易成本的内涵

贸易成本伴随贸易发轫伊始即贯穿始终，其内涵也在不断地丰富和发展之中，目前学界尚未有统一的定义。进入 21 世纪以来，以 Anderson 和 Van Wincoop 为代表的学者们对贸易成本的定义进行了系统研究和梳理，认为传统的国际贸易成本除了生产商品的成本之外，还包括进行国际商品交易往来的必要支出，例如政策壁垒成本、分销成本、合同实施成本、配送成本等。随着第三、第四次科技革命的发展，信息通信技术得到突飞猛进的进步与全面应用，贸易作为经济活动中配置资源的关键环节，已经将贸易方式和贸易对象进行数字化，以更好地顺应经济全球化浪潮。其中，贸易方式数字化是指在传统贸易的基础上融入现代信息技术元素，使贸易效率提升的同时所花费的贸易成本最小；贸易对象数字化是指将数据和以数据形式存在的产品及服务进行贸易，是对现有贸易内容在深度和广度方面的拓展。在数字贸易视角下，贸易成本的内容与传统贸易成本有差异，尤其是贸易渠道的扁平化带来了贸易成本优势，例如更低的距离成本、搜寻成本、固定成本、信息的复制及核实成本等。具体而言，两者的主要差异有两方面：一方面，与传统贸易相比，数字贸易极大地降低了搜索成本、信息成本和合同成本等。另一方面，数字贸易方式促使以往"不可贸易"类服务的生产和消费在时间上具备了分离的可能性，即实现了由不可物化到可物化的变化，由不可跨境交易到可跨境交易的转变，进而降低了交易成本，促进双边贸易效率的提高。基于上述数字贸易与传统贸易对贸易成本影响的差异可以得出：

其一，数字贸易实现对传统贸易方式的重大变革，即互联网技术可作为基础技术实现传统的货物或服务的在线交付。这种既可以缩短配送时间又可以降低贸易成本的无纸化交易，未来将逐渐成为贸易和支付方式的主要形式。

其二，数字贸易实现对贸易产品形态的重大创新，即传统货物或服务被数字产品所替代（Ivan，2020）。也就是说，网上购买与转移的过程将使得数据流动与传输成为贸易流程中的核心环节，数据存储成本将大幅提高。

> **理论命题 14-1**
>
> 数字贸易成本是指除了商品的生产成本之外，依托信息技术、数字技术进行商品交易所必须支付的其他所有成本，包括搜索成本、信息成本、合同成本、监督成本和数据存储成本。

二、数字贸易成本的外延

数字贸易成本可以被看作是传统贸易的交易费用在数字贸易时代的拓展与新形态，与传统的贸易成本既有很多相似之处，也存在诸多不同。

相同之处在于贸易成本承担主体和贸易目的方面：

在贸易成本承担主体方面，无论是传统的贸易方式还是在数字贸易业态下，贸易成本的承担主体都不会发生变化，主要是从事商品贸易的组织和个人。一般而言，贸易主体具有以下特征：① 经济性。作为专门从事贸易活动组织，集聚一定数量的生产要素，按照市场需求组织生产与贸易活动，根据价格信号的导向配置资源。② 合法性。必须是国家认可或经政府有关部门批准，国家在法律上承认其独立存在并保护其合法经营活动和正当权益。③ 独立性。在正常经营活动中独立承担风险责任。④ 营利性。以利润最大化和长远的发展为目标。⑤ 平等性。无论在所有制形式、规模和经营能力上有何差异，都应具有平等的地位、权利和义务。⑥ 关联性。同一类贸易主体间具有较强关联性，贸易主体的行为或活动发生变化便会通过供求链来影响其他贸易主体的行为。⑦ 应变性。贸易主体能够根据市场环境的变化，自动作出反应，灵活采用扩张机制或收缩机制。

在贸易目的方面，获得贸易利益是贸易发轫的终极目的，无论是传统的贸易方式还是数字贸易业态，其贸易主体的目的都是获得贸易利益。具体而言，贸易主体通过国际交易获得一定收益，但这种收益的大小除了产品本身的价值外，还取决于双方交易的费用，以及双方交易的速度和成效。因此，贸易主体最重要的目的之一是通过技术、服务、谈判和政府政策手段来降低双方的交易费用，并提高双边贸易效率。

不同之处在于产生贸易成本的环节和贸易成本的大小方面：

第一，产生贸易成本的环节方面。传统贸易主体利用传统手段推广和宣传产品，并寻求外商求购信息，最终以线下的方式实现商品、劳务、技术和服务等产品的交易。产生贸易成本的主要环节包括产品的国际买卖信息搜寻环节、运输环节、国际政策壁垒[①]环节、贸易合同实施环节、货币兑换环节等。而数字贸易已超越时空限制，与传统贸易产生贸易成本的环节存在较大差异：一是信息搜寻环节。数字技术正在通过多方面影响全球贸易构成，而利用数字技术进行信息检索发生的费用是数字贸易主要的成本产生环节之一，即通过大量的数据和信息搜寻产生搜索成本。二是运输和仓储环节。数字贸易依靠的是数字技术支撑的智慧物流，需要强大的数据处理、跨境数据流动和智慧化设施建设能力，在这些环节上，数字贸易需要比传统的贸易支付更多的资金和技术成本。三是数据存储环节。数字贸易产生大量数据流，安全有效地存储海量数据，也是数字贸易成本的新形式。

第二，贸易成本的大小方面。一般认为，数字贸易促进商品跨越时间和空间的交易，从而比传统贸易具备更低的贸易成本优势。具体而言，在数字贸易跨越时间和空间交易时，一是利用时间差，进行低买高卖，以此获得掉期交易的中间差。二是利用先进技术进行标准化交易，缓解贸易空间上的阻力。尤其是人工智能等信息技术的发展，使得过去需要即时消费的"不可贸易"类服务的生产与消费实现了可跨境交付与可物化的动态调整。在跨越空间交易方面，随着全球价值链的重构，各种生产工序进行了一系列更专业化的分工，使投资者获得巨大的套利空间（陈红娜，2020）。例如，阿里云等数字平台的快速涌现，降低了传统贸易在生产与空间分离之后所要面对的交付成本和搜寻成本等。

综上，数字贸易与传统贸易在成本产生并承担的主体上，与降本增效这一目的相类似，而在贸易成本的产生环节和贸易成本的大小上存在一定差异。

专栏 14-1　数字贸易交易的成本分析

数字贸易能够获得快速发展，在于信息通信技术使相关服务的生产与消费克服在空间和时间上分离的成本都大幅降低。

首先，各类功能性数字平台的大规模崛起，降低了生产与消费在空间上分离后所不得不承受的搜寻成本、撮合成本和交付成本等。

其次，人工智能等信息技术的发展，使得过去需要即时消费的"不可贸易"类服务

---

① 关税壁垒和非关税壁垒。

的生产与消费，具备了在时间上分离的可能，即实现了由不可物化到可物化，由不可跨境交付到可跨境交付的动态调整。例如，利用仿生触觉传感器、通用机器人手臂和增强现实技术等的组合，医生可以在世界任何位置远程实时操作手术的全过程，也即手术由空间上和时间上都难以分离的服务，转变为了空间上可分离而时间上不可分离的服务。

实际上，正是服务的生产与消费克服在时间上分离成本的降低，更能体现出交易成本从空间和时间两个维度划分的价值所在。原因在于，空间上的分离，只是传统国际贸易方式的数字化，是类似于 0 到 0.5 的量变，提升的是效率，而并不改变交易的性质，对国际规则的影响，更多的是造成了与传统方式的"不公平"竞争，需要以规则的更新和增强包容性来予以应对。而服务的生产与消费在时间上的分离，则极大地颠覆了全球要素资源的创造方式和分配方式，造就了类似于从 0 到 1 的质变，改变了对国际贸易既有发展模式和路径的认知，从而也对治理规则提出了新的要求。

摘自：陈红娜. 数字贸易与跨境数据流动规则：基于交易成本视角的分析 [J].武汉理工大学学报(社会科学版)，2020，33（2）：110-120.

第二节　数字贸易成本的产生过程与构成分解

一、数字贸易成本的产生过程

数字贸易成本是在运用数字技术进行国际货物或服务交易的过程中产生的。传统模式下，企业新进入某一个国家的市场，或与新的客户开展贸易活动，都需要提前进行市场调研，以便充分了解市场行情、政策波动、客户资质与信用等信息，从而降低外贸风险。在确定双边的交易关系后，再利用信息通信技术等数字技术手段寻求双边交易的降本增效，具体过程如下：

第一，企业运用信息通信技术获取海外全方位的资讯，并通过网络搜索技术获取国际市场信息，从而产生了互联网搜索成本。第二，在知识产权能够得到有效保护的情况下，知识和信息等服务就成为外贸企业必须选择的业务，从而产生了信息成本。第三，网络化的线上经济活动尽管方便了交易，但是也增加了交易过程中纠纷的解决难度，因此对相关的政府职能部门监管体系提出了挑战（孙杰，2020），为了甄别外贸企业身份、信用、资质以及贸易规范等，相应产生了监督成本。第四，将数字贸易所有产生的数据信息在出口地按照相应法律法规进行存储，相关企业必须建立相应的数据本地存储库、备份机制等，但这也同时增加了处理和运营企业数据的成本，为企业数据跨境业务的正常展开带来了负担。例如，部分没有能力创建数据中心的中小企业，一般需要依赖第三方数据存储系统进行数据备份，从而增加了数据存储的成本。同时，与此类第三方建立合作关系时需签订合同，以确保后续工作的顺利进行，以及发生问题时能有追责途径，也能明确放弃与其他第三方合作的机会成本，这就产生了数字贸易进行中的合同成本。由此，在数字贸易进行过程中所产生的搜索成本、信息成本、合同成本、监督成本和数据储存成本等构成了总的数字贸易成本。

然而，数字贸易在国际上尚未形成一个广为接受的定义，不同国家研究机构、学者对其有不同的解读，对于数字贸易成本构成的认识也五花八门。以上界定是多数研究者所认可的数字贸易成本的产生过程，而对于数字贸易成本产生过程的具体理论研究，还需要进行更深入的探索。无论如何，数字贸易成本看似众多，但因数字贸易通过采用数字技术，提高了员工生产力，引入了更为高效的经营方式及创造并简化全球价值链。可以说数字贸易相对于传统贸易而言所带来的成本降低是巨大的，与它所带来的收益相比，数字贸易的几大成本算是微乎其微。

> **理论命题 14-2**
>
> 数字贸易运用信息通信技术使企业获取国际市场信息，从而产生搜索成本，又因其对知识和信息等服务的需求产生了信息成本。此外，线上经济活动必须由监管部门进行监督，产生了监督成本，同时，与第三方建立合作关系时签订合同以产生合同成本。最后，需建立相应的数据库将数据加以储存，产生了数据存储成本。

二、数字贸易成本的构成分解

尽管数字贸易会在数据储存搜索、网络安全治理、贸易规则制定等方面带来新的成本和新的矛盾，但它的不断延伸以及与实体经济的融合发展也为各国提供了更多可能或者更优的路径。数字技术被一些国家地区的企业广泛应用于供应链、价值链之中，这大幅提高了产业上下游的协同效率，而采购成本、营销成本、物流成本等成本费用大幅降低，使企业形成了新的竞争优势，在数字经济时代获得了发展先机（Shuzhong 等，2018）。在这一过程中，平台全网搜索这一优势的运用使经济信息能够直接便捷流动，这不仅使用户可以更方便获取全面而准确的数据（孙杰，2020），并且突破了地域的限制，扩大了信息可得性和潜在的受众群体，也在一定程度上降低了市场准入的难度和门槛，使各企业有足够的动力进行产品质量的提升和功能的创新，同时在需求方面也降低了消费者的搜索和比较成本，使用户可以更便捷迅速地获取自己想要的信息。

数字贸易成本中也包含着传统贸易成本的内容，如运输成本仍在存在，多数交易沟通或者交易信息传递搬到线上，但实体货物仍然需要运输到贸易目的地，不过由于数字技术加快了交易信息的传递，进而也缩短了等待运输指令的时间，使得运输进度加快。在产品出口过程中，一些政策壁垒成本也存在，如关税壁垒和非关税壁垒，尤其是非关税壁垒中涉及产品质量安全认证、绿色贸易壁垒和技术贸易壁垒等贸易成本阻力继续影响数字贸易出口额的增长，而且，数字贸易下数据流动壁垒也成为政策壁垒成本中新增加的一部分。需要指出的是，数字贸易仍存在合同成本，其与传统贸易的合同签订方式和类别都存在差异，尤其是线上签约成为主流，相应的合同成本也会比传统贸易下有所降低。

在上述背景下，传统经济分析中常用的成本概念，比如边际成本、平均成本、固定成本和可变成本等都发生了巨大变化，甚至有大量的数字经济平台企业可依靠用户规模大这一优势，通过广告植入的收入来实现一些服务和产品的免费使用特权。此外，数据的自由流动不仅能够节省数据出入境的评估和审查成本，还使数据境内储存和备份的成本降低，同时还缩短了交易时间，使数据跨境手续得到简化，提高了交易效率。更为重要的是，企业也可以通过信息系统对生产中的仓储、物流需求等进行实时监控和管理，以降低不必要的仓储占用，减少不必要的成本，确保配送环节有序高效，以降低时间、空间成本。同时，服务存储载体也经历了一大演进，磁盘、光盘、移动硬盘等传统的数字化存储设备正在被虚拟的、线上的云存储所取代，不仅不易丢失，且推动了存储成本的降低、存储方式的优化和存储服务的演进。

第三节　数字贸易成本的分类

数字贸易成本伴随着数字贸易的产生而出现，并在使用信息通信技术进行国际货物或服务交易的过程中应运而生。总的来看，数字贸易的六大关键优势为：识别并进入新市场；降低成本；支持合作；提高数据储存、处理与获取的速度；提供更精准的信息；引入有效的经营方式及重构全球价值链。因此，与传统贸易相比，数字贸易使相关服务突破了传统贸易中时间和空间分离的劣势，减少了很多附加成本。例如，各大数字平台的崛起降低了搜寻成本、撮合成本和交付成本。可以说，在数字贸易进程中所呈现出的贸易成本普遍降低、中间环节大幅减少等趋势，对于推动贸易全球化具有重要意义。但是，数字贸易也并非零成本，其成本主要体现为搜索成本、信息成本、合同成本、监督成本和数据存储成本。

一、搜索成本

美国国际贸易委员会基于交易内容将数字贸易分为五大类：搜索引擎、数字内容、社会媒介、跨境电子商务以及其他产品和服务（陈红娜，2020）。其中对于数字内容的呈现，需要先对数据进行收集、归类、整合，才能够形成一个庞大的数据库以供搜索。除此之外，还要在搜索过程中对其他无用信息进行排除，精准匹配到用户真正所需的数据，其中所耗费的人力、财力资本皆属于数字贸易的搜索成本。

与此同时，如何让用户搜索数据更便捷、迅速，且搜索到的信息更准确，是开发者一直在探索的方向，这都需要对搜索引擎逐步进行完善。因此，搜索引擎的设计所耗的费用也是搜索成本中必不可少的一部分。对于用户而言，由于用户与商家之间的信息不对称，用户必然努力寻找对比同质商品的价格信息，以期找到性价比最高的商品，这种行为无疑会帮助用户做出比较理想的购买决策。但这种对于信息的搜寻也是有成本的，主要是指搜寻过程中所耗费的时间成本，而这也正是数字贸易过程中搜索成本的一个组成部分。

二、信息成本

最初信息是通过传统的传播渠道取得，在搭载上信息数字化的快车后，带来了效率方面的巨大提升，而后在经济的增长领域起到了不可替代的作用（孙杰，2020）。以现代信息网络为重要载体、以数字化信息作为关键生产要素、以有效利用信息通信技术为提高效率和优化经济结构重要动力的一系列经济活动。信息被当作关键生产要素以传递和交易为主要方式来服务经济社会发展，但是与传统贸易相比，提供信息的服务经济在生产服务的同时也存在消费服务的特征。

在知识产权能够得到有效保护的情况下，数字经济所带来的服务产品不仅可以多次重复使用，并且可以基本实现零成本的复制生产。在数字贸易中，信息被视为与传统生产要素并列的要素之一，如劳动和资本等，是被包含在全要素生产率背后的主要影响因素。一方面，信息被作为生产过程中的中间投入品而计入生产成本中并最终在销售中得到补偿；另一方面，信息被当作关键生产要素投入从而实现了生产效率的提升和实现传统贸易结构的优化。

三、合同成本

合同成本主要是指为实施某项合同项目而发生的相关费用，包括从合同签订开始至合同完成为止所发生的、与执行合同有关的直接费用与间接费用。而对于数字贸易过程而言，虽然纸质化合同签订数已大大减少，但电子合同、凭证等同样需要相应的合同成本。其中包括为完成项目所支付的设备及材料成本，为完成项目所支付的咨询、培训、设计、验收等服务成本，还有签订合同所需劳务工的工资支付，也就是人工成本。当与一方签订合同时，就会失去与其他同质商家合作的机会，这是数字贸易合同成本中的机会成本部分。

与此同时，数字贸易合同还可能不被履约，所以双方还应做好承担毁约相应损失的打算，这都是包含在数字贸易合同成本中的。除了以上较为显性的合同成本以外，还涉及版权、制作、专业性博弈等方面的隐性成本，例如支付给分包商的成本、设计及技术援助费用、检验试验费用、销售佣金等，这些对于一份合同的签订都是不可或缺的。

四、监督成本

在数字贸易模式下，在线交易极大地提高贸易便利性的同时，一些监管问题随之接踵而来（龚谨，2020）。不同贸易主体来自不同的国家或地区，对于信息、数据安全的有关规定，各个国家制度不尽相同。随着"数据泛滥"情况的出现，在数据产权方面，各国对于谁拥有数据、管理数据，如何管理和使用数据，以及如何在不同主体之间分配责任和权利，有着不同的观念和立场（马述忠等，2020）。知识产权监管的重要性在于，数字时代很多产品可以零成本地进行复制，严格的知识产权保护对提升一个国家对数字公司的吸引力很重要。

数字经济时代，跨境电子商务的迅速增长给税收问题带来了难题，使得数字贸易税收监管成为新的讨论热点。各国、各地区之间在数据跨境流动、跨国知识产权保护、数字税收监管、市场准入等方面存在分歧和冲突，为确保整体的数字贸易稳健发展，需要投入人力、财力、物力对数字贸易服务进行监督。因监督所发生的一系列费用，被当成生产过程中的生产要素计入产品的生产成本中。

五、数据存储成本

近年来，数字化的发展给用户提供了按需、灵活、低成本以及可扩展的应用部署方式，出现了许多数字化服务提供商。数字化环境使得服务商能够方便灵活地利用网上数据来部署运行他们的应用，以达到降低成本、提高服务质量等目的。但是在数字化贸易中，出于保护知识产权和防止数据隐私外泄的目的，信息和知识是可以存储的。在数字化存储方面，数字贸易比传统服务业有更大的提升空间，主要体现在前者把知识和信息的生产与消费在时间和空间上分离开来（孙杰，2020）。

数据存储无疑对于保护数据和系统运行安全是相对有效的方法，尽管在网络时代，数字化信息不能保证绝对的安全，但在各国隐私保护制度存在差异的背景下，数据存储至少可以更方便地实现一个国家自身设定的监管目标。为确保整体的数字贸易稳健发展，需要投入人力、财力、物力对数字贸易服务进行存储。将数字化的存储作为生产要素的投入过程，计入产品的生产成本中（张俊华，2019）。

专栏 14-2　数字贸易挑战传统的成本定价范式

数字经济和数字贸易是以被当作关键生产要素的知识和信息的传输和交易为主要内容的服务经济，但是以提供知识和信息的服务经济不同于传统服务经济那种在生产服务的同时也就是消费服务的特征。在知识产权能够得到有效保护的情况下，知识和信息等服务，甚至一些数字经济本身的产品不仅可以多次使用，而且可以几乎是无成本地复制生产。因此传统经济分析中常用的成本概念，比如边际成本、平均成本、固定成本和可变成本等都发生了很大变化，由此带来的价格加成和定价原则也随之出现了变化，甚至大量的数字经济平台企业由于用户规模大，通过广告收入可以实现一些服务和产品的免费使用。这意味着在数字经济时代，不少企业的盈利模式、商业模式和经营策略可能都发生了变化，难以再用以往的框架进行分析。

数字经济和数字贸易在相当大的程度上实现了信息直接流动和方便获取，使得商业结构向扁平化发展。借助网络化基础设施平台及其信息处理、搜索、分类和推送，大量企业得以摆脱各级分销体系，能够直接接触到最终客户，完成 B2B、B2C 甚至 C2C 的交易。扁平化去除了中间层，信息传递更直接和通畅，不仅可以降低交易成本，而且提高了信息传递的快捷性和准确性。这意味着在不会损失效率的情况下，中间层级的消失降低了成本，从而提高了企业的效率，真正实现了组织结构扁平化的好处。

摘自：孙杰. 从数字经济到数字贸易：内涵、特征、规则与影响 [J]. 国际经贸探索，2020，36（5）：87-98.

第四节　数字贸易成本的影响因素

与传统贸易相比，数字贸易在降低贸易成本、提高贸易效率上具有较大优势，并且在发展速度上已远超传统的货物、服务贸易。那么，究竟哪些因素能够影响数字贸易成本？相关研究表明：数字技术的发展、数据资源的跨境流动、数字贸易综合服务的健全程度、仓储及运输能力的改善情况、贸易规模的变化等因素对数字贸易成本都有较强的影响（张俊华，2019；陈红娜，2020；盛斌，2020；Ivan，2020），并且上述不同因素的变化将左右数字贸易成本的产生方式和大小。

一、数字技术对数字贸易成本的影响

数字技术的应用会对数字贸易成本产生极大的影响，具体表现在以下几个方面：首先，数字技术可以有效降低价值链上不同环节之间的贸易成本，提高其交易效率，如在优化仓储和库存方面，人工智能技术可以有效降低运输和物流成本。其次，数字技术还能提高贸易效率并降低时间成本，如在货物贸易领域通过电子商务平台、在服务领域通过网上订票和订酒店等服务等均大幅缩短了交易时间。最后，数字技术与商业模式、生产方式的耦合将会创造多样化的贸易产品。在全球数字技术一体化的时代，全球贸易模式将逐渐从大宗贸易模式演变为分散化、平台模式。商家也会基于消费者的个性化需求进行定制生产和服务，创造出几乎无限的产品种类，这可能导致既相似又高度差异化的贸易增加。

二、数据流动对数字贸易成本的影响

数据流动对经济活动的影响越来越大，据资料显示，美国数字化的服务从 2007 年的 2 821 亿美元增长到了 2011 年的 3 561 亿美元，在全球范围内，麦肯锡发现在 2009—2018 年数据流动使全球 GDP 贡献增长了 10.1%[①]。数字流动的壁垒对企业的竞争力、经济的生产力和创新能力都有着非常重要的影响。创新和经济增长的驱动力越来越源于企业如何收集、传输、分析和运营数据，而最大化数据的价值也需要数据的流动。在企业层面上，数据流动的壁垒使得公司的竞争力下降，企业被迫进行不必要的 IT 服务投入，进而会产生很多额外的费用，这将会大大降低企业的竞争力及其生产力。如果没有"数据保护主义"，数字贸易和跨境数据流量的增长速度预计要远远超过全球贸易的总体发展速度。除此之外，跨界数据流动的壁垒也会阻碍创新和对创新服务的获取，制造数据流动壁垒的国家使得本国的公司从数据中获得新思想的过程变得更加困难和昂贵，这将会提高开发新产品的成本，严重影响企业的创新能力（薛亦飒，2020）。

三、综合服务对数字贸易成本的影响

发展数字经济，推动数字经济和实体经济深度融合，实现数字产业化和产业数字化，打造具有国际竞争力的数字化产业集群，离不开综合服务提供强有力的支持。具体而言，数字贸易综合服务可以利用大数据、人工智能等数字技术，基于行为数据为潜在消费者分配标签，进行圈层归类，建立"千人千面"的用户画像，从而实现精准投放营销信息。这样的方法有效地提升了消费者和商品成功匹配的概率，从而节省了消费者搜索商品的时间与精力，即降低了数字贸易的搜索成本。在企业间，数字贸易综合服务商建立了大量的 B2B 交易平台，如垂直领域的找钢网、中国化工网和跨境电子商务领域的敦煌网，这些平台公开、集中地展示了企业的商业信息，节省了数字贸易中企业寻找交易对象的成本。

值得关注的是，随着数字贸易综合服务的发展，全球公司的数字化水平正逐步提升。如电子合同因其标准化、自动化、高效率的特点，被越来越多的贸易企业运用于实际的贸易工作中，这不仅减少了重复性的工作，有效避免了合同书写错误等问题，而且能够将企业的海量合同进行归档、检索、分析，极大提高了贸易便利化的程度。一方面，数字贸易综合服务利用大数据、区块链等技术改良了传统的监督方法，从而使监督双方的信息不对称问题将会大大减少。另一方面，数字贸易综合服务中的云计算服务改变了传统的储存模式，云计算服务提供的云端储存空间极富扩展性，使企业可以通过网络便捷地交付、使用 IT 基础设施，让企业无须购买大量的文件存储设备，也免去了管

---

① 麦肯锡. 2019 全球支付行业报告，2019.

理不同设备存储的数据的人工成本。

四、仓储运输对数字贸易成本的影响

当商品贸易的运输范围突破国土的局限，向着全球化和多样化的方向迈进时，仓储运输在这一进程中发挥着重要的功能。其目标是为了更好地整合国外仓库的客户资源和国内仓库的供应商资源，以及满足高时效的物流配送要求。具体来看，既有的数字化仓储运输分别将国外仓和国内仓作为共同配送的起点和终点，有效整合了运输的资源，实现运输规模效应最优化，进而降低配送成本。其中，在充当国际运输的重要节点和国内运输或配送起点的贸易进程中，海外仓的功能多样性不断凸显和深化：

第一，海外仓在发货的同时可代替卖家收取买家订货资金，在收到货物时提供规定时限和佣金费率的代收货款增值业务，解决了商品交易时存在不稳定特性的交易风险以及资金结算不便、不及时的难题。

第二，货物运输到海外仓之后，基于客户订单需求，仓库将整箱货物进行分拆，为地域环境聚集的客户提供拼装服务，进而整车运输或配送。

第三，当海外仓经海关批准成为保税仓库时，可免除各种税收，进而简化了进出口需要的流程和相关手续。同时，转口贸易可在保税仓库进行，以海外仓所在国家作为中介，连接卖方和买方国家，采用这种方法能够有效规避贸易的惩罚。在海外保税仓内，还可以对货物提供简单加工等增值服务，仓库的功能趋于多样化（鄢荣娇，2016）。

五、贸易规模对数字贸易成本的影响

在传统经济学的分析概念中，规模经济和范围经济是有明确差异的，用以解释企业竞争优势的不同来源。近年来，扩展边际和集约边际逐渐在贸易领域里流行，这两种企业贸易扩张的方式与规模经济和范围经济密切相关。传统的经营主体大多是追求规模经济，聚焦于某一类产品的生产。尽管有些经营主体会采用跨行业的生产和经营方式，但是各个实体之间的贸易成本与所得依然是进行独立核算的（孙杰，2020）。而数字经济背景下涌现出了一大批新型平台企业，它们运用全网搜索与分析，积极利用规模经济和范围经济的优势，为企业和用户提供数字化服务和产品。同时，巨量的客户作为一种重要的资源，也成为新的竞争优势。各方竞相争夺客户资源，实质上就是利用规模经济和范围经济的互补优势。

在互联网、大数据时代，那些拥有较多数据资源并可以高效处理信息的传统企业，获取的规模经济和范围经济的优势也就越大，便越容易得到用户的认可，从而也就占有越多的市场份额。规模经济一方面为传统企业带来了新的竞争优势，例如高价格、高生产率、低成本；另一方面其本身就可以转化为范围经济优势，并据此提高抵御市场风险的能力。值得注意的是，规模经济和范围经济的有机融合也极大地促成了独角兽企业的出现，改变了原有企业间的贸易格局。

专栏 14-3 数字技术对数字贸易的影响

本章小结：
中国视角

　　当前数字技术逐渐成为世界各国经济发展新动能，依托数字技术赋能的数字贸易更是成为主导新经济全球化的重要推动力。国家之间的贸易之争往往表现为产品质量或者价格竞争，而背后的根源就是贸易成本之争。具体来看，数字贸易成本包括搜索成本、信息成本、合同成本、监督成本以及数据存储成本，其中数字技术、数据流动、综合服务、仓储运输和贸易规模对数字贸易成本有着重要的影响。中国作为世界最大的贸易国之一、全球数字贸易发展的新高地，必须从降本增效的目标出发，利用数字贸易的成本竞争优势，突破传统贸易在时间和空间的桎梏，提升贸易竞争力。更为重要的是，中国的经济正处于"双循环""后疫情"等双重时代关口，迫切需要通过数字贸易的发展实现产业的优化升级和经济高质量发展。因此，中国需要积极参与数字贸易规则的制定，在坚持开放、强调保护知识产权、完善数据保护的相关法律法规下，着重在数字技术、数据流动、数字综合服务、仓储运输和贸易规模上下功夫，着力进一步降低数字贸易成本，从而更好地推动我国数字贸易的发展，确保国民经济的可持续增长。此外，中国是世界上最大的发展中国家，中国的数字贸易规则主张一定程度上代表了发展中国家的利益诉求。在"数字鸿沟"及日益加固的美欧数字贸易高"围栏"面前，中国的数字贸易降本增效策略或能为其他国家作为参考。具体表现为：为发展中国家提供数字贸易的软硬件设施，包括搭建数字贸易平台，开展双边或多边贸易的基础设施建设和服务等，建立数字贸易新的规则体系，打破发达国家贸易规则桎梏，加强全球经济治理，降低数字贸易成本等。

即测即评

思考题　1. 互联网和数字技术的共同推进产生了数字贸易，数字贸易的发展已超越了时间和空间的限制，在贸易便利化中扮演着越来越重要的作用。在数字贸易推动中国与全球贸易融合不断加深的现实背景下，你认为数字贸易相较传统贸易主要进行了哪些方面的升级？

2. 众所周知，"一带一路"沿线国家和地区，发展水平不同，发展环境不同，但它们一直将推进自由贸易作为共同需求。为此它们一直关注如何通过新技术和新业态，有效降低贸易成本，加快互联互通进程，那么你认为影响数字贸易成本的因素有哪些？

3. 自 20 世纪中叶以来，核能、电子计算机等技术的发明与应用引领了第三次工业革命，其中数字技术的兴起扮演了极其重要的角色，由其促成的互联网、数据存储与数据处理等数字革命的发展，深刻改变了国际贸易的方方面面。但是从现有数字技术对贸易成本的影响研究来看，存在哪些不足？

4. 2020 年 11 月 15 日签署的《区域全面经济伙伴关系协定》（RCEP），因其覆盖人口数量最多、成员结构最多元、发展潜力最大等特点而备受关注。你认为签署 RCEP 对数字贸易成本有什么意义？

5. 基于不同类别的数字贸易成本视角分析，数字贸易成本的降低如何推动数字贸易对全球化产生不同的影响？

延伸阅读　［1］马述忠，房超，梁银锋. 数字贸易及其时代价值与研究展望［J］. 国际贸易问题，2018（10）：16-30.

［2］施炳展. 互联网与国际贸易：基于双边双向网址链接数据的经验分析［J］. 经济研究，2016，51（5）：172-187.

［3］范鑫. 数字经济发展、国际贸易效率与贸易不确定性［J］. 财贸经济，2020，41（8）：145-160.

数字贸易综合服务

第十五章

数字贸易综合服务概述

在数字经济时代来临的背景下，数字贸易综合服务从电子商务综合服务中迭代而出，为数字贸易的蓬勃发展发挥着重要的作用。回顾全球数字贸易综合服务几十年来的发展历程，数字贸易综合服务产业历经服务萌芽阶段、产业启动阶段、市场扩张阶段与转型升级阶段，随电子商务、跨境电商和数字贸易的陆续出现呈现出不同的阶段特点，具有为数字贸易降本增效、拓宽市场的重要经济价值，是现代服务业的重要组成部分。通过本章的学习，可以了解数字贸易综合服务的内涵和外延，对数字贸易综合服务在经济发展中承担的角色有所把握，为进一步深入理解数字贸易综合服务打下基础。

第一节　数字贸易综合服务的产生与发展

一、数字贸易综合服务产生的背景

（一）关键数字技术得到广泛应用

数字技术的高速发展对于数字贸易综合服务的发展具有决定性的影响。在贸易实践方面，已经有越来越多的企业和政府将数字技术与贸易活动相结合，以提高支付、物流、通关、商检、退税等环节的效率，为传统的外贸综合服务转型升级打下坚实的基础。以云计算、大数据、5G 通信技术为例，关键的数字技术已经在全球的商业领域有了广泛而深入的应用。

第一，云计算将所有资源集中在"云"上，让使用者可以随时随地通过互联网从平台调取 IT 资源。云计算技术为精准营销的实现提供了重要的基础，其将互联网的用户数据集中在同一个平台内，在平台接入一系列 API 接口[①]，并在平台上提供各类数据分析工具，为企业的精准营销策略提供了较为完整的解决方案。截至 2019 年，全球云计算整体市场规模达 883 亿美元，增速为 20.9%，处于应用快速扩张的阶段[②]。

第二，大数据技术对海量数据进行专业化的处理分析，可以帮助企业管理者挖掘数

---

① API，指应用程序接口，全称为 application programming interface。
② 中国信息通信研究院. 云计算发展白皮书（2020 年），2020.

据价值，为企业降本增效。比如在智慧物流产业中，物流网络日积月累地产生了海量的运输信息，大数据技术被用于分析各地物流的配送情况，物流企业可以根据分析结果得出更具效率的物流改革方案，提炼出信息的价值。在未来，随着互联网普及率大幅提升，网络数据的来源日益丰富，全球各国的数据量将逐年倍增。基于愈加庞大的数据库，大数据研究者的模型在大量的试错和改良中变得更加贴近现实。

第三，5G 通信技术具有极高速率、极大容量、极低延时三大特点。由于互联网的信息传输能力增强，5G 通信技术对在线支付服务模式产生了重大的影响，高清影像、传感器的信息都能作为支付的"密码"，人们的支付方式将从 4G 时代单一的扫码支付走向刷脸支付、指纹支付等多样化的支付方式，这不仅让支付活动变得更加便捷，也拓展了在线支付的场景。中国走在了 5G 通信技术的全球前沿，截至 2020 年年底，中国 5G 套餐总用户数已突破 3 亿，5G 平均渗透率超过 20%[①]。在可以预见的未来，5G 通信技术将大大拓展 4G 时代的数字服务，从 VR、AR 和物联网等方面推动产业发展，激发数字贸易潜能。

（二）电子商务、跨境电商与数字贸易发展迅猛

潜在的需求创造新的供给，电子商务、跨境电商与数字贸易的迅猛发展能够直接带动相关综合服务的兴起。自 20 世纪 90 年代开始，互联网在欧美、亚太地区陆续进入商业应用阶段，亚马逊、eBay 和阿里巴巴等电商巨头陆续出现。此后，全球电子商务市场规模快速扩张，在全球化与数字技术发展的影响下，跨境电商与数字贸易接连出现，且均已进入高速发展的轨道。

与贯穿人类文明的传统交易相比，线上交易属于商业领域的新生事物，其基于互联网的交易模式为商业实践带来了诸多难题，也同时带来了更多的商业契机，数字贸易综合服务正是在这样的背景下诞生的。以具体服务为例：为了解决消费者和卖方身处异地的问题，交易的全流程都需要与互联网相融合，在线支付和智慧物流等服务应运而生；为了利用互联网的信息传播和数据收集方面的优势，数字技术被深入运用在商业实践中，数字营销等服务得到迅速发展。

（三）中小微企业渴望实现普惠贸易

在国际贸易和电子商务市场，由于规模效应的存在，大型企业的平均管理成本一般低于中小微企业，构筑了无形的进入壁垒，进而压缩了中小微企业的生存空间。而相关综合服务的出现为中小微企业带来了转机，有效解决了市场壁垒的难题。

就传统的实体商品贸易而言，传统国际贸易的流程十分复杂，买卖双方需要在合同订立、通关、物流以及国际支付与结算等方面付出大量的人力物力，规模较小的企业无法到达传统国际贸易的基础门槛，所以传统国际贸易主要由大型跨国公司垄断。在市场

---

① 中国三大电信运营商（中国移动、中国电信、中国联通）2020 年年报数据。

潜力难以释放的背景下，协助中小微企业代办贸易手续的服务产业逐渐兴起，传统贸易综合服务商可以为全球的中小微企业提供支付、结算、通关、金融等"一站式"服务，用专业的服务提高中小微企业跨境交易的效率。

在数字经济时代，国际贸易已与互联网深度融合，贸易标的也不再仅限于实体商品，于是数字人才、营销投入和物流成本等成为中小微企业面临的新壁垒，传统贸易综合服难以解决这些新型贸易壁垒。数字贸易综合服务由电子商务和跨境电商的综合服务升级而来，为数字贸易企业提供覆盖更多环节的支持服务，弥补了中小微企业在交易、物流、营销、认证、代运营等方面的短板。

（四）国家对数字贸易综合服务的政策支持

从电子商务起步较早的发达国家开始，各国陆续出台电子商务相关的发展计划，希望通过政策导向营造出良好的电商发展环境，这其中也包括了对电子商务服务业建设的各方面指导。主要的相关战略包括：美国的《全球电子商务政策框架》、欧盟的《欧盟电子商务行动方案》、日本的《e-Japan 计划》、中国的《电子商务"十三五"发展规划》《"十四五"电子商务发展规划》以及"六体系两平台"的综试区发展框架。

美国在 1997 年出台的《全球电子商务政策框架》中明确提出要对在线支付服务实施灵活的管理政策，并重视信息基础设施的建设。欧盟 1997 年推出的《欧盟电子商务行动方案》还针对电子合同中数字签名进行了法律效力的肯定。日本 2001 年推行的《e-Japan 计划》另外强调了对国家 IT 人才的培育。中国的《"十四五"电子商务发展规划》提到，鼓励各类技术服务、知识产权交易、国际合作等专业化支撑平台建设。此外，"六体系两平台"基础框架的建设是中国发展跨境电商综试区的工作重点，其中"六体系"指信息共享、智能物流、金融服务、电商诚信等六个体系，"两平台"指跨境电商线上综合服务平台和线下产业园区平台。随着跨境电商逐渐升级为数字贸易，"六体系两平台"的框架也涵盖了数字贸易综合服务的主要内容，国家的倡导凸显了数字贸易综合服务的重要性。

二、数字贸易综合服务发展的阶段性表现

（一）服务萌芽阶段（ 20 世纪 60 年代末至 1994 年 ）

数字贸易综合服务的开端需要追溯到互联网服务提供商（Internet Service Provider，ISP）的出现，它们的服务协助用户访问与发布网络信息，搭建了在线交易的基础。从全球范围来看，20 世纪 60 年代已能通过拨号技术实现计算机连接，但这一技术在当时未能推向大众。在 20 世纪 80 年代，个人计算机问世，网络论坛亦在这一时期兴起，它展现了计算机网络交换信息、共享信息的能力，电子商务交易服务平台由此隐约成型。直到 20 世纪 90 年代，美国政府取消了对互联网商业应用的限制，真正的线上交易服务才得以诞生。随后，网页浏览器和安全套接字协议技术在 1994 年出现，既提升了网络

用户的浏览体验，又增强了人们对网站的信任程度，成功鼓励了越来越多的民众尝试上网，为此后涌现的在线交易服务提供了用户基础。

受到计算机技术发展和企业需求的双重影响，其他相关服务的数字化进程也在这一时期有了里程碑式的推进。随着国际贸易规模的迅速扩张，外贸企业的单据制作成本居高不下，企业对自动化、无纸化工作的渴望日益强烈，电子数据交换等计算机技术在20世纪70年代应运而生，并不断蓬勃发展，为大量企业提供了数字化转型的途径，提升了各个企业的信息化水平，为交易、物流和营销等服务业的技术升级打下了基础。以物流仓储技术为例，基于计算机的实时仓库管理系统在该阶段已经出现，大量企业也开始通过条形码快速储存和读取产品信息，数字化转型已开始成为大量企业降本增效的重要途径。

（二）产业启动阶段（1995—2000 年）

在20世纪90年代末，全球互联网进入了前所未有的繁荣时期，互联网很快在商业领域得到应用，第一批互联网内容提供商（Internet Content Provider，ICP）在这一时期起步，交易、物流、营销、支付等服务的范围纷纷向互联网延伸，完整的电子商务综合服务体系逐渐形成，为未来向数字贸易综合服务升级做好了铺垫。

作为所有电子商务相关服务的核心，交易服务从该阶段开始基本成型，根据交易模式的区别分化为 B2B、B2C 和 C2C 三个主要方向，亚马逊、eBay 和阿里巴巴等全球线上购物平台巨头皆在这一阶段先后成立。不过在这一时期，交易服务尚处于起步时期，众多平台创始人也正在探索交易平台的盈利模式，平台功能较为单一，距离如今"一站式"的服务模式还有一定的距离。以面向全球贸易的 B2B 平台阿里巴巴为例，此时主要起到整合信息的作用，展示企业的基本信息和商品描述，为中小企业提供外贸信息服务。此后，越来越多的电子商务交易平台在互联网涌现，在该阶段获得了第一批原始用户，为未来电子商务平台服务企业的竞争格局打下了基础。

互联网在商业领域的应用一方面为企业增加了交易的机会，另一方面也为企业带来了线上线下融合的挑战，于是数字营销、在线支付等新生服务陆续产生。

对于数字营销，人们首先延续了传统的营销手段，利用互联网信息共享的特点，推出了横幅广告以及搜索引擎广告服务，用直接展示信息的方式触及潜在消费者，相对传统的电话推销、广告邮件的营销手段更具效率。后来，随着计算机技术的成长，记录用户行为数据的 Cookie 技术诞生，这有助于企业以网站留下的用户行为数据为导向，开始实施精准营销策略。

对于在线支付，由于全球互联网渗透率尚相对较低，消费者对网络购物的认知极为有限，仍然更习惯"一手交钱，一手交货"的线下零售模式，对虚拟网络中的商家严重缺乏信任，所以急需第三方在线支付平台解决这一信任问题。但受到诉讼和法律的限制，在线支付产业的发展在这一阶段举步维艰，严重制约了线上交易平台开拓市场的步伐。

（三）市场扩张阶段（2001—2013 年）

2000 年之后，互联网泡沫破灭，互联网公司内完成了一次优胜劣汰的筛选过程，同时互联网用户规模持续扩大，许多线上交易平台服务商也找到了合适的盈利模式，逐渐走出初期的困境。随着网络的信息承载能力不断加强，互联网更加深入地参与进了电子商务相关的营销、支付、物流等服务环节中，物联网、大数据等数字技术开始被广泛关注。在后期，随着 4G 通信技术在日本、美国等发达国家先进入商用领域，移动应用程序的使用量与日俱增，移动客户端的出现大幅增加了人们在购物平台停留的时间，网络购物的交易规模迅速增长，促进了相关服务产业的市场规模扩张。

支付服务在这一阶段出现了重大的发展。eBay 在 2002 年收购在线支付服务商Paypal，有力完善了平台的支付体系，大大提升了网络购物的支付效率，更解决了消费者对网络购物的汇款信任问题。中国的淘宝网也紧接着于 2003 年 10 月上线支付宝服务，在此后同样作为第三方支付平台，发挥信用担保的作用。此外，加密数字货币比特币诞生于 2009 年，以其去中心化、快速交易、低服务费的优点，对此后的在线支付服务产生了较大的影响。

专栏 15-1 支付服务和交易服务解决中国电商发展难题

营销服务的手段随 Web 2.0 时代的到来变得更加多样化。Facebook、Youtube、Twitter、Instagram 在 2004—2010 年间陆续创建，互联网用户逐渐从纯粹的阅读者变为读写皆有的参与者。在社交网站兴起的背景下，传统营销手段如横幅广告的效果正在减弱，个性化的营销方式受到人们的重视，社交平台上的商品推广工作如视频营销、明星推广等成为重要的营销方法。

物流仓储服务在此阶段既获得了管理软件的支持，又融入了一定的物联网技术，提升了管理的精度和效率。对于管理软件，以企业资源规划（ERP）系统为例，它基于计算机技术，从供应链管理的角度，提供了多部门商品信息的集成管理方法，在企业中得到了广泛的应用。对于物联网技术，以 RFID 标签为代表，部分公司用其代替传统的条形码，实现了对物品位置的实时跟踪，也免去了手动扫描条码的工作。

（四）转型升级阶段 （2014 年至今 ）

随着数字技术不断走向成熟，数字经济在这一阶段成为社会发展的新引擎，数字贸易成为服务商的重要服务对象。数字贸易综合服务从电子商务和跨境电商的综合服务中脱胎而出，服务商不仅要具备服务外贸企业和电商企业的能力，还需适应贸易对象数字化的数字贸易特点，积极应用新型数字技术提升服务效率，持续用技术创新推动数字贸易综合服务成长。就整体结构来看，由交易服务、支撑服务和衍生服务组成的服务体系已经趋于稳定。

在交易服务方面，随着网络信息技术的不断突破，移动端在线购物市场迎来爆发式增长，交易平台在新时期的发展主要有以下四个特点：第一，移动端购物成为主流的网购方式，人们可以将更多的碎片时间分配给网络购物平台。第二，线上交易平台与传统零售企业相融合，平台运用大数据等信息技术精准协调上下游关系，新零售产业蓬勃发展。第三，交易平台服务商跨界布局其他服务业，参与产业价值链的更多环节，消费者和商家可以在单个交易平台体验完整的认证、交易、物流等服务。第四，各大线上购物平台加快布局跨境电商，利用自身强大的服务能力连通跨境贸易的相关机构，为外贸企业赋能。

在支撑服务方面，随着数字时代的来临，各类数字技术与传统产业广泛结合，为物流、认证、支付等服务创造了新的发展空间。以物流行业为例，随着人力成本不断提高，云计算、大数据、物联网等数字技术得到加速应用，物流行业进入智慧物流时代，向模块化、自动化、智能化发展，高效协调各参与方的工作进度，降低社会物流成本。另外，以认证服务为例，因为区块链技术具有去中心化、不可篡改和匿名性等的特质，所以已被广泛应用于跨境电商认证服务，为各节点数据的真实性提供坚实的保障，实现买方、卖方和物流供应商等多参与方相互信任与快速互动。

在衍生服务方面，由于流量渠道日益多元化，电商行业内部趋向饱和，营销、运营服务商纷纷选择升级自身商业模式，依托强大的新型数字技术为自身赋能，朝数字化、精细化、国际化的方向进军。以营销服务为例，基于大数据、人工智能等数字技术，营销模式进一步从传统的粗放型广告投放走向精准营销，社交、短视频平台成为精准营销的主要场景。

此外，其他种类的衍生服务在数字贸易生态圈的建设中发挥着重要的作用。对于传统外贸，企业需要分别办理通关、物流、退税等业务，涉及机构众多，导致交易效率低下，且各个机构相互独立，不利于政府与企业之间互通信息、良性协调。因此在新时期，衍生服务提供者需要将政府、企业、消费者和第三方服务商联系在一起，依托前沿数字技术建立数字贸易服务系统，帮助数字贸易企业与各方机构接洽。基于以上的需求，中国的政府机构已开始带头建设数字贸易服务系统，各地的数字贸易综合服务平台被相继建立，尝试让企业通过线上的"单一窗口①"（Single Window）同时向多个部门提交贸易所需文件，并运用大数据、区块链等数字技术打造国际化、公平、透明的管理体系，政府可以通过平台有效监测跨境贸易数据，企业也能基于自身贸易过程产生的大

---

① 单一窗口，指参与国际贸易和运输的各方，通过单一的平台提交标准化的信息和单证以满足相关法律法规及管理的要求。

数据对经营情况进行全面分析，合理预测未来的上下游供需情况，协调各环节关系。

> **理论命题 15-1**
>
> 数字贸易综合服务由电子商务和跨境电商的综合服务迭代而出，在新一代网络技术和数字技术的支持下持续提升服务质量，以满足数字经济时代的新需求，解决数字贸易带来的新问题。归纳来看，数字贸易综合服务的发展分为服务萌芽阶段、产业启动阶段、市场扩张阶段与转型升级阶段，服务种类走向多元化，整体产业对世界经济的影响与日俱增。

第二节 数字贸易综合服务的内涵与外延

一、数字贸易综合服务的内涵

在数字贸易综合服务出现之前，电子商务服务在电商领域扮演着与之类似的角色。

阿里巴巴原副总裁梁春晓于 2006 年首次提出电子商务服务的概念，认为电子商务服务是指如何提供一定的服务以满足电子商务应用的需求。IDC 和阿里巴巴集团于 2011 年在报告中详细介绍了电子商务服务，认为它是为电子商务应用提供的服务，即面向机构或个人的电子商务应用的服务。柴跃廷（2012）对电子商务服务的内涵作出了更加细致的阐述，认为电子商务服务是基于电子信息网络，特别是互联网，为企业、机构和个人提供产品或服务交易及相关的电子认证、在线支付、物流配送等服务的业务活动。

数字贸易综合服务是电子商务服务在新时代的拓展和延伸。由于服务的领域是数字贸易，所以与电子商务服务相比，数字贸易综合服务更具数字化和全球贸易的特征。在数字化方面，它不仅将数字贸易的特殊交易对象（如数字化产品与服务、数字化知识和信息）作为服务的重要领域，还将数字技术深入运用在商业实践的各个环节。在全球贸易方面，它将服务范围从原本的国内市场扩展至全球范围，搭建起消费者和商家之间的跨国桥梁。总而言之，根据机构或个人的需求，数字贸易综合服务可以为数字贸易的每一个环节提供相应的服务，最终起到提升订单数量，顺利达成交易的效果。

> **理论命题 15-2**
>
> 数字贸易综合服务就是以数据为驱动，依托数字技术，为机构或个人提供与数字贸易各环节相关的支持服务，是满足数字贸易应用需求的服务。

数字贸易综合服务是所有数字贸易相关服务的统称。在实际生活中，由于各行业商家的经营模式差异较大，所以单个商家往往会从多个专业服务商购买不同环节的服务，以满足自身的个性化需求。同时，在数字经济时代，商业竞争随信息爆炸而日益加剧，专业化、精准化的服务才能够让线上商家更具获客能力，但这样的服务需要更加强大的技术基础和人才储备，所以许多服务商选择深耕某一环节的服务，在细分领域建立自身的优势。由此，数字贸易综合服务可以根据服务特征进行归类。如表 15-1 所示，数字贸易综合服务被分为交易服务、支撑服务和衍生服务，而后再根据具体服务类别做进一步细分。其中，交易服务是所有服务的核心，支撑服务是数字贸易流程顺利进行的基础，衍生服务则是支持商家和整个行业长期发展的重要途径。

表 15-1　数字贸易综合服务类别

服务特征	细分服务类别	具体服务内容
交易服务	企业间交易服务（B2B）	为数字贸易企业双方在网上的交易提供平台交易服务
	网络零售交易服务（B2C、C2C）	为数字贸易的零售或服务提供平台交易服务
支撑服务	电子支付服务	为数字贸易中的商家、消费者提供收付款等服务
	数字贸易物流服务	为数字贸易活动提供运输、储存、包装等服务
	数字贸易信息技术服务	为企业提供数字贸易平台开发、维护、运营等方面的技术支持服务
	数字贸易认证服务	电子认证服务，如电子签名认证
衍生服务	数字贸易代运营服务	为企业提供部分或全部的电子商务运营服务
	数字贸易营销服务	基于互联网协助企业满足一定目标市场的需求
	数字贸易咨询服务	对数字贸易的相关企业或机构进行研判，提出改良方案，并协助其落实
	数字贸易教育培训服务	为数字贸易相关人员和机构提供理论与实践等方面的培训教育服务

二、数字贸易综合服务的外延

　　数字贸易综合服务应用前沿的数字技术协助企业进行数字化转型，其服务范围基本涵盖了企业从供应链到售后的所有环节。数字贸易综合服务可以被看作传统外贸综合服务在数字贸易时代的拓展，用更加多元化、数字化的方式助力中小微企业蓬勃发展，为合理配置资源发挥着重要的作用。其与传统的外贸综合服务，既有很多相似之处，也存在诸多不同。

　　相同之处体现在服务目的等方面：

　　在服务目的方面，传统外贸综合服务和数字贸易综合服务的覆盖范围都包括了通关、跨境物流、出口融资、退税以及出口信保等涉及外贸的环节，都致力于让服务的机构或个人更加顺利地达成贸易活动，同时降低中小微企业的贸易成本，弥补中小微企业在人才、资金方面的短板，降低贸易市场的进入壁垒。以通关环节为例，传统外贸综合服务企业和数字贸易综合服务企业均可以协助外贸企业加快外贸通关速度。对于传统外贸综合服务，让拥有高级别报关资质的外贸综合服务企业为中小微企业代办通关手续，可以帮助中小微外贸企业获得更高的通关级别，提升通关效率。而对于数字贸易综合服务，企业采用前沿的数字技术打造全球报关系统，同样减轻了中小微外贸企业在通关环节的负担。

不同之处体现在技术应用、服务环节、业务风险等方面：

在技术应用方面，数字贸易综合服务更加注重对数字技术的运用。一方面，使用数字技术应对数字贸易的数字化特征。数字贸易的贸易范围比传统国际贸易更加广泛，贸易对象既有实体的，也有数字化的。因此，为了合理管理贸易对象，数字贸易综合服务应用了更多的计算机信息技术，如使用云计算平台承载数字化产品以便客户访问内容，或使用人工智能技术挖掘用户偏好以向其推送数字内容产品。另一方面，数字技术使数字贸易综合服务的效率有了极大的提升。利用前沿的大数据、云计算等数字技术，企业可以大幅优化数据分析的精准程度，节省下大量管理企业 IT 资源的时间，为工作的质量和效率提供保障。

在服务环节方面，数字贸易综合服务相比传统的外贸综合服务覆盖了更多的服务领域。数字贸易综合服务包括了交易服务、支撑服务和衍生服务，致力于为机构或个人经营提供全方位、全周期的综合服务，其中营销服务、代运营服务、数据分析服务等都不在传统外贸综合服务的服务范围之内。传统的外贸综合服务只协助企业办理通关、跨境物流、退税等与对外贸易实务相关的业务，解决中小微企业由内销转外贸时遇到的问题。

在业务风险方面，数字贸易综合服务需要额外面对数据安全的问题。在数字贸易时代，数字贸易综合服务深度应用大数据、云计算等数字技术，平台集成化的商业模式导致数据库信息愈发庞大，数据跨境流动日益频繁，信息泄露和被篡改的风险随之升高，部分国家为了确保网络数据的完整性、可用性和保密性，已出台了多项协议和政策，将数据安全作为重要的数字贸易规则组成部分。

专栏 15-2　现代企业物流的信息风险

物流信息运行系统提高了流通效率，但其受到信息技术稳定性、数据有效性及操作安全性等因素限制，且物流信息系统具有信息量大、开放性高和实效性强等特点，一旦物流信息运作过程中受到威胁，将为物流活动造成无法弥补的损失。但是任何一个信息系统都存在着风险，所以要重视物流信息安全，加强风险防范意识。结合信息系统常见的威胁和物流活动的特殊性分析，现代企业物流信息具体的威胁来源有以下三类。

1. 硬件风险

物流信息系统离不开安全的计算机硬件和高性能的物流信息设备，大量的数据需要及时处理、分析及交互。如果硬件出现问题，数据出现收集、存储失败，将直接影响物流活动的运行；或硬件防护能力不强，遭到病毒入侵、网络安全漏洞等，都会给企业带来巨大的影响。

2. 系统运行风险

物流活动的特点决定了物流信息系统的复杂性，物流系统的节点数量众多，分布范围较广，要将所有节点的信息及时进行收集、整合、分析及处理对系统运行能力的要求很高。分散的节点面对的环境不同、拥有的软硬件不同、自身的安全意识不同等，造成了物流信息系统的风险增加，也导致了系统安全运行及维护的高难度。

3. 数据安全风险

物流信息系统数据量巨大，包括如客户订单数据、仓储数据、配送数据、客户服务数据以及 GPS、GIS 等空间跟踪系统数据等，特别是物流金融快速发展后开始大量出现的财务数据等，这些数据都需要安全储存及传输。数据就是信息，信息就是企业的命脉，保证数据安全才能保住企业的未来。

摘自：陈启新. 现代企业物流信息运行机制与风险防范策略［J］. 情报科学，2021，39（3）：161-165.

第三节　数字贸易综合服务对数字贸易发展的作用

数字贸易综合服务拥有数字化、高效率的特点，为数字贸易的交易活动营造了适宜的发展环境。第一，数字贸易综合服务在营销、物流、支付等多个环节中节约了买卖双方和政府部门的时间与精力，达到降低交易成本的效果；第二，数字贸易综合服务与数字技术深入融合，以智慧物流、无纸化通关和新型的线上支付方式提升贸易的各环节效率；第三，良好的数字贸易综合服务能够增强国内数字贸易企业的国际竞争力，进而拓宽数字贸易的交易市场。

一、降低数字贸易交易成本

（一）降低数字贸易搜索成本

按照传统的搜寻方式，人们一般通过各地举办的展销会了解企业，但多数展销会的持续时间很短，且参展企业十分有限，为搜索工作带来较大的阻碍。而且，传统搜索方式的范围十分有限，顾客需要对商家一一询盘，顾客和商家间市场信息不对称的问题较为严重，商家容易依靠信息优势提高商品价格，增加了贸易的交易成本。

数字贸易综合服务中的营销服务、交易服务都明显改善了用户的搜索体验。在营销服务方面，搜索引擎营销、社交媒体营销都是数字经济时代的重要营销服务。优化搜索引擎的算法有助于排除无用信息，让用户便捷地找到目标商品，而企业购买搜索引擎的营销服务可以提升企业在搜索页面的排名，使试图购买相关商品的用户更快地注意到企业的商品。社交媒体营销则相对适用于体验型的产品，如酒店住宿、旅游、图书等，这是因为体验型产品需要基于用户的亲身消费体验才能得出质量信息，用户搜寻此类信息的难度相对较大，而社交媒体能够频繁地将用户关注对象的体验信息以图片、视频、文字等形式推送至浏览界面，帮助用户搜寻到感兴趣的体验型产品。在交易服务方面，线上交易平台出现之后，全球的商品和企业的信息可以长期通过线上交易平台进行实时展示，成功让搜寻工作摆脱了地理和时间的束缚，增加了匹配到合适交易对象的可能性。

（二）降低数字贸易信息成本

根据传统的信息获取方式，贸易企业需要从不同的渠道自行收集目标信息，甚至在各个机构投入大量资金以购买市场信息，最终对收集到的宽口径信息加以整理、提炼，对于非专门从事行业研究的贸易企业来说，这样的研究工作需要付出较高的成本。

数字贸易咨询服务属于数字贸易综合服务中的衍生服务，利用信息数字化的优点，它解决了信息获取困难和获取效果不佳的问题，降低了数字贸易的信息成本。专业的咨询公司频繁使用互联网的各大付费数据库，从而降低了获取信息的单价，且咨询公司有能力利用数字技术对数据进行专业化分析，从看似繁杂无序的数据中提取具有一定价值的信息，从而发挥出相同信息的更大效益，即在无形中降低了信息成本。

（三）降低数字贸易合同成本

在传统的合同订立模式下，买卖双方主要使用合同书、信件、电报、传真等形式订立合同，在互联网普及之后，电子邮件成为重要的合同订立方式之一。但以上合同订立方式都需要用人工与每个交易对象进行询盘、发盘、还盘和接受，不仅需要耗费大量的人力，还容易在人工撰写的过程中出现失误，引起不必要的纠纷。而且，在跨国交易的情况下，因为买卖双方处于不同的语言、文化、法律等环境下，磋商过程较为曲折，所以签订跨国贸易合同的工作远比国内贸易合同烦琐。

随着数字贸易综合服务的发展，全球公司的数字化水平逐步提升，基于电子签名等技术的电子合同因其无纸化、标准化的特点，被越来越多的贸易企业运用于实际的贸易工作中，不仅减少了大量的重复性的工作，有效避免了合同撰写错误，还能够将企业的海量合同进行归档、检索、分析，极大地提升了贸易便利化程度。

（四）降低数字贸易监督成本

在数字贸易中，无论是消费者、企业还是政府机构，都希望参与针对贸易主体的监督工作，以确保监督对象能按照预期提供商品或服务，进而保障自身与国家的应有利益。在传统的监督模式下，个人与机构更多依靠委托代理人的方式进行监督，雇佣代理人需要较高的成本，且不可避免地存在代理人道德风险问题。

数字贸易综合服务利用大数据、区块链等技术改良了传统的监督方法，监督双方的信息不对称问题大大减少。在消费者对商家的监督方面，区块链被大量运用在跨境电商的物流跟踪环节，保证了商品物流信息的真实性，降低了消费者对电商的监督成本。在政府部门对商家的监督方面，以中国的方案为例，"六体系两平台"中的"电商诚信"是跨境电子商务综合试验区建设的重点工作之一，其中，电商信用体系的建设以整合后的国家各部门信用信息为基础，囊括了信用建设链条的各环节工作，能够以更加全面、真实的角度掌握电商个体的信用水平。

专栏 15-3　基于区块链的电商信用体系建设

针对电子商务企业内部的信任体系主要用于记录和维护资产数据，目前电商企业对于资产数据的处理方式一般分为两种：一种是授权某一权威机构登记所有资产数据，这种方式的信任体系建立成本较高，且风险较为集中，容易产生道德风险；另一种是流程中各参与者自行登记维护资产数据，由主管企业定期进行审查核实，这种方式的信任体系维护成本较高，且数据管理过程复杂、易产生冗余。为了将资产转移过程中的负面影响最小化，可以利用区块链技术建立一个共同享有、难以篡改、无法独控的信任体系。

针对电子商务企业外部的监管体系而言，区块链技术的融入使得该体系从原本的政府集权审查提升为社会共同治理。其中，非中心化和不可篡改的特点使得监管系统能够对数据自动记录和审核，无须人工采集和企业上报，在保证数据源客观性和准确性的基础上减少了监管成本，增强了政府监管者与市场参与者的合作关系，使得整个电子商务市场能够高效运行。

电子商务的监管体系除了要保证数据源的准确性外，更重要的是确保监管数据的完整性和保密性，因此利用区块链的分布式记账特性，在监管系统中构建分布式数据库和参与者共识协议，避免了交易环节的暗箱操作和售后环节的信息不安全问题。同时，此特性使得相关联合监管流程得以同步进行，而不必等到某一特定时间集中审核，节省了相应的人力成本。

摘自：浦东平，樊重俊，梁贺君. 基于区块链视角的电商平台体系构建及应用[J]. 中国流通经济，2018，32(3)：44-51.

（五）降低数字贸易数据储存成本

在云计算等新型储存技术出现之前，企业主要利用线下的磁盘和磁带等储存介质保存企业数据。随着企业规模不断扩张，企业经营产生的数据量也迅速增加，就需要购买更多的文件储存设备以管理新增的数据，对企业资金造成一定的负担。而且各个物理介质中的数据无法相关联，企业的管理人员难以统一地查看、检索和管理数据，容易在调取和归档中花费大量时间。

数字贸易综合服务中的云计算服务改变了传统的储存模式。云计算服务提供的云端储存空间极富扩展性，使企业可以通过网络便捷地交付和使用 IT 基础设施，让企业无须购买大量的文件储存设备，也免去了管理不同设备上的数据的重复性工作。而且，在大数据技术被广泛应用的背景下，云计算服务为大数据分析提供了强有力的基础设施，大幅降低了企业储存海量数据的成本。更重要的是，云计算的计算效率极高，且能够兼容各类硬件环境，可以大大缩短处理数据所需的时间，所以即使是中小微企业也可以通过租借云计算平台完成高水平的大数据分析工作。但需要注意的是，相比不联网的传统数据储存方式，云计算服务具有信息共享的特点，所以在一定程度上加大了数据泄露、数据篡改等风险。

二、提升数字贸易交易效率

（一）提升数字贸易物流运输效率

对于运输本身而言，随着数字技术逐步得到广泛应用，国内的物流配送系统已开始向智能化方向发展，大型电商交易平台纷纷利用大数据、物联网、人工智能等技术改造自有的物流系统，使用无人机、无人车等设备构建智慧物流系统。以苏宁易购的上海 AGV（automated guided vehicle）机器人仓为例，机器人可以搬运货架，实现"货到人"（goods to person/goods to man，G2P/G2M）拣选，其拣选货物的效率超过人工拣选数倍。

对于运输路径而言，海外仓属于数字贸易综合服务中提高数字贸易物流运输效率的关键服务。在拥有海外仓的条件下，国内企业可以先将商品批量运至出口目的国，再根据随后的订单在本土进行零售或批发业务，此类模式下的配送效率可以超过传统直邮运输效率数倍。

（二）提升数字贸易通关效率

将商品运输至海关之后，外贸企业都需要经历审单、查验、征税和放行的通关环节，各个环节之间环环相扣，如果其中一个环节出现问题，那么整个通关流程的进度都会受到影响。传统通关一般使用纸质的单据和文件进行人工申报，且涉及文件繁多，所以相关的交通运输部门、海关部门之间难以快速同步信息。因此，即使企业委托专业的外综服企业处理报关流程，也较难解决部门间信息交接的效率问题，传统的货物通关往往需要较长的等待时间。

而数字贸易综合服务系统的建设改善了这一局面。对于机构间的协作而言，通关所需的单据和文件全部改用数字化的方式统一提交给系统，实现机构间信息共享，减少了机构间核对信息的重复性工作，有助于快速推进通关流程。以国铁集团的 95306 "数字口岸"为例，无纸化、纯线上的"数字口岸"改变了传统的通关申报模式，让信息在铁路和海关的部门机构之间高效传递，提升协同作业的效率，将申报到海关放行的时间由曾经的半天缩短至半小时以内，极大提升了口岸通关服务的品质和效率[①]。

---

① "数字口岸"打开新空间带来新机遇［EB/OL］.经济日报-中国经济网，2020-07-25.

（三）提升数字贸易支付效率

在传统国际贸易模式下，跨境支付结算需要基于银行账户，并经过 SWIFT[①] 系统在不同国家的银行间进行多次转账。由于整个转账过程涉及了过多的机构，且每个机构都需要对交易信息进行对账，所以跨境支付结算到账需要等待至少 3 个工作日，为国际贸易企业的资金周转带来一定的压力。

在数字贸易时代，区块链技术为跨境支付结算带来了革新的机会，各个经济体的金融机构已开始尝试将区块链技术与银行业务相融合，利用区块链的去中心化、信用共识等特点，解决传统跨境支付效率低下的问题。一方面，区块链技术能够让买方以点对点的方式直接对卖方进行支付，使账款无须经过多个机构反复对账，实现了跨境支付秒级到账。另一方面，区块链技术下的支付系统具有智能合约的能力，能够自动执行买卖双方间的交易，所以可以提供全天候的跨境支付结算服务，为跨境支付结算提供了极大的便利，进而提升了数字贸易支付的效率。

三、扩大数字贸易交易市场

数字贸易综合服务既增强了数字贸易企业的整体实力，又协助了中小微企业跨越市场进入障碍，最终促进了各阶层贸易主体共同参与的普惠贸易。此类普惠贸易为更多的企业创造了进入市场的机会，为消费者提供日益多元化的产品，从而为在横向上扩大数字贸易的海外市场，纵向上扩张数字贸易的下沉市场做好了准备。

从横向的海外市场来看，非洲、拉丁美洲和东南亚的数字贸易市场潜力尚有待发掘，非洲的互联网普及率较低，而拉丁美洲、东南亚正处于电子商务的高速发展时期。数字贸易综合服务的市场逐渐向海外延伸，改善了部分地区的基础设施建设，有利于打通数字贸易的交易渠道，切实助力贸易发展。以美国的在线支付平台 Paypal 为例，截至 2021 年，Paypal 已在 202 个国家和地区开通服务，可结算币种多达 25 种，使跨境支付和境内支付一样便捷，极大程度地解决了海外消费者在支付环节的困扰。

从纵向的下沉市场来看，发展中国家的下沉市场曾由于消费水平较低、物流设施薄弱而被排除在主流市场之外。随着数字贸易综合服务的不断发展，企业在物流、营销等环节实现降本增效，进一步降低了产品的总成本，使大量商家能够在保持低廉价格的情况下实现盈利，全球庞大的下沉市场就此打开。

本章小结：
中国视角

从 20 世纪 90 年代末期国内电子商务交易平台首次出现，到全球加速迈向数字贸易时代，在经济、社会和技术的多种因素影响之下，数字贸易综合服务产业步入了高质量发展阶段。产业整体以新模式、

---

① SWIFT，指环球银行金融电信协会，全称为 Society for Worldwide Interbank Financial Telecommunications。

新技术助推服务转型升级，为中国内外贸融合发展提供了合理的途径。

从国际层面来看，中国的数字贸易发展水平尚落后于发达经济体，通过数字化转型重塑企业的业务模式已成为重要的经济发展政策。近年来，国内数字贸易综合服务的相关发展有目共睹：在交易服务方面，交易平台趋向集成化，进一步提高数字贸易综合服务的整体服务水平；在支撑服务方面，智慧物流、智慧仓储相关的数字技术不断升级，实现了质量与规模的双重提升，跨境支付业务在区块链技术的影响下持续创新，有效降低了企业和个人的交易成本；在衍生服务方面，精准营销已在国内得到广泛运用，政府和机构搭建的数字贸易综合服务平台也为贸易便利化发挥着重要的作用。

中国数字贸易综合服务在未来有强大的发展潜力，也有许多需要面临的挑战。第一，服务商的盈利能力出现分化，中低端劳动密集型的服务商的盈利能力减弱，国内数字贸易综合服务商需要加速追赶前沿信息技术。第二，国内较缺乏国际综合性人才，国内企业还需要培养更多人才助力企业出海。第三，数字经济时代中数据的跨国流动将更加频繁，如何保护数据安全、避免数据安全和知识产权的纠纷将成为数字贸易企业的重大挑战。在未来的数字贸易综合服务发展中，中国需要尽快出台数字贸易综合服务相关标准，建立更加完善的市场监管模式，培养更多具备专业技术的数字贸易相关人才，加强信息基础设施的建设，努力提升数字技术的研发与应用水平，同时防范随之而来的数据安全和个人隐私的问题。

即测即评

思考题　　1. 2020 年开始的新冠肺炎疫情对全球实体经济带来严重的打击，而线上经济在疫情之下得以逆势增长，电子商务综合服务产业加速兴起，对现代服务业建设产生了重要的推动作用，展现出了线上经济的独特力量。请选取代表时期，分析电子商务服务业在中国宏观经济发展中的承担的角色。

2. 在德国 2013 年提出的"工业 4.0"计划中，智能物流是该计划的重点主题之一，引起了全球数字贸易综合服务产业的重视。回顾发展历程，可以发现物流、营销等服务与数字技术的结合都愈发深入。由此，你认为电子商务综合服务不断演变，并拓展延伸为数字贸易综合服务的原因是什么？

3. 为了构建良好的数字贸易成长环境，人们需要对各类服务进行规划管理，实现产业间的健康合作。那么，数字贸易综合服务的各类服务之间有什么样的联系？它们在数字贸易综合服务的生态系统中扮演着怎样的角色？

4. 近年来，数字技术相关安全事件频发，且有逐年增多的趋势。数字贸易综合服务和数字技术紧密共生，所谓"科学技术是一把双刃剑"，你认为新型数字技术会为数字贸易综合服务带来怎样的风险？可举例说明。

延伸阅读

[1] 梁春晓，盛振中，潘洪刚，等. 电子商务服务 [M]. 北京：清华大学出版社，2015.

[2] 荆林波，梁春晓. 中国电子商务服务业发展报告 No. 1 [M]. 北京：社会科学文献出版社，2011.

[3] 荆林波，梁春晓. 中国电子商务服务业发展报告 No. 2 [M]. 北京：社会科学文献出版社，2013.

[4] 李宗伟. 电子商务服务业生态系统研究 [M]. 上海：同济大学出版社，2016.

第十六章

数字营销

　　社会生产力的进步不断影响消费者的消费观念和购买决策，使传统的消费方式、消费场景和消费体验不断升级。数字化背景下，传统以产品为中心的营销模式难以洞察到消费者日趋多元化和个性化的需求，而数字技术的发展，大幅缩短了品牌和消费者之间的距离，有利于企业为消费者提供更为便捷的产品和服务，建立更深层次的双向联系。云计算、大数据、智能制造、物联网、人工智能、区块链等数字技术影响着营销内容的产生方式，体验方式，以及传播方式。数字营销帮助企业进行以消费者需求为核心，促进供给为导向的全链条服务能力建设，不断帮助企业创造价值，赢得新的利润增长点。通过本章的学习，可以快速了解数字营销产生的背景、发展的重要阶段，理解数字营销的内涵和外延，对数字营销的类型和特点有更加深入的认识，同时通过学习数字营销实践的相关案例，进一步了解数字营销如何服务于数字贸易的实践。

第一节　数字营销的产生与发展

一、数字营销的产生背景

　　数字经济不断推动消费互联网向产业互联网转型，传统营销模式难以在快速发展的市场中占据优势地位。为了更好地服务于数字贸易活动，帮助企业适应数字化浪潮和信息时代的变革，"数字营销"这一概念被提出并受到广泛关注。数字营销的产生是多因素合力的结果，受到特定条件下技术基础、需求基础和现实基础的驱动。了解数字营销产生的背景，有利于更好地理解数字营销的本质。

（一）数字技术的应用和落地是数字营销产生的技术基础

　　以大数据、人工智能、物联网、5G为代表的新一代数字技术不断推进社会产业数字化的进程。数字技术提升了传统产业的生产规模和生产效率，催生出包括数字农业、智能制造、服务业数字化等新业态。数字技术的应用也为传统的营销带来了三方面变革。第一，是信息交换数字化。数字技术能有效连接、传递、分享各类数据，打破信息流动的限制，提升信息搜索和交换效率。第二，是客户互动数字化。传统的客户关系建立主要依赖于企业单方面信息传递，数字技术可以帮助企业针对目标用户，建立一个高效、深入的沟通渠道，实现精细化、个性化的实践活动。第三，是数据存储数字化。利用数字技术对海量的消费者数据进行存储，分析，配备，对用户生命周期进行管理，实现场景、渠道、业态等精准化营销活动，构建企业未来发展的新格局。

（二）消费者需求观念的改变是数字营销产生的需求基础

在数字经济时代，一方面企业提供的商品种类和服务选择不断增多，消费者面临纷繁复杂的选择。另一方面随着消费者收入水平和消费心理的成熟，除了物质需求外，消费者还关注精神需求的满足，消费需求也不断呈现多元化和个性化的特征。如何在竞争激烈的市场中发现消费者需求并影响消费者决策是许多企业面临的问题。消费者需求观念的改变激励企业利用数字化营销工具，构建以满足消费者需求为核心的营销网络。

（三）数字贸易的高速发展是数字营销产生的现实基础

随着数字经济进程的稳步推进，国际贸易的发展呈现高度数字化。一是贸易方式数字化，贸易中的各个环节呈现数字化发展趋势。二是贸易对象数字化。以数据形式存在的商品和服务成为重要的贸易标的。数字贸易作为一种新业态，不断影响社会生产和消费。传统营销模式的响应速度难以满足数字贸易的发展需要。为了更好地服务于数字贸易，为高度细分的市场需求提供精准化的匹配手段，带来产业链、价值链的重新定位和转型升级，数字营销服务体系建设是企业发展的必然选择。

二、数字营销的发展阶段

20 世纪 90 年代，互联网的出现开始颠覆传统的商业模式，并创造全新的商业生态。在信息时代，数字技术和实体经济的深度融合，不断推动数字营销的发展，数字营销发展的历史虽然短暂，但是在短短几十年里发展迅速，大致可以分为以下三个阶段。

（一）萌芽期：数字营销 1.0 时代

在数字营销 1.0 时代，互联网的发展为信息的聚合、传送以及内容发现提供可能。这个阶段各大搜索引擎占据主要地位，消费者通过搜索引擎浏览信息，查找价值内容。传统广告开始和互联网相结合，企业通过静态网站，实现内容的展示和产品的推广，实现了在"有限范围内寻找目标用户"到"无限范围内被动等待目标用户"的转变。数字化服务平台尚未成熟，数字营销的主要形态是"内容为主，服务为辅"。

数字营销（digital marketing）的发展可以追溯到 20 世纪，1994 年，热线公司为美国电话电报公司①刊出了可点击的横幅广告，标志着广告网络的诞生，互联网技术引发媒体和营销市场的变革，标志着传统营销时代向数字营销时代的过渡。同年雅虎②搜索引擎发布，在第一年内获得了将近 100 万次点击。1996 年 HotBot，LookSmart 和 Alexa 等搜索引擎工具也相继问世。1998 年谷歌③搜索引擎诞生，微软随后也启动了 MSN 搜索引擎，数字营销领域开始形成以搜索引擎为主导的格局。

相比于传统媒介，专业的信息搜索工具在内容查找方面存在四点优势：第一，信息内容全面。搜索引擎创建了专门的信息收集和管理机制，尽可能涵盖海量信息。第二，信息来源准确。信息可以通过数据平台实现实时更新，确保了信息的有效性。第三，信息获取便捷。信息技术帮助用户高效、准确地从海量信息中获得检索结果。第四，信息查找免费。搜索引擎为信息发布者、浏览者提供免费的服务。

作为数字营销的初始形态，这个阶段存在以下不足：第一，用户分散，难以聚焦。许多网站平台尚未完善用户账户管理机制，因此难以为消费者提供持续的服务。第二，信息闭塞，无法共享。网站之间未建立完善的信息共享机制，增加了平台信息和数据的流动成本。第三，服务单一，功能受限。平台服务提供不够全面，导致用户在获取信息和服务的过程中需要跳转不同的平台，增加了消费者信息搜索的成本。

（二）发展期：数字营销 2.0 时代

在数字营销 2.0 时代，数字营销的主要形态由"内容为主，服务为辅"转变为"内容与服务并重"，实现了"无限范围内被动等待目标用户"到"无限范围内主动寻找目标用户"的变革。本阶段解决了上一阶段用户分散、信息闭塞、服务单一的问题。营销的数字化变革遵循两方面逻辑：一方面是做"减法"，一直遵循"低成本替代"的原则，不断降低信息流通和交换的成本。另一方面是在做"加法"，增加"连接"，增加企业和消费者之间的连接，消费者和服务之间的连接，融合了时间和空间，跨域之间的连接。"连接"是互联网和数字时代的本质（曹虎，2015），是数字营销革新的主线和不断变革的力量。

21 世纪初以来，搜索引擎功能不断趋于成熟，消费者开始尝试使用互联网获取信息并作出需求决策，而不是采用咨询销售人员等传统途径，这为企业营销带来新的挑战。2003 年第一个社交网站 MySpace④ 出现，一经问世便火遍美国，2006 年该网站的访问量超过了雅虎和谷歌，成为当时世界上最大的社交平台。随后脸书、推特⑤等社交网站出现，社交平台逐渐开始推动互联网向现实世界接近，用户既是内容的浏览者也是内

---

① 美国电话电报公司是一家美国电信公司，成立于 1877 年，曾长期垄断美国长途和本地电话市场。

② 雅虎（Yahoo）是美国著名的互联网门户网站，拥有最老的"分类目录"搜索数据库，也是最重要的搜索服务网站之一。

③ 谷歌（Google）是一家位于美国的跨国科技企业，业务包括互联网搜索、云计算、广告技术等，同时开发并提供大量基于互联网的产品与服务。

④ MySpace 是一个集交友、个人信息分享、即时通信等多种功能于一体的互动平台。

⑤ 脸书（Facebook）、推特（Twitter）均是美国知名的社交网站。

容的创作者。社交平台通过搭建以用户为节点的关系网络，逐渐将线下更完整的信息流转移到线上，进行低成本管理。许多企业逐渐意识到新兴社交平台的商业价值，开始利用社交网络进行营销。通过已搭建的社交关系网络和免费的用户流量，实现精准化程度更高的营销活动，为企业营销开辟了全新的途径。

随着智能手机的普及，基于移动互联网的营销服务不断完善，数字营销迎来了快速发展期。一方面，移动互联网打破传统互联网对使用场景的制约，实现了消费者从计算机端到移动端的转换。另一方面，由移动互联网催生出的移动支付、面向消费者的应用软件、小程序等服务进一步打通和整合消费者数据，促进了基于移动互联网营销活动的开展。该阶段的营销具有以下特点：

第一，便捷化。消费者可以利用移动互联网随时随地进行产品和服务消费；企业也可以利用移动互联网进行广告投送和信息发布。

第二，个性化。传统营销下产品和服务同质化严重，难以满足消费者个性化需求。数字营销时代，企业通过对消费者数据进行分析，制定满足消费者需求的营销策略。

第三，碎片化。移动互联网"随时随地"获取信息的特点也导致消费者信息摄入碎片化，也为企业营销带来一定挑战。

第四，社交化。社交网络的聚合作用，进一步聚焦目标消费者，降低了信息交流的成本。社交已经成为当下许多产品和服务的重要属性，例如互联网产品研发、电子商务运作、软件程序开发等。

该阶段的营销是基于现代信息网络，侧重于信息层面的交换。随着智能终端的发展和信息技术的进步，消费者海量的数据被采集和存储，数据类型更加多样，数据来源也更加广泛。数据开始成为重要的生产要素和信息资源，但在数字营销 2.0 时代，数据背后的商业价值尚未被充分挖掘和利用，对消费者行为研究不够深入，尚未实现以满足消费者个性化需求为核心的精准化营销。

（三）成熟期：数字营销 3.0 时代

5G 通信技术、人工智能、大数据、云计算等数字技术在营销领域的应用，标志着数字营销 3.0 时代的到来。该阶段的营销一方面以数字化平台为载体，实现信息高效交换到精准交换的转变。另一方面，利用数字化技术对消费者数据进行分析，预测消费者行为，关注消费者个性化需求，提升营销决策的科学性和预见性。数字技术在营销领域的广泛应用扩大了数字营销的内涵，为新时代的营销提供更加多元的应用场景。该阶段的营销具有以下特点：

第一，数据成为数字营销的核心要素。社会经济发展的每一个阶段都离不开主导要素的支持，在农业社会，主导要素是土地和劳动力；在工业社会，主导要素是资本和生产资料；而在数字社会，主导要素是数据。大数据潮流不仅仅为信息技术领域带来革命，更是推动营销变革和社会变革的现实基础（阳翼，2019）。

第二，数字技术为数字营销的创新提供动力。数字技术的创新是释放数据商业价值，提升企业核心竞争力的基础。相比于传统营销，数字营销以更加智能化和精细化的方式，满足消费者日趋个性化的需求，同时推动产品的创新迭代和产业的升级变革。

而在当下，"数据孤岛"[①] 和数据结构的不完整是数字营销 3.0 时代面临的挑战。许多企业和部门出于保护自身利益的目的，使得数据不能互联互通，一些企业甚至运用数据优势获得垄断性竞争优势。如何将数据资产有效融合和重组，如何利用数字化技术实现数据的再利用是未来数字营销的关注点。数字营销还将继续在技术进步和商业模式创新中，不断推动营销架构、技术、模式、渠道、服务的升级和变革。每一次突破和进步都是对上一阶段的超越，也因此不断催生出全新生态阵营和新的行业领导者。

第二节　数字营销的内涵与外延

一、数字营销的内涵

"数字营销"这一概念尚未形成统一公认的定义，专家学者们对此展开了探索，Parsons 等（1998）通过对财富 500 强企业官网进行分析后认为，交互式媒体营销（即数字营销）的潜力尚未被完全开发，探讨了数字营销的机遇，阐述了数字营销组织的设计和计划实施的要素，以及数字营销的两类表现形式：其一是利用互联网等新型的交互式媒体丰富企业和消费者的互动和交易形式；其二是将营销组合手段和交互式媒体相结合。美国数字营销协会将数字营销定义为利用数字技术展开的一种整合、定向和可测度的传播，从而达到获取和保留客户的目的，并建立更深层次的客户关系（Royle & Laing，2014）。Cristian 等（2008）将数字营销定义为个性化地运用数字化分销渠道连接消费者，以促进产品和服务销售的一种营销方式。数字营销包含互联网中的技术和实践，还包括除互联网以外其他的数字渠道。Philip（2017）指出数字营销这个概念代表了一系列流程，包括了所有可以用于推广产品服务或者建立数字化品牌的数字渠道。Kannan 和 Li（2017）则认为数字营销应用广泛，是一种依托于数字技术的流程，帮助企业和消费者达成合作，从而为业务参与的不同主体创造价值，实现多方共赢。

随着数字技术的进步和时代的变迁，"数字营销"这一概念的内涵也在不断扩大。数字营销是传统的市场营销和网络营销在数字经济时代的延伸。"数字营销"可以拆解为"数字化+市场营销"，数字化是指用数字的形式来表示信息，即借助于互联网、通信技术和数字交互式媒体技术实现信息的传递和存储，而"市场营销"可以看作企业为自身以及利益相关者的利益不断创造和传递客户价值，为消费者以及整个社会带来经济价值的活动、过程和体系。一方面数字营销是数字技术发挥重要作用的全新营销方

[①] 数据孤岛是指企业发展到一定阶段，出现多个事业部，各事业部之间的数据往往都各自存储各自定义。每个事业部的数据间缺乏关联性，数据库彼此此无法兼容。

式，另一方面数字营销有利于和消费者建立更深层次的关系。

> **理论命题 16-1**
>
> 数字营销是以数字化平台为载体，借助互联网技术、移动通信技术和数字技术等手段，以消费者需求为核心，为数字贸易企业、消费者以及整个社会带来经济价值创造的精准化、个性化、科学化的活动、过程和体系，是传统营销在数字经济时代的拓展、延伸和迭代。

对于数字营销概念的解读和理解应具备系统性思维。一方面数字营销概念内涵丰富，并非单纯地使用互联网技术进行营销，它涵盖的范围更加广泛，既包含了对所有新兴数字技术的运用，例如其他非互联网的沟通渠道，又包含了这些新兴技术的组合运用。另一方面，数字营销是一个系统，是从理念到行为的全方位构建，数字营销系统包括数字化营销理念、数字化营销平台、数字化营销行动等（刘晓英，2020）。

二、数字营销的外延

数字营销与传统营销不是简单的对立关系，亦不是取代关系，数字营销是对传统营销的升级，是借助数字化技术对营销手段进行升级和赋能，其核心仍然是为营销服务的。数字营销和传统营销相比既有很多相似之处，也存在诸多不同。数字营销与传统营销的相同之处体现在以下三个方面：

第一，营销围绕的中心相同。无论营销包含多少中间环节，消费者始终是营销服务的终极对象，企业通过满足消费者需求来实现赢利和发展。

第二，营销活动的范畴相同，营销涵盖了从产品研发到消费结束的全过程，包括前期的消费者需求调研，中期的产品设计与开发，后期的定价、销售、促销以及消费者售后和反馈等。

第三，营销内容的本质相同，具体包括三个方面的内容：① 用户需求管理。一方面洞察并匹配消费者需求，不断创造客户价值；另一方面对未被充分满足的需求进行有效的刺激、创造、控制和引导，在企业自身缺乏弹性的条件下不断适应市场变化。② 差异化的价值。当下产品同质化现象严重，市场竞争激烈，企业通过提供差异化的产品和服务来提升核心竞争力。③ 可持续交易。持续交易的基础会增加消费者忠诚度，能给企业带来持续性的价值提升。

专栏 16-1　从苹果公司的营销思路看可持续交易的基础

数字营销和传统营销的不同之处主要体现在以下四方面：

第一，在产品方面。传统营销把高效率、低成本作为生产销售的根本目的。根据马斯洛需求理论，人的需求由下至上可分为五个层次：生理、安全，社交，尊重和自我实现的需求。随着社会的进步，消费者低层次的需求很容易被满足，在数字时代，挖掘并洞察消费者深层次的需求是企业营销关注的重点。企业通过和消费者展开积极的互动，让其尽可能参与到营销全过程中，从而满足消费者的情感需求。

第二，在价格方面。传统营销的价格制定依靠企业内部固定的定价模式，但是难以契合实时的供求变化。随着数字化贸易平台的发展，越来越多的企业开始对平台消费数据进行分析，采用更加科学的"动态定价""场景定价"等策略。例如，雨天会使出行服务的需求大于供给，打车软件采用的动态加价系统会在雨天对服务进行自动加价。

第三，在渠道方面。传统营销渠道单一，主要依赖于线下渠道，包括实体的经销商、批发商、代理商等。数字营销除了传统的线下渠道，还有多元化的电子商务渠道，包括 B2B、C2C、B2C、O2O 等模式，实现企业与企业，企业与消费者，消费者与消费者，线上业务与线下业务的有机结合，从而更好地满足消费者对场景的多元化要求。

第四，在促销方面。传统营销主要采用广告宣传、人员推销、营业推广和公共关系等形式，受众较窄、成本较高且难以聚焦目标消费者。单向的信息传播使消费者只能被动接受信息，缺乏有效的信息反馈渠道。在数字化时代，促销的形式和内容呈现多样化，由传统的单向信息传播变为双向信息交换，例如利用社交平台、二维码、短视频、智能设备进行促销，企业与消费者间的沟通互动更加及时、充分、有效。

第三节　数字营销的类型

一、用户行为营销

用户行为营销是指利用消费者数据分析消费者行为，描绘出消费者的用户画像，对消费者的需求进行个性化匹配，影响消费者购买决策的一种营销方式。Alan Cooper（1999）提出了用户画像（persona）这一概念，是指根据真实消费者的社会属性、生活习惯和消费行为等信息提炼出的具有某些特征属性的用户模型。用户画像能反映不同消费群体购买行为和价值偏好的差异化特点，因而被广泛应用在营销领域，帮助企业挖掘消费者消费某种产品和服务背后的动因。一些应用程序，如支付宝、微信、淘宝等可以利用技术优势获取消费者数据，一方面能够通过用户授权直接获取消费者基本信息，包括性别、年龄、职业、所在地区等，另一方面平台可以利用 cookie 技术获取用户搜索、浏览、发布的数据，通过分析消费者偏好、兴趣、购买等行为，描绘出精准的用户画像。大数据时代，用户画像的内涵不断扩大，也被称作数字用户画像。

理论命题 16-2

　　数字用户画像是指运用数字技术分析消费者数据，反映消费者群像在一定时间和场景下的特征属性集合的过程，从而帮助企业更加精准、全面、高效地定义目标消费者，进行营销实践。

　　用户行为营销主要有以下几方面功能：

　　第一，服务营销的全过程。识别数字用户画像可以帮助企业洞察消费者需求、定位目标群体、进行精准化的价格制定、渠道设置、推广投放以及售后服务等。

　　第二，预测消费者行为。通过识别数字用户画像，可以帮助企业识别消费者的潜在需求，预测市场需求趋势，帮助企业为企业进行市场扩张，开辟利基市场（niche market）①。

　　第三，管理消费者体验。数字用户画像可以从不同维度反映用户的需求和偏好，帮助企业关注消费者购买以外的体验，提升用户价值，增加用户忠诚度。

　　基于数字用户画像的用户行为营销关注数据和行为间的相关关系。例如酒店预订平台通过数据分析发现使用 iOS 系统预订的酒店价位普遍比使用安卓系统的手机要高，由此得出使用 iOS 系统消费者偏好高价位酒店的结论，平台会为其优先推荐高价位酒店。消费者数据和行为间的相关关系的分析，一方面有利于企业进行科学决策，制定前瞻性营销战略，另一方面有利于高效地分配和利用资源，实现精准化的营销。

　　完整的数字用户画像帮助企业在营销的不同环节对消费者施加影响。在信息化时代，消费者购买决策可以大致分为五个阶段，如图 16-1 所示，分别为需求确认、信息收集、评估选择、购买决策、购后反馈。在需求确认阶段，企业根据用户画像，主动匹配和推荐符合消费者需求的产品，通过不同的数字化平台植入推荐信息帮助消费者洞察需求。在信息收集阶段，企业选择消费者偏好的信息获取渠道，主动为消费者提供有关产品质量、使用体验、公司品牌等信息。在评估选择阶段，可以为消费者提供公开透明的售后评价作为参考信息，通过发放优惠券，赠送礼品等促销活动吸引消费者。在购买决策阶段，企业根据消费者历史购买数据，提供其偏好的购买方式。在购后反馈，建立消费者档案，记录消费者的售后体验和反馈。

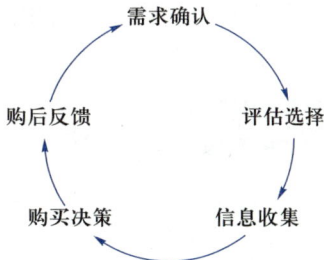

图 16-1　消费者购物周期

二、网络平台营销

　　数字贸易平台逐渐成为国际贸易的重要载体，而数字营销作为数字贸易综合服务体系的一部分，也依托于平台和平台服务体系。如图 16-2 所示，平台获取用户搜索、浏

---

　　① 利基市场指那些被市场中的统治者/有绝对优势的企业忽略的某些细分市场。企业可选定一个很小的产品或服务领域，集中力量进入并成为领先者，从当地市场到全国再到全球，同时建立各种壁垒，逐渐形成持久的竞争优势。

览、购买数据，反馈给企业，企业分析数据，洞察用户需求，并通过平台进行用户需求匹配，最终传递用户价值。

图 16-2　基于平台营销的用户需求匹配

（一）电商平台营销

电子商务逐步由一种商业现象演变为经济形态，成为数字经济、数字贸易发展的重要组成部分。基于电商平台的营销是多种形式的整合，主要包括以下几方面：第一，广告。选择明星或在该领域有影响力的角色对产品进行代言推广，将明星的关注和流量转换为商业价值。第二，关键意见领袖①推广。关键意见领袖通过向潜在消费群体传递产品和品牌相关的信息，增强品牌的可信度，从而影响消费者购买决策，电商直播是这一类型的典型代表。第三，消费者关系管理，一方面，关注消费者从售前咨询、售中决策、售后服务等环节的体验感，另一方面，加强和消费者的连接，通过建立社区，内容推送等方式提升消费者黏性。第四，事件营销。即通过策划有影响力的事件，吸引消费者的关注，促成产品或服务的推广，例如"黑色星期五购物节""双十一狂欢节"等。基于电商平台的营销主要有以下特点：

第一，营销目标精准化。一方面，电商平台通过分析消费者商品浏览、购买行为等一手数据，描绘数字用户画像，对消费者需求进行精准匹配，进行点对点信息推送。另一方面，根据消费者购买意愿和倾向，进行差异化定价，或通过发放优惠券等促销活动激励消费者购买。

第二，营销服务一体化。在消费者使用平台期间，植入个性化广告，吸引用户兴趣，传递价值内容，分析用户反馈，提供购买链接，涵盖从推荐、兴趣、搜索、购买到售后的购买全流程营销服务，为用户提供便捷高效的消费体验。

> **专栏 16-2　三只松鼠零售模式**
>
>

（二）社交平台营销

社交平台是一种基于用户关系网络产生和交换内容的平台，用户可以通过该平台所搭建的社交网络发布、获取、传播信息。而社交平台所具有的媒体属性使其营销功能越来越突出，社交网络中每一个用户节点和其相邻的节点通常具有相似的需求。一方面，

---

① 关键意见领袖（key opinion leader，KOL）是指拥有更多、更准确的产品信息，且为相关群体所接受或信任，并对该群体的购买行为有较大影响力的人。

企业可以利用社交平台中免费的用户流量进行信息传播、内容展示、用户互动、和消费者关系管理等活动。另一方面，社交平台可以根据平台用户发布的内容和信息，描绘出数字用户画像，实现精准化营销。社交平台已成为企业进行品牌形象建设，扩大影响力，传递企业价值的重要方式。例如小米公司利用微博互动性强、传播速度快的特点进行内容分享、粉丝互动和商业宣传等营销活动，关注者数量高达 1 300 多万，一方面加强了品牌和消费者的交流互动，另一方面传播了品牌的价值。再如腾讯公司联合其他合作伙伴，开展"99 公益日"活动，激发社会各界的从事公益活动的热情，明星和大众用户利用公众号、微博、朋友圈等社交平台进行内容传播和分享，一方面推动互联网公益事业的开展，另一方面塑造了积极承担社会责任的企业影响，实现了自我营销。依托于社交平台的营销主要有以下特点：

第一，时间成本低。一方面，通过社交平台发布信息速度快，不受空间和时间的制约。而传统的广告营销，从内容生成到发布需经历烦琐的审批流程和制作流程。另一方面，通过社交平台传播信息效率高。当用户发布或转发信息后，和该用户相连接的其他节点用户也能够获得信息。名人效应能使得信息在短时间内大面积传播，曝光量呈几何级增长，覆盖到整个社交网络。

第二，用户距离短。社交平台是直接面向潜在消费者的，为企业和消费者提供了平等的交流的平台，潜在消费者群体可以直接通过留言评论等方式和企业进行交流互动、意见反馈，加强了企业和用户的联系。

第三，目标定位准。许多平台用户在初始阶段就明确内容创作的价值定位，并不断扩大在该领域内的影响力，吸引和其定位相符的潜在消费者关注，从而实现用户需求的精准匹配。

（三）媒体平台营销

媒体平台的出现改变了信息的传播方式，也塑造了普通大众的生活方式。随着互联网和智能手机的普及，传统媒体的地位不断被弱化，以信息技术和数字技术为基础的新媒体开始兴起。短视频、直播平台、公众号等媒体的出现降低了用户进行内容创作的门槛，打破了时间和空间的阻碍。许多企业开始利用媒体平台开展营销活动，例如短视频作为媒体平台的重要分支，具有娱乐性和碎片化的特点，相比于文字和图片，短视频能创造更加生动沉浸的体验，因此受到各个年龄阶段消费者的关注。因其制作流程简单、社交黏度较高、内容生动立体，许多企业开始借助短视频媒体平台进行内容创作和营销实践。中国短视频营销发展迅速，截至 2018 年市场规模已经超过 140 亿元，同比增长520.7%。基于媒体平台的营销主要有以下特点：

第一，营销场景广。基于媒体平台的营销具有高度"场景化"的特征，广告内容场景设置丰富，贴近现实生活。企业通过创造差异化的场景引发消费者的情感共鸣，传递企业价值理念。

第二，营销形式多。企业可以运用文字、图片、音频、视频或不同模态的组合进行信息发布，加深潜在消费者对产品的价值认同，从而刺激消费者的购买。同时消费者可以通过网页链接、二维码、小程序等多种渠道直接购买。

第三，营销费用低。一方面，企业可以借助媒体平台进行免费的内容创作，另一方面利用平台消费者数据，向潜在消费者精准推荐产品和服务，实现消费者资源的有效配置，以较低的营销成本实现最大化的营销价值创造。

三、智能技术营销

在传统贸易模式中，各主体功能独立，缺乏健全的数据共享和数据处理机制，企业很难对信息化资源进行统筹协调和合理配置。随着数字贸易的发展，贸易各个主体间互联程度和协同分工不断加深，信息交流也趋于频繁。为了实现各主体的价值共享和整体的可持续发展，依托于智能技术的营销不断发展，开启资源共享、智能互联的营销新局面。典型的智能技术营销包括人工智能营销、AR 和 VR 营销和物联网营销。

（一）人工智能营销

随着人工智能技术的不断发展，包括机器学习，自然语言处理，计算机语音、视觉识别等在内的理论研究成果不断应用到社会生产和发展的各个领域。人工智能营销是指将人工智能技术运用在营销领域，通过对大数据分析处理，描绘数字用户画像，预测消费者行为偏好，从而帮助企业预测市场趋势并做出科学决策。数据是人工智能技术与营销传播的关键连接点，大数据更是数字营销的根本所在（吴翠，2015）。大数据作为一种蕴含潜在商业价值的信息资产，正在成为促进经济增长，商业变革的核心力量。大数据存在大规模、高速度、多样性的特点（Laney，2001）。在营销领域，消费者的个性化需求日益凸显，如何对低价值密度且分布散乱的海量用户消费数据进行深度挖掘、分类、处理、分析，已经成为数字经济时代急需解决的问题。大数据的发展又催生出人工智能和大数据在营销领域的融合应用。人工智能营销主要发挥三方面的作用：

第一，精准化需求分析。如图 16-3 所示，大数据技术可以描绘出消费者动态化、全方位的数字用户画像，预测消费者行为和需求偏好。同时，人工智能可以在对空间、时间、人群以及场景综合考虑后，将产品和服务信息点对点推送给消费者或潜在消费群体，提升推广与销售的转化率，节约营销成本。

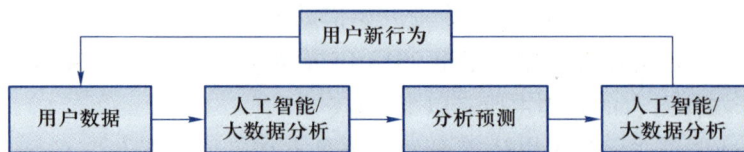

图 16-3 用户需求洞察模型

第二，智能化情感分析。人工智能技术可以对消费者发布的评价和反馈内容进行情感分析，帮助企业关注并回应消费者在消费过程中的情感需求，及时对产品和服务做出改进和升级。

第三，科学化市场分析。企业根据用户浏览内容、交易行为、社交关系等数据，可以预测市场新的趋势和未来走向，从而做出合理决策。

基于人工智能技术的营销还具有以下特点：

第一，洞察科学化。人工智能营销是以大数据作为基础的。电商平台和传统零售的结合将线上线下消费数据连通；互联网头部企业将包括电商、社交、搜索等跨领域的数据连通；跨境贸易平台将跨境消费数据连通，为全面、科学地洞察消费者行为提供有力保障。

第二，营销个性化。数字时代的营销是以"消费者为中心"，推广理念也逐渐从"以媒体为导向"过渡到"以受众为导向"。人工智能营销强大的数据分析和情感分析能力能够描绘出更精准的数字用户画像，关注个体消费者的需求，从而实现个性化和差异化营销。

第三，决策智能化。通过对人工智能模型分析数据的流程进行设定，根据市场反馈对模型及时做出调整，在模型中加入更丰富的营销场景，使其拥有强大的自动推理能力，能够根据用户数据以及市场变化趋势做出合理判断，帮助企业做出科学化决策。

专栏 16-3　亚马逊：在实践中运用大数据

（二）AR 和 VR 营销

VR，全称为 virtual reality，即虚拟现实，是一种计算机仿真系统，可用于创建虚拟世界。VR 技术能实现以下三方面功能：第一，模拟虚拟环境。当用户感官接收到来自虚拟世界的刺激时，便会产生强烈的沉浸体验感。第二，交互功能，即用户进行某种互动时，虚拟环境会给出相应反馈。第三，多维感知功能，除了视觉刺激，VR 技术还能营造出包括听觉，触觉、嗅觉等多感官刺激。

VR 技术凭借交互性、沉浸性等优势，和广告业的需求高度契合，并广泛应用于社交、医疗、旅游、汽车、电子商务、房地产等领域（周茂君和闫泽茹，2018）。企业将 VR 技术和不同的应用场景相结合，从而为用户提供定制化的营销服务。例如，沃尔沃利用 VR 技术创建了一个虚拟化展厅，为消费者提供远程查看汽车内部结构的服务；奥利奥将 VR 技术应用到全景广告中，用于推广限量版蛋糕味饼干新品，为消费者提供沉浸式饼干制作体验。

AR，全称为 augmented reality，即增强现实。AR 能实现将计算机所生成的虚拟世界和现实世界结合。相比于 VR，AR 和现实世界契合度更高，其受众也更加广泛。AR 广告是一种极具互动性的广告形式，将现实场景和虚拟场景结合，以游戏或故事的形式呈现产品属性或服务过程，吸引消费者在观看过程中通过在线链接进一步了解并购买商品，缩短了销售的渠道。

基于 AR 和 VR 技术的营销活动，其核心还是服务于消费者，通过连接实体商品、线下、线上和移动销售，将数字营销技术叠加到现实世界中，为消费者提供更好的消费体验，从而影响其决策。基于 AR 和 VR 技术的智能化营销具有以下特点：

第一，互动体验强。智能化技术加深了消费者和企业的交流互动，提升视觉效果，增加趣味性和客户黏性。

第二，营销成本低。除了前期的制作和设计费用，后期消费者线上使用时几乎不产生额外费用，且打破物理距离的约束，实现不同移动端口的多方位的展示，节约了营销成本。

第三，应用场景广。AR 和 VR 营销技术可以和网络平台有机结合，例如和电子商务平台相结合，为消费者提供全方位、多维度的产品信息，实现从营销推广到消费购买的闭环。

专栏 16-4　宜家 AR 应用为线上家具选购带来全新体验

2017 年 9 月，瑞典家具零售巨头宜家（IKEA）推出名为 IKEA Place 的 AR 技术应用。它是基于苹果 ARKit 技术进行研发的。应用中包含 2 000 多款宜家产品的 AR 图像，采用 3D 和 AR 技术，能高度还原所有商品的尺寸、细节设计，甚至连产品的面料质感、亮度和阴影都能呈现。通过 AR 功能为消费者线上选购带来实际的摆放效果体验，为颜色、大小的适配问题带来了解决方案，效果如图 16-4 所示。消费者仅需一部智能手机便可了解宜家商品在家中不同位置摆放的效果。宜家这个 App 还能根据用户的居住空间大小自动调整产品规格，精准度高达 98%。

图 16-4　使用宜家 AR 技术应用 IKEA Place 模拟摆放家具的效果

AR 功能还能怎么玩？自由设计师兼艺术总监 Adam Pickard 提出了一种对于消费者来说更为实用的模式：一个 AR 化的组装家具指南，App 通过动画和 AR 技术来帮助用户了解每个零件组装的步骤。用户通过 App 扫描包装盒上的二维码，即可解锁一个在线家具组装指南，通过技术支持，用户甚至能看到拧螺丝这类细节。IKEA 这一技术改进，让原本厚厚的组装说明书转变为无纸化，也拯救了一群面对散落的零件手足无措的家具组装"小白"。

摘自：阳翼 . 数字营销 . 2 版［M］. 北京：中国人民大学出版社，2019.

（三）物联网营销

物联网（Internet of things）即"万物相连的互联网"。物联网借助于全球定位系统、光学识别技术、射频识别技术、以及传感器技术等全新信息技术，在任何时间、任意地点，实现人、机、物的互联互通，智能识别、感知和管理物品和流程（贾益刚，2010）。物联网的智能感知和识别技术被应用在营销领域，为消费者创造出更加优质的用户体验。基于物联网技术的营销有以下特点：

第一，信息采集精准化。利用无线射频识别和无线传感网络等物联网技术可以实现产品信息的自动化采集，保证了消费者获得的产品信息真实、可靠。

第二，数据监测实时化。物联网技术可以读取连接设备和终端，实现消费者使用数据的实时监测，帮助企业优化定价策略和改进产品开发。

第三，服务连接智能化。物联网技术可以实现不同设备和终端间的智能化连接，创造出人性化的消费者体验。例如当消费者坐上汽车后，手机蓝牙设备和汽车音乐播放器实现自动化连接并播放音乐，为消费者提供智能化体验。

专栏 16-5 从 IoT 到 AIoT，小米布局智能物联网

由于 5G 技术能满足机器类通信、大规模通信、关键性任务通信对网络速率、稳定性和时延的高要求，因此物联网应用场景十分广泛。尤其与车联网、无人驾驶、超高清视频、智能家居等产业深度融合，进一步应用到制造业、农业、医疗、安全等领域，为各行各业带来新的增长机遇。

AIoT 即 AI+IoT，人工智能+物联网平台。AIoT 融合人工智能和 IoT 技术，通过物联网产生、收集海量的数据存储于云端、边缘端，再通过大数据分析，以及更高形式的人工智能，实现万物数据化、万物智联化。物联网技术与人工智能追求的是一个智能化生态体系，除了技术上需要不断革新，技术的落地与应用更是现阶段物联网与人工智能领域亟待突破的核心问题。虽然 AIoT 仍有问题亟待突破，但 AIoT 小米战略布局早已开始。雷军曾表示赢得 AIoT，小米就赢得了未来的"硬件+互联网。"

从 2013 年到 2017 年推出小米 AI 智能助理"小爱同学"，小米用 5 年时间逐步完成了从 IoT 到 AI 的全面布局。现在看来，小米布局 AIoT 有三大优势：硬件优势、大数据优势和丰富的生态链布局优势。小米连接了 1.32 亿台设备（不包含手机和笔记本电脑），内置"小爱同学"的激活设备数超过 1 亿台，活跃的物联网设备为海量数据获取及万物互联提供了坚实基础，这是小米布局 AIoT 战略的硬件优势。

小米在大数据全局搜索方面，已经接入了 16 类垂直内容，日均用户量是 1 600 万，日均请求量 4 000 多万。海量大数据成为小米 AIoT 战略布局第二大优势。

小米在 AIoT 领域布局很早，积累也较为深厚，已经形成了强大的生态链体系，且线上、线下渠道也都已打通。这是小米 AIoT 战略布局的生态链布局优势。

摘自：郑子拓. IoT 生态下新生媒介的营销探索与经验 [J]. 声屏世界·广告人，2018(11)：45.

本章小结:
中国视角

随着经济发展和科技进步，传统以产品为中心的营销模式难以洞察到消费者日趋多元化和个性化的需求。营销作为社会经济活动的重要的组成部分正在经历着数字化变革，大数据、人工智能、物联网、区块链等数字技术的进步是数字营销发展的外部条件，更好地服务于数字经济、数字贸易是数字营销发展的内在动力。

中国作为进行数字化变革的重要经济体，数字营销的发展也走在世界前列。近年来，中国的数字营销呈现高速发展的态势，我国在《"十四五"电子商务发展规划》中明确指出，"鼓励生产企业依法合规开展用户画像和行为分析，实现基于数据感知和智能算法的精准营销，全面提升产销联动效率"。在数字贸易时代，越来越多的企业利用数字技术，洞察消费者需求，实现精准化营销。一方面有利于中国制造业掌握中国以及全球消费者的需求，另一方面帮助企业增强其核心竞争力。

数字营销更是成为推动中国经济发展的有力手段之一。一方面，在中国脱贫攻坚的决胜阶段，中国率先将数字营销融入扶贫工作中，不断创新扶贫模式，提升扶贫效率。尤其是借助电商直播平台对农产品进行营销，在帮助贫困户脱贫、助力农民增收方面取得显著成效。另一方面，受到新冠肺炎疫情的影响，传统的线下营销渠道受到制约，以直播电商为代表的数字营销模式开启经济发展新业态，重振消费者信心，不断激发市场消费潜力，成为疫情时代推动经济发展的突破口。

在未来，中国应该更加积极地进行数字化转型，转变信息化建设的思路，推动以数字技术为主的营销业务创新，满足消费者个性化需求，提升企业在数字经济时代的竞争力。

即测即评

思考题

1. 在过去十年里，中国跨境电子商务持续发展，交易额总量稳步增长，海关、物流、支付等监管和服务体系也不断完善，成为主流的跨境贸易方式和强劲的外贸增长点。当下，跨境电子商务的发展推动传统企业正在不断优化和升级产业结构，实现外贸转型，同时中国也在加速构建"双循环"的全新发展格局。基于数字营销的视角，请你阐述中国的企业应该如何把握机遇，开拓未来全球数字贸易市场？

2. 新冠肺炎疫情对于传统渠道带来了巨大冲击，阻碍了企业营销活动的开展和社会经济高速发展的进程，请你阐述这一时期企业应该采取哪些数字营销策略以实现自我发展？

3. 短视频作为一种互联网内容的传播方式近年来发展迅猛。短视频生动形象，能够在极短的时间里吸引消费者的注意，同时借助移动互联网的发展，全方位渗透到消费者的生活中。越来越多的企业开始利用短视频进行营销，并取得巨大成功，请你阐述短视频作为数字营销的手段之一有哪些价值？

4. 数字技术的进步为营销领域的发展带来了机遇，帮助企业整合线上和线下渠道，满足消费者个性化需求，实现精准化营销，不断提升数字营销的效率。但是在数字化发展进程中，不可避免地会和传统行业和生态发生摩擦，引发一些潜在问题，例如数据造假，阻碍了数字营销未来的发展。请你简要阐释数字营销面临哪些挑战。

延伸阅读

［1］CHAFFEY D，ELLIS-CHADWICK F. Digital marketing［M］. 7th ed. London：Pearson，2019.

［2］中国商务广告协会数字营销委员会、虎啸奖组委会、陈徐彬. 中国数字营销十年风云录［M］. 北京：机械工业出版社，2019.

［3］马二伟. 数字平台营销［M］. 北京：科学出版社，2019.

第十七章

数字支付与数字货币

20世纪末以来，数字支付和数字货币经历了由单一走向多元的演变历程。多元的数字支付方式和多元的数字货币类型对全球数字贸易既有有利影响，亦有不利之处。为充分发挥数字贸易的优势，如何在保证数字支付安全性的同时提高数字支付的效率是世界范围内各个贸易主体不懈追求的共同目标。与此同时，数字货币作为数字经济时代下的产物，其所运用的分布式架构及智能合约等技术，既提高了数字支付的结算清算效率，也为数字支付提供了新的迭代升级路径。通过本章的学习可以快速了解数字支付和数字货币的产生及发展历程，理解数字支付和数字货币的内涵及外延，对数字支付和数字货币的类型有一个较为清楚的认识，掌握数字支付和数字货币的潜在风险，探究数字货币对数字支付的作用机制，为进一步深入了解数字贸易相关的支付方式及支付媒介打下基础。

第一节 数 字 支 付

一、数字支付的产生与发展

数字支付（digital payment）作为当代新兴的支付手段之一，已经广泛应用在包含金融机构间资金结算、个体间交易以及企业间贸易在内的众多领域。得益于其便捷高效等特点，数字支付已经成为当代数字化背景下的重要支付手段。纵观数字支付的产生和发展历程，依据数字支付的使用主体或实现方式划分，其发展阶段主要可以分为银行与机构间电子支付、个体与银行间电子支付、第三方互联网平台支付、数字货币支付四个阶段。

（一）初成：银行与机构间电子支付阶段

在银行与机构间电子支付阶段，数字支付主要应用于银行内部资金结算以及银行和其他企业或政府机构间的资金结算，实现货币在银行系统内部的转移及资金在银行和其他机构间的流通。20世纪60年代，欧美国家银行内部的资金结算开始采用较为成熟的数字化处理方式，实现了数字化的缴存存款和再贴现等业务。90 年代初期，银行和大型企业及政府机构间实现了数字化资金往来，使得非现金形式的工资分发、税费扣除等成为可能。

（二）发展：个体与银行间电子支付阶段

在个体与银行间电子支付阶段，数字支付主要应用于个体用户直接将银行内存款转出，实现线下非现金消费和线上消费。该阶段与上一阶段相比，使用数字支付的一方主体由机构转变为个体。20 世纪末，伴随着互联网普及度的不断增加，各大银行的网上缴费和移动银行业务开始蓬勃发展，个人银行网上交易额不断上升。随着个体开始将数字支付这一支付手段应用于日常交易，与此相关的支付风险开始显现。各国政府为规范和引导数字支付的健康发展，防范支付过程中可能出现的风险，便制定了有关数字支付的法律制度，例如美国于 1975 年颁布的《电子资金转移法》（Electronic Funds Transfer Act）和中国于 2005 年颁布的《电子支付指引（第一号）》等。

（三）成熟：第三方互联网平台支付阶段

在第三方互联网平台支付阶段，数字支付主要应用于个体用户通过第三方互联网平台对银行账户内资金进行操作，实现资金转移或线上和线下消费。第三方支付平台的出现促进了互联网支付的不断发展，使得消费者和商家之间的交易方式更加多样，与此同时也导致了传统支付方式完成的交易额不断缩减。第三方支付平台以合作银行信用为依托，具备良好的信用保障，其凭借能为交易双方提供支付保障的服务优势，在很大程度上提高了数字支付的便捷性（袁秀挺，2021）。

专栏 17-1　第三方支付市场的发展态势

（四）突破：数字货币支付阶段

在数字货币支付阶段，数字支付主要应用于借助数字货币实现非银行账户间的资金转移。基于法定数字货币的支付方式是数字支付的最新形态，其匿名化、安全性等特点也使得其成为未来数字支付的发展趋势。包括中国、美国、新加坡在内的多个国家政府已注意到这种趋势下的风险和机遇，并开始研究基于法定数字货币的数字支付方式，在推进相关技术研发的同时积极探讨政策制定。虽然以数字货币为媒介的数字支付仍在萌芽阶段，但其能够高效满足公众在数字经济条件下对法定货币的需求，对进一步推动国际范围内数字支付体系的建设具有重大战略意义。

第三方互联网平台支付和数字货币支付的阶段化发展，得益于商业贸易活动的繁荣稳定和互联网、区块链等底层技术的支持，因此第三方互联网平台支付和数字货币支付是社会发展和科技进步共同作用的产物。

二、数字支付的内涵及外延

（一）数字支付的内涵

中国人民银行制定的《电子支付指引（第一号）》中，将电子支付定义为：单位、个人直接或授权他人通过电子终端发出支付指令，实现货币支付和资金转移的行为。数字支付相较于电子支付，其行为主体、行为表现和行为结果是相同的，两者的行为主体均为单位或个人，两者的行为表现均为不使用现金条件下的支付行为，两者的行为结果均为货币债权在不同主体间的转移。但数字支付相较于电子支付而言支付介质更为丰富，其支付介质不仅包括商业银行存款货币，还包括基于区块链技术的数字货币。因此数字支付的内涵并不等同于电子支付。对于数字支付内涵的阐述，需要从数字支付的核心要素，即行为主体和客体、行为方式、支付媒介以及行为结果四个方面共同阐述。

数字支付作为一种经济活动，其活动主体可以是个人，也可以是由个人构成的群体。在经济和贸易学领域中，这一群体主要体现为社会团体、企业、政府机构、国际组织等，这些组成群体可以统称为单位。经济活动的客体和主体形成对应关系，即数字支付可以在个人和个人之间进行，可以在个人和单位之间进行，也可以在单位和单位之间进行。

数字支付的行为本质是支付，而支付的目的是实现所有权价值在不同主体间的转移。相较于传统支付，数字支付中款项的支付均是通过数字化方式进行，而非现金，因此数字化是数字支付的行为方式（杨坚争，2004）。

数字支付的媒介相较于传统的支付方式，其不仅包括传统的商业银行存款货币，还包括基于区块链技术的数字货币。数字支付其可用货币类别的多样化，是区别于传统电子支付的最显著特点。

数字支付的行为结果和传统支付的行为结果本质相同，均为个人或单位的经济活动引起支付所用货币债权的转移。通过货币债权的转移，个人或单位可以完成货物或服务购买及债务偿还等。

通过对数字支付四个方面核心要素的分析，并依据经济学界对电子支付的相关研究，可以从广义和狭义两个角度对数字支付的内涵进行阐述。广义的数字支付是指通过数字化方式完成的经济活动中的货币债权转移。狭义的数字支付是指单位或个体为实现所有权价值转移而使用数字化的商业银行存款货币或数字货币完成货物或服务购买及债务偿还等经济活动。

（二）数字支付的外延

数字支付的外延在数字科技的推动下不断延展，具体体现为应用场景不断增加，相关规范和治理不断完善。

　　数字支付的应用场景呈现多样化趋势。起初数字支付仅限于银行和机构间的非现金形式的资金转移，后来出现了个人基于银行信用卡和借记卡的线下支付，再后来数字支付包含了各种互联网支付，之后基于数字货币的支付方式也成为数字支付的一种形态。就数字支付在 21 世纪的发展而言，数字支付的外延可以理解为一切通过数字化方式完成的支付以及相关的技术支持和治理，具体包括电子支票网络支付、国际电子支付系统支付、银行卡支付、虚拟信用卡支付、电子钱包网络支付和数字货币支付。

　　数字支付的外延是动态的，针对数字支付恰当的治理和规范可以确保外延的动态变化始终处在法律允许的范围之中。不论是数字支付安全性还是数字支付信用保证，既需要国际组织制定统一的规则框架，也需要世界各国政府落实实际政策。国际清算银行、国际货币组织等国际金融组织在制定规则框架、督促立法实施、协调支付关系、提供金融支持、统筹各国行动等方面发挥关键作用。同时，各国央行在全球数字支付规范制定和相关治理中的承担具体事务，其依据各国实际国情制定相关政策法规，保障数字支付的安全性和信用保证。这些不同领域和层次的机构及其各自的责任范围，共同组成了有关数字支付的规范和治理。

三、数字支付的类型

　　依据数字支付中支付媒介的差别，数字支付可以分为基于传统货币的数字支付和数字货币支付两大类。其中，基于传统货币的数字支付是将商业银行存款货币作为支付媒介，依据支付方式的差别，其可以进一步划分为电子支票网络支付、银行卡支付和第三方平台支付三类。而数字货币支付的支付媒介则是数字货币而非商业银行存款货币。

（一）电子支票网络支付

　　电子支票网络支付是一种数字化的支付指令，该指令的发出方是客户，接收方是收款人。这种无条件的数字化指令被称为电子支票（electronic check）。电子支票网络支付和传统支票支付在实现方式和安全性保障等方面存在较大区别，例如电子支票网络支付是借助互联网或其他联机终端设备实现支付功能的，而传统支票支付则是借助纸质支票实现支付功能的（黄立明和伍支贤，2001）。

（二）银行卡支付

　　银行卡支付是客户利用各商业银行的实体银行卡或各商业银行的网上银行向收款人完成支付操作。银行卡是由商业银行发行的、帮助客户实现货币业务办理的一种金融工具，根据其使用方式可以分为借记卡、信用卡、现金卡和支票卡四类。随着互联网技术不断发展成熟，银行卡支付由线下转变为线上线下并存，世界上各商业银行联合软件开发商推出了各类安全便捷的银行卡网络支付系统。中国各大商业银行的银行卡大多采用

SSL 协议以提高银行卡网络支付中数据传输的保密性、传输信息的完整性以及传输双方身份认证的准确性（古俐明，2008）。

（三）第三方平台支付

第三方平台支付（third party payment）是指介于客户和收款者之间的第三方非金融机构，通过计算机和网络通信技术为客户和收款者之间的支付提供基础支撑和应用支撑，从而促进支付的完成。第三方平台支付可以依据支付资金来源的差别分为两类：一类是作用于客户银行账号的资金支付，资金的来源是客户的银行账户，例如绑定了银行卡的支付宝账户；另一类是作用于虚拟信用卡或互联网金融产品的资金支付，资金来源是互联网企业给客户提供的信用额度，例如京东旗下的京东白条。第三方平台支付很大程度上推动了网络支付的发展，使得数字支付的应用范围得到大规模扩张。

（四）数字货币支付

与基于传统货币的数字支付相对应的数字货币支付，是指使用以数字信息形式存在的数字货币在线上或线下完成支付。在数字货币支付过程中，数字货币通过发挥与现金类似的一般等价物职能实现所有权价值的传输交换。数字货币支付和基于传统货币的数字支付的最大不同在于其基本不需要银行的直接参与，因此数字货币支付可以提高交易效率，降低交易成本。与此同时，由于许多种数字货币具有不可回溯的性质，交易过程的隐私也能得到较好的保护。为了保护数字支付过程的安全性和可靠性，该过程应用了包括隐蔽签名、公开密钥加密法和数字摘要在内的一系列安全技术手段。但由于其大部分支付过程没有银行的直接参与，数字货币支付仍存在伪造和重复使用的风险。伴随着法定数字货币的研发和应用，数字货币支付的合法性和可靠性将会逐步提升。

> **理论命题 17-1**
>
> 广义的数字支付是指通过数字化方式完成的经济活动中的货币债权转移。数字支付可以分为基于传统货币的数字支付和数字货币支付两个大类，其中，基于传统货币的数字支付可以进一步划分为电子支票网络支付、银行卡支付和第三方平台支付三种。

四、数字支付与数字贸易

（一）数字支付对数字贸易的有利影响

数字支付和数字贸易是从属关系，数字支付是数字贸易服务中的一个环节，也是其重要组成部分。数字支付对数字贸易的建设作用主要体现在两个方面：

一方面数字支付作为数字贸易的重要支付方式，促进了贸易过程中资金的流动。如今标准化支付服务对促进市场贸易和推动经济发展起到了关键的作用，但传统的现金支付不能满足数字贸易的一些特定要求。例如传统现金支付存在资金处理效率较低，资金流和信息流的整合效率较低，不能满足个性化服务需求等缺陷。而基于数字化商业银行存款货币或数字货币的支付方式，例如第三方平台支付，可以通过银行卡发生资金转移和支付清算，提升银行卡用户的活跃度，拓宽银行卡使用范围，促进社会范围内的资金流动。此外，数字贸易作为 21 世纪跨境交易的重要方式，往往伴随着跨境高频率资金流动。消费者能否在各自的市场上便捷地使用跨境数字支付服务在很大程度上决定了跨境数字贸易中支付环节的效率，进而影响数字贸易全链条的效率。

另一方面数字支付作为数字贸易服务环节，促进了贸易过程中的信息流动。数字支付作为基于互联网的支付方式，其支付行为的完成依赖于数字流转和信息传输，因此数字支付不仅可以完成货币债权的转移，还实现了信息在客户和收款者之间的共享。在数字支付流程中，数字支付可以实现资金流动信息和交易信息的同时传输。在这种传输机制下，数字支付可以促进数字贸易中信息的流动，使得贸易信息得到及时全面的收集。如果世界范围内各经济体做出保护数据自由流动的承诺，确保必要的隐私保护，规范对贸易数据的监管访问，建立国际公认的支付标准和信息共享标准，便可以提高各国企业机构间的贸易效率，促进数字贸易在国际范围内的发展。例如，《美国-墨西哥-加拿大协定》为支持跨境支付提供了一种范例，因为其保护了数据在美国、墨西哥、加拿大之间的自由流动，降低了三个国家之间的贸易成本。

（二）数字支付对数字贸易的不利影响

作为数字贸易服务的中间环节，数字支付带来的风险也不容忽视。一方面，虽然国内外央行对支付系统的监管已经覆盖了支付过程中的交易、清算和结算等全过程，但由于国际范围内缺乏公认标准，各国央行针对数字货币采取的管制措施并不相同。当资金涉及跨境流动时，国家间支付规则的差异将会导致支付效率降低，给数字贸易带来消极影响。另一方面，由于数字支付具有无边界金融服务等特点，金融机构会在支付信用体系不健全的社会环境下承担着较大的信用风险。一旦出现金融信用评估系统不健全造成信用评估失误，或第三方支付平台由于重大安全事故造成信誉受损，那么数字贸易链条将会被打断。

总的来说，数字支付对数字贸易既有积极影响也有消极影响。数字支付既能作为数字贸易支付方式促进资金流动，也能作为数字贸易服务环节促进信息流动。但由于数字支付公认标准的缺失以及数字支付信用体系的不完善，数字支付也给数字贸易带来了一些不确定因素。国际组织和国家政府应当形成合力，完善数字支付规则框架，制定国际统一的数字支付标准，进一步发挥数字支付对于数字贸易的建设性作用。

第二节　数　字　货　币

一、数字货币的产生与发展

数字货币（digital currency）作为数字经济时代下的产物，随着数字经济的发展不断演变。在数字货币的发展过程中，政府、学者和个人从密码学、信息技术学等方面对数字货币的发行、流通交易和监管进行了多维度分析，并对其区块链架构、合法性等进行了深入探讨。纵观数字货币的发展历程，可以分为私人数字货币时代和私人与法定数字货币共存时代。

（一）初成：私人数字货币时代

私人数字货币不是由各国央行发行，不能与银行货币之间实现等比例的兑换。在私人数字货币时代，数字货币在民间流通，由民间拥有者承担信用、市场、流通性等一切风险，该阶段的数字货币呈现多种类、非主权等特点。20 世纪 80 年代，大卫·乔姆（David Chaum）发表了题为 Blind signatures for untraceable payments 的论文，引入了数字现金这一概念。20 世纪 90 年代网络泡沫时期，有关数字货币的概念逐渐丰富，电子黄金、自由储备等均是这一时期被提出并被运用的概念。自从 2009 年比特币①作为区块链分散式数字货币问世后，私人数字货币的种类便不断增多。私人数字货币自产生开始，依次经历发行、认可、推广、使用等阶段，相关产业链及配套设施在其演化过程中不断完善，逐渐涵盖生产、发行、储存、交易等一系列金融服务，交易范围也不断扩大，与此同时价格跌宕起伏，成为一部分人追捧的投资方式②。

（二）发展：私人与法定数字货币共存时代

尽管私人数字货币的发展十分迅速且受到世界各地投资者和投机者的追捧，但其不具备国家信用背书，并且存在配套技术薄弱、价格不稳定、风险难以抗衡等一系列问题（李靖，2020）。而吸收借鉴了成熟数字技术且具备国家信用背书的法定数字货币作为一种风险较小，可靠性较高的货币形式，得到了国际范围内多个经济体的关注。全球主要经济体研发法定数字货币的目的主要在于打破私人数字货币的垄断进而稳定货币体系，在一定程度上实现金融普惠。各国央行研发法定数字货币的思路具有共通之处。第一，由央行或政府牵头，成立专家组从宏观层面对研发法定数字货币的可行性和必要性

---

① 比特币这一概念最早由中本聪（Satoshi Nakamoto）于《比特币：一种点对点的电子现金系统》中提出。

② 中国人民银行等七部委于 2017 年 9 月发布了《防范代币发行融资风险》，其中指出代币发行融资是指融资主体通过代币的违规发售、流通，向投资者筹集比特币、以太币等所谓"虚拟货币"，本质上是一种未经批准非法公开融资的行为，涉嫌非法发售代币票券、非法发行证券以及非法集资等违法犯罪活动。

进行探讨，制定战略目标和实现方式。第二，细化战略目标和实现方式，从技术难点、标准制定、风险管控等方面展开讨论和研究。第三，开展法定数字货币的设计研发工作，分阶段开展闭环测试，制定法定数字货币的有关市场标准、法律体系和监管制度。第四，在部分城市进行内部封闭试点测试，并与当地互联网企业及金融机构签订有关法定数字货币的战略合作协议。截至 2020 年，各国推进法定数字货币研发的进程并不相同，许多国家政府对数字货币仍持观望态度。

尽管数字货币这一概念在 20 世纪末才被提出，但其背后蕴含的是数字加密算法和密码学等数十年来的沉淀。在未来很长一段时间内，私人数字货币和法定数字货币将会同时存在，一同组成数字货币市场。

专栏 17-2　全球数字货币的发展现状及其呈现的主要特征

二、数字货币的内涵与外延

（一）数字货币的内涵

国际清算银行（Bank for International Settlements，BIS）评价数字货币是一项突破性的创新，其技术支撑和去中介化等特点可以对全球金融行业和国际货币体系产生深远的影响。在传统定义中，数字货币更强调于私人数字货币，即发行主体是私人或私人机构，具有去中心化的特点。伴随着全球数字贸易的发展，具有法定地位和接受货币当局监管的法定数字货币成为数字贸易的更佳选择。法定数字货币可以理解为货币数字化的延伸，是将区块链技术、分布式账本等技术引入主权货币发行、流通和回笼的一种形式。为了更加全面的阐述数字货币的内涵，下面从核心职能、存在形式和发行主体等方面对数字货币进行界定。

数字货币的核心职能与传统货币相类似。货币职能是指货币所能实现的有实际价值的功能，21 世纪数字货币在一定范围内发挥了衡量商品价值的作用，且在一定程度上实现了流通，因此在部分国家数字货币具备货币的两个核心职能，即价值尺度和流通手段（谢平和石午光，2019）。私人数字货币虽然可以在一些场景中取代主权货币实现交易，但其不具备强制性等属性，不受法律保护，因此不应作为货币在数字贸易中流通使用[①]。

数字货币在存在形式上与传统货币存在较大差别。数字货币以数字形式而非实体形

---

① 《防范代币发行融资风险》中指出，私人数字货币不具有法偿性与强制性等货币属性，不具有与货币等同的法律地位，不能也不应作为货币在市场上流通使用。

式存在，其采用或借鉴加密算法为核心的区块链技术，让使用者在网络上建立共识机制，实现点对点直接交易。其技术支撑是密码学和分布式账本等。

不同类别的数字货币的发行主体存在差别。私人数字货币的发行主体为私人或依靠加密算法实现无特定发行机构，而法定数字货币的发行主体为各国央行。

通过对数字货币三个方面核心要素的分析，并依据经济学界和金融学界对数字货币的研究，可以从广义和狭义两个角度对数字货币的内涵进行阐述。广义的数字货币指的是由私人、央行或无特定发行机构发行的，以数字形式存在且依赖或借鉴区块链技术和分布式账本的交易媒介，其中法定数字货币具备价值尺度和流通手段等基本职能。由于私人数字货币并不是货币，不能够在数字贸易中充分发挥促进作用，因此在数字贸易中使用的数字货币可以从狭义上进行理解，即由央行发行的以数字形式存在的货币。

（二）数字货币的外延

数字货币的外延在区块链技术的推动下不断延展，起初数字货币仅是基于区块链的无特定发行机构的加密货币，后来出现了由数字货币交易平台发行的平台币，后来各国中央银行研发了具有国家信用背书的法定数字货币。但就其作为完成合法数字贸易的介质而言，数字货币的外延可以理解为一切承载国家信用的数字化货币。其具体表现形式是各国中央银行发行的且受中央银行监管的数字形式的货币。

数字货币的外延是不断扩大的，有效的规范和治理可以确保数字货币的外延始终可以为数字贸易发展产生积极作用。有效的数字货币治理可以让数字货币在保证使用者隐私的前提下完成政府对经济运行活动信息的收集和测量，提高交易信息采集的准确性和完整性。数字货币的治理和规范需要在国际国内双层次协调配合下开展。国际金融机构在制定数字货币政策框架、提供区块链技术支持、推动国际货币流通等方面发挥作用。各国央行则承担数字货币研发、投放、监管等具体事务，保障数字货币的安全性和信用本位。数字货币的技术支撑、治理规范等共同构成了数字货币的重要议题。

三、数字货币的类型

按照发行主体或是否具有去中心化特征进行划分，可以将数字货币分为私人数字货币和法定数字货币两类。其中，私人数字货币的发行主体是私人、私人机构或无特定发行主体，大部分私人数字货币具备去中心化的特征。法定数字货币的发行主体为各国中央银行，其不具备去中心化的特征。国际清算银行通过"货币之花"概念模型[①]展现了货币的一种分类依据以及在这种依据下的货币类型的划分。结合这种分类依据，可以对数字货币的类型进行归纳总结，如图 17-1 所示。

---

① Morten Bech 与 Rodney Garratt 在文章 "Central Bank Cryptocurrencies" 中依据货币的发行人、形态、通用性和转移属性以图的形式对货币的类型进行了划分，并将该图命名为货币之花（the money flower）。

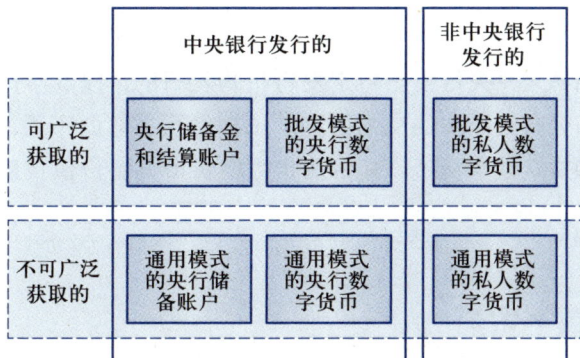

图 17-1 数字货币的类型

（一）私人数字货币

私人数字货币（private digital currency）在一定程度上可以理解为非主权数字货币。依据是否可以被广泛获取，私人数字货币可以被划分为批发模式的私人数字货币和通用模式的私人数字货币。批发模式的私人数字货币由于其流通性差，仅占据了私人数字货币中很小的一部分。私人数字货币在业务构架上无中心化保障机制，无论是使用范围还是公信力等都存在不足，因此在数字贸易过程中存在较多弊端。私人数字货币的风险体现在许多方面：第一，由于私人数字货币不具备国家信用背书，因此当政府出台相关金融稳定政策影响到私人数字货币的发行或流通时，可能会引起该货币市场的波动，给相关企业和个人带来风险。第二，由于私人数字货币本身具有匿名性等特点，不容易被追踪，因此当其被不法分子利用进而扰乱社会秩序时，会带来一定的社会风险。第三，信用风险、信息不对称风险等均放大了私人数字货币的风险强度。

（二）法定数字货币

法定数字货币也被称为央行数字货币（central bank digital currencies）。依据是否可被广泛获取以及是否基于代币，法定数字货币可被分为四类，分别是：央行储备金和结算账户、通用模式的央行结算账户、通用模式的央行数字代币和批发模式的央行数字代币。其中央行储备金和结算账户主要用于商业银行在中央银行的资金储备，是基于账户形式的存在。通用模式的央行结算账户和数字代币主要供企业和个人使用，我国开发的央行数字货币就是这两种形式。相较于私人数字货币，法定数字货币具有许多特定的优势：第一，法定数字货币具有国家信用背书，其公信力强，可以更好地发挥价值尺度的职能。第二，法定数字货币的适用范围更加广泛，流通性更强，其与商业银行存款货币具备相同的法律地位，在具备流通环境的条件下具有法偿性。第三，法定数字货币不是由个人或机构出于盈利及垄断目的而发行的，而是以国家信用为基础综合考虑了社会各方面利益，可以发挥国家层面的宏观调控作用。此外，法定数字货币既可以保护交易双方的隐私，也可以让资金流动处于监管之中，及时遏制违法犯罪行为（孙明明和吕阳阳，2019）。

> **理论命题 17-2**
>
> 数字货币是由私人、央行或无特定发行机构发行的，以数字形式存在且依赖或借鉴区块链技术与分布式账本的交易媒介。依据发行主体的不同，数字货币可以分为私人数字货币和法定数字货币。其中法定数字货币具备价值尺度和流通手段职能等基本职能。

四、数字货币与数字贸易

（一）数字货币对数字贸易的有利影响

以国家信用为基础的法定数字货币作为主权货币，具备法定偿还能力，且价值具有一定的稳定性，对推动数字贸易发展意义重大。各国所采取的法定数字货币投放发行规则有所不同，例如中国计划采取双层投放体系，以账户松耦合的方式进行投放，坚持中心化的管理模式，提高宏观调控的有效性和及时性。下文所谈论的数字货币均特指法定数字货币。

数字货币有利于提高数字贸易的质量和效率。数字货币通过加密签名转换，可以在资金转移的同时实现信息传递，完成资金流和信息流的整合。依赖于传统货币的数字贸易过程中，数字贸易所用的货币储存于中间机构，中间机构通过支付的时间差沉淀资金，且跨境数字贸易的支付结算流程冗余。而数字货币不依赖于银行账户，其在数字贸易的支付结算环节上通过实现点对点的及时对接，省去了中间机构对账、清算、结算等流程，整个过程由既定算法自动执行，在省去了中间机构介入费用的同时，提高了数字贸易的效率。

数字货币有利于国家对于数字贸易的宏观调控。我国数字货币具备中心化的特点，央行通过对数字货币的大数据追踪，既可以分析出经济个体的实时数字贸易状态，也可以从微观把握宏观，分析各个阶段我国数字贸易的走势，给有关机构制定数字贸易政策提供有效依据，进而提高数字贸易调控的精准性和预见性。此外，央行可以通过对数字货币的流通监控，精准调节货币供应，促进货币的流通性，稳定货币价值，确保货币市场长期处于健康状态。

数字货币有利于防范数字贸易中可能存在的风险。中央银行可以通过技术化手段对数字货币的流转进行追踪和监控，对个体和群体进行实时分析，及时感知到数字贸易中的风险行为。在交易安全不能完全依赖于传统身份认证的环境下，通过大数据对客户的数字货币使用行为进行风险敏感性研判，既能及时追踪到数字贸易中的违法行为，也能在微观层面保护数字贸易参与者的隐私。例如在使用数字货币进行数字贸易的过程中，虽然普通交易匿名，但用大数据可以识别出逃税、恐怖融资等行为的特征，从而锁定真实身份。

（二）数字货币对数字贸易的不利影响

作为一种全新的数字贸易媒介，数字货币在使用过程中蕴含的风险也不容忽视。

第一，数字货币不易追踪的特点会增加贸易风险。不易追溯性是数字货币对使用者隐私的保护，但贸易双方可能会利用数字货币的这一特性逃避法律监管，进行非法贸易。理想的数字货币的可追踪性应当是用户自身的权力，而不是商家或商业银行的特权，与此同时，为了保证以数字货币为媒介的数字贸易的合法性，监管者应当在司法允许的范围内获得追踪权利，因此理想的数字货币并非完全匿名。如何在道德和技术层面实现匿名性以及可追溯性的平衡是数字货币研发的难点。

第二，受限于 21 世纪初的科学技术水平，数字货币在交易过程中存在一定的支付风险。如何通过密码技术保障数字货币的真实性，确保用户在交易过程中无法更改或伪造数字货币，是构建以数字货币为媒介的数字贸易体系的重点考虑问题。

第三，各国政府对于数字货币持有的态度不尽相同，因此可能由数字货币引起的各国间的数字贸易信用危机也是隐藏风险之一。

数字货币对数字贸易而言是把"双刃剑"。一方面，数字货币有利于提高数字贸易的质量和效率，有利于国家对于数字贸易的宏观调控，让中央银行可以通过数字化手段对数字货币的流转实现追踪和监控。另一方面，数字货币的不易追溯性给数字贸易带来了风险。各国央行应当对数字货币的匿名性以及可追溯性加以平衡，在法律允许的范围内尽可能保护交易双方的隐私。

专栏 17-3　中央银行数字货币对货币政策的影响

第三节　数字货币对数字支付能力的建设作用

一、提高数字支付的结算效率

数字支付的结算系统和支付清算系统存在较强的关联性。支付清算系统也称支付系统，由中央银行、商业银行及提供支付服务的第三方机构等多个支付服务主体构成。支付清算系统作为支付制度和支付技术组成的有机整体，可以完成收款人和付款人之间的支付信息处理和传递，从而协助资金转移。依赖于传统支付系统的支付结算方式呈现出非即时结算的特点，资金在账户之间的转移流动存在一定的滞后性。数字货币的便捷性和实时性等特点恰好弥补了传统数字支付方式的不足，对当今时代数字支付能力建设发挥重要作用。

使用基于传统货币的数字支付实现跨平台支付特别是跨境支付的过程十分冗长，期间涉及跨商业银行的交易数据传输以及数字支付的加密和解密。相较于数字化的传统货币，数字货币可以内置交易规则，实现交易过程中自动结算。数字货币中自动执行的智能合约可以较大程度地提高数字支付效率。智能合约是一种特殊形式的计算机协议，该协议可以促进信息在不同主体之间的交换，提高验证的准确性及效率（孟博等，2020）。智能合约通过事前协定以及高昂的违约成本来防止违约行为的发生，一旦交易一方发生违约，计算机程序将按照事前协定进行不可逆的合约条件执行，违约的一方将会不可避免的遭受财产损失。整个程序执行过程人为不可控制，有利于实现执行过程的高效以及执行结果的准确。此外，交易过程中的所有交易行为都会对应智能合约在事先就设定好的交易事务集合，使得各种行为都有对应的执行操作，从而有效降低数字支付中信息传输、命令执行和资金结算的成本。

对于需要购汇结汇的企业级跨境支付结算，数字货币在央行的管理下可以通过一系列技术支持实现效率提升。第一，央行负责数字货币和数字支付相关技术的开发，并提供相关设施和制度保障，确保数字货币和数字支付受到恰当的监管。第二，央行审查承担数字货币和数字支付实际事务的高新技术企业的资质，确保企业能够在跨境支付中实现准确且高效的资金结算。第三，央行负责在宏观上对数字货币的发放、兑换等环节进行把控。第四，在兑换环节，央行可以依靠国际法定货币兑换网络，为涉及跨境交易的企业提供便捷的货币兑换服务，同时将境内企业支付结算后的数字货币转入数字钱包，完成整个跨境支付结算流程。以数字货币作为媒介的数字支付简化了购汇结汇流程，并将资金流和信息流进行整合，提高了境内支付结算和跨境支付结算的效率。

二、促进数字支付的迭代升级

数字货币作为一种能够支持数字经济时代高效交易的流通货币，其背后监管体系的构建思路和先进的技术支撑可以给数字支付的发展带来启发，进而促进数字支付的迭代升级。区块链作为数字货币的底层支撑技术，是由一个个记录了信息的储存单元通过随机散列后相继链接形成的结果。虽然区块链借助哈希算法等协商一致的规范和协议保证了系统的独立性，避免了主观人为数据变更，但其去中心化的数据库本质并不适用于数字贸易背景下的数字支付。中国在参考该技术的基础上，提出了基于二元账户结构和双层投放运营体系的数字货币发行思路，为数字支付提供了一种新的升级路径。

一方面，数字货币监管体系的构建思路可以给数字支付带来启示，促进数字支付监管和治理的迭代升级。数字货币"三中心"这一概念由中国人民银行提出，具体指数据中心、登记中心和认证中心。数据中心负责对数字货币的使用行为进行大数据追踪，监控数字货币的使用和流通情况。登记中心执行数字货币从产生到销毁的全过程登记。认证中心对使用数字货币的机构及个人的身份信息进行统一监管（庄雷、郭宗薇和郭嘉仁，2019）。构建"三中心"分离却又相互关联的体系架构，不仅可以保护数字货币使用过程中使用者的隐私，也可以保证交易的合法性和安全性。该体系架构对数字支付的建设性作用具有重大意义，数字支付可以借鉴法定数字货币监管体系的构建规则，明确数字支付的责任方及监管规则。在数字支付的过程中，数据中心负责监控使用银行账户内资金、第三方支付平台内资金或数字货币完成的各类交易，通过大数据识别并分析风险行为，在登记中心核对资金来源及流通状态，对于确认存在风险的交易，通过央行权限访问认证中心从而快速获取资金使用者的身份信息。"三中心"机制下的数字支付体系不仅可以保障合法交易用户的隐私，也可以实时检测交易过程，及时终止风险交易。

另一方面，数字货币的相关技术概念可以给数字支付带来启示，促进数字支付技术的迭代升级。在双层投放运营体系下，数字货币不仅不会阻碍商业银行等金融机构继续发挥资源技术优势，还能够促进数字支付系统的业务保障升级。一个升级途径是将数字货币中的分布式架构概念应用到数字支付中，从而为数字支付提供业务连续性保障。在数字支付的过程中，单个模块容易出现故障，而且在面对海量交易数据时性能可能存在不足。垂直拆分能使模块划分更加清晰，实现分区治理，而水平切分则能提高数字支付处理大量支付数据的效率。分布式架构能够将垂直拆分和水平拆分结合起来，实现对传统架构的改造。数字支付可以采用与数字货币相类似的分布式系统构架，即支付网络上的每个节点自发完成交易和记账程序，同时确保交易过程中协议的一致性。在数字货币的建设作用下，数字支付系统可具备存储海量交易数据、降低支付成本、稳定支付流程等优势。

三、打破数字支付的平台壁垒

数字货币和特别提款权（Special Drawing Right，SDR）相关技术的不断成熟为实现高效的跨平台数字支付提供了一种新的解决方案。特别提款权是一种账面资产，其可以被国际货币基金组织成员国用于偿还国际债务或弥补国际收支逆差，也作为一种记账单位，降低成员国之间的贸易风险，提高支付结算效率。数字货币作为一种依靠密码学技术的具有一定价值的数据表现形式，可以同时打破境内跨平台支付壁垒和跨境跨平台支付壁垒。

将数字货币作为支付媒介可以打破境内跨平台数字支付的壁垒。境内跨平台数字支付的主要表现形式是同一国家境内的多个第三方支付平台共同参与完成支付过程。第三方支付平台是为交易双方提供交易保证，以机构信誉和技术作为支撑减少交易风险，从而确保交易过程等价、同步的第三方独立机构。第三方支付平台在境内同平台交易领域已经较为成熟，成为 21 世纪初电子商务的主要交易支持平台。伴随着数字贸易的发展，第三方支付平台和电商平台呈现多样化的趋势，由于支付许可牌照的限制和平台对于各自利益的考虑，很多跨平台的数字支付并不互通，例如中国境内腾讯旗下的微信客户端支付功能不能在阿里巴巴旗下的淘宝电商平台完成支付。数字货币作为一种具有法偿性的货币，其发展成熟后可以在具备流通环境的条件下完成各类支付而不依赖于第三方平台，从而打破境内跨平台支付壁垒。此外，基于松耦合账户设计的数字货币可以无须绑定银行账户即进行转账支付，让缺少银行等传统金融基础设施的民众使用数字支付成为可能，提高数字支付的普及度。

　　将数字货币作为支付媒介可以打破跨境跨平台数字支付的壁垒。跨境跨平台数字支付相较于境内支付更加复杂，因为其牵扯到收单、收款和结售汇等流程，支付信息在第三方支付平台和多个商业银行间进行传输。以使用人民币完成跨境支付为例，境内买家通过储存在银行账户内的人民币完成付款操作后，进口电商平台将人民币资金和货物订购信息传给第三方支付平台，同时向电子口岸申报交易流。第三方支付平台在接收到人民币资金和订单信息后，向电子口岸申报支付流，境外供应商准备商品并完成寄送。最后境内买家确认收到商品后，第三方支付平台完成购付汇操作并将资金汇给境外供应商。如此可见基于传统货币的跨境跨平台支付流程冗长，涉及资金在银行、电商平台、第三方支付平台之间的流动，由货币换算、资金转移时间差、支付规则差异导致的支付效率降低等问题难以克服。不同于借助第三方平台的支付模式，基于数字货币和特别提款权的全球跨境支付网络将同时结合集中式系统和分布式系统，借助数字货币点对点的交易模式，通过直接汇率询价机制减少不同国家银行间的业务交接，简化跨境支付程序。此外，数字货币可以对全球跨境支付体系的建设产生积极影响，打破由发达国家主导的贸易体系，为全球各经济体平等参与到全球数字贸易中创造条件，促进数字贸易全球化，让世界各经济体能够在数字经济的时代背景下加强国际贸易合作，增加数字贸易份额。

> **理论命题 17-3**
>
> 　　数字货币对数字支付作用体现在多个方面：第一，数字货币在交易过程中可以实现自动结算，提高数字支付的结算效率。第二，数字货币能够在规范治理和技术升级方面给数字支付平台建设带来启示。第三，数字货币可以打破境内跨平台或跨境跨平台数字支付的壁垒。

本章小结：中国视角

　　数字支付作为当代数字化背景下的重要支付手段，可以将其广义理解为通过数字化方式完成的经济活动中的货币债权转移。数字支付的发展可以按支付主体和媒介的不同进行划分，分为银行与机构间电子支付、个体与银行间电子支付、第三方互联网平台支付与数字货币支付四个阶段。数字支付作为数字贸易服务的中间环节，在促进数字贸易资金和数字贸易信息的流动等方面发挥了重要作用。但由于数据规制的存在及公认支付标准的缺乏，数字支付仍存在一定的风险。数字货币按照发行主体的不同，可以划分为私人数字货币和法定数字货币两种。其中，法定数字货币可以理解为一切承载国家信用的数字化货币。由于其具有国家信用背书，具备货币的职能属性，因此对推动数字贸易发展的意义重大。此外，数字货币可以为数字支付的发展发挥建设性作用。将数字货币作为数字支付的媒介，不仅可以提高支付结算环节的效率，还可以打破跨平台支付存在的壁垒。数字货币中所运用的分布式架构及智能合约等技术，能为数字支付提供新的迭代升级路径。

　　关于如何在保证金融安全和社会稳定的前提下进行区块链技术的探索和发展这一问题，中国提供了一种发展思路。在中央和地方政府号召下，区块链被纳入中国产业结构数字化转型升级的战略核心突破口，国内各企业开始探索该技术在多个行业领域的创新应用。数字人民币的研发和试点，让中国成为最早探索法定数字货币的国家之一，也让民众使用法定数字货币完成高效便捷的支付成为可能。在攻克技术难点的同时完善监管机制，这是中国有关数字支付和数字货币的实践经验。

　　中国在数字支付和数字货币的监管机制方面积累了一定的经验，遵循了较为科学的发展思路。2015 年支付行业全面执行严格监管，健全的行业监管体系和管理规章制度基本形成；2017 年，有关部门持续整治互联网金融，对支付机构和银行的监管不断完善；2019 年国家互联网信息办公室出台《区块链信息服务管理规定》，进一步完善了对于数字支付和数字货币的监督管理。此外，中国率先提出法定数字货币的双层运营模式和"一币、两库、三中心"的构架。在该模式下，数字人民币既实现了与商业银行传统经营模式的互补，又实现了基于数字货币交易的安全可靠。中国在数字支付和数字货币领域所进行的技术开发和监督管理，提升了供应链和价值链的协同效率，助推了数字经济强国建设。

即测即评

思考题　　1. 数字支付广泛应用于数字贸易中，对国际贸易和人们的日常生活均产生了深远的影响。21 世纪数字支付表现出多样化、发展迅速、渗透领域多、国际化等特点。据相关数据显示，2017 年中国数字支付交易规模为 126 万亿元，2019 年突破 200 万亿元。中国作为走在数字支付发展前列的国家，在数字支付形式快速变革的时代下，同时面临着机遇和挑战。你认为 21 世纪数字支付给数字贸易带来的挑战主要体现在哪些方面？

　　2. 厄瓜多尔在 2014 年发行法定数字货币，又在 2018 年终止发行。其发行失败的主要原因是民众对该国央行缺乏信任。2019 年 12 月前，美联储对发行法定数字货币的风险存在担忧，表示不发行法定数字货币，但在 2020 年 2 月，其态度转变为考虑发行法定数字货币，以保持在国际研发的前列。你怎么看待国际上的这些现象？

3. 2021 年 3 月 3 日，商务部印发《全面深化服务贸易创新发展试点总体方案》，其中提到：在京津冀、长三角、粤港澳大湾区及中西部具备条件的试点地区开展数字人民币试点。数字人民币作为我国的法定数字货币，你认为其会对全球金融体系发展产生怎样的影响？会对全球数字贸易产生怎样的影响？

4. 中国人民银行前行长周小川曾表示，数字货币和电子支付业存在风险和扭曲，一些新产品技术当成投机工具，也过度看重圈钱，模仿银行吸收公众储蓄等。你认为宏观层面上怎样才能规避数字货币和数字支付的风险？

5. 有人认为法定数字货币的引入会对数字支付产生颠覆性的影响，第三方支付平台会蒙受较大的损失，21 世纪上半叶的技术水平也不足以支持人们在日常生活中将法定数字货币作为支付货币。也有人认为法定数字货币对数字支付的建设性作用是巨大的，法定数字货币的引入会使得数字支付平台进一步完善。你怎么看待以上两种观点？

延伸阅读

[1] MULLAN P C. The digital currency challenge：Shaping online payment system sthrough US financial regulations［M］. NewYork：Palgrave Pivot，2014.

［2］范一飞. 中国法定数字货币的理论依据和架构选择［J］. 中国金融，2016（17）：10-12.

［3］邹传伟. 对人民银行数字货币/电子支付的初步分析［J］. 新金融，2019（12）：10-16.

第十八章

智慧物流与海外仓

随着服务业在中国产业结构占比的不断提升与实体经济的不断壮大，物流行业也得到了快速发展，其中以物流模式创新、大数据技术与物联网技术等作为内生发展动力的智慧物流作为战略性的新增长点也不断演变进化。此外，全球数字贸易的稳步发展萌生了许多对物流业的新需求，由此也催生出包括海外仓模式在内的智慧物流新发展。如何使用智慧物流与海外仓模式赋能数字贸易，以促进全球数字经济共同繁荣成为政界、业界与学界的一致目标。通过本章的学习，可以快速了解智慧物流与海外仓的内涵与外延，理解海外仓对智慧物流能力建设的作用，对于智慧物流的实现方式与海外仓的建设模式也会有一定的掌握，为进一步深入理解物流服务角度下的数字贸易打下基础。

第一节　智慧物流

一、智慧物流的产生与发展

（一）智慧物流的产生

智慧物流的产生伴随着科技的发展和信息技术在物流行业的不断应用。总体而言，智慧物流的产生是基于机械化、自动化、智能化三个阶段的技术累积的。

1. 物流机械化阶段（20 世纪初至 20 世纪 50 年代）

在 20 世纪初的机械设计发明与应用大潮中，随着工业搬运车、堆垛起重机、传送带输送机等应用在运输与仓储环节的机械设备投入使用，世界物流发展结束了人力为主的时代，正式步入机械化的阶段。然而在该阶段尚未出现辐射多个环节的自动化设备，在处理大批量的物流货物方面依然十分困难。

2. 物流自动化阶段（20 世纪 50 年代至 20 世纪末）

20 世纪 50 年代，自动化技术的蓬勃发展对物流行业的技术革新产生了至关重要的作用，自动化立体仓库、自动导引运输车、条码与扫描技术逐渐被应用到当时的物流运行环节中，由此物流进入了自动化的阶段。借助自动化设备能够很好地执行搬运、储存与留档等工作，但物流的自动化只能够完成预设的任务，不能够通过一个信息化的平台对自动化设备进行统筹管理。

3. 物流智能化阶段（20 世纪末至 2009 年）

射频识别技术作为首个具有物流智能化功能的核心技术在 20 世纪末被提出并投入使用，它代表了物流智能化时代的开始。显然，物流的智能化是基于物流自动化发展所积累下的宝贵技术。与此同时，智能化的实现也离不开 20 世纪末信息技术的高速发展。物流智能化将"自动化"与"信息化"相结合，让自动化系统可以感知到信息化的物流活动，并通信息化管理系统执行物流决策。由此，物流系统具备了执行力方面的智能性，但在实时分析物流数据与根据数据进行优化决策方面仍然存在缺陷。

4. 智慧物流阶段（2009 年至今）

智慧物流的概念是 2009 年提出的，它要求物流系统既要知道数据的分布情况是什么，又要知道为什么产生这些数据分布情况，并且能够定向改善系统本身。与侧重执行方面的智能物流系统相比，智慧物流将智慧化的技术辐射到了更早期的物流设计环节。它通过互联网、大数据、云服务与人工智能等技术，数据化地分析物流活动执行过程中的问题，并以之为导向改造整体的物流系统。它不局限于只解决现有的问题，而是致力于改造系统本身，并且面向更多的需求创造新型的复合物流模式。

（二）智慧物流的发展

1. 智慧物流体系明确与初步实践阶段（2009 年至 2017 年）

智慧物流的概念刚刚提出，许多理论框架逐渐被完善，政府与学术界在这个阶段起到了重要的导向性作用，间接促使产业界着手制定智慧物流的目标与体系框架。2009年，中国物流技术协会信息中心等组织联合提出"智慧物流"的概念。2015 年左右，政府开始重视物流行业，国务院颁布《中国制造 2025》战略文件，文件中谈及物流的有12 处。这表示国家已经将物流行业的发展加入了我国的第一个十年战略。

2016 年，国家发展和改革委员会颁布了《"互联网+高效物流"实施意见》，标志着国家开始重视智慧物流的发展前景。该文件为智慧物流提供了政策支持。2017 年，中国物流与采购联合会和京东物流联合发表了《中国智慧物流 2025 应用展望》，开始推动智慧物流的发展，为智慧物流提供了一些技术支持。更重要的是，它明确了智慧物流的发展目标和整个系统的工作流程，使得我国智慧物流的发展向前迈出了一大步。2017年，中国智慧物流交易规模为 3 380 亿元，较 2015 年 2 205 亿元的交易规模上涨了53%，年均增速接近 27%。[①]

2. 智慧物流技术与模式深化阶段（2018 年至今）

国家与业界逐渐将对智慧物流的发展深化到具体的各个物流应用领域以及每个物流环节之中。2018 年，"推动网购、快递健康发展"被写入政府工作报告。快递业务素来有货物体积小、批量大、时效要求高、成本要求高这些特点，是具有一定难度的智慧物

---

① 前瞻产业研究院《中国智能物流行业市场需求预测与投资战略规划分析报告》。

流技术应用的重要业务场景。这要求智慧物流技术深入包括快递业务在内的不同的物流业态中，并必须产生实际的意义。

2020 年，国家发展和改革委员会和交通运输部联合发布了《关于进一步降低物流成本实施意见的通知》，通知中强调要推动新兴技术与智能设备在仓储、运输、配送等物流环节的应用。2019 年中国的智慧物流交易规模为 4 972 亿元人民币，2009—2019年，中国的智慧物流行业规模平均增速高于 20%，并且有望在 2025 年突破 10 000 亿元人民币的市场规模。[①]

> **理论命题 18-1**
>
> 　　智慧物流的发展趋势：智慧物流的发展始终围绕着物流模式的创新化重构和物流技术与设备的智慧化两个方向进行。前者构建了短链化的、协调共享的、围绕产业进行定制的新型物流模式，后者利用自动化、信息化、物联网、云技术与人工智能等科技基因不断优化现有物流结构。

二、智慧物流的内涵与外延

（一）智慧物流的内涵

IBM 公司于 2009 年提出的智慧物流定义中，智慧物流不仅强调要信息化的技术管理与自动化物流设备，它还更加重视将物联网、互联网与人工智能技术相结合，不断分析物流数据并据此对物流活动进行科学而动态的管理，最终实现物流过程可控、可视、智能与联网。

此外，在 2009 年，多个来自中国的协会、企业以及学者的团队都提出了智慧物流的概念。其中，中国物流技术协会等组织定义智慧物流为一种通过智能硬件、物联网与大数据等技术提高物流系统的分析决策与智能执行的能力的模式。中国物联网校企联盟则认为，智慧物流本质上是使得物流系统在多种方面模仿人类思想与行为的模式，它可以具备感知、思考、判断、推理和学习的能力，通过使用这些能力智慧物流系统可以解决物流作业环节中的许多问题。

> **理论命题 18-2**
>
> 　　智慧物流是一种结合自动化与物联网技术、信息化与互联网技术、人工智能与云计算技术对物流系统进行优化与模式流程的再创新，实现物流数据自动收集与分析、物流决策智能化制定与执行、物流风险检测与问题反馈的一种系统化的物流优化理念。

---

① 前瞻产业研究院. 2020 年中国智慧物流行业市场规模及发展前景分析，2020.

（二）智慧物流的外延

1. 智慧物流的特征

智慧物流的特征可分为智慧性质与物流性性质，其中智慧性特征主要体现为智能化，物流性特征主要体现为柔性化与整体化，具体介绍如下：

（1）智能化。世界范围内，智能化始终是每一个行业的共同议题。在物流业以及智慧物流的发展历程中，物流机械代替了人工任务繁重的步骤，物流自动化设备将物流机械负责的割裂的环节联结为自动化的整体，信息化技术所打造的物流控制平台对各个物流环节与物流设备进行管理，互联网技术与人工智能技术深度赋能物流活动对传统物流流程进行优化，打造更加适应新型物流需求的物流模式等，这些都是物流智能化进程。

（2）柔性化。在商业社会的规则内，"以顾客需求为导向"的思想都是企业必须重视的。要想根据顾客的需求定制化地生产产品，并不断地将研发优化后的产品投入生产，就必须保证生产的柔性化，物流业也是如此。智慧物流所提供的服务必须是可以根据顾客需求的变化随时调整具体服务过程的。例如，提供定制化企业物流解决方案、跨境物流服务、清关保税服务、二次包装服务、流程加工服务等具备特殊性的定制服务。由此可知，如果没有灵活的智慧物流系统，定制服务的目的就无法实现。

（3）整体化。智慧物流所辐射的范围不仅包括生产制造企业内部的物流活动，还包括生产制造企业之间的物流活动，以及涉及分销商与消费者的部分。在传统的物流业中，这些环节之间的物流服务企业往往并非同一个法人主体，由此导致了许多行业标准的不一致以及业务环节的衔接不紧密，进一步导致成本的提高。智慧物流的整体化则意味着，将同一企业的从原材料到消费者的货物物流过程一体化，将其中的运输、仓储、配送等环节集成起来，以最低的整体化成本提供最连贯而优质的物流服务。

2. 智慧物流的功能

智慧物流不仅仅是一种概念，更是一种可应用的、系统化的方法论。它可以实现如下的功能：

（1）感知功能。通过使用传感器技术、扫描识别技术等物联网相关技术，可以获得大量的信息。这些信息涵盖包装、运输、仓储、装卸、流程加工与配送等环节。通过这些信息企业可以更准确地掌握货物、车辆、仓库的实时情况，并进行管理。

（2）标准化收集数据功能。完成传感功能后，采集的信息通过网络传输到数据中心进行数据存档。建立功能强大的数据库，分类后添加新数据，按照要求规范各类数据，实现数据的连通性、开放性和动态性。最终促进物流的跨系统集成，实现智慧物流数据的标准化。

（3）智能分析功能。利用预先设计好的程序对物流问题进行分析，具体过程是先根据问题的特点做出一定假设，将真实的物流数据进行计算分析并对比与预先假设不符合的情况，最终得出结论。在物流运作的各个环节中，智慧物流系统会随时调用原始的数据，找出物流活动中存在问题或风险的部分，同时也会根据寻找问题与风险的过程逆向优化人工智能模型。

（4）优化决策功能。对各个物流环节以及整体的物流过程分别采用最优的运筹优化算法，通过使用这些算法，我们可以对物流的成本、效率、服务质量、碳排放量等因素进行科学精确的控制与定向优化，由此提出最合理的物流决策。同时也可以使用它们对物流服务过程中的风险进行分析与预测，为未来的物流决策提供前瞻性的提示。

（5）系统支持功能。随着互联互通、协同共享等理念的普及与推进，企业内部多个物流环节中割裂的智慧物流程序、企业之间割裂的智慧物流系统以及国家间割裂的智慧物流基础设施体系终将不断地开放与互联。智慧物流的技术最终将作为一个系统服务于社会物流的每一个环节，提供系统的支持功能。

（6）自动校正功能。系统在完成前面功能的基础上，根据最有效的解决方案自动运行最有效的技术解决方案。当发现问题时，会自动纠正并存档以备将来查询。

三、智慧物流实现的途径

（一）物流模式创新

1. 供应链模式创新

在数字贸易时代，供应链中最具备不可替代性的是产品的生产制造与最终的消费者。而随着数字贸易平台将需求与生产力更直接的连接以及需求情景变得更加分散，传统的众多分销环节成为相对而言可替代性高、创造价值低的一部分。越来越多的实体贸易行业选择建立短链化的、灵活的供应链模式来应对这一趋势，即改变过去的多层次分销的渠道模式，使供应链变短，同时快速准确地把握消费者的需求，实现灵活调整和快速反应。

2. 协同共享模式创新

在物流业的众多环节中难免产生资源的浪费，例如运力剩余、仓储企业空余大量库存空间等，而通过协同共享的理念展开的合作则可以打破所有权限制，将这些浪费的资源应用到其他物流环节、其他企业乃至于其他的国家中去。此外，物流企业的数据库也是具备很高的协同共享价值的，将一定范围的数据公开可以让其他企业以及学者共同收益，共同解决同一个问题，实现物流资源的充分利用。

此外，随着众包模式的兴起，新的分工合作模式得到普及，传统的分工体系发生了变化，企业的业务模式和工作流程也发生了变化。协调共享模式的创新带来了更细分、更简单的分工和更低成本的合作体系。

3. 产业物流模式创新

随着制造业、医药行业与新零售等行业的蓬勃发展，在这些细分领域中萌生了与传统物流模式流程不完全相同的物流需求，由此诞生了许多针对不同产业乃至细分领域的各异需求的物流模式，其中包括医药物流、冷链物流、烟草物流、应急物流和跨境物流等新兴的创新物流模式。

（二）物流信息化与大数据技术

物流信息化严格意义上来说分为两步：第一步是将传统的以非电子数据存在的信息转化为以电子数据存在的信息进行分类存储，第二步是打造信息化平台并使用这些信息对物流过程进行平台化管理。物流信息化的概念辐射了物流生产的所有环节，并且适用于物流企业以及其服务的客户，各类用于企业资源管理及运输与仓配管理的软件即是物流信息化理念的体现。

实现物流信息化即实现物流组织、交易、服务和管理的电子化，使物流业务活动方便快捷，最终实现物流快速、安全、可靠、低成本。

在物流信息化的基础上，海量数据加之大数据分析技术进一步强化了智慧物流的能力：

第一，数据分析和市场供给分析的功能。数据分析的作用是了解市场需求，准确定位市场发展趋势。物流需求是物流业发展的基本保障，物流需求与社会经济活动有着必然的联系。智慧物流业可以借助大数据信息技术准确预测市场物流需求，从市场需求主体的分析过程中过滤出有价值的信息。从原材料生产管理到最终销售，所有的数据都可以通过智慧物流信息系统进行采集，经过分析处理后得到最终的物流需求，这样对批发商或者经销商的了解会更深。这样可以得到企业在物流活动中的发展趋势和规模特征，准确分析企业在物流工作中的实际需求。

第二，物流配送的优化功能。物流配送是整个物流服务的核心环节之一，也是物流服务的最终结果。对于客户来说，物流配送的水平和质量将成为他们消费体验的核心部分。智慧物流信息系统借助大数据分析技术和信息网络计算客户需求后，优化货物供应和配送路线的全过程，并在配送环节和其他环节之间形成工作联动，最大限度地提高物流服务水平，减少运输过程等环节的经济损失。

第三，提高全过程物流服务效率的功能。对于大数据支撑的企业，物流配送中心可以利用各种先进技术建立全自动化的配送系统。比如很多自动化物流中心已经实现了机器人装卸、无人搬运等工作模式。货物的交付、仓储、运输和储存过程可以通过自动化设备来完成。数据交互平台在电子数据交换技术、射频识别技术、二维码技术和无线网络传输技术的支持下，通过信息共享，可以直接控制产品的生产过程，为物流工作提供决策支持。

此外，随着物流行业的信息化运作水平与服务效率不断稳定提高，形成了以产业供应链为基础的物流信息共享模式，促进构建现代智慧供应链以及全球化物流的发展。即便是跨国跨境的物流活动，也可以在大数据与 AI 技术的支持下精准预测目标区域的供需情况，制定选址与运输策略，并推进安全化物流以保障服务效率。

（三）物流自动化与物联网技术

自动化技术是物流业诞生以来便不断进行研究迭代的核心技术，在物流领域它的目标是使得物流作业过程中的设备与设施实现自动识别、检测、分拣、存取与跟踪等功能。基于物流视角的物联网技术同样辐射到物流业的众多环节中。使用物联网技术的物流企业通过各类传感器设备（包括射频识别技术、红外线传感技术、激光扫描技术等）识别货物在仓库、配送中心以及各个运输节点中的特征信息与时空标签，通过全球定位技术实时而动态的追踪货物的位置与运行轨迹，使用5G技术保证了货物在物流各个环节低时延的网络互连状态以便实时地从网络上进行监控与管理。

下面介绍自动化技术和物联网技术在物流领域应用主要情况。

1. 智能机械设备在物流行业的应用

智能机械设备是利用自动化技术执行物流活动指令的一种设备，同时也是物联网大家庭的重要成员。它不仅可以自动完成如堆码（堆码机器人）、搬运（无人搬运小车）与分拣（自动分拣流水线设备）在内的物流活动，借助物联网将智能机械设备纳入物联网系统，它还可以利用智能机械设备的自动化性能，实现智能运营管理。

2. 射频识别技术在物流业中的应用

射频识别技术的原理是通过发射出射频信号自动地识别带有信号源的目标物体并获取该物体上相关的数据。由此，作为一种非接触式的芯片信息识别技术，它可以做到全时段自动识别可检测范围内的特定信号源。射频识别技术在物流领域有两大优点：第一是该技术的使用不依赖于人工，不需要像传统的标签识别工作那样安排工作人员逐一扫标签、识别货物，它可以自动完成冗杂繁重的货物识别，并且在恶劣的环境中依然能保持工作；第二是该技术的本质是特定信号的识别，同时这些信号不会彼此影响，所以它可以同时识别其辐射范围内的高速运动的多个物体，并且同时分类地获取这些物体上的所有标签数据，更加适应物流环节中对时效的追求。现代的物流企业常常将射频识别技术用于货物物流情况跟踪、产品生产与组装管理、智能化仓库管理以及产品防伪标签等多个方面。

3. 全球卫星导航技术在物流业中的应用

全球卫星导航技术是基于全球卫星定位系统（如GPS、北斗）的，在全球定位以外，它还包括了导航与定时等功能。从其在物流领域应用的角度讲，全球卫星导航技术可以用于货物与车辆的实时定位、跟踪与监控功能，同时也能用于车船与飞机运行路径的寻找。此外全球卫星导航技术可以将其位置信息同步联网，因此它也是物流领域实现物联网最重要的技术之一。

4. 无线传感器网络在物流行业的应用

无线传感网络（wireless sensor networks，WSN），是一种用于对覆盖区域内指定对象信息感知、收集与处理的技术。无线传感网络技术将大量廉价的微型传感器布置在其监测的对象上并使用网络技术对这些传感器反馈的信息进行同步与处理。在物流领域中，无线传感物流技术可用于多物流设备监控、多货物监控、危险品物流管理、冷链物流管理等方面。

专栏 18-1　中国智慧物流发展趋势

四、智慧物流与数字贸易

（一）数字贸易中的消费与生产需求激发智慧物流发展

物流服务在生产者与消费者之间起着联结作用。随着数字贸易和数字技术的不断发展，消费者和生产者在数字贸易中的新需求刺激了智慧物流的发展。

一方面，消费者的个性化产品消费需求推动了智慧物流的发展。数字经济下，随着平均收入水平提升，中产阶级收入提升，消费者对产品的要求越来越高也越来越多元。比如对大规模的标准品的需求逐渐转变为对小批量的定制化产品的需求。对产品需求的改变不仅影响了生产端，也影响到了物流服务，要求物流服务商对于通过数字平台订购的小批量、高货值的货物提供更高效、更便捷、更实时可追溯的定制化物流服务。

另一方面，生产者提升自身产品竞争力的需求推动了智慧物流的发展。当今的生产者处在一个必须以顾客需求为导向的消费升级时代，他们也在不断谋求着生产方面的变革，例如将大数据、云计算、人工智能技术应用于生产端，同时不断地整合消费者的创造力与新需求进行产品改善。为了支持生产者新的生产情况，智慧物流必须不断提升自身能力，实现物流服务网络化运营、物流资源实时合理化调配、物流作业大数据化优化等。

（二）智慧物流促进数字贸易便利化并降低成本

目前智慧物流在数字贸易中的应用一般集中在物流技术、物流云、物流大数据与物流模式优化等方面。本质上，智慧物流服务于数字贸易的过程便是一个提效率与降成本的过程。数字贸易企业采用智慧物流模式的流程一般如下：

第一，智慧物流服务提供商根据该行业与该企业的主要产品的独特性与其常见的问题进行一事一议的分析，并进行顶层的智慧物流系统设计。第二，智慧物流服务提供企业将从数字贸易企业的物流资源的整合、物流流程的协同优化、物流风险监控和预测等方面入手，提高该企业的物流效率、降低不必要的物流成本并且打造一个具备韧性的跨境供应链。第三，某些智慧物流企业还会打造特定产业的物流信息共享平台，进一步从数据透明化的角度提升全球数字贸易的智慧物流竞争力。

总的来说，智慧物流技术通过优化物流时效、降低物流成本提高了数字贸易企业的服务质量与竞争力。

第二节 海 外 仓

一、海外仓的产生与发展

（一）海外仓概念的产生

中国作为全世界电商化程度最高的国家，同时也是拥有庞大而完整供应链体系的国家，跨境电子商务在优异的先决条件下得到了高速、高质量的发展。中国跨境电子商务带动了全球数字贸易的进一步发展，提高了行业平均竞争水准，同时也使得来自世界各地的消费者对购物体验的要求越来越高，而物流服务则是其中至关重要的一环。传统的跨境电子商务物流解决方案是由国内集货报关开始，包括跨洋运输与清关、落地后的尾程配送的一套流程，其中的各个环节往往是由不同主体掌控的，且存在长周期、高成本的问题。这种模式还有着其他明显的缺点：退换货流程复杂、风险随时间放大等。因此，对于全球数字贸易企业而言，他们面临着如何控制不可控的跨境物流以及如何提高跨境物流效率与服务便捷度的重大挑战。为解决传统物流成本高、时间长的问题，2010 年前后，海外仓模式应运而生。

（二）海外仓模式的发展

海外仓模式在中国首先提出，发展的前沿阵地也始终在中国。2013—2016 年，中国海外仓的数量从 50 余个增长至 500 余个，年均增速高达 77%，海外仓模式在全球数字贸易产业链运营中逐渐崭露头角。

2015 年，海外仓这一概念首次出现在政府文件中。商务部提出的《"互联网+流通"行动计划》中指出，中国将推动建立全球各地的海外仓，加快电子商务海外营销渠道建设。该计划鼓励中国电子商务企业走向全球，打造自己的品牌，通过各种渠道和方式建设海外仓储设施，进一步提升中国电子商务企业的全球运营能力。从计划中可以清楚地看到，中国鼓励国内电子商务企业进一步提升在全球数字贸易产业链中的地位，积极参与离岸供应链，大力布局海外仓库，打造自主品牌。

作为一种供应链结构上的创新，海外仓模式也不断受到政府层面的重视与指导。2017 年，国务院办公厅发布的《关于积极推进供应链创新与应用的指导意见》作为国家首次发布的供应链创新指导文件提出：为了推进"一带一路"建设，更好地实施中国供应侧结构改革，中国明确鼓励中国企业融入全球供应链网络，深化对外投资合作，建立海外分销和服务网络、物流配送中心和海外仓库。这有利于中国在全球市场建立本地化的供应链体系，并参与全球供应链规则的制定。

2018 年以来，中国政府不断推动外贸企业发展与转型，鼓励这些企业通过全球数字贸易平台与渠道实现产业的升级，更好地让中国产品走向世界市场。2021 年的中国，已经拥有能够辐射世界各地的海外仓体系，电子商务的渗透率与供应链能力均远超欧美国家，作为一种优秀的发展案例，来自中国的海外仓模式也逐渐受到世界各地的全球数字贸易企业的关注与学习。

> **理论命题 18-3**
>
> 海外仓模式的本质是一种结合"集货"思想以及"前置仓"概念的跨境物流解决方案。它将多个品类、多个数量甚至多个所有者的境内货物集中使用大宗商品运输的方式运送至目标市场国家，降低了运输与包装成本。与此同时，由于在海外仓的货物是提前送达的，海外仓与目标市场国家最终客户的地理距离也更加接近，降低了物流时延，提升了客户的服务满意度。

二、海外仓的内涵与外延

（一）海外仓的内涵

海外仓是指数字贸易企业在跨境电商平台上销售商品至国外客户时，在客户下单之前，在国外目标市场设立仓库，把销售商品批量发送到国外仓库；在客户下单时，数字贸易企业直接从该仓库发货，货物只需经过目标市场国家当地的配送体系便可送达客户手中的一种跨境物流模式。此外，海外仓模式能够实现的功能还包括境外贸易清关、货物二次包装或加工、目标国当地配送、代收货款服务与保税保险服务等，它适合应用于价格贵、运送周期长、库存周转快的商品，这是因为这些商品对物流成本的承担能力较强。

（二）海外仓的外延

采用海外仓模式是基于特定的内部与外部需求的，所以在一般情况下，除仓库本身必须具备的货物存储、管理与出入库功能，海外仓模式往往还具备以下功能。

1. 代收货款功能

传统的全球数字贸易企业采取跨境物流配送的模式，货款到账需要按平台规定定期提现，同时必须根据波动的实时汇率结汇，存在不方便、不及时的问题。而采用海外仓模式便可在数字贸易平台中以当地配送者（当地企业）的身份进行收款，不需要立即按汇率结汇，并且能够实时提现，可以有效规避跨境贸易的汇率贬值风险。

2. 集货运输功能

海外仓模式与传统的跨境电商物流模式最大的不同之处就在于，由于海外仓模式的集货运输思想，多批次、小批量的零散的货物得以集中为全集装箱的形式进行跨洋海运。通过集中化的运输，可以节约单件货物的平均物流成本，同时也在一定程度上降低了货物损坏与丢失的概率。

3. 拆包组装功能

当以集装箱形式的货物运达境外后，海外仓必须提供拆包以及重新组装的服务，以按用户的订单情况进行下一步的配送。由此进一步提供了物流增值服务，免除了原先必须在境内包装好而产生的额外的运输重量成本。

4. 保税保险功能

进行全球数字贸易时，在进出口方面往往有两个常见的风险问题：一方面，为货物出口并支付税款后若无法出售，税款就无法退回。另一方面，为货物出售后获得的目标市场国家货币结汇时可能因汇率波动而损失利润。在实际运营中，部分海外仓可以被海关批准成为保税仓库，只需为卖出的货物缴税；通过海外仓代收货款的形式也能够避免汇率变化的风险。此外，在生产国与消费国之间的中转国设立海外仓也可以有效地避免贸易制裁。

三、海外仓的建设模式

目前海外仓主要包括自建海外仓、第三方平台海外仓和一站式配套服务海外仓三种模式。

（一）自建海外仓模式

自建海外仓模式是指数字贸易企业在海外市场建立私有化海外仓的模式。从事跨境电商的数字贸易企业，经过一段时间的运营，已经有了一定的资金和客户基础。同时，随着跨境电子商务的快速发展，提高物流配送效率迫在眉睫。这些数字贸易企业投入资金，在客户集中的市场建立自己的海外仓，以实现本地发货，提高货物的发货速度。此外，由于这些企业对全球数字贸易的情况、需求与发展趋势有更好的了解与把握，它们也会将自建海外仓中一定的库容进行出租，向其他数字贸易企业提供海外仓服务。代表这一类型的企业有自建海外仓的安克创新、南京希音等。

（二）第三方平台海外仓模式

该模式指数字贸易企业与第三方公司合作，由外部公司（主要是物流服务企业和数字贸易平台企业）提供境外仓储服务的模式。通过与第三方企业联合建设海外仓或完全租用第三方企业的海外仓设施，数字贸易企业获得了专业高效的海外仓服务。此外，与第三方专业物流企业合作共建或第三方专业物流企业自建的海外仓往往具备较高的专业化设计水平，更有利于特殊商品的储存与定制化需求的实现。代表这一类型的企业是亚马逊作为平台方提供的海外仓，它服务于全球数字贸易中的中小卖家。

（三）一站式配套服务海外仓模式

在海外仓的发展过程中，许多跨境贸易企业发觉传统海外仓仍然在跨境供应链整体性优化与可提供的服务种类方面有一定的缺陷，无法满足其全部需求，急需海外仓提供一种能够解决其更多需求的合作方案。因此，专业化的一站式配套服务模式便产生了，这种模式立志于为需要海外仓服务的跨境数字贸易企业提供打通前后物流渠道的服务。在一站式配套服务模式下展开的合作会基于客户的不同需求，提供包括跨境供应链优化、报关清关、贸易合规、库存数据分析与销售预测甚至是目标市场国家本土化营销等方面的解决方案。代表这一模式的主要为专业的国际物流企业，如中邮海外仓与顺丰海外仓等。

> **专栏 18-2** 我国跨境电商企业海外仓模式选择分析

四、海外仓与数字贸易

海外仓是跨境数字贸易发展中出现的新物流模式之一，它的出现对于数字贸易有扩充销售品类、优化消费者体验与扩大海外市场等关键作用。

（一）扩充可销售的商品品类

全球数字贸易与任何一个国家或地区内的电子商务贸易有许多不同之处，其中最为明显的是由跨境贸易的性质、贸易平台的规定、不同地区的需求特征所导致的可销售的商品品类的差异。例如，包括亚马逊在内的众多全球数字贸易平台都对境外卖家销售含电池产品、含蓝牙功能产品进行了一定的限制。此外，大型家具、大型个人机械设备受物流费用高的限制也存在难以贸易的问题。而通过海外仓模式下的全集装箱运输模式，原来受限制的体型庞大的、运输困难的货物在境外市场找到了新的发展土壤。例如，家庭园艺、汽车零部件等具有一定重量、大体积或特殊形状的产品在传统的物流模式下存在物流成本高、运输耗时长与易损耗等问题，如今通过海外仓模式，这些产品被大力推广到海外市场，近年来销量大幅增加。

（二）优化消费者体验

相较于传统物流而言，海外仓极大优化了数字贸易消费者的物流体验。一方面，在传统的物流模式中，消费者可能会由于货物包装或者货物本身的破损而降低消费体验，另一方面，小批量的货物进行运送时发生丢失的可能性高于大批量发货。如果全球数字贸易企业采用海外仓储的模式，便可以在消费者下单前将货物送到进口国，直接从当地仓库发货。这样可以提前发现运输中的损坏产品、及时拒收产品，以确保交付的货物包装良好，质量合格；与此同时，海外仓的经营者会对原先集中在集装箱运达的货物进行拆包与重新包装的工作，他们甚至可以根据海外当地的消费者市场情况提供个性化的外包装。

在货物送达消费者手中后，仍然可能在后续的物流服务环节中影响到消费者的体验。例如，当客户对产品有退货或维修需求时倘若不能及时得到高质量的物流解决方案，企业便不仅仅会失去这名客户，更会产生不良的商业名誉影响企业发展。但在传统的跨境物流模式中，如果产生退货与维修需求，海外消费者就必须将货物寄回出口国，且企业在收到退货后需要将货物重新通过跨境物流渠道交付给海外消费者。这样，数字贸易企业不仅利润微薄，而且在物流方面也造成了相当大的损失。但如果通过海外仓模式退换货，待退换的货物可以回收后放在本地仓，再从本地仓重新交付给消费者。这种售后方式类似于境内的本土零售业采取的售后模式。

（三）扩大海外市场

消费者在考虑是否购买一件产品时，对交付时间的敏感性仅次于价格敏感性。有时只要交货够快，较高的物流服务费用是可以接受的。因此，使用海外仓模式的全球数字贸易企业不仅可以满足消费者对及时性的要求，还可以提高数字贸易企业的定价水平。

通过使用海外仓模式，有助于提高货物的当地竞争力。这是因为货物提前送到海外仓库，从而实现了本地交货。所有集装箱的集中运输可以有效降低货物的平均物流成本，节约的成本变成利润。数字贸易企业有更多的商品定价空间，也可以提高商品价格，因为包括配送速度在内的物流服务响应速度得到了很大提高。对于全球数字贸易企业来说，这无疑是一个巨大的优势，有利于提高其在海外市场的竞争力。

第三节　海外仓对智慧物流能力建设的作用

一、降低智慧物流储运成本

海外仓模式主要从集货运输统一管理、减少重复贴标与包装成本两大方面降低了智慧物流的运输与配送成本。一方面是由于海外仓模式可以提前集中地将货物送到目标市场国家而不用按分散的订单小批量发货，采用全集装箱运输的方式降低了大量散货运输导致的运输成本与货物丢失及延误等风险。另一方面是由于海外仓模式连接了原有的割裂的"三段式"的跨境电商物流模式，将跨境运输与落地后的尾程配送这两个环节连接起来，节约了货物多次重新贴标与包装的成本的同时，也通过海外安全库存的设置增强了跨境供应链的韧性。此外，由于该模式下退货可以在海外仓进行，它也在一定程度上降低了退换货物流服务中的储运成本费用。

二、加快智慧物流效率

海外仓模式从以下三个方面加快了智慧物流的效率：

第一，海外仓模式减少了从消费者下单到产品送达消费者手中的时间。由于货物已经提前存放在目标市场国家当地，当消费者下单时，数字贸易企业便可指挥海外仓快速响应需求，第一时间从当地发货，节约了原有跨境运输货物浪费的时间。

第二，海外仓简化了基于数字贸易的跨境运输的流程。原有流程一般为生产国当地物流企业将小批量货物配送至港口、跨海物流企业或空运物流企业负责运输到目标国家、目标国家当地物流企业负责逐件配送。现有流程可以简化为"集中运输"与"本地仓配"两个步骤。由于是大批量、全集装箱的运输与仓配形式，国内物流运输至港口的步骤以及跨境运输的步骤可以一体化委托国际物流企业，而不是每单单独运输，同时，当货物抵达目标市场国家后也可以由海外仓主体负责运输与落地配送，极大简化了物流流程，提高了智慧物流的效率。

第三，由于大批量货物是定期运输至海外仓的，海外仓内一般设置有一定的安全库存，当跨境物流高峰期到达时便不会因为物流的缘故导致大量货物无法及时地交付，影响消费者的购物体验，进而影响企业的短期销售额和长期信誉度。故此，使用海外仓模式可以加快跨境贸易高峰期的物流效率。

三、延展智慧物流服务链条

智慧物流本质上是基于物流供应链的一种系统性的物流优化手段，其在供应链上辐射的范围越大，就越能发挥自身基于人工智能技术的统筹优化功能。通过智慧物流的数据分析能力，它可以为供应链的每一环节提供更多的科学决策能力，同时分析出物流数据中隐藏的机会点。而在传统的跨境物流中，由于境内物流、跨境运输、目标市场国家物流三者往往是不同的运营主体，存在流程割裂的问题，致使一国的智慧物流系统难以在境外的供应链上保持一致性，无法发挥其本有作用。

海外仓模式的提出则较好地解决了该问题，使得境内物流、跨境物流乃至目标市场国家物流的运营主体能够有更多的一体化，最终使得智慧物流服务链条得以延展到国外，让智慧物流技术辐射到海外仓储、海外配送与海外售后物流等新的服务场景。与此同时，这些新的服务场景也是崭新的数据源泉，通过分析这些新的物流数据，定向优化商业策略，可以为企业的长期发展注入新的动力。

> **专栏 18-3** 智慧物流在跨境电商海外仓中的应用机制及发展策略
>
> 海外仓模式的运营可根据物流阶段划分为头程运输、仓储管理和尾程配送三个部分，整个物流系统覆盖多个国家和地区。根据物流系统作用方式不同，可以将智慧物流相关技术分为智慧作业技术和智慧数据底盘两大类。
>
> 智慧作业技术是指运用在海外仓出入库操作及库内操作的相关技术，其中，出入库操作主要包括实现自动化配送的无人机技术，实现长途运输转向最后一公里配送的3D打印技术，实现末端智能收货的智能快递柜等；库内操作主要包括分拣识别和搬运上架货物，大多以机器人技术为主，例如用分拣机器人进行货物分拣、可视化设备技术

进行快速货物识别、货架穿梭车和自动引导运输车等进行货物的搬运和上架操作等。通过智慧作业技术的应用，海外仓内货物的运输、分拣及配送效率将会大大提高，解决了其作为劳动密集型产业所面临的国外劳动力成本高、效率低下的问题。

智慧数据底盘指运用于分析和预测需求、构建仓储网络和维护设备的相关技术，主要包括大数据分析技术、物联网技术和人工智能技术。

摘自：肖雄，李泽建. 智慧物流在跨境电商海外仓中的应用机制及发展策略 [J]. 物流科技，2020（9）：73-76.

本章小结：
中国视角

自21世纪初起，物流的理念彻底改变了每一家从事传统货物运输行业的企业，新生的行业框架带来了许多崭新的发展机会。2009年智慧物流概念被提出，同年中国的学术界与政府也紧跟发展潮流开展布局。随着物联网技术、互联网技术与人工智能技术的不断成熟，拥有世界最大物流需求市场的中国也将这些科技不断融入物流业的发展中去，逐渐发展出一个服务规模巨大、辐射业态多元、物流科技深度应用的物流行业。全球数字贸易时代的到来为物流业带来了新的机遇与挑战，催生出包括海外仓模式在内的许多智慧物流新发展。智慧物流的发展与应用有利于中国产品以更低的成本与更快的时间效率送抵海外市场进行销售，结合中国在数字贸易市场成熟度与供应链能力的先行优势，打造出一批具有国际竞争力的中国品牌。同时，中国智慧物流的发展还将走出国门，服务全球的数字贸易企业，进而打造成熟的行业标准，为中国全球经济治理提供软硬件服务。当下，在全球数字贸易的浪潮中，中国将物流服务业智慧化视作战略性的新增长点，强调物流模式创新、物流大数据、物联网技术与物流智能化等内生发展动力的重要性，不断发展全球数字贸易场景下的中国跨境智慧物流能力、进一步完善中国数字贸易企业布局在全球各个重要贸易市场的海外仓建设、深度挖掘海外仓模式的应用潜力。中国不仅要为世界提供更好的中国制造产品，也要为全世界提供更好的中国物流服务，最终缔造更多全球化的中国品牌。

即测即评

思考题　1. 在数字贸易飞速发展的今天，"最后一公里"配送越来越成为制约数字贸易发展的最大瓶颈，常存在乡镇物流配送网点少、配送成本高居不下、冷链物流配送困难等问题。从模式、技术与政策等方面，你认为有哪些解决途径？

2. "一带一路"倡议推行至今，取得了中欧班列开通运营、亚吉铁路开通运营，马尔代夫中马友谊大桥竣工，阿联酋阿布扎比码头、马来西亚关丹深水港码头正式开港等傲人成绩。请阐述"一带一路"倡议对我国海外物流业布局的推进作用。

3. 近年来，第三方海外仓物流服务蓬勃发展，根据美国供应链及采购协会所提供的的数据来看，通过使用第三方海外仓可降低约13%的资本投入，降低成本3.7%。那么向数字贸易企业提供海外仓服务的物流企业应该如何提高其竞争力？

4. 如本章所述，在全球数字贸易中海外仓模式具备扩充销售品类、优化消费者体验、扩大海外市场与促进全球数字贸易进一步发展等优点。世上绝无完美的模式，请分析海外仓模式的不足之处有哪些？

延伸阅读

[1] 孟亮，孟京. 我国跨境电商企业海外仓模式选择分析：基于消费品出口贸易视角 [J]. 中国流通经济，2017 (6)：37-44.

[2] 肖雄，李泽建. 智慧物流在跨境电商海外仓中的应用机制及发展策略 [J]. 物流科技，2020 (9)：73-76.

第五篇

全球数字经济治理

第十九章

全球数字经济治理概述

自 20 世纪以来,全球经济治理经历了由霸权走向共治、由分裂走向合作、由单边走向多边的演变历程。数字经济的蓬勃发展对全球经济治理既有有利影响,亦有不利之处。如何有效降低数字经济的负面作用,发挥正向影响,是世界范围内各个经济体不懈追求的共同目标,全球数字经济治理由此成为新时期全球经济治理的重要表现形式。在国际机构、区域组织、国家集团等协调下,世界各国通过在数字技术、数字贸易、数字金融、数字安全等方面的治理合作,来促进全球数字经济朝着开放、包容、普惠、平衡、共赢的方向不断发展。通过本章的学习,可以快速了解全球数字经济治理的内涵和外延,理解其对世界经济体系平稳运行的重要意义,对于全球数字经济治理的主要议题、治理逻辑也会有一定的掌握,为进一步深入理解全球经济治理打下基础。

第一节　全球数字经济治理产生的背景

一、全球经济治理的历史演变

(一)初成:以英国为中心的霸权竞争治理(20 世纪初至第二次世界大战)

全球经济治理的初步形成要追溯到 20 世纪初以英国为中心的全球霸权治理。所谓全球霸权治理,是指一个国家在组织、管理和稳定世界政治经济中扮演着主导性的角色,通过单一强国控制或支配国际体系内比较弱小的国家来完成国际体系的运作。

得益于在第一、第二次科技革命中积累的技术优势,20 世纪初,英国的电力、煤气、人造纤维、造船、电缆制造等工业部门高速发展,生产制造体系趋于完整,加之长期以来在海外建立的广泛的殖民地,直至第二次世界大战期间,英国维持了接近半个世纪的霸权治理地位,是国际经济制度体系构建和运行的主导者。在贸易方面,英国一直根据其自身状况主导制定全球贸易政策。第一次世界大战前,英国主张推行自由贸易政策,在其号召下,各国关税壁垒普遍降低,全球贸易自由化取得一定进展。随着战争的爆发,各国纷纷筑起贸易壁垒,于是在 20 世纪 20 年代,英国开始重新祭出贸易保护的大旗,贸易自由化道路由此中断。在金融方面,英国推行国际金本位制并形成英镑霸权，通过成立英镑区①等，使得英国的主权货币长期在国际货币金融体系中处于领导、支配和优势地位。英格兰银行率先完成向中央银行的转变，并担负起英国乃至世界金融体系的领导者和管理者角色。但此后随着美国综合国力超过英国，在第二次世界大战行将结束时，世界霸权逐渐从英国移交到美国手中，英国的全球经济治理主导权也在二战后终结。

（二）发展：以美国为中心的霸权支配治理（第二次世界大战至 20 世纪 70 年代）

第二次世界大战结束至 20 世纪 70 年代，是资本主义制度和社会主义制度相互竞争和共同存在、共同发展的时期，也是世界联系不断加强的时期，地缘政治、经济格局在此期间发生深刻变化。1946 年 3 月，英国首相丘吉尔发表铁幕演说，世界随之进入以美国为主的资本主义阵营和以苏联为主的社会主义阵营相互对立的冷战时期。凭借丰厚的战争利得、广阔的国际市场和先进的高新技术产业，第二次世界大战后的美国经济发展飞速，一跃成为世界上最强大的国家，加之在第三次科技革命中的领先优势，为其夺取世界霸权奠定了基础。

事实上，二战之后，美英两国就战后国际新秩序的设立进行了经济外交方面的多轮博弈，最终美国提出的"怀特计划"（White Plan）胜出，代表美国利益的布雷顿森林体系（Bretton Woods System）的诞生宣告了美国主导全球经济治理时代的开启。在该体系下，美国建立起以美元为中心的国际货币体系，以贸易自由化为基本原则的贸易体系，通过推行"马歇尔计划"（The Marshall Plan）加强对西欧和日本经济的控制，并对亚非拉民族独立国家实行新殖民主义政策，同时坚持对社会主义国家实行经济和技术封锁。在一定程度上，美国主导建立的国际制度终结了战后世界经济秩序的混乱状态，为以后各国参与世界经济制定了行为规则。但美国主导的全球经济治理机制本质上是为谋取美国利益服务，实际上仍然属于霸权治理模式。彼时广大发展中国家的工作重点在于维护民族独立和保护国家主权方面，经济发展尚未完全起步，因此经济力量微弱，只能在国际经济事务中发挥追随和从属作用，尤其无力参与国际经济制度和国际经济秩序的制定和建立，在此后很长一段时间成为国际经济秩序的被动接受者。

专栏 19-1 布雷顿森林体系与美国霸权

20 世纪 30 年代大危机和第二次世界大战在宣告了金本位制垮台的同时，也宣告了英国作为世界经济领导者的终结。战后，针对国际金融体系的制定，出现了英国的"凯恩斯计划"与美国的"怀特计划"之争，最终后者胜出，布雷顿森林体系建立。和战前的金本位制相比，布雷顿森林体系的运行机制发生了重大变化。这些变化一方面反映了当时世界经济的客观要求，但更多地反映了美国在全球经济中的绝对霸主地位和利益。

---

① 英镑区成立于 1939 年，前身是 1931 年成立的英镑集团，其是以英镑为中心的、由英国控制的货币集团或货币区域，区内各国和各地区的货币对英镑保持固定的比价，贸易全部采用英镑进行结算，资本可以自由流动等。

　　第一，布雷顿森林体系的形成是在美国主导下的一项联合行动，而不像国际金本位制的实施是一个渐进的过程。在金本位制的形成过程中，曾经的世界经济领导者，英国并未把各国召集起来宣布在某一特定时期推行金本位制。

　　第二，布雷顿森林体系不仅拥有一整套规则，而且有专门的机构负责监督实施这些规则，这就是国际货币基金组织以及与之相配套的国际复兴与开发银行（即世界银行）。

　　第三，布雷顿森林体系尽管是美、英两国立场妥协的结果，但基本上反映了美国的利益。"凯恩斯计划"力图降低黄金在未来国际金融体系中的作用，"怀特计划"则主张未来世界货币与黄金之间的可兑换性。而最终的结果是美元与黄金挂钩，其他货币与美元挂钩并保持固定汇率。

　　摘自：李向阳. 布雷顿森林体系的演变与美元霸权［J］. 世界经济与政治，2005（10）：4，14-19.

（三）分裂：美苏争霸下的霸权争夺治理（20世纪70年代至苏联解体、东欧剧变）

　　从20世纪70年代开始，世界经济进入动荡发展阶段，石油输出国组织提高原油价格、伊朗政局变动、两伊战争爆发等使得油价暴涨，对西方国家经济造成严重冲击。此外，由于"特里芬难题"（Triffin dilemma）[①] 的存在，布雷顿森林体系内部始终存在无法协调的矛盾。1971年，美国政府停止美元兑换黄金及向其他国家央行出售黄金，布雷顿森林体系宣告瓦解。

　　在美国国力减弱的同一时期，苏联利用美国深陷战争和经济危机的时机，集中力量发展经济，因此保持了经济高速增长的态势。至20世纪70年代中期，苏联工业生产增长速度保持在年均7%～9%，社会总产品每年增速维持在6%～7%，建立了强大的工业综合体，成为世界强国，并着力与美国争夺世界霸权。一方面，苏联开始缓和与西欧国家的关系，在经济方面开展"全欧经济合作"，与大部分西欧国家签订经济技术与工业合作协议，从西欧国家大量引进先进技术和工业设备，促进了西欧国家的出口。在贸易方面，苏联大规模进行补偿贸易，通过向西欧国家提供石油、金属矿产、天然气等初级产品，换取西欧国家工业设备和工业制品。另一方面，苏联加强对东欧的控制，利用经济互助委员会[②]控制东欧经济，主张取消东欧国家民族经济，形成统一的经济共同体。对亚非拉第三世界国家，苏联采取援助模式以获得其支持，与美国争夺世界霸权。

　　进入20世纪80年代后，随着苏联内部矛盾不断出现，美苏关系由对抗转为缓解，最终进入全面和解时期。与此同时，日本、西欧经济均迎来高速发展时期，世界地位不

---

　　① "特里芬难题"由美国经济学家罗伯特·特里芬（Robert Triffin）于1960年提出，是指在布雷顿森林体系下，各国使用美元进行国际结算并把美元作为国际储备货币，导致美元不断流出美国并沉淀到其他国家，美国因此发生国际收支逆差。但是，美元作为国际货币，需要保持美元币值稳定，客观上要求美国国际收支保持顺差状态。两种要求互相矛盾，形成悖论。

　　② 经济互助委员会，简称经互会，是苏联组织社会主义国家建立的政治经济合作组织，总部设在莫斯科，1991年6月28日宣布解散。

断提高。

（四）改革：发达国家主导的南北合作治理（苏联解体、东欧剧变至 2008 年国际金融危机）

苏联解体后，美国成为世界上唯一的超级大国，俄罗斯、欧盟、日本、中国等发展迅速，世界政治经济呈现"一超多强"的多极化局面。在此阶段，美国的霸权地位已经没有第一次霸权地位那样明显，全球经济治理更多表现为欧盟、日本等发达经济体共同参与的治理模式，发达国家均努力维护其既得利益者地位，在各项经济事务中试图占据主导地位。在全球贸易领域，以美国为首的发达国家主导关税和贸易总协定演变为世界贸易组织。在国际金融领域，为了应对全球性金融危机，七国集团①（G7）倡导成立二十国集团②（G20），但从本质上来讲，二十国集团只是对既有治理机制的补充，发达国家占主导地位的国际货币基金组织和世界银行等国际组织在世界金融体系当中仍然发挥核心作用。

20 世纪 90 年代，许多新兴市场如亚洲四小龙、泰国、马来西亚、印度尼西亚等进入迅速发展时期，经济实力明显增强，新兴市场成为全球经济增长的新引擎。同时随着经济全球化的深入，新兴市场与全球市场的联系更加密切，全球经济治理机制对新兴市场国家的影响更加强烈。为了争取自身利益，新兴市场开始积极参与到全球经济治理体系中，呼吁对现有全球经济治理结构进行变革，增强新兴市场的代表权和发言权。面对已有全球经济治理制度暴露的各种问题及新兴市场要求改革的呼声，发达国家被迫做出改变，如通过邀请经济体量巨大的发展中国家加入主要国际经济组织或建立发达国家与发展中国家的对话与合作机制等方式参与全球经济治理，但是做出的实质性改革仍然有限，大国主导全球经济治理的格局并未根本改变。

（五）融入：新兴经济体崛起下的全球共同治理（2008 年国际金融危机至今）

2008 年国际金融危机后，世界经济进入"三速复苏"③时期，新兴经济体经济崛起并成为全球关注的焦点，在经济总量和增速、对外贸易和对外投资、对外金融实力等方面均有显著提升，新兴经济体与发达经济体的差距在显著缩小。以 2009 年为例，七国集团实际 GDP 增速为-3.9%，新兴十一国④（E11）实际 GDP 增速为 3.1%，2010 年迅速恢复至 8.1%。而且国际金融危机之后，全球经济增长的 50% 以上是由新兴经济体贡献的。

---

① 七国集团包括美国、英国、法国、德国、日本、意大利和加拿大等 7 个发达国家。
② 二十国集团包括阿根廷、澳大利亚、巴西、加拿大、中国、法国、德国、印度、印度尼西亚、意大利、日本、韩国、墨西哥、俄罗斯、沙特阿拉伯、南非、土耳其、英国、美国以及欧盟等 20 个经济体。
③ 即新兴市场和发展中国家继续强劲增长，美国经济增速低位增长，欧元区整体负增长。
④ 新兴十一国是指二十国集团中的阿根廷、巴西、俄罗斯、韩国、墨西哥、南非、沙特阿拉伯、土耳其、印度、印度尼西亚和中国。

与此同时，以国际货币基金组织、世界银行和世界贸易组织等国际机构为主体的传统全球经济治理机制出现诸多问题，世界贸易组织为代表的全球贸易治理效率需要提高，国际货币基金组织运行机制效用降低，投票和份额调整无法生效，世界银行运行机制存在缺陷，既有全球经济治理利益分配格局已不再适应当前世界经济发展变化形势。在对传统全球经济治理机制的变革过程中，产生了金砖国家（BRICS）合作机制、亚太经合组织（APEC）合作机制等特色机制，新兴市场和发展中国家凭借自身经济实力的增强和对外交往的加强，在全球经济治理格局中扮演了越来越重要的角色，在很多领域争取全球经济治理话语权并力争推动全球经济治理体系变革。中国积极为全球经济治理贡献智慧和方案，秉持"人类命运共同体"思想，坚持共商共建共享的全球治理观，通过"一带一路"倡议、亚洲基础设施投资银行、"数字丝绸之路"等积极践行多边主义，成为 2008 年国际金融危机后全球经济治理的新亮点。

> **理论命题 19-1**
>
> 　　全球经济治理的演变是一个各方力量多次博弈的过程，随着自身力量的发展、外部环境的变化以及多边关系的推进，各国在全球经济治理中的角色和地位也在不断变化，总体来看，由霸权走向共治、由分裂走向合作、由单边走向多边是全球经济治理演变的必然趋势。

二、数字经济对全球经济治理的影响

（一）数字经济对全球经济治理的有利影响

数字经济是人类历史上继农业经济、工业经济之后的又一全新经济形态。移动互联网、人工智能、大数据、云计算等数字技术的飞速发展和广泛渗透，极大地改变了以往的生产生活方式，经济的不同领域、不同部门都经历着数字化的深刻变革，一系列新模式、新业态、新场景和新体制的到来，对全球经济治理的方向、模式、路径也产生重要影响（谢伏瞻，2019），全球经济治理正处于一个瓦解、重构、变革和新创时期。尽管数字经济会在数据流动、网络安全、贸易规则等方面带来新矛盾，但数字技术的不断延伸以及与实体经济的融合发展也为各国分歧的处理提供了更多可能或者更优的路径。

第一，数字经济有助于更高效地甄选全球经济治理目标，为全球经济治理提供更科学的参考，使要素资源在全球范围内实现更加合理的配置。随着时代的发展，全球经济治理中的问题越来越多样化、复杂化，需要对不同领域问题的严重程度及发展现状进行准确评估、合理排序，以确保把人力、财力、物力花在亟须解决的问题上。时任国际货币基金组织副总裁夏费克（Nemat Shafik）曾于 2013 年在牛津大学演讲时，提出了"智能治理"的设想，认为全球经济治理由两种元素——"硬"元素和"软"元素共同影响。在数字经济时代，要达到上述"智能治理"的效果，即需要借助大数据、云计算等数字技术，综合利用宏微观各方面的信息和数据，针对特定领域的特定问题进行精准的数据分析，结合实际情况选择最优化、最便捷、最实用的方案，进而合理运用"硬"治理或"软"治理策略，有效提升实施方案的科学性和可行性。

第二，数字经济有助于更灵活地选择全球经济治理方式，降低国际组织、世界各国等参与主体的协调成本，提升治理效率。比如谈判磋商是全球经济治理过程中多方主体解决矛盾、化解分歧必不可少的环节，从国家领导人层面的二十国集团峰会、七国集团峰会、金砖国家峰会等，到部长层面的世界贸易组织部长级会议、二十国集团财长会议、亚欧财长会议等，众多国际会议的召开和举办为解决全球经济治理中不同领域的问题提供了必要的场合。但不可否认的是，频繁的线下会晤有很高的时间成本和组织成本，而数字技术的发展使得线上沟通、线上会议成为可能，突破了时空的限制，在降低成本的同时，大大提高了磋商谈判的效率。

第三，数字经济有助于更全面地塑造全球经济治理结构，凝聚多方力量共同参与治理。以数字贸易为例，生态化是数字贸易的典型特征之一，即以数字贸易平台为运作核心，可以将政府、企业、消费者、第三方服务商紧密联系在一起，实现价值创造的同时，对数字贸易中出现的问题也能及时地沟通和解决。同时，数字贸易平台上的各方主体已经弱化了国别属性，特别是进驻平台的企业，来自世界上的不同国家或地区，所有的商家，连同平台、消费者会构成一个利益共同体，在产品设计、市场营销、交易方式等环节中会尽量协商与合作，这本身从微观层面上就会大大降低贸易摩擦发生的可能性。

（二）数字经济对全球经济治理的不利影响

第一，数字经济使得全球经济治理的议题大幅增多，伴随新产品、新业态、新模式、新场景等的出现会产生诸多新问题，需要各国协力解决。在数字技术方面，技术的更新迭代迅速，与之相关的基础标准、产品标准、方法标准、安全卫生与环境保护标准等亟须配套更新，这大大加大了通用性认证标准的复杂度，对于标准形成、标准认证、标准推广等各个环节提出了更高的要求。此外，数字技术的发展基础和程度不同会导致数字鸿沟问题，不仅表现在数量鸿沟方面，还越来越多地表现在质量鸿沟方面。再比如互联网平台是数字贸易中最为重要的市场组织，但在网络外部性的正反馈作用下，数字贸易领域很容易形成"赢者通吃"的市场格局，市场结构趋于垄断，这将为数字经济中的垄断治理带来难题。

专栏 19-2　数字经济时代平台带来的反垄断难题

第二，数字经济使得全球经济治理的难度有所加大，以往全球经济治理中的问题在数字技术的影响下可能更加复杂，新问题的表现形式也可能更加隐蔽。比如数字技术的快速发展促进了智能制造、智慧能源、智慧医疗等新业态的不断涌现，但对于给网络带来怎样的新威胁和风险，产生怎样的新攻击类型，采用怎样防御应对手段等还尚未可知。再比如随着数字技术在金融中的应用，数字庞氏骗局开始出现并泛滥。数字庞氏骗局更加隐蔽、更加高效，还可能突破国界限制进行跨国传播，消费者很难通过表象了解其中潜在的诈骗性质，使得欺诈波及的范围和造成的影响更大。还有不少披着"安全"外衣的算法，实际上很可能并非真正只为用户的安全考虑，可能会搜集用户隐私信息等用于不正当用途，但用户只能被动接受而不能清楚掌握内部的运行机理，于是产生"算法黑箱"问题。

第三，数字经济使得全球经济治理的理念更加冗杂，各国出于自身利益考量做出参与决策，认识上的分歧可能会对全球经济治理带来负面影响。比如在数据跨境流动问题上，不同国家分歧严重，认识和监管不同，短时间内难以达成一致。美国对数据的跨境流动持积极态度，主张弱化国境限制，允许数据跨区域自由流动；欧盟、澳大利亚等采取的是有条件的数据跨境流动管制措施。但总体而言，出于保护个人隐私、国家安全等原因，世界大多数国家对数据的跨境流动持保守态度，要求数据存储在境内而不得未经允许流出国境。各国如何根据规则的最大公约数来制定相关规则，在数据利用和安全保障之间寻求平衡，是数字经济时代全球经济治理面临的重要挑战。

> **理论命题 19-2**
>
> 数字经济对全球经济治理来说是把"双刃剑"，既会在治理目标甄选、治理方式创新、治理结构优化等方面带来有利影响，也会在治理议题增多、治理难度加大、治理理念冗杂等方面带来新的挑战，需要积极转变治理思路，以充分发挥全球经济治理在稳定、协调世界经济发展中的作用。

第二节　全球数字经济治理的内涵与外延

一、全球数字经济治理的内涵

20 世纪 90 年代，以美国学者罗西瑙（James N. Rosenau）为代表的一批学者提出了全球治理理论，该理论主张全球范围内政治概念和政治行为方式的创新，主张国家间的合作及社会力量的参与，倡导国际组织、国家和非政府组织等多种主体参与的综合治理模式。全球治理的理念延伸到经济领域，即全球经济治理。庞中英（2011）认为全球经济治理是单独一个或者若干个国家或地区联合起来对世界经济进行调控，通过制定一系列的国际制度和国际规则来完成。这些国际制度和国际规则，主要被分为三类：第一类是正式的、全球多边的国际规则和制度性安排，如世贸组织规则等；第二类是非正式的、只有部分国家或地区参加的集团机制，如七国集团、二十国集团、亚太经合组织等；第三类是地区性的经济治理，即小范围区域内邻里之间经济政策的和谐化和自由化。陈伟光和曾楚宏（2014）认为全球经济治理是对全球化市场失灵的一种协调和管理，其效率反映的是解决全球性问题特别是全球化负面效应的能力和效果，更多地体现参与者提供国际公共产品的意愿、能力及其这种集体行动的管理效率。

随着大数据、云计算、物联网、人工智能等数字技术的飞速发展及在经济生活各个领域的广泛应用，世界经济加速步入数字经济时代。数字经济的发展颠覆了很多的传统经济活动形式，数字技术、数字贸易、数字金融等各个领域的新事物、新业态、新模式不断涌现，在世界范围内快速传播，给全球经济的健康平稳运行也带来了诸多新问题、新挑战。数字经济中规则的建立、标准的制定、政策的出台、治理的选择往往需要综合考虑国内、国外各方主体的切实诉求，既要考虑不同政治体制、不同文化背景、不同治理体制、不同数字经济发展阶段国家的现实基础，也要尊重不同国家的价值偏好和治理策略，以实现数字红利的共享。

> **理论命题 19-3**
>
> 　　全球数字经济治理就是世界上单一国家或地区或若干个国家或地区在全球性或者区域性国际组织的协调下，对数字经济中技术、贸易、金融、安全等领域的全球性问题进行合作和共治，通过建立统一的标准、规则、协议等来促进世界经济朝着开放、包容、普惠、平衡、共赢的方向实现可持续发展。

数字经济受到了国际社会的广泛关注，频繁被纳为国际会议的重点议题。2016 年，中国作为二十国集团主席国，首次将"数字经济"列为二十国集团创新增长蓝图中的一项重要议程。在 2016 年 9 月举行的二十国集团杭州峰会上，多国领导人共同签署通过了《二十国集团数字经济发展与合作倡议》。该倡议旨在通过各国的互惠合作，在关键领域持续释放数字经济潜力，携手推动全球经济迎来更广阔的发展空间。2018 年，"拥抱数字化未来"成为亚太经合组织会议的重要议题，主张推动亚太地区数字经济的包容性发展。2019 年，联合国发布《数字经济报告 2019》，呼吁建设包容性数字经济和社会，实现跨领域的数字技术国际合作。

二、全球数字经济治理的外延

全球数字经济治理的治理范围和治理目标主要集中于数字经济领域，如数字贸易、数字金融、数字技术、数字安全等，这些新兴经济业态代表了未来经济发展的方向，随着时代的发展，将逐步成为经济社会的主流形态。某种程度上，全球数字经济治理可以看作是新时期、新背景下全球经济治理的重要组成部分，其与传统的全球经济治理，既有很多相似之处，也存在诸多不同。

相同之处体现在治理主体、治理目的等方面：

在治理主体方面，不论是数字经济治理还是传统经济治理，既需要国际组织的居中协调，也离不开世界各国的广泛参与。世界贸易组织、世界银行和国际货币基金组织三者依然是全球数字经济治理的三大支柱，在制定国际规则、提供谈判场所、监督立法实施、协调争端解决、提供金融支持、统筹各国行动等方面发挥关键作用。同时，联合国贸发会议、经济合作与发展组织、国际清算银行、联合国经社理事会等机构也在各自领域承担了部分职能。此外，欧盟、东盟、非盟等区域联盟，亚太经合组织、金砖国家、二十国集团等区域组织在全球经济治理中的角色也越来越重要。这些不同领域和层次的机构及其机制，共同组成了现有全球经济治理的基本架构。

在治理目的方面，全球数字经济治理和传统经济治理都是通过国家或地区之间的联系、合作、共治等来寻求超越国家主权的，能够促进世界经济平稳、健康、可持续发展的方法或机制。比如在贸易方面，各国通过在贸易方式、贸易规则、贸易标准、贸易监管等方面的互通与合作，致力于打造平等、开放、透明、包容的多边贸易体系；在金融方面，各国通过在货币互换、金融监管、普惠金融等方面的沟通与合作，致力于打造多方参与、共同决策、辐射广泛的全球金融体系；在发展方面，通过发达国家对发展中国家给予资金扶持或技术援助、国家之间共享扶贫经验、打造经济共同体等方式，努力缩小南北国家的数字鸿沟和贫富差距等。

不同之处体现在侧重领域、国际格局等方面：

在侧重领域方面，全球数字经济治理更加强调数字相关的内容。第一，有关数据的治理更加重要。数据领域的规则标准建设滞后于实践制约了数据发挥更大作用，数据产权由谁所有、由谁管、怎么管等问题，国内外还没有统一的制度标准。第二，有关平台的治理更加重要。平台是数字经济时代出现的最为典型的组织模式，深刻地影响了生产、消费、政府管理等各个方面。平台企业的出现重塑了跨国公司进军国际市场的方式，对跨境贸易、跨国投资等产生了颠覆性的影响，这对各国平台监管合作也提出了更高要求。第三，有关数字鸿沟的治理更加重要。数字经济驱动各国经济转型升级的同时，也带来了新的挑战，"数字鸿沟"问题成为拉大世界贫富差距、造成两极分化的重要因素。这其中既包括数量层面的鸿沟，也包括质量层面的鸿沟。

在国际格局方面，新兴市场和发展中国家在全球数字经济治理中将发挥更大作用。过往的全球经济治理体系下的规则更多地体现了发达国家的利益诉求，这对于发展中国家而言有失公平。比如在乌拉圭回合谈判中制定的《与贸易有关的知识产权协议》（《TRIPs 协议》）、《服务贸易总协定》（GATS）等较多关注的是利于发达国家发挥竞争优势的领域，发展中国家的利益在规则框架下并不能有效得到保障。随着新兴市场和发展中国家经济地位的提升，全球经济治理体系应该向更加公平合理的方向演进，赋予这些国家更多的代表权和话语权。

第三节　全球数字经济治理的议题与逻辑

一、全球数字经济治理的议题

（一）全球数字技术治理

全球数字技术治理主要集中于形成统一国际标准、缩小技术引致的数字鸿沟、规范数字技术在全球范围内的应用等方面：

第一，统一技术标准对于保障全球范围内商品或服务的流动至关重要，标准的应用范围越广，标准产生的网络外部性越强，市场越统一，各方主体从中所获得的益处也就越大。在数字经济时代，技术的更新迭代更加迅速，与之相关的基础标准、产品标准、方法标准、安全卫生与环境保护标准等亟须配套更新。从国际范围来看，这加大了通用性认证标准的复杂度。以人工智能技术为例，人工智能对原有的社会结构和治理方式提出新的挑战，比如如何提高人工智能技术本身的安全性、如何防止利用人工智能技术侵犯隐私等议题。国际上对人工智能技术应用的规定较为笼统，缺乏分类指导，相关标准亟须建立和完善。

第二，数字鸿沟是全球数字经济治理中的重要议题，具体指社会中不同社会群体在数字技术可及性和使用上的差异（邱泽奇等，2008），这种理解也可以扩展到企业、国家层面，反映了不同主体能享受到的数字红利的不同。欧美国家一直处于数字技术的领先阵营，而亚非拉地区的发展中国家信息基础设施不完善、数字技术发展水平低，加之发达国家在人工智能、云计算等前沿技术上的垄断，与发达国家的技术水平差距会不断加大。而且在快速变革的数字技术的推动下，数字质量鸿沟也愈加明显。尽管发展中国家互联网普及率有所上升，但在技术深化方面还远远落后于发达国家，数字质量鸿沟问题愈发突出。

第三，数字技术是把"双刃剑"，既可以向善，也可以作恶，而且由于其虚拟化的特性，很可能会降低作恶的成本，放大作恶的后果。在国际社会上，数字技术如果被应用于不正当的用途，不仅不利于各国共享数字技术红利，反而可能激化国家或地区之间的矛盾，不利于双边或多边政治经济关系的稳定，给全球经济治理带来新的难题。"棱镜门"就是数字技术应用于不正当用途，从而引起地区矛盾的典型例子，其产生的一系列连锁反应大大影响了国际政治经济局势的稳定，严重破坏了全球经济治理体系的正常运行。

专栏 19-3 **从"棱镜门"事件看美国的数字技术"霸权"**

从已经公开的文件看,"棱镜"计划是一项组织严密、运作高效、协作有力的系统性工程,其反映出如下特点:

一是有资源保障。美国作为互联网的发源地,控制着全球互联网的主要资源,如13个根域名服务器中,有10个位于美国,其余3个也均位于美国的盟国境内。媒体披露的"棱镜"计划培训课件就明确指出,美国作为全球通信骨干网,绝大部分通信都会流经美国,为美国情报部门实施全球化网络监控提供了极大便利,而这也是"棱镜"计划、"上行"计划得以实施的重要基础。此外,全球领先的互联网企业基本上均位于美国,如世界最大的搜索公司 Google,世界最大的社交网站 Facebook,世界最大的网络电话公司 Skype,世界最大的网络视频网站 Youtube 以及两大 IT 巨头微软和苹果等。这些企业拥有全球绝大多数互联网数据资源,美国"棱镜"计划正是充分利用这一优势,实现对网络空间的全面监控。

二是有技术支撑。一方面,美国是世界信息技术第一强国,长期垄断 CPU 芯片、操作系统等基础信息技术产品和大型交换机、路由器等高端网络设备市场,这为其实施网络监控提供了重要支撑。斯诺登披露,美国通过入侵大型路由器,长期对中国网络实施攻击。而据统计,中国电信骨干网的核心节点路由器绝大部分来源于美国,据报道,中国电信、中国联通两大电信运营商骨干网各有70%、80%的网络设备是美国思科公司的产品,其中的安全隐患不言而喻。另一方面,美国掌握了先进的信息窃取技术。正因如此,其在二十国首脑峰会上对外国政要实施的网络通信监控、卫星电话窃听、利用按键记录密码等方式不仅取得了良好效果,而且未被任何参会国家察觉。

摘自:《保密科学技术》编辑部."棱镜门"事件曝光美国网络监控计划 [J]. 保密科学技术,2013(6):10-13.

(二)全球数字贸易治理

全球数字贸易治理主要集中于数据跨境流动、平台的垄断问题等方面。

一方面,在数字贸易时代,数据流动与保护之间的平衡成为全球难题。交易订单数较之传统贸易的大幅上升,带来的是数据量的几何级数增长。从宏观层面看,数据价值越发凸显,维护国家重要数据资源安全,保护政府部门、企业、个人数据免遭窃取和滥用成为监管的重中之重。但从微观层面看,只有数据的流动才能充分带动数据的分析、挖掘和利用,最大化释放数据的价值。美国主张数据跨境自由流动,欧盟主张有条件的数据跨境流动,而诸多发展中国家则主张数据本地化。如何在数据利用和安全保障之间寻求平衡,是数字经济时代全球经济治理面临的重要挑战。

另一方面,平台型市场结构带来新的反垄断难题。平台是数字贸易中最为重要的市场组织,通过连接两个或多个群体来协调和配置资源,促进不同群体之间的交互和匹配来实现价值创造。网络外部性是平台的重要特征,其直接结果是一种正反馈机制,平台用户越多，越能吸引用户，反之则可能因无法建立稳固的用户基础而退出市场。所以，在网络外部性的作用下，数字贸易领域很容易形成"赢者通吃"的市场格局，市场结构趋于垄断。如何看待这种"赢者通吃"现象，是数字经济时代需要思考的问题，也是带给全球经济治理的新的难题。

（三）全球数字金融治理

全球数字金融治理主要集中于跨国权益维护、消除金融排斥等方面：

一方面，数字金融发展时间短、发展速度快，处于不同发展阶段的国家在认识和政策上也并不一致，这加大了跨国权益维护的难度。各国的市场准入和监管制度、新技术应用标准、行业自律规则都远远不够完善。同时，各国适用的金融法律法规不同，对待数字金融的态度也有差异，导致面对金融消费跨国纠纷时，往往要依赖于第三方解决机制。但这种有效的第三方平台在世界范围内尚属缺位，相关的国际组织还不能有效发挥作用，企业层面的平台又缺乏足够跨国执行力，导致消费者的跨国权益维护面临很大困难。

另一方面，数字庞氏骗局给在全球范围内消除金融排斥带来挑战。随着数字技术在金融中的应用，数字庞氏骗局开始出现并泛滥。其是一种典型的依靠数字手段进行的金融欺诈，通过互联网等数字化手段，吸引投资者，通过高回报假象来骗取更多投资。在数字技术的"加持"下，这种数字庞氏骗局更加隐蔽、更加高效，还可能突破国界限制进行跨国传播，消费者很难通过表象了解其中潜在的诈骗性质，使得欺诈波及的范围和造成的影响更大。数字庞氏骗局有可能造成系统性的金融风险，破坏一个国家的政治稳定，甚至对世界的金融体系造成冲击，其所带来的一系列影响，容易造成数字普惠金融目标用户的金融排斥，阻碍数字金融的深入发展。

（四）全球数字安全治理

全球数字安全治理主要集中于缩小理念分歧、规避技术风险等方面。

一方面，世界上不同国家有关数字安全的理念和政策存在诸多分歧，对协同共建全球数字安全体系造成阻碍。分歧之一是各国在数据方面的认识和监管政策不同。随着"数据洪灾泛滥"现象的出现，在数据产权方面，各国关于数据该由谁所有、由谁管、怎么管、怎么用、不同主体之间的责权利如何分配等观念不一、立场各异。分歧之二是各国对网络安全的理解以及在网络安全事件的应对策略等方面存在不同。各国对于网络安全的范围认定、网络安全的管理强度、管理方式等方面的主张不一，比如何种行为算侵犯国家主权，如何预防这种侵犯行为，侵犯之后如何进行处理和惩治，等等。

另一方面，以安全为外衣的数字技术本身可能会为全球经济治理带来新挑战。数字技术的快速发展促进了智能制造、智慧能源、智慧医疗等新业态的不断涌现，但对于给网络带来怎样的新威胁和风险，产生怎样的新攻击类型等还尚未可知。以区块链技术为例，本身区块链技术在提高保密性、维护系统安全方面具有先天优势，但由于区块链技术的匿名性和节点全球分布的特征，使用区块链数字资产进行资金转移隐蔽性高，难以追溯和识别身份，为犯罪分子利用勒索病毒收取勒索资金等犯罪行为提供了便利。

二、全球数字经济治理的逻辑

（一）从"集体行动困境"到人类命运共同体理念

"集体行动困境"是全球数字经济治理取得有效进展的重要阻碍。全球经济治理过程中，各国或地区针对某一领域问题达成共识的前提是个体理性和集体理性趋于一致，但当相关参与主体数目太多或者集团内部缺乏有效监督机制时，集团的组织成本会大大增加，各参与主体的主观行动意愿会有所降低而偏离集体行动的轨迹，于是就产生了"集体行动困境"（赵义良和关孔文，2019），因而产生了"全球经济失灵"问题[①]。事实上，集团内部成员能否从全局出发，在集体利益面前对个体利益做出一定的让步，能否与集体共识保持一致并付诸行动是全球经济治理能否取得有效进展的关键因素，这需要克服很可能出现的全球治理目标和国内治理逻辑并不能完全吻合的问题。鉴于世界各国在数字技术标准、数字贸易规则、数字安全措施等方面存在较多的分歧或实施困难，需要形成统一的制度安排作为全球公共品，进而对世界所有国家进行提供。但这个全球公共品的特征与一般意义上的公共品又有所不同，这个"公共"主要意味着全球各经济体的联合，而不是"全球政府"，这代表着不可能强制性地在所有领域都代表"私人"意志，愿意参与全球经济治理并提供纯粹公共品以及愿意为此支付成本的只有少数经济体，其余经济体"搭便车"的行为十分普遍（裴长洪，2014）。

要解决全球数字经济治理中的"集体行动困境"，建构具有"共同的人类身份"的治理主体，从战略高度和长远角度看待全球治理问题是根本途径。中国所提出的"人类命运共同体"的理念恰恰是对这一思想的高度凝练。党的十八大报告明确提出，要倡导人类命运共同体意识，在追求本国利益时兼顾他国合理关切。党的十九大报告进一步提出，中国秉持共商共建共享的全球观，积极参与全球治理体系改革和建设。数字经济时代，各国面临的问题和挑战更加庞杂繁复，牵扯众多，且形式新颖，以往可供借鉴的经验较少，没有国家可以单单凭借自身之力解决所有问题，以人类命运共同体作为全球治理的价值取向，体现了人类道德与国家道德的平衡、个体理性与集体理性的一致。人类命运共同体以整体利益最大化为出发点，通过整体福利的提升辐射个体利益的扩大，弱化国家在意识形态、政治制度、经济制度、表达立场等方面的分歧和矛盾，本着求同存异的原则促进全球合作的达成，最终实现全球数字经济治理中的激励相容。在人类命运共同体理念的指引下，通过构建共商共建共享的治理格局，广泛联结各方主体，充分调动各国或地区的参与积极性，促进全球经济治理合作领域的不断扩展，能够有效缓解"集体行动困境"的问题，增进全球层面数字经济治理的有效性，以打造标准互认、规

---

① 全球经济失灵，指国际规则体系不能有效管理全球事务，不能应对全球性挑战，致使全球问题不断产生和积累，出现世界秩序失调的状态。参见：秦亚青. 全球治理失灵与秩序理念的重建. 世界经济与政治，2013（4）。

则统一、政策协同、彼此开放、发展均衡的数字经济共同体。

专栏 19-4　人类命运共同体理念的三个发展阶段

按照创新性、贡献性和实践性特征，"人类命运共同体"理念可以划分为三个发展阶段。

第一是提出阶段，即从 2013 年 3 月 23 日习近平在莫斯科国际关系学院发表演讲，倡议构建"你中有我、我中有你的命运共同体"开始，到 2015 年 9 月 28 日习近平在第七十届联合国大会一般性辩论时的讲话，提出共同"打造人类命运共同体"的总方略。在此阶段，人类命运共同体理念在创新和发展中，逐步明晰，不断完善，完成了由表及里、由点到面、由浅到深的发展路向。

第二是扩展和推进阶段，即从 2015 年 10 月 12 日习近平在十八届中央政治局第二十七次集体学习讲话，主张"继续丰富打造人类命运共同体"开始，到 2017 年 1 月 17 日习近平在瑞士达沃斯世界经济论坛 2017 年年会的演讲，强调"牢固树立人类命运共同体意识"为止，是"人类命运共同体"思想内涵外延丰富和理论深化时期，也是中国推介全球治理新方案的贡献时期，更是中国承担国际责任、诠释中国精彩的发展时期。

第三是成熟和落实阶段，即从 2017 年 1 月 18 日习近平在联合国日内瓦总部发表演讲，明确定义人类命运共同体"五个世界"本质内涵开始，到现在都处在这个阶段。随着中国日益走向世界舞台的中央，积极参与全球治理，构建人类命运共同体也被越来越多的国家接受，因而建设人类命运共同体的倡议已经开始向现实发展层面铺陈，成为理论与实践统一的科学理论。

摘自：熊杰，石云霞. 论人类命运共同体形成和发展逻辑及其中国贡献 [J]. 求实，2019(2)：4-17，109.

理论命题 19-4

全球数字经济治理的逻辑在于突破"集体行动困境"，通过人类命运共同体理念来建构具有"共同的人类身份"的数字经济共同体，是实现个体理性和集体理性相统一、提升各国参与主动性的关键途径。

（二）全球数字经济治理的原则

1. 转变治理方法，提升治理效率

全球数字经济治理中的问题更加庞杂繁复，且涌现时间快、周期短、形式多样，这对于降低治理成本有更高的要求，需要及时转变参与全球经济治理的方式方法，以提升治理效率。一方面，治理结构需要转变。鉴于数字经济时代的治理对象更加多样复杂，全球经济治理结构需要从以往的"纵向"治理结构向"横向"治理结构转变，实现分布式共同治理，要将治理对象按照不同的类别以及各组织的比较优势分配给不同的组织进行分块治理，让各领域的专家充分发挥作用。同时也要注意出台政策的连续性，避免

各治理机构"自说自话"、各自为战甚至以邻为壑，以最终实现效率的最大化。另一方面，治理手段需要转变。要根据大数据、云计算等数字化技术和手段对数字经济治理的不同领域的各类问题进行精准分析和预判，确定亟需解决的议题，打造智能治理模式，为国际组织和各国政府提供更具可靠性的决策依据，从而为相关问题的解决设计更优方案。

2. 扩大治理范围，覆盖更多群体

全球数字经济治理需要扩大治理范围，兼顾到各个方面。第一，要涵盖更多主体。一方面，要努力缩小数字鸿沟，兼顾数量鸿沟和质量鸿沟，持续扩大互联网普及范围的同时，要注重提升人们的数字素养和技能。另一方面，要将中小企业等在传统贸易中的弱势群体纳入全球经济治理的范畴，借助数字贸易参与到国际分工中。第二，要涵盖更多业态。努力兼顾数字技术、数字贸易、数字金融、数字政务、数字安全等各新兴领域中的业态，如将数字货币、跨境电商、智能制造等等纳入治理范围。第三，要涵盖更多领域。数字经济时代全球政治经济联系更加紧密，数字经济与实体经济融合程度不断加深，产业的边界愈加模糊，这要求全球数字经济治理关注的领域要更加广泛，特别是在网络、智能设施等新兴领域，要探索国际合作的新机制，使更多国家搭上数字经济的快车。

3. 保持求同存异，减少矛盾分歧

全球数字经济治理的一大挑战在于如何处理和调和不同国家或地区在规则制定、政策实施、标准设立等多个方面的分歧和矛盾。比如由于在数据跨境流动上的立场存在分歧，印度等国拒绝在二十国集团大阪峰会的《数字经济大阪宣言》上签字。直到 2018 年，联合国秘书长古特雷斯才首次提到有关数字经济全球治理的话题，但针对全球高速运行的数字经济，全球讨论还很不充分，也没有形成一致性的治理框架。从局部来看，大量地区性规则互相交织、差异显著，各国参与全球数字经济治理的切入点不明确，也不统一。在纷繁复杂的各种竞争机制中，在数据跨境流动、跨国知识产权保护、数字税收监管、市场准入等方面难免有冲突或分歧的地方。这要求各国在参与全球经济治理的过程中，要本着求同存异的原则，搁置意识形态、政治经济制度等方面的分歧，在有共同需求且可能合作的领域寻求"最大公约数"，以实现共同发展。

4. 完善规则标准，做到与时俱进

在数字经济时代，原本全球经济治理中的很多规则、标准已不适用或者亟需完善，需要在多方主体的探讨和协调下，对原有的制度进行变革。第一，贸易规则亟须修改和完善。数字经济时代的贸易呈现出高度线上化、数字化的特征，且数字化的服务和产品、数字化知识和信息等成为重要的贸易标的。在这种趋势下，传统经济下以线下实物商品交割为主要内容的国际贸易规则亟需转变以适应数字经济时代的新要求。第二，国际标准亟需制定和完善。数字技术发展飞快、日新月异，相关的国际技术标准需要及时更新和完善，尽快形成具备普适性的国际技术标准体系，以推动跨国技术合作。第三，法律法规亟需建立和完善。数字技术的发展带来了一系列新型业态，如数字货币，但相关的法律法规建设还远远落后于实践。

5. 倡导多方共建，实现协同治理

全球数字经济治理问题往往不是单一、独立的问题，在实际经济运行中往往涉及多个领域、多个层面、多个角度，这呼吁国际社会在面对复杂棘手的问题时要本着共商共建共享的原则，进行协同治理。一方面，国家或地区之间要实现协同治理。特别是面对网络空间安全等全球性议题，以及国际性突发事件（如新冠肺炎疫情）暴发等情形时，在国际组织的协调下，国与国之间的协同将变得尤为重要。另一方面，政府、平台、行业组织、平台用户等要实现协同治理。数字经济具有高度不确定性和复杂性，内含了数据治理、算法治理、数字市场竞争治理、网络生态治理等多方面的挑战，这决定了单靠政府或者参与主体中的某一方力量，难以做到有效应对。打造责权利清晰、激励相容的协同治理格局，形成治理合力，是全球数字经济治理的必然选择。

本章小结：中国视角

从 20 世纪初至今，全球经济治理先后经历了以英国为中心的霸权竞争治理、以美国为中心的霸权支配治理、以美苏争霸为背景的霸权争夺治理、以发达国家为绝对主导的南北合作治理、以新兴市场和发展中国家为重要力量的全球共同治理几个阶段，其演变历程是一个多方力量持续博弈、各国角色不断转换的过程。中国积极参与全球经济治理，逐渐由边缘走向中央，逐渐从旁观者、参与者变为融入者、引领者，其背后反映的是中国综合国力的增强和世界地位的提升。数字经济时代的到来为全球经济治理带来诸多机遇和挑战，也使得国际格局面临重新洗牌，鉴于在数字技术、数字贸易、数字金融等方面的先行优势，中国将在全球数字经济治理中发挥更大作用。中国要秉持人类命运共同体理念引领全球数字经济治理，在国际场合继续倡导共商共建共享的全球治理观，坚持"正确义利观"，坚持"双赢、多赢、共赢"，坚持扩大合作面，引导各方形成共识、共享福利。在全球数字经济治理中，中国要一以贯之地在数字贸易规则构建、跨境数据流动、网络空间安全治理、消费者跨国权益维护、缩小数字鸿沟等方面倡导权利平等、机会平等和规则平等，积极为新兴市场国家和广大发展中国家发声，为早日形成公正合理、包容联动的全球数字经济治理体系不断贡献中国智慧、中国方案和中国力量。

即测即评

思考题

1. 20 世纪 40 年代以来，关于构建超主权的国际货币先后出现了"凯恩斯计划""怀特计划""特别提款权方案""蒙代尔方案"等比较有影响力的方案。比较上述方案，并阐述你对构建超主权国际货币的设想。

2. 算法是数字经济中实现智能化必不可少的环节，但在算法运用越来越广泛的同时，由算法带来的社会伦理和法律问题也日益突出，如信息茧房、大数据杀熟、算法歧视等。你认为应该从哪些方面着手进行算法治理？

3. 2020 年全球数据总量已超 40ZB，但与此同时，数据泄露问题严峻，比如 2019 年曝出脸书网的大量用户密码被数千名脸书网工程师访问了约 900 万次。从数字经济治理的角度出发，你如何看待这一现象？

4. 2018 年，美国总统特朗普签署《澄清数据合法使用法案》（CLOUD 法案），赋予美国政府调取存储于他国境内数据的权力，但很多国家并不认可这一法案。你怎么看待这一事件？

5. 截至 2019 年 4 月，已有 16 个国家与中国签署"数字丝绸之路"建设合作谅解备忘录，同时中国还联合 7 个国家共同发起了"一带一路"数字经济合作倡议，"将'一带一路'连接成为 21 世纪的数字丝绸之路"的愿景正一步步成为现实。你认为这对于全球数字经济治理有什么意义？

延伸阅读

［1］FLYVERBOM M，DEIBERT R，MATTEN D. The governance of digital technology，big data，and the Internet：New roles and responsibilities for business［J］. Business & Society，2019，58（1）：3-19.

［2］秦亚青. 全球治理：多元世界的秩序重建［M］. 北京：世界知识出版社，2019.

［3］唐世平. 国际秩序变迁与中国的选项［J］. 中国社会科学，2019（03）：187-203，208.

第二十章

包容性发展与全球数字鸿沟

　　20 世纪 90 年代以来，信息技术的发明和应用带领全球进入一个数字化时代。但随着数字技术扩散，数字鸿沟成为当代全球贫富现象一种新的表现形式，阻碍了国家之间和国家内部的包容性发展。正如世界银行《2016 世界发展报告》指出，虽然数字技术在全球大部分地区迅速推广，但是使用这些技术应产生的广泛发展效益，即数字红利，却并未同步实现。数字技术促进经济增长、带来更多机会并改善服务供给的实例很多，但总体影响不足，分布也不均。如何有效弥合各类型的数字鸿沟，实现包容性发展是国际组织和各国政府共同追求的目标。通过本章的学习，可以快速了解包容性发展与数字鸿沟的内涵和外延，并理解二者的相互关系。对于全球数字鸿沟的发展趋势、不利影响和治理逻辑也会有一定的掌握，为进一步深入理解全球数字鸿沟及其治理打下基础。

第一节　包容性发展与数字鸿沟的内涵与外延

一、包容性发展的内涵与外延

（一）包容性发展的内涵

　　2007 年 10 月，亚洲开发银行召开了以"新亚太地区的包容性发展与贫困减除"为主题的国际研讨会，并率先明确提出了"包容性增长"的三个要求，即发展必须具备包容性、可持续性以及更为民众所认同。而后，作为一个全新的发展理念，"包容性发展"频频出现于国际组织的研究报告中，成为联合国经社理事会、联合国开发计划署、世界银行和亚洲开发银行等国际组织的热点研究领域。

　　包容性发展之所以引起广泛关注和讨论，有其特定的背景。随着全球化不断深化，国家间、地区间和社会不同群体间的不平等日渐扩大，全球范围的反贫困任务十分严峻。2008 年金融危机以来，由于世界各国的社会动荡与经济不平衡加剧，各国际组织和各国吸收了包容性发展的概念并逐渐将其纳入了政策目标，进一步丰富和发展了包容性发展的内涵。联合国开发计划署国际包容性增长政策研究中心（2013）认为，包容性发展是使人民广泛参与到经济活动中，并分享经济增长带来的效益。世界银行（2018）认为，包容性发展是在减少贫困的同时提供向上流动的机会和保障全民经济安全。邱耕田（2011）认为，包容性发展是追求发展成果共享性和发展机会公平性，但也应当尊重不同主体的"差异性"。曾培炎认为，包容性发展就是要消除人民参与经济发展的障碍，让每个社会成员能分享发展成果，公平享受公共服务，实现人的全面发展。[①]

虽然国际组织和学者们对包容性发展的定义有所差异，但其核心内容都是强调机会平等与人人分享增长的成果，即重视"过程参与"和"成果共享"两个方面。由此，包容性发展的内涵表述为：在保持经济较快增长的同时，兼顾发展的均衡协调和可持续。实现经济、政治、生态、文化等所有领域发展主体的全面性、发展机会的公平性和发展成果的普惠性，确保可持续发展成果惠及所有国家及人群。

（二）包容性发展的外延

包容性发展既是一种发展理念，也是一种发展方式，更是一种发展成果。包容性发展包含了极为丰富的理论思想，是一种更趋公平、更加全面、更具人文关怀、更体现可持续性的新发展理论。从逻辑框架上看，包容性发展具有以下特性：

第一，追求发展主体的全面性是包容性发展的基本要义。没有全体共同参与，发展成果共享也便失去其社会公正性。因此，鼓励所有主体积极参与国民经济发展是包容性发展的本质要求。具体而言，包容性发展非常重视弱势群体的发展。因为相比于其他群体，弱势群体参与国民经济发展的能力较差、机会较少。加大对弱势群体的人力资本投资，增强弱势群体的能力，扩大弱势群体的机会，是包容性发展的重要内容。值得注意的是，关于如何弥合数字鸿沟的讨论的主体主要集中于发达国家。由于发达国家在数字技术、知识积累等方面存在绝对优势，并可能以此谋求信息霸权。因此，包容性发展要求扩大参与主体，让发展中国家在有关互联网治理的讨论中获得更有实质意义的话语权。

第二，贯彻发展机会的公平性是包容性发展的有效路径。考察成果分配上的公平性是实现包容性发展的有效路径，因此发展过程上的公平性至关重要。发展机会公平性是发展权意义上的公平，指社会中的每一个人都具有同等的参与的机会、被挑选的机会、获得的机会等。机会的大小不取决于其家庭背景、自然禀赋和特定环境。发展机会公平性是主观条件上的公平，与个人的努力程度有关。机会公平性并不意味着均等分配利益，而是提供了一种获得发展的可能性。人的努力程度和能力不同必然导致发展结果的差异。

第三，实现发展成果的普惠性是包容性发展的最终目的。包容性发展注重以人为本，强调发展主体的人人有责，追求社会全体的协调发展。因此可以说，在发展目的

[①] 2011年博鳌亚洲论坛副理事长曾培炎讲话实录，新浪网，2011-04-13。

上，利益共享是包容性发展的必然要求。如果发展成果不是全民共享，包容性发展就是有偏的、不完整的。包容性发展追求的发展主体的全面性、发展机会的公平性就会失去其应有意义。但包容性发展并不应简单地理解为利益均等化。包容性发展需以客观规律为基础，是对市场规律的自觉运用。同时，包容性发展中政府主导作用与市场决定作用不是对立的而是统一的。

专栏 20-1　亚洲开发银行《2020 战略》的愿景和战略议程

二、数字鸿沟的内涵与外延

（一）数字鸿沟的内涵

1990 年，在数字鸿沟概念正式提出之前，阿尔文·托夫勒（Alvin Toffler）在《权利的转移》一书中就提出了"信息富人"（info-rich）、"信息穷人"（info-poor）、"信息沟壑"和"电子鸿沟"等概念，并指出"电子鸿沟"是"信息和电子技术方面的鸿沟"（金春枝，2016）。1995 年，马克尔基金会前总裁里奥伊德·莫里赛特（Lioyd Morrisett）正式提出了数字鸿沟的概念。而后，美国国家通信与信息管理局（National Tele-communications and Information Administration，NTIA）发布了名为《在网络中落伍》的系列报告[①]。该系列报告不断丰富和发展了数字鸿沟的内涵，从而使"数字鸿沟问题"引起了世界范围内国际组织、各国政府和公众的高度关注。

数字鸿沟概念正式提出之初，数字鸿沟指信息富有者与信息贫困者两极分化的趋势，即信息分配在不同群体之间的不对称，强调不同群体接入数字设备的可及性差异，称为"第一阶数字鸿沟"。具体包含以下两个方面：地理排斥和社会排斥。地理排斥指数字接入数字设备可及性在宏观层面的差异，主要包括国别、区域和城乡三个纬度。社会排斥指数字接入设备的可及性在微观层面的差异，包括性别、种族、年龄、家庭背景等方面的个体特征。

进入 21 世纪以来，数字鸿沟内涵已经从获取权的不平等转移到了数字使用性质和使用能力的不平等上，称为"第二阶数字鸿沟"。由于与互联网相比，印刷媒体、广播、电视和电话的功能差异很小。因此，互联网可能会产生使用差距。而使用差距源于社会趋势和技术偏向性增长的综合作用。社会趋势包括社会中文化分化；全球收入，就

---

① 《在网络中落伍之一：一项对美国城乡信息穷人的调查》（1995 年）、《在网络中落伍之二：数字鸿沟的新数据》（1998 年）、《在网络中落伍之三：定义数字鸿沟》（1999 年）、《在网络中落伍之四：走向数字全纳》（2000 年）。

业和财产上严重的不平等；公共信息和通信设施的商业化。因而社会趋势增加了数字技术获取条件性。技术偏向则包括计算机和互联网技术的复杂性、昂贵性和多功能性引起的不同的用途。因此即使在物理访问方面的差异已减少，但在差异技能和互联网使用性质方面仍可能存在重大差异。

在对上述两类数字鸿沟的内涵界定基本达成一致后，数字鸿沟的内涵逐渐从专注于二进制互联网访问和互联网使用技能转变为"第三阶数字鸿沟"，即考虑数字技术使用结果的差异。关于数字技术使用结果的差异，有两种截然不同的理论：归一化理论和分层理论（DiMaggio 等，2012；Vigdor 等，2014）。

归一化理论表明，数字资源会从地位高的人向下流向地位低的人。潜在的经济理念是，由于数字资源的价格随着时间的推移而降低，社会类别之间的差距将相对缩小，从而使获取和使用上的数字鸿沟正常化。

分层理论表明，因为数字媒介网络复制了线下结构，将线下人力资本转移到线上世界，互联网使用过程复制了现有的社会不平等。分层假说背后的两个重要机制是"放大效应"和"幂次定律"。"放大效应"指出，互联网主要是现有社会分层现象的放大器。因此，当社会不平等加剧时，互联网往往会强化这一趋势。"幂次定律"是一种统计定律，指在一个极化分布中（即存在数字不平等的情况下），一类人使用高质量的互联网设备，并用于越来越多样化的用途上，而另一类人体验这个过程相对缓慢。进而导致一个人的能力越大，互联网提供机会的就越多；一个人的能力越小，互联网的价值就越低。最终导致了贫富差距的扩大。

> **理论命题 20-1**
>
> 随着数字技术的发展，数字鸿沟的内涵逐渐从专注于二进制互联网访问（"第一阶数字鸿沟"）和互联网使用性质和技能（"第二阶数字鸿沟"）转变为考虑数字技术使用结果的差异（"第三阶数字鸿沟"）。

（二）数字鸿沟的外延

1. 数字鸿沟的属性

第一，经济属性。数字经济是一种全新的经济形态，推动了全球经济发展和变革。数字技术是数字经济的基石，是促进实体经济振兴、加快转型升级的全球新一轮产业竞争的制高点。但数字鸿沟会使得经济发展中个体机会的不均等、企业竞争的不平等、区域发展不协调及全球发展不平衡加剧。因此，数字鸿沟是一种经济鸿沟。以美国为例，美国的贫富差距自 1973 年以来不断扩大，数字化进一步加剧了财富在"信息富有者"者之间的聚集。1978 年美国 CEO 与普通工人的薪酬比率为 29.0∶1，在 1995 年增至 122.6∶1，2012 年为 272.9∶1。在 2000—2014 年间，IT 相关服务行业的高管占前 1% 高管的近五分之一，与金融和保险业高管的份额相似。与 IT 相关的制造业在高层管理人员的份额方面排名第三，高于其行业销售排名。

第二，技术属性。数字鸿沟与技术创新密切相关。数字技术的非竞争性实现了规模经济，降低了创新成本，增加了"创造性破坏"的机会和风险。进而一方面，数字鸿沟正在放大基于技术创新的市场租金。另一方面，在出现"创造性破坏"和进入市场的机会时，市场风险水平会比过去更高。在传统市场中，新产品可能会降低在位者的市场份额。而在"赢家通吃"的新市场上，优质的产品可能会导致新公司占领整个市场。并且，较高的市场风险导致投资者要求风险溢价，增加平均资本回报率，进而导致收入不平等。

第三，社会属性。数字鸿沟正与社会阶层之间产生着密切的联系，重塑着社会阶层化机制。具体而言，由于社会地位和要素获取的不平等，不同阶层和群体对于交易成本的可控性和信息资源的可及性差异较大，而数字鸿沟会扩大此种差异。因此，数字鸿沟不仅会对社会结构产生"扩大社会阶层裂痕"等风险，甚至可能引起"社会阶层结构固化"等相关消极影响。同时对于社会个体而言，数字鸿沟也会扩大个体间知识获取、社会参与、财富创造等方面的差异，进而加剧社会不平等。

2. 数字鸿沟的表现

数字鸿沟主要表现在以下几个方面。

第一，国别数字鸿沟。从全球来看，利用信息技术和知识创造价值的"新经济"仍然是一种"富国现象"。虽然数字技术在发展中国家迅速普及，但推广应用数字技术的差距依然存在，绝大多数发展中国家仍然处于数字鸿沟的另一端。据世界银行发布的《2016 世界发展报告》，全球仍有 8 亿多人无法使用手机上网（其中 63% 的人处于收入分配的最底层），40 亿人无法上网（其中 49% 的人处于收入分配的最底层）。近 20 亿人没有手机，近 5 亿人生活的地区没有移动信号。尤其是在落后的非洲国家，基础设施匮乏造成了移动宽带连接的价格高昂，最终限制了数字设备的普及。

第二，区域数字鸿沟。受到地理条件、教育水平、开放程度等因素影响，国家内部的区域发展水平相差很大，而数字鸿沟会扩大区域间差距。在数字技术集中使用、高收入、高人口和高技能的地区，对数字技术的投资往往与工资和就业增长显著相关（Song等，2020）。因而，广泛部署的数字设备加剧了区域间收入不平等。首先，有偏的技术变革可能是造成区域间差距扩大的部分原因。数字技术作为技能偏向型技术，被认为与人力资本是互补的。而经过质量调整的信息和通信技术价格的迅速下降增加了高技能劳动力的相对需求和相对工资。其次，与集聚相关的马歇尔外部性可能会影响区域分布。一方面，集聚所形成的市场能提供专业化的服务，利用位置邻近等便利条件，节约成本，形成规模经济和范围经济。另一方面，专业化集聚能促使上下游行业间和行业内企业间展开正式或非正式的学习交流，促进信息流通，进而产生知识"溢出效应"，提高企业技术创新水平、生产效率和竞争力。

第三，城乡数字鸿沟。伴随着信息化出现的城乡数字鸿沟是影响城乡收入差距和一体化的重要变量。世界范围内城乡数字鸿沟普遍存在，尤其存在于发展中国家。由于

"网民"通过上网获利的途径要比"非网民"多得多，因此在数字产业化和产业数字化的进程中，城市往往是数字红利的最大受益者。而受限于数字基础设施建设落后以及农村居民普遍较低的数字素养，数字红利无法完全惠及农村。最终城乡数字鸿沟会在信息时代造成新的贫富分化和马太效应，导致城乡差距日益扩大。

第四，性别数字鸿沟。性别是数字鸿沟的一个重要影响因素。女性往往面临家庭照料和养育幼儿等负担而被迫退出劳动力市场由此数字技术可能会加大性别工资差异。另外，取决于地理和社会条件，部分女性在获得技术和数字金融服务方面面临更高的障碍，因此部分地区的女性无法充分参与数字经济。人们通常认为，随着数字技术在市场中的普及，性别差距会自行消失。但《2016世界发展报告》指出，全世界使用线上互联网的女性人口仍比男性少2.5亿。

第五，代际数字鸿沟。代际数字鸿沟指老年人相较于年轻人在获取、使用新信息技术的机会与能力方面的劣势。代际数字鸿沟既是老年群体获取信息基础设施机会不足和数字素养水平较低的结果，也是社会发展和转型导致的结果。第一，老年群体的生理、心理特征及社会经济因素导致老年群体在数字经济中处于弱势地位。第二，信息科技方面的亲友互助和社会支持的不足，造成老年人难以融入数字经济。第三，现代科技产品的设计在一定程度上也抑制了老年人对现代科技产品的接受和使用。

专栏20-2 数字鸿沟的测度

对数字鸿沟测度的研究是关于数字鸿沟研究中相对重要的一部分内容，研究文献也比较多。目前，国内外学者对数字鸿沟测度方面的研究主要从纵向和横向两个角度进行。纵向研究主要针对不同区域之间（国家、地区）数字鸿沟的测度；横向研究主要关注某一区域不同人群之间（性别、教育、年龄、种族等）数字鸿沟的测度。

1. 纵向研究

纵向的研究是着眼于不同区域之间数字鸿沟的测度。区域之间数字鸿沟的测度主要是从较为宏观的角度出发，从国家或地区层面的经济状况、基础设施、人力资源等角度进行研究。如Wenhong Chen和Barry Wellman（2004）主要是从信息的角度，以计算机和互联网扩散为研究对象对8个国家的"数字鸿沟"进行测度。意大利博科尼大学数学经济研究中心（2002）进行了名为"数字意大利"的研究，以构建不同国家间数字鸿沟测度的方法，以10个发达国家2000年和2001年的数据为基础，通过研究技术扩散曲线的不同阶段，发现了六种数字化的影响因素：市场、扩散、基础设施、人力资源、竞争和竞争力，由此综合计算出数字化指数，然后通过计算不同国家指数值的离差来测度数字鸿沟水平。日本经济学家小松崎清介（2000）以各国信息化指数来测度数字鸿沟，首先确定包括四个方面的11项指标，将其与某一个基准年作比较算出一个指数，再按照一步算术平均法或两步算术平均法求得。

2. 横向研究

群体之间的数字鸿沟主要从较为微观的角度出发，从个人层面的具体情况如年龄、教育、种族等方面研究。美国是最早关注数字鸿沟测度的国家，Steven 和 Robinson（2004）运用多元回归等方法，从家庭收入、教育、年龄、性别、种族、国籍等方面对美国 1998~2001 年的互联网应用者比例进行分析，证实高收入阶层中使用互联网人数的增长速度比低收入阶层的快。Jos De Haan（2003）通过引入六种社会参与（教育参与、经济生活参与、社会生活参与、家庭参与、文化参与、政治参与）和四种资源（物理设备、信息意识、社会文化、闲暇时间），提出了人与人之间在接触数字信息方面的差距。Herbert Kubicek（2004）为弥合存在于年龄、性别、教育等各方面的数字鸿沟，提供了测度数字鸿沟的"互联网使用的彩虹模型"，认为数字鸿沟的测度不仅包括先进的网络硬件设备，更包括相关的软件设施和使用技能，这一结论被归结为"学习曲线模型"。该模型有四个阶段，在这四个阶段中社会福利一直在与数字鸿沟做斗争，试图填平鸿沟，这与 1999 年的情形大不相同。香港城市大学英文与传播学系教授祝建华（2001）采用性别、年龄、教育程度和职业 4 个变量将社会分成 24 个交叉阶层，得出年龄是影响 DDI 的最主要因素。并认为纵向比较来看，数字鸿沟是社会各阶层之间在使用互联网上的差别；横向比较看，数字鸿沟是社会各阶层之间互联网使用者比例的平均差别。

摘自：薛伟贤，张飞燕. 数字鸿沟的成因、测度、影响及弥合方法 [J]. 软科学，2009，22（1）：17-24.

三、包容性发展与数字鸿沟的关系

数字技术的蓬勃发展为包容性发展增添了新的内涵。包容性发展和数字鸿沟弥合属于相辅相成的双向关系：实现包容性发展是数字鸿沟弥合的深层理念，数字鸿沟弥合是实现包容性发展的重要部分和路径。一方面，包容性发展即是弥合数字鸿沟所需贯彻的基本理念，也是弥合数字鸿沟的最终目的。只有当社会所有阶层和群体都平等地享受到了数字红利，才实现了数字经济的包容性发展。另一方面，弥合数字鸿沟的同时又进一步助力了整个社会体系的包容性发展，使可持续发展带来的效益惠及所有国家及人群。依此逻辑，基于包容性发展理念的数字鸿沟弥合最终能从以下三个方面的作用机制实现相互促进。

（一）提升公众数字素养，实现包容性发展主体的全面性

包容性发展的精神内核要求数字鸿沟弥合要从全方面、多角度实现，不仅要考虑数字鸿沟弥合对象的全面性，还要针对各个主体实现就业、教育等角度的全面性。通过提高互联网覆盖率、扩大数字基础设施覆盖范围、提高互联网接入质量和传输能力、构建多主体数字素养培育体系等措施，可以有效弥合数字"接入"鸿沟，提升偏远地区或贫困地区居民的数字素养。另外，通过扩大互联网技术优势惠及的主体范围，更可以从

收入、就业、教育、环境等多维角度实现包容性发展。

（二）跨越信息获取障碍，实现包容性发展机会的公平性

包容性发展的精神内核要求数字鸿沟弥合既要考虑现实社会中匹配交易双方的公平性，也要保证社会上各群体获得机会的公平性。由于社会地位和要素获取的不平等，不同阶层和群体对于交易成本的可控性和信息资源的可及性差异较大，互联网和数字技术则可以有效减轻此种差异。因此，基于包容性发展理念的数字鸿沟有效弥合可以使数字技术更大程度上降低个人和企业的交易成本并更高效地匹配对象，寻找合适的潜在买卖方，增加新交易成功的可能性。同时，使互联网技术更广泛地降低所有群体获取信息的成本，如减少因缺乏征信信息而无法获取贷款的情形，并给难以找到工作或生产性投入的群体带来更多机会，尤其是女性、残障人士和边远居民，以实现包容性的发展的公平性理念。

（三）创造数字经济红利，实现包容性发展成果的普惠性

包容性发展的精神内核要求数字鸿沟弥合要实现多层次的普惠性，不仅要实现纵向层面各主体对象的普惠收益，还要让各参与主体的数字红利拓展到多领域的成果中去。以中国数字经济发展成果为例，数字鸿沟弥合带来的数字红利包括个体参与电子商务活动增长、企业信息化水平不断提高、数字技术领域的创新创业、电子政务快速发展和政府信息化水平不断提高等。因此，通过对数字鸿沟的弥合，可以加强各参与主体与数字经济发展之间的关联性，提高各参与主体对于数字红利的可获得性，使得在数字红利惠及绝大多数群体的基础上，拓展对诸如政治、社会、文化、生态等其他领域成果的共享性，进而实现包容性发展成果的普惠性。

> **理论命题 20-2**
>
> 包容性发展和数字鸿沟弥合属于相辅相成的双向关系：实现包容性发展是数字鸿沟弥合的深层理念，数字鸿沟弥合是实现包容性发展的路径和重要部分。

第二节 全球数字鸿沟治理

一、全球数字鸿沟的发展趋势

全球数字鸿沟正在呈现主体微观化、类型复合化、影响深刻化的趋势，这些趋势正不断加剧数字鸿沟的治理难度，给包容性发展带来了更大的挑战。

（一）数字鸿沟的主体微观化

数字鸿沟正从强调地理空间的差异转向强调微观个体的差异。可以想见，随着经济发展水平的不断提高，数字技术在地理空间层面数字设备可及性的差异必然逐渐缩小。但与之相反，微观个体层面的数字鸿沟正在逐渐放大。伴随着有偏的技术进步和经济结构的调整，数字技术会进一步强化高数字技能人群的人力资本，使得高技能劳动者更具生产力，并从数字技术冲击中获益。而不具备数字技能的低技术劳动力在例行任务自动化中会被逐渐被替代。另外，因为性别、年龄、种族、阶层等个体特征相关的不平等现象深深根植于我们的信息或知识社会的结构中，微观个体层面的数字鸿沟的扩大可能会导致它们长期持续下去。

（二）数字鸿沟的类型复合化

数字鸿沟逐渐演变为一种复杂的多维现象。当缺乏一种数字资源的人也缺乏其他类型的数字资源时，就会出现"复合数字鸿沟"。出现"复合数字鸿沟"的原因主要是：当一种数字排斥导致另一种类型的排斥时，就会发生顺序数字剥夺。例如，当一个人缺乏互联网技能，他的互联网使用率就会偏低。即由"第二阶数字鸿沟"产生"第一阶数字鸿沟"。再如，如果一个人的收入低到无法支付数字设备，缺乏参与数字经济活动的能力，就无法利用数字技术提高收入。即由"第一阶数字鸿沟"产生"第三阶数字鸿沟"。因此，考虑"第一阶数字鸿沟""第二阶数字鸿沟"和"第三阶数字鸿沟"之间的关系时，不应从单一化的视角割裂地来看，而应对三阶数字鸿沟进行综合考察。

（三）数字鸿沟的影响深刻化

数字鸿沟深刻化主要表现在两方面：① 数字鸿沟影响范围扩大。计算机技术的发展是如此之快，以至于当多数人尚未掌握传统计算机技能时，智能化的技能即将或已经成为职业的基本要求。大数据、物联网、虚拟现实、人工智能、云计算等数字技术组成的新知识体系，会进一步加剧"信息富人"和"信息穷人"之间的知识鸿沟。因此，数字革命会在技能、知识、设施等更多方面造成数字鸿沟大幅增加。② 数字鸿沟影响程度加深。数字革命将对供给端（即生产关系与生产方式）带来根本性变化，也会对消费端（即人们的生活方式）产生颠覆性影响。"信息富人"在巨大的社会变革中会有更多有利条件（例如：智能工厂、远程教室等）实现个体全面发展。因此，数字革命时代的数字鸿沟会对社会和个人造成更加深刻的影响。

二、全球数字鸿沟对数字贸易的影响

（一）对供给端的不利影响

大多数发展中国家的企业往往由于数字技能和基础设施落后，容易被数字贸易排除在外，难以参与全球生产分工获得贸易福利。因此，数字鸿沟阻碍了发展中国家企业参与数字贸易，对供给端产生了不利影响。数字技术已经改变了传统的生产结构，促进了新的、更具成本效益的流程，进而促进了国际贸易的发展。一方面，数字技术拓宽了贸易的集约边际。世界银行《2016 世界发展报告》指出：与两个互联网使用率低的国家相比，如果两个国家都有较高的互联网使用率，那么两国之间的贸易额会高出 25%；如果出口国互联网使用率高而进口国互联网使用率低，那么两国之间的贸易额会高出 31%。另一方面，数字技术拓展了贸易的广约边际。互联网降低了出口准入门槛，为许多中小企业进入市场甚至参与全球贸易创造了条件，从而扩大了竞争容量和贸易产品的种类。但尽管机遇巨大，由于技能和基础设施的不同，以及竞争和市场进入壁垒的不同，各国企业对数字技术的使用存在很大差异。在大多数发展中国家，数字技术仍然未能有效普及。

（二）对需求端的不利影响

数字鸿沟限制了数字贸易的往来，剥夺了大多数落后的发展中国家的消费者受益于更多数字贸易的机会。因此，数字鸿沟阻碍了发展中国家消费者参与数字贸易，对需求端产生了不利影响。数字技术已经改变了传统的贸易方式，促进了新的、更具效率的交互形式，进而促进了国际贸易的发展。一方面，数字技术减少了市场双方选择和交易的"噪声"。通过降低不确定性和交易风险，提高了市场效率，进而推动更多跨境货物、服务贸易，使得消费者摆脱国家边界限制。另一方面，数字技术提供了更多选择与便利，满足了消费者多样化的偏好需求。因此，消费者可以借助跨境电子商务平台直接参与到国际贸易当中来。同时，大数据、人工智能等技术的运用，可以通过定制化生产产品，灵活生产产量，降低商品价格，从而增加消费者剩余。但数字鸿沟限制了大多数发展中国家的消费者对数字贸易的需求，减少了消费者剩余。

> **理论命题 20-3**
>
> 数字鸿沟阻碍了发展中国家的企业和消费者参与数字贸易，对供给端和需求端产生了不利影响。因此，寻求包容性发展不只事关发达国家，更事关发展中国家。为实现包容性发展，需弥合数字鸿沟。

三、基于包容性发展视角的全球数字鸿沟治理

（一）全球数字鸿沟治理理念

1. 深化全球合作，扩大参与主体

各国协作可以更有效地管理国际互联网，互联网也可以作为一个强大的平台，促进全球合作。为弥合"国别数字鸿沟"，第一，数字鸿沟治理应由联合国、世界银行等国际组织牵头，增加参与主体，使得缩小数字鸿沟的项目尽可能在地理范围上覆盖更多国

家，特别是增加发展中国家参与。第二，需让发展中国家在有关互联网治理的讨论中获得更有实质意义的代表权和话语权。在尊重各国数字主权与国民信息隐私的基础上，落实资金、技术、制度相结合的援助措施，并配套相应的监管措施。第三，要倡导平等的"网络主权"，反对以虚假的"网络自由"为借口的"网络霸权"，建设"网络空间命运共同体"。

2. 降低数字门槛，缩小区域差距

数字经济时代，"区域数字鸿沟"进一步加剧了国家内部地理空间的差异。为弥合"区域数字鸿沟"，第一，应加强落后地区数字基础设施建设，降低农村电信资费。政府应把数字基础设施视作公共产品，通过降低网络收费标准，让更多偏远地区和落后地区的人能够上网，使网络"平民化"。第二，政府应实施信息扶贫的政策，推进数字化致富工程。在遵循市场规律的基础上化数字鸿沟为数字机遇，缩小区域间经济差距。第三，应提高落后地区人民的数字素养。通过推进教育信息化，加大对落后地区教育的硬件设备和人才的投入，降低知识传播成本。激发更多人学习掌握信息技术的知识，培养他们的信息技能。

3. 加强城乡联动，推动城乡融合

"城乡数字鸿沟"本质上是接触和使用信息资源的一组机会和能力的城乡分化状态。为弥合"城乡数字鸿沟"，第一，政府应在数字鸿沟治理中充分发挥组织领导的作用，从资金投入、政策扶持和管理协调等方面来促进农村数字农业发展。第二，应通过普及信息技术教育，全面提高农村居民的数字技能，使农村居民能够有效地使用信息工具。同时，纠正农村居民对网络的认识误区，引导农村网民正确认识和有效利用互联网。鼓励农民利用网络平台和信息创业就业。第三，应通过建立城乡反哺农村机制，将部分数字红利转移至农村，加强城乡之间的联动，使农村也能享受到数字红利。

4. 减少性别歧视，提升女性技能

产生"性别数字鸿沟"的原因主要是数字技能差异，以及同样数字技能下面临就业机会和薪资水平的不平等。为弥合"性别数字鸿沟"，第一，应在数字化时代的教育系统、就业培训、社会动员等方方面面引入性别视角。增加女性平等获取和参与数字信息技术的途径，保障和提升妇女在经济领域的权利，从而促进实现数字空间内的性别平等。第二，在知识与技能教育中，进一步扩大女性的受教育机会，为女性提供良好的教育环境。鼓励女性在学校的正规教育过程中选择或辅修数字技术专业，进一步促进智能时代"教育性别公平"的实现。第三，构建包容、友好、多元的网络空间，保护女性数字身份安全，消除数字性别歧视。

5. 加强基层培训，帮扶老龄群体

数字经济时代，数字鸿沟加剧了老年人等弱势群体与现实社会逐渐"脱钩"的风险。为弥合"代际数字鸿沟"，第一，为增强老龄群体对社会的归属感并提高社会福利，应对老年群体基本的信息技术及互联网服务酌情实行提速降费政策，引起老龄群体对数字服务的偏好，从而增加数字服务的使用，并使得老年人能够在家对数字技术进行自我学习。第二，应在基层普及教育以减少代际差异问题。通过老年大学或大讲堂等形式对老年人进行相关培训，不断提升老龄群体对数字技术的应用能力，真正让老年人融入数字经济社会。第三，应通过社会和家庭"反哺"帮助跨越数字鸿沟。应通过鼓励老年人树立信心，帮助老年人掌握数字技能，甄别虚假信息，让老年人享受更多数字红利。

（二）全球数字鸿沟治理实践

结合数字鸿沟的具体表现，国际组织和世界各国，为数字鸿沟的弥合做出了大量努力，为实现包容性发展积累了丰富的经验，具体而言：

在缩小"国别数字鸿沟"方面，为了帮助贫困的非洲国家实现有效增长，世界银行集团发起了"非洲数字经济倡议"（Digital Economy for Africa，DE4A)[①]，以支持非洲联盟的 2020—2030 年数字化转型战略。自 2019 年以来，世界银行已领导了 20 多个非洲国家的 DE4A 诊断，并有 15 个国家要求于 2020 年进行。截至 2020 年，世界银行在非洲有 15 个活跃的投资项目和 29 个管道投资项目，为 DE4A 计划的实施做出了贡献。其中宽带基础设施部分的总投资超过 55 亿美元。为弥合各国间电子政务的能力差异，2013 年 10 月 24 日，世界银行批准了加纳电子转型项目，该项目总成本为 9 700 万美元。加纳电子转型项目的目的是利用信息和通信技术提高提供政府服务的效率和覆盖面。2017 年 1 月 18 日，世界银行批准布基纳法索电子政务项目，项目总成本 2 000 万美元，为提高当地公共行政部门和机构对信息通信技术的使用能力提供了资金支持。

在缩小"区域数字鸿沟方面"，2000 年 10 月，英国宣布在全国建立超过 700 家的互联网接入中心（IT access centers），为贫穷地区免费提供互联网接入点，并免费提供信息技术培训。美国政府发起了一项技术机会计划（Technology Opportunities Program，TOP），以鼓励落后地区发展信息技术。TOP 由美国国家远程通信和信息管理局负责管理，每年都为地方政府以及非营利组织提供资金支持，用以推动当地经济发展。2002年 10 月，中国科技部"缩小数字鸿沟——西部行动"正式启动。"缩小数字鸿沟——西部行动"的主旨是为了帮助西部地区提高信息化水平。该项主要围绕公共信息平台、网络教育、信息农业、制造业信息化四个方面开展相关工作。一方面，通过结合西部地区实际情况，开发适宜西部地区经济发展的信息技术和产品，为西部地区信息化提供技术支撑。另一方面，通过试点和示范，在逐步推广信息技术在西部地区的应用，使广大西部地区的群众能够更有效便捷地获得和利用信息技术，促进西部地区改善产业结构和发展信息产业。

在缩小"城乡数字鸿沟方面"，泰国政府的"泰国 4.0"战略的预算分配中指出，将在全国所有村庄内建设宽带网络，并针对互联网、移动电话的使用以及物流和电子支付系统进行改进，为在线购物的发展创造了更高的便利性；美国通过国家远程通信和信

---

① 资料来源：世界银行官方网站。DE4A 诊断是基于一种标准化方法论，着重于数字经济的五个关键基础：数字基础设施、数字技能、数字平台、数字金融服务和数字企业家精神。

息管理局获资 40 亿美元实施宽带技术机会计划，缩小城乡间互联网覆盖差距；中国开展了一系列农业信息化建设项目。例如："科技特派员"工程、"金农"工程、"三电合一"农业综合信息服务平台建设、"村村通"工程等（许竹青等，2013）。2019 年 12 月 25 日，中央网络安全和信息化委员会办公室制定了《数字农业农村发展规划（2019—2025 年）》，提出了农业生产经营数字化转型、提升管理服务数字化水平、提升农业数字经济比重、完善乡村数字治理体系等发展目标。

在缩小"性别数字鸿沟"方面，联合国妇女署、联合国人权高级专员办事处和国际电信联盟等机构都曾针对"性别数字鸿沟"议题提出倡议并制定了相应政策。以国际电信联盟为例，2013 年国际电信联盟制定了国际电信联盟性别主流化政策，旨在推动男性和女性平等地从信息通信技术使用中受益。2014 年，国际电信联盟将每年四月的第四个星期四确立为"信息通信年轻女性日"，以营造一种鼓励女童和女青年在信息和通信技术行业就业的全球性环境。除此之外，2017 年 G20 成员国发表的"数字化路线图"中（Digital Roadmap for Digitalization：Policies for a Digital Future）① 提出了"女性数字技能培养"行动方案。该方案旨在增加女性与数字世界的接入、提高女性教育和就业机会。同时，"数字化路线图"还通过传播如何弥合"性别数字鸿沟"的知识，促进不同的社会群体共同关注和帮助更多女性进入并深度参与到数字经济之中。

在缩小"代际数字鸿沟"方面，美国通过政府牵头、诸多社会团体投入的方式成立美国国家远程通信和信息管理局、美国退休者协会、老年人技术服务中心、在线世代等机构提升老年人技术使用能力，并通过开展在线社区指导等活动改善老年人数字素养；英国政府耗资 2 500 万英镑，积极关注贫困人口、老年人等弱势群体的信息需求，有计划、有步骤地开展"数字扶贫"工作。2007 年，新加坡半官方机构人民协会成立乐龄理事会，通过公共教育、社区和同伴互助的形式，帮助老龄人掌握各种媒体技能；2017 年，新加坡信息通信媒体发展局推出 IM 银网站来提供视频指南帮助老年人使用数字技术。他们还发起数字诊所计划，将来自社会各界的志愿者聚集在一起，共同帮助老年人融入数字化生活。

> **专栏 20-3** 中国已经极大地缩小数字鸿沟

---

① 资料来源：20 国集团信息中心。2016 年，G20 成员在杭州通过了《二十国集团数字经济发展与合作倡议》，提出了数字经济发展与合作的一些共识、原则和重点领域。《数字化路线图：数字化未来政策》将在已有工作的基础上，落实 G20 国家确定的关键领域。

**本章小结:
中国视角**

　　数字技术的发展和应用引发了经济结构变革,而随之产生的数字鸿沟却成为包容性发展的一大阻碍。从国际社会数字鸿沟治理的经验来看,国际组织和各国政府仍主要致力于消除不同地理区域之间数字设备可及性的差异。但是各项行动方案往往受到集团利益不统一、监管措施不完善、资金落实不到位等问题的掣肘,产生的效果十分有限。中国"第一阶数字鸿沟"的治理走在国际前列。通过积极开创"新经济",中国已成功缩小了与发达国家之间、东中西部之间和城乡之间的数字鸿沟,并不断收获数字红利。中国的实践表明,"有为政府治理"和"有效市场运作"相结合的创新方案是弥合数字鸿沟、促进包容性发展的关键。虽然中国"第一阶数字鸿沟"日益弥合,但社会群体间仍然存在数字使用性质和能力的差异。而这种"第二阶数字鸿沟"必然成为不同群体共享数字红利的障碍,最终导致劳动力技能差异和贫富分化。因此,中国应进一步推动产业变革,积极引领全球"数字革命",通过深化国际合作、降低数字门槛、完善市场环境、加强人才教育等举措弥合各类型的数字鸿沟,释放更多的数字红利惠及更多的人群,为弥合全球数字鸿沟,实现全球包容性发展继续贡献中国智慧、中国方案和中国力量。

即测即评

思考题

　　1. 2021年4月18日,博鳌亚洲论坛发布的《亚洲经济前景与一体化进程》旗舰报告指出,亚洲数字贸易发展已经走在世界前列,数字经济的规模仅次于美国,但是亚洲区域存在的数字鸿沟现象仍然严重。你认为产生亚洲区域内的数字鸿沟的原因有哪些?

　　2. 学校信息化建设工作一方面可以提高部分地区教育质量、弥补师资等资源短缺;另一方面,也可能形成信息时代的"数字鸿沟"。关于信息技术是否可能导致新的不公与不均也出现了越来越多的争论。你认为应该从哪些方面弥合"教育数字鸿沟"?

　　3. 根据世界银行《2016世界发展报告》,发展中国家与发达国家在计算机人均拥有量方面相差50余倍,在互联网普及率方面相差140余倍。你如何看待信息时代全球两极分化的现象?

　　4. 2015年3月,李克强总理在政府工作报告中提出要制定"互联网+"行动计划。同年6月24日国务院常务会议通过《"互联网+"行动指导意见》,部署了双创、协同制造、现代农业等11个重点领域实施

"互联网+"行动计划的目标任务。结合本章学习的内容，你认为推动"互联网+"行动计划对包容性发展具有哪些意义？

5. 2016 年《G20 数字普惠金融高级原则》提出要将数字金融与普惠金融结合，借助数字化手段来提升金融的服务效率和范围，目的就是要让金融服务惠及每一个人。你如何看待数字鸿沟对数字普惠金融的影响？

延伸阅读

［1］SCHEERDER A，VAN DEURSEN A，VAN DIJK J. Determinants of Internet skills，use and outcomes：A systematic review of the second- and third-level digital divide ［J］. Telematics and Informatics，2017，34（8）：1607-1624.

［2］VAN DEURSEN A，HELSPER E，EYNON R，et al. The compoundness and sequentiality of digital inequality ［J］. International Journal of Communication，2017（11）：452-473.

［3］马述忠，郭继文. 数字经济时代的全球经济治理：影响解构、特征刻画与取向选择 ［J］. 改革，2020（11）：69-83.

［4］邱泽奇，张樹沁，刘世定，等. 从数字鸿沟到红利差异：互联网资本的视角 ［J］. 中国社会科学，2016（10）：93-115，203-204.

［5］胡延平，跨越数字鸿沟 ［M］. 北京：社会科学文献出版社，2002.

第二十一章

数字基础设施与数字丝绸之路

自 20 世纪以来，数字经济成为全球经济增长的重要推手，数字基础设施作为数字经济运行的关键要素，也受到广泛关注，并逐渐成为衡量一国国力的重要指标之一。一方面，数字基础设施大大促进了数字贸易的发展；另一方面，不均衡的数字基础设施发展水平又会给全球经济治理带来分歧。为了缓解数字基础设施发展失衡带来的不利影响，中国提出了建设数字丝绸之路的构想，数字丝绸之路也迅速成为沿线国家关注的焦点。通过本章的学习，读者将对数字基础设施和数字丝绸之路的内涵与外延有个全面了解，理解数字基础设施促进数字贸易和影响全球经济治理的机理，并为进一步理解中国推出数字丝绸之路战略的目标与意义打下基础。

第一节　数字基础设施

一、数字基础设施的内涵与外延

（一）数字基础设施的内涵

基础设施是一种物质工程公共设施，其可以满足社会的生产需求和人民的生活需要，并维护一国或一个地区的经济社会活动稳定正常进行。可见，基础设施是社会运行和发展的重要条件，是国民经济发展的一般性基础。世界银行将基础设施划分为两类：经济性基础设施和社会性基础设施，其中，经济性基础设施既包括能源、交通、环保等物理基础设施，也包括以信息技术为核心的数字基础设施①。

数字基础设施是信息通信技术蓬勃发展的产物。本文对数字基础设施的内涵给出如下界定：

---

① LEVY H. Rural roads and poverty alleviation in morocco: case study in scaling up poverty reduction [R]. A Global Learning-Process and Conference, 2004.

> **理论命题 21-1**
>
> 　　数字基础设施是在新一代信息革命背景下产生的，以信息技术和信息网络为核心，以支撑数字经济发展为目的的新型基础设施。其既具备与传统基础设施相同的基础性、先行性、整体不可分性和准公共物品性，又具备传统基础设施所没有的可贸易性和高时效性。

　　在学术领域，20 世纪 80 年代末，Solow（1988）等学者开始关注较大规模的信息基础设施建设与经济发展与效率之间的关系[①]。至此，数字基础设施的相关研究正式走入经济学者的视线。在当今时代，数字信息如同电能、水力、交通设施一样，成为进行社会生产生活所必需的要素。有学者曾指出，信息网络是数字基础设施的基础，而数字基础设施集成了新一代信息技术，进而形成支撑经济社会数字化发展的完整体系[②]。可见数字基础设施是为了支撑数字经济的发展而出现的，是新一轮信息革命的产物。

　　数字基础设施具有以下六个特点：第一，基础性，数字基础设施提供了所有数字化商品与服务在生产过程中所不可或缺的公共服务，如 3G 和 4G 技术是当今众多社交通信类产品的基础。第二，先行性，数字基础设施的发展要快于相关数字化商品与服务的发展，如 5G 网络的开发要早于 5G 商品或服务的开发。第三，整体不可分性，相对较大的规模是数字基础设施提供有效服务的一般性前提，如 5G 技术实现大规模商用的前提是实现 5G 基站在全球范围内的建设。第四，准公共物品性，数字基础设施具有一定程度的非竞争性和非排他性。非竞争性是指：物品消费的增加不会增加物品生产的成本，边际成本接近于零，如大数据技术提供的服务成本不会因为一个用户的增加而增加。非排他性是指：一个人在消费这类产品时，无法排除他人也同时消费这类产品，如消费者在使用云服务时无法排除他人也使用。第五，可贸易性，这是数字基础设施与传统基础设施的差异，传统基础设施难以通过进口来满足需求，如一个国家很难直接引进机场、公路等基础设施，然而数字基础设施本身并没有地域性的限制，例如中国可以作为 5G 网络的供应商为全球所有国家出口数字服务。第六，高时效性，数字基础设施的迭代升级十分迅速，相对于传统基础设施如公路、水厂等，数字基础设施的使用期限较短，从 4G 技术的广泛应用到 5G 网络的普及，仅仅经历了不到 5 年的时间。

（二）数字基础设施的外延

　　数字基础设施几乎涵盖了数字经济发展的全部应用场景，因此数字基础设施的外延十分丰富，可以按照设施的性质、行业领域、技术形态等标准进行分类。

　　数字基础设施从设施的性质上可以分为两类。第一类是信息基础设施。信息基础设施以数字技术为基础，不需要对传统基础设施进行数字化改造，其中包括 5G 网络、光纤宽带、感知终端、大数据技术、工业互联网、物联网等。第二类是利用数字技术对传

---

① SOLOW R M. Growth theory and after [J]. American Economic Review, 1988, 78（3）：307-317.

② 韦柳融. 关于加快构建我国数字基础设施建设体系的思考 [J]. 信息通信技术与政策，2020（9）：63-66.

统物理基础设施进行改造，即利用工业互联网、云计算、物联网等数字化技术，来智能化升级和改造生态、交通、农业、工业等传统行业的基础设施。如数字化停车系统、城市大脑、制造业智能化等都属于对物理基础设施的数字化改造。

数字基础设施按照行业领域分类可以分为：第一，制造业数字基础设施，依托工业互联网提高制造业企业生产效率，如 C2M 模式，可有效将消费端数据反馈给供给侧，帮助制造业企业按照需求确定产量；第二，商业数字基础设施，基于工业互联网、云计算、边缘计算、数字中台等技术建设的平台型设施，如数字中台①，企业通过利用数字中台既有的功能，可以实现自身的业务数据化和数据业务化，并进一步创造商业价值；第三，服务业数字基础设施，依托数字化平台为服务业企业赋能；第四，金融业数字基础设施，利用金融科学技术对传统金融进行数字化改造，包括新一代金融数据中心、金融场景化的人工智能、区块链、安全多方计算等创新技术应用；第五，医疗业数字基础设施，依托互联网技术的远程医疗；第六，农业数字基础设施，利用数字物流、人工智能、大数据技术赋能农牧业，例如在很多农村启动的阿里云农业大脑项目，在"机床"上种植蔬菜、用大数据结合气候情况种植、用 AI 算法进行养殖等；第七，政务服务数字基础设施，主要是利用区块链技术将各政府职能部门的职责、目录和数据连接起来，建立高效的数据共享规则。

数字基础设施按照技术形态进行分类又可以划分为：第一，网络通信基础设施，主要是 5G 等通信技术及实现通信所需的物理基础设施；第二，大数据基础设施，主要包括大数据技术的物理基础服务器、IaaS 层虚拟资源池②和大数据平台层；第三，云计算基础设施，主要包括云技术设施组件（多核服务器、交换机等）、公共与私有与混合云架构和云基础 IaaS；此外还包括人工智能、区块链、物联网、工业互联网基础设施等等。

二、数字基础设施对数字贸易发展的作用

21 世纪以来，经济活动中配置资源的关键环节——贸易正在经历数字化和信息化的快速变革，从跨境电子商务到现如今的全球数字贸易，贸易在数字化层面已经展现出全新的活力。数字贸易以数字化平台为载体，通过人工智能、大数据和云计算等数字技术的有效使用，统筹贸易数字化和数字化贸易进程，实现实体货物、数字产品与服务、数字化知识与信息的精准交换。从上述对数字贸易的描述不难研判；数字化平台、人工智能、大数据和云计算等数字基础设施对数字贸易的健康与快速发展发挥着重要作用。这些作用主要体现在以下几个方面：

第一，数字基础设施为数字贸易提供技术支撑。第二次工业革命以来，信息通信技

---

① 数字中台又称数据中台，其对既有/新建信息化系统业务与数据进行沉淀，是实现数据赋能新业务、新应用的中间、支撑性平台。

② IaaS 是 Infrastructure as a Service（基础设施即服务）的缩写，是支持分布式的计算单元和分布式的存储单元。

术在快速迭代，集成电路、大型计算机以及因特网的出现和发展成为了数字贸易的重要技术支持。而新型数字基础设施如云计算、5G 通信技术、人工智能等技术的出现不仅使得数字贸易的外延被大大延展（数字化产品和服务、数字技术和信息成为贸易标的），还极大提高了数字贸易的效率，推动了数字贸易的进一步发展。

第二，数字化平台为数字贸易提供交易载体。在传统贸易下，买卖双方多在线下完成交易，即使是使用电子邮件，达成交易的效率也极低，同时买卖双方之间信息不对称很容易引发道德风险，贸易的安全性也堪忧。而在数字贸易下，数字化平台成为协调配置资源的重要载体，其可以触达和收集多方面数据，减少信息不对称所带来的风险。此外，平台还可以实现模式创新和价值创造。数字化企业的主要商业模式就是平台化运营，淘宝、速卖通、亚马逊等国内或跨境电子商务平台正是这一模式的典型代表。

第三，在生产领域，利用工业互联网技术实现的产业数字化为数字贸易提供了有利条件。未来个性化的长尾市场规模愈发庞大，仅仅依靠规模生产的标准化产品很难再为商家提供竞争优势，基于消费端的个性化需求提供定制化服务与产品成为获取市场的关键要素。据亚马逊海外购的分析报告，消费者的选择日趋多样化，长尾市场的销量正快速增长[①]。通过工业互联网的连接，消费端的多样化需求被迅速反映到产品研发、设计和生产过程之中，实现生产端的定向分析和快速落地。以东莞大朗镇的贸易数控编织机为例，在与贸易设计 CAD/CAM[②] 系统集成后，订单可以通过数字化平台直接反馈到工厂，工厂可以迅速按照订单的定制要求生产相应的产品，这一模式既可以通过零库存降低资金链断裂风险，还通过获取细分市场提高了企业的国际竞争力，从而使更多中小企业参与到数字贸易中来。

第四，在物流领域，利用大数据技术实现的物流数字化为数字贸易提供了有利条件。传统物流的流程包括运输、储存、搬运、分拣、物流信息管理等多个环节，且各环节之间沟通不畅，物流时间过长且成本过高，进而制约了数字贸易的进一步发展。通过大数据技术对物流所涉及的对象和活动进行管理和控制，大大提高了物流配送的准确率和效率，这既减少了数字贸易企业的库存和资金积压，又降低了其物流成本，大大提高了数字贸易的效率。

第五，在交易和融资领域，数字化平台极大降低了跨境电商的资金融通难度。在传统贸易的过程中，买卖双方不得不使用汇款、托收、信用证等方式，同时卖方还要联系海运、保险等公司，不仅流程烦琐还伴随较大的风险，且周期越久产生的不确定性越高，中小型贸易企业还会面临融资难和资金链断裂的风险。而数字化平台的出现大大改善了中小型企业的贸易条件，如速卖通为中小企业提供的一站式服务，既简化了贸易流程，又将风险降到最低，同时第三方支付兴起，金融机构通过结合数字技术开展"购付汇"和"收结汇"等业务，有效完成海关申报、交易结算及电子对账等数字化一站式

---

① 2017 年中国跨境网购呈现三大特征 . 中国服饰报，2018-02-16（001）。

② CAD 是 computer aided design（计算机辅助设计）的缩写，即利用计算机及其图形设备帮助设计人员进行设计工作。CAM 是 computer aided manufacturing（计算机辅助制造）的缩写，即将计算机应用于制造生产过程的系统。

服务，从很大程度上促进了数字贸易的发展。

三、数字基础设施与全球数字经济治理

数字基础设施为全球数字经济治理带来了机遇。它为全球数字经济的发展提供了坚实的基础，同时也为生产、运输、销售、服务等全流程提供了技术支撑。因此数字基础设施对数据的收集、存储和分析为全球数字经济治理提供了技术手段和实现方案。数字基础设施建设为全球数字经济治理带来的机遇主要体现为以下两点：

一方面，数字基础设施为全球数字经济治理提供了安全保障。在数字经济时代，所有人的一举一动都被刻画为一个个数据，因此全球数字经济治理需要解决的重要问题是用户信息的安全和隐私保护问题。如 2018 年，剑桥分析公司就曾被曝光通过非法渠道获取和使用脸谱网平台上超 5 000 万用户的个人信息。区块链基础设施为解决数字经济治理下的用户信息安全问题提供了技术手段。数字经济时代每个人都需要具有隐私性的数字身份，但是完全匿名也有一定弊端，如当涉及个人房产、医疗等领域时，实名制也是十分重要的。因此拥有匿名性和零知识证明特点的区块链基础设施就为解决用户信息安全问题提供了出路。区块链是一个分布式的共享账本和数据库，同时兼具安全性、去中心化、匿名性等优点。去中心化这一特点使得区块链技术不依赖第三方机构，安全性又避免了人为的数据篡改，匿名性则能够保护用户隐私。

另一方面，数字基础设施为全球数字经济治理提供了实现方案。数字基础设施的不断完善有助于加深全球性的经济合作，为世界及区域性合作组织提供了更多议题和想象空间。2016 年 G20 杭州峰会首次在全球数字经济领域提出相关的发展理念，此后世界各国都不同程度地强调和重视全球数字经济治理的发展，如欧盟的"欧洲数字议程"、德国的"数字战略 2025"、2018 年中国政府工作报告也多次提到互联网+、智能制造、人工智能等数字基础设施的合作。中国提出的"一带一路"倡议更是将沿线国家数字基础设施建设视为重中之重。丰富的数字经济治理议题为中国等发展中国家争取国际话语权提供了机会。

虽然数字基础设施给全球数字经济治理带来了机遇，但需要格外注意的是，数字基础设施建设的失衡，会导致数字鸿沟问题，进而加剧南北发展失衡，从而导致世界各国在更多数字经济治理问题上出现分歧。数字基础设施给全球数字经济治理带来的挑战主要体现在以下几点：

第一，数字基础设施的不断建设所带来的互联网用户体量增加会提高网络内容审查的复杂程度，同时还会引致知识产权保护问题。随着数字基础设施的不断完善，越来越多的用户参与到互联网中，并成为互联网内容生态的建设者。随着互联网内容的指数化增长，网络内容审查逐渐成为一个矛盾点。美国等数字内容产业发展较快的国家认为，严格的监管会限制该产业的发展。而中国及欧洲部分国家认为应该对互联网上的数据流动进行相对严格的监管，以保障互联网生态的健康。数字基础设施蓬勃发展所带来的互

联网用户体量增加不仅使互联网监管更加复杂，还会引致知识产权保护问题。美国等国家认为中国等需要重视对互联网服务提供者的侵权责任处理措施，以规范互联网服务提供者在应对知识产权侵权和造假问题时的行为。然而中国等发展中国家的相关立法和执法力度一直未能达到发达国家的期望，导致矛盾不断升级。

第二，大数据基础设施的不断建设和完善使得数据成为重要生产资源，数据使用的不规范带来了用户信息安全和隐私保护问题。目前多数数字化平台要求用户使用真实资料注册，因此用户的个人信息被各方利益集团不断利用和挖掘，用户名、所在地址、手机号码、个人照片甚至是经加密的密码等用户个人信息都面临被暴露的风险。此外，由于数据的背后牵扯的是用户个人隐私甚至国家安全，各国在数据存储本地化问题上也有较大分歧。从国家安全保护角度出发，中国等国家在对数据存储本地化上作出了强制要求。而美国则不断在其发起或参与的大型多边贸易谈判中强调数据存储非强制本地化，希望其他成员国对数据存储保持开放态度，反对设置本地基础设施成为供应商或服务商在境外提供服务的前提条件。

第三，随着数字贸易载体即平台的蓬勃发展，基于数字化平台提供的数字化贸易所占的比重越来越大，数字关税征收成为全球数字经济治理正面临的难题。中国信通院发布的《2019 年数字贸易发展与影响白皮书》数据显示，2008—2018 年，全球数字交付贸易出口规模逐年递增，总涨幅近 60%。其中美国等西方国家在数字服务贸易的影响力巨大，2018 年美国的数字服务出口规模超过 4 500 亿美元，全球市场占有率高达 15.92%。在大数据时代，数字企业收集个人数据用于价值创造，然而社会公众却没能得到充分补偿，大型互联网科技巨头并未为其使用的公共服务支付足够的费用。因此，部分欧盟成员国率先启动数字税相关法案的立法进程。然而这些数字税法案立刻遭到美国等数字经济发展发达的国家的强烈反对，因为数字税征收将直接损害众多美国互联网科技巨头的利益。美国贸易代表办公室明确表示反对数字税征收，并将对法国等支持开征数字税的国家展开 301 调查[①]。

第四，数字化平台会带来垄断问题。随着数字技术的不断进步，以及数字化平台的快速崛起，这些数字化平台为了追求利润最大化而出现了"赢家通吃"的现象，同时平台的运营者即互联网企业的低税率进一步加深了垄断问题。数字化平台的垄断行为会带来很多问题：其一是降低消费者福利，平台凭借垄断地位大量剥夺消费者剩余；其二是挤压平台内经营者的利润，在垄断市场中大部分商家相对于平台完全不具备谈判能力，只能被动接受平台的规则；其三是使得互联网企业凭借现有的数据和流量基础，将势力向其他领域展开，并将垄断现象蔓延到其他市场，形成双轮垄断。虽然垄断有很多弊端，但是世界各国在如何进行数字化平台垄断监管上尚没有找到行之有效的方法。

---

① 301 调查是美国依据 301 条款进行的调查，主要是保护美国在国际贸易中的权利，对其认为贸易做法"不合理""不公平"的国家进行报复。

第二节 数字丝绸之路

一、数字丝绸之路的内涵与外延

（一）数字丝绸之路的内涵

理解数字丝绸之路的内涵，首先要理解"一带一路"倡议的内涵。2013 年 9 月和 10 月，习近平分别提出建设"新丝绸之路经济带"和"21 世纪海上丝绸之路"的合作倡议，合称"一带一路"倡议。这是一个建立在中国与有关国家已有的多边协议上的合作倡议，是一个行之有效的区域性合作平台，旨在积极发展与沿线国家的经济合作伙伴关系，共同打造政治互信、经济融合、文化包容的利益共同体、命运共同体和责任共同体。

2017 年 5 月，习近平在"一带一路"国际合作高峰论坛上提出构建"21 世纪数字丝绸之路"。

> **理论命题 21-2**
>
> 数字丝绸之路是基于政治互信、经济融合、文化包容，以数字化形式将中国数字经济发展的经验向"一带一路"沿线国家和地区进行推广的一种模式。数字丝绸之路为各成员国创造双赢的合作机会，推动各国基础设施建设、产业和服务升级，拉动经济和就业增长，增强各国经济内生动力和抗风险能力。

数字丝绸之路是"一带一路"倡议与数字经济发展的融合，既是"一带一路"走向高级阶段的结果，也是实现全球数字经济治理的重要尝试。"数字丝绸之路"不仅反映了中国发展战略向外延伸和实现区域数据互通的客观需求，还反映了"一带一路"沿线国家对历史机遇的把握，及大力加强数字基础设施建设的决心。

专栏 21-2 数字丝绸之路的三层含义

"数字丝绸之路"概念包含三个层次的含义。

首先，它是解决全球和国内发展不平衡的新路径。自全球化进程开启以来，数百年间形成的西方国家主导的"中心—外围"的国际分工模式，导致广大发展中国家一直处于全球价值链的中低端。而数字经济的飞速发展以及广大发展中国家的"掉队"可能加剧"数字鸿沟"状况，并强化"中心—边缘"的国际经济格局。"数字丝绸之路"用互联网及相关科技让内陆国家和小国同世界接轨，连通小国与大市场，促进主要经济要素在内陆经济与海洋经济之间的流动，将小市场整合纳入电子商务生态系统。"数字丝绸之路"是"实现各国经济社会协同进步，解决发展不平衡带来的问题，缩小发展差距，促进共同繁荣"的一条新路径。

其次，它是发展中国家科学、和谐发展的新模式，即利用创新的信息与通信技术创建基于互联网的可持续发展的经济体。不同于雁行模式和比较优势产业转移模式，"数字丝绸之路"以互联网及通信技术为动力，以建设信息网络及相关基础设施作为载体，依托创新型商业模式发展互联、低碳、可持续的数字经济。"数字丝绸之路"将提供沿线国家发展低碳、绿色经济的模式，且在一定程度上减轻中国在沿线国家投资建设传统基础设施时造成的环境污染。

再次，"数字丝绸之路"不仅是实现国家发展、安全、治理全方位目标的新路径，也是中国与沿线国家、政府与企业共同参与的国际合作项目。"数字丝绸之路"可以促进各方参与、公司合作，带动沿线国家走绿色、可持续发展之路。

摘自：方芳."数字丝绸之路"建设：国际环境与路径选择 [J]. 国际论坛，2019，21（2）：56-75，156-157.

（二）数字丝绸之路的外延

数字丝绸之路的外延十分丰富，具体来看包含以下几方面要素：

第一，参与数字丝绸之路建设的国际组织、成员国与企业。截至 2019 年 7 月，中国政府与 136 个国家和 30 个国际组织签署政府间合作协议。在企业层面，除了中国大型国有企业（中国电信、中国移动和中国联通等），还包括互联网企业等数字化民营企业。这些民营的数字化企业在数字丝路建设过程中发挥着重要作用：一方面，这些数字化企业同时发挥了数字技术、数字经济模式以及中国数字经济的三大优势，为建设数字丝绸之路注入了活力；另一方面，随着制造业和物流等企业的数字化转型，数字化技术与传统行业融合的新零售革命正在发生，这些民营数字化企业为数字丝绸之路提供了创新模式。

> **理论命题 21-3**
>
> 民营数字化企业是建设数字丝绸之路的中坚力量，各国政府和国际组织在这个过程中起到的是协调建设的辅助作用。

第二，数字丝绸之路成员国所参与制定的相关数字合作战略。中国与沿线国家的数字经济战略进行有效对接，在数字基础设施建设、数字人才培养及数字技术研发等领域展开谈判对话，并达成全面性、系统性的数字经济战略发展协议。此外还包括中国与

"一带一路"沿线国家在数字化领域标准的深度合作，如形成的跨境电商物流服务关键标准体系的互认机制以及数字丝绸之路沿线国家根据本国国情，提出的合作战略中关于数字化领域的议题，其中哈萨克斯坦的"光明之路"、蒙古国的"发展之路"、波兰的"琥珀之路"、俄罗斯的"欧亚经济联盟"、欧盟的"容克投资计划"等一系列经济发展合作战略都有涉及数字化领域的合作。

　　第三，为数字丝绸之路提供支撑的数字基础设施。一是信息基础设施，中国与成员国在终端、5G 网络与技术、光缆光纤、数据库、工业互联网等领域展开了密切合作。二是对物理基础设施的数字化改造，这些基础设施包括陆海天网四位一体的联通，以新亚欧大陆桥等经济走廊为引领，以中欧班列、陆海新通道等大通道和信息高速路为骨架，以铁路、港口、管网等为依托的互联互通网络，这一网络有效打造了国际陆海贸易新通道。中国引导"一带一路"沿线国家互联互通，在铁路、公路、航空、港口、电力、通信等领域开展了大量合作。

　　第四，为促进数字丝绸之路建设所成立的机构和论坛。中国为了推动数字丝绸之路的建设成立了一系列辅助机构。2014 年 12 月，中国出资成立丝路基金，旨在通过以股权为主的各类投资和融资方式推进数字丝路沿线国家的互联互通和基础设施建设，并在资源、产能、金融、通信等领域进行全面合作，为数字丝绸之路下的各类经贸合作提供金融贷款。2015 年 12 月，亚洲基础设施投资银行正式成立，该银行的主要职能是投资区域内国家的基础设施（含数字基础设施）及其他生产性领域，旨在促进亚洲各国基础设施间的互联互通，推进区域间的经贸合作活动和伙伴关系建立。2017 年 5 月，第一届"一带一路"国际合作高峰论坛由中方主办，该论坛讨论的核心议题涵盖基础设施建设、数字贸易、资源配置、能源开发、金融支撑、文化交流、海洋开发和环境保护等领域。

二、数字丝绸之路对数字贸易发展的作用

　　在宏观上，数字丝绸之路促进了成员国间的数字基础设施联通，促进了成员国的数字化技术发展，并为成员国培养了大量数字化人才，为成员国间开展数字贸易提供了大量便利化条件。具体来看，数字丝绸之路对数字贸易发展的作用主要体现在以下几点：

　　第一，数字丝绸之路相关的数字基础设施建设，为沿线国家和地区数字贸易提供技术支撑和设施保障。一定规模的基础设施是经济发展的保障，数字丝绸之路基于此对这些基础设施进行了建设。一方面，数字丝绸之路沿线国家和地区加紧推进信息基础设施建设，这些设施的建设为数字贸易提供了技术支撑，如俄罗斯电信运营商和中国电信合作建设首个联通亚欧大陆的跨境传输电路，中国移动、中国电信和中国联通主导或参与了多个沿线国家的陆海缆及骨干网建设，建成若干条跨境陆缆和海缆；另一方面，中欧班列、陆海新通道等基础设施的联通也为数字贸易提供了硬件保障。

　　第二，数字丝绸之路的建设有助于降低"一带一路"倡议中的多边贸易成本，为

沿线国家间贸易提供网络信用安全保障，促进沿线国家和地区货物（服务）贸易的大规模开展。过去大多数沿线国家由于信息通信基础薄弱，数字贸易的基础设施建设不足，且没有形成完善的跨文化区域信用保障机制，大多数亚非国家信息通信行业存在信用意识欠缺、信用管理制度缺失、信用中介服务不足等问题，缺少相关法律规制。在数字丝绸之路的推动下，各种数字基础设施的投资与建设大大提高了各国之间的互联互通程度，提高了贸易往来交流的效率，在一定程度上规避了贸易过程中存在的文化差异题。同时，大量民营数字化企业也积极参与到数字丝绸之路的建设中来，通过搭建数字化平台、普及电子支付、引入交易资金托管制度和建立互评制度，建立信用保障机制，降低交易风险，增强了消费者对数字贸易的信心，提高贸易达成率。

第三，广大民营数字化企业参与数字丝绸之路建设，进行了大量数字贸易模式创新。自数字丝绸之路概念提出以来，众多民营数字化企业抓住时代机遇，进行了大量的数字贸易模式创新，包括但不限于以下几个领域：在跨境电商领域，阿里巴巴通过收购巴基斯坦电商平台 Daraz 和东南亚最大电商 Lazada，将新一代全球商业创新电商模式广泛推广开来。在跨境移动支付领域，蚂蚁金服积极在境外谋求机会，在印度、泰国等国家进行推广，其移动支付模式在数字丝绸之路体系下成型，服务近 9 亿用户。在移动社交领域，腾讯在东南亚市场表现抢眼①，以微信支付为核心，腾讯打造了集社交、转账、购物和线下日常服务等于一体的移动社交平台。在智慧城市领域，华为的智慧城市解决方案已部署在 40 多个国家和地区，华为公司"平台+生态"的智慧城市建设模式，助推着"一带一路"沿线国家实现数字化公共治理转型。可见广大互联网企业与数字丝绸之路的联动让数字贸易迸发出了新的活力。

三、数字丝绸之路与全球数字经济治理

数字丝绸之路作为一种面向全球推广的模式，对全球数字经济治理也意义深远，主要体现在以下三个方面：

第一，数字丝绸之路有助于消除数字障碍，弥合数字鸿沟，缓解数字鸿沟带来的全球数字经济治理分歧，实现利益共享。在经济全球化程度不断加深的背景下，数字经济的发展仍然存在障碍，世界各国在全球范围内的利益所得并未被公平分配。因为每个国家的经济发展水平、综合国力、社会资源获取能力等方面存在一定的差距，导致其在数字化领域的起点不同，进而导致数字鸿沟的出现。数字丝绸之路的建设能够在一定程度上消除数字化水平较低的部分"一带一路"沿线国家和地区的数字发展障碍，让这些国家也享受到数字经济带来的收益。比起"一带一路"中的部分欠发达或经济落后的国家或地区，中国当前的数字经济发展水平处于一个全球领先的地位，同时产品性价比较高，可以帮助"一带一路"沿线国家缩小与西方发达国家间的差距。而随着数字鸿

---

① 截至 2018 年 1 月，微信在东南亚的用户占比分别达到马来西亚 40%，新加坡 24%，泰国 17%。

沟的逐渐弥合，世界各国对于数字经济的分歧将逐渐下降，未来在网络内容审查、数据存储本地化、知识产权保护、数字税征收等问题上也更有机会达成共识。

第二，数字丝绸之路有助于形成全球数字经济治理新格局。当今时代世界格局正在发生剧变，南北经济力量博弈更加激烈，虽然发展中国家对世界经济的贡献逐渐攀升，但是其在世贸组织、国际货币基金组织和世界银行等国际机构的话语权却并没有提高。在数字经济蓬勃发展的未来，发展中国家的话语权显得更为重要。建设数字丝绸之路是中国进行数字经济治理的一次开创性尝试，中国尝试在自身领先发展的数字经济领域进行制度竞争和制度引领，以数字丝绸之路作为试点，未来将发展沿线国家数字经济的经验复用到全球其他国家中去，打破美国对全球经济治理的垄断性地位，成为全球数字经济治理的引领者。中国通过建设数字丝绸之路带动沿线国家发展，能够获得更广阔的市场空间和国际社会的支持。

第三，数字丝绸之路有利于促进世界各国的国际交流和文化认同，打击"逆全球化"等不利于全球数字经济治理的言论。在部分经济发展滞后沿线国家，有可能产生极端主义思潮。而在数字丝绸之路建设的过程中，中国对沿线国家进行了文化输出，如通过互联网将本国生产的影视作品输出到沿线国家，大幅度提高了其文化影响力，同时在建设过程中也进行了大量合作，增进了彼此之间的友谊。通过数字丝绸之路的建设，可以帮助沿线国家进行文化交流和文化互信，增进沿线国家之间的相互理解，让沿线国家享受到经济全球化带来的发展红利，让"逆全球化"的言论不攻自破。

第三节　数字基础设施与数字丝绸之路的关系

一、数字基础设施夯实数字丝绸之路基础

数字基础设施的蓬勃发展为数字丝绸之路夯实了基础，其发挥的基石性作用主要体现在以下两点：

一方面，数字基础设施建设帮助数字丝绸之路收获更多国际社会支持。数字基础设施建设让沿线国家享受到信息基础设施和数字技术给自身带来的经济拉动效应，也让这些沿线国家成为国际社会对数字丝绸之路支持的主要声音。数字经济是全球经济发展的重要推手，世界各国想要进一步实现经济跨越性发展就必须抓住数字经济发展机遇，实现经济社会结构调整和资源均衡分配。数字经济带来的机遇对于数字丝绸之路沿线的欠发达地区尤为重要，因为发展数字经济是让这些国家快速实现弯道超车的有效战略。例如，中国电信、移动、联通三大通信企业为沿线国家参建和主建的跨境陆缆、海缆及光缆，中国电信为吉尔吉斯斯坦连接光纤通道，中国电信与俄罗斯合作建设高速电信线路项目，中国联通参与建设国际海底光缆系统等项目。这些大型数字基础设施的落地让沿线国家在感受到数字经济所带来的红利的同时，也被中国建设数字丝绸之路的决心所打

动，因此在国际社会上纷纷对数字丝绸之路表示支持，这也使得很多西方国家对数字丝绸之路"阴谋论"的谣言不攻自破。

另一方面，数字基础设施的蓬勃发展为数字丝绸之路创造了更多数字经济领域的合作机会。数字基础设施在深度和广度上的不断发展，为数字经济的发展带来了更好的环境和更多的机遇。如中国 5G 网络基建处于世界领先地位，欧盟在中国成熟的 5G 技术吸引下，与中国互联网协会围绕"互联网+"、容克投资计划、"一带一路"倡议、中欧互联网产业合作等主题展开讨论，并签署了相关合作意向书。合作内容涉及加强大数据、云计算、电子商务、5G、智慧城市、物联网等数字基础设施建设的合作，举办中欧利益相关方论坛、设立行业专家工作组、建设双语数据库、成立中欧数字政策培训中心等。可见数字基础设施的建设也大大促进了数字丝绸之路的合作。

二、数字丝绸之路推进数字基础设施建设

21 世纪以来，尽管丝绸之路沿线国家的经济在不断发展，吸引了较多外国资本，但是非洲及中亚的整体发展水平仍然较低，数字基础设施的建设更是滞后，数字经济在丝绸之路沿线国家缺少发展契机。数字丝绸之路倡议提出后，沿线国家数字基础设施得到了很大程度的改善，洲际光纤覆盖率逐渐提升，海底光缆连接水平也快速提高，跨国跨区域通信网络实现逐步完善，网络服务覆盖范围不断扩大的同时接入费用也在逐年降低。此外，供应链及物流系统也在逐渐夯实，各国也逐渐引进了已经较为成熟的数字化平台体系，相关配套设施发展也逐渐好转，成员国数字基础设施建设呈现出一片欣欣向荣的景象。数字丝绸之路推进数字基础设施建设的主要路径主要有以下两条：

一方面，数字丝绸之路建设下的丝路基金和亚洲基础设施投资银行为数字基础设施建设提供了资金融通。基础设施的建设需要大量的资金投入，整个亚太区域的基础设施建设需要的融资规模超过 20 万亿美元。其中，仅"丝绸之路经济带"铁路等交通硬件设施的建设一年就需要上千亿美元的投资。丝路基金和亚洲基础设施投资银行按照对接原则、效益原则、开放原则和合作原则为数字丝绸之路沿线国家提供服务，填补相关数字基础设施投资资金的缺口。部分西方部分国家错误地认为丝路基金是针对"一带一路"沿线国家设置的陷阱。事实上，丝路基金不是捐款性质的资金，更不是一个公益组织，丝路基金是以市场经济和市场化运作为基本模式，对所投项目进行有效评估，投资于有回报的项目，保障基金股东的合法权益。

另一方面，数字丝绸之路为数字基础设施的建设指明了方向和侧重点，使数字基础设施建设能够有效缓解沿线国家的痛点。亚非成员国数字基础设施建设的结构有较为明显的差异，数字基础设施建设的薄弱点不尽相同。亚非数字经济发展区域性失衡、碎片化严重，与欧美及中国之间的数字鸿沟明显，且导致数字鸿沟的原因并不一致。而在数字丝绸之路政策的引导下，中国与成员国之间结合当地基础设施建设的薄弱点，对症下药，进行了十分具有针对性的数字基础设施建设。如为相关人才匮乏的地区输入大量数

字技术人才、为互联互通较差的地区搭建铁路光缆等设施、为数字化程度较低的地区引入数字化技术等。数字丝绸之路起到的统筹规划作用使得沿线国家的数字化水平在短期内实现大幅度提高，让每一个数字基础设施建设项目都实现收益最大化。

本章小结：中国视角

从 21 世纪初开始，数字经济逐渐成为世界各国经济增长的主要推动力，数字基础设施的建设也成为衡量国家实力的重要指标。数字基础设施是在新一轮信息革命背景下产生的，以信息技术和信息网络为核心，以支撑数字经济发展为目的的新型基础设施。数字基础设施建设几乎涵盖了数字经济发展的全部场景。在如此多的基础设施建设中，有七项是当前中国高度关注和推动发展的，即 5G、特高压、城际高速铁路和城际轨道交通、充电桩（新能源汽车）、大数据中心、人工智能和工业互联网，国务院国资委明确将这七大领域称为"新型基础设施建设"。之所以受到此般重视，是因为这七大数字基础设施建设对经济拉动效应尤为明显，如高铁建设投资对拉动关联产业的乘数效应约为 3 倍，而 5G、人工智能、工业互联网等新一代信息技术的乘数效应高达 6 倍左右。

在国内数字基础设施如火如荼发展的背景下，中国于 2017 年提出数字丝绸之路的构想，旨在将中国建设数字基础设施的经验同步到全世界，弥合数字鸿沟。数字丝绸之路之于沿线国家是一个重大机遇，不仅成功推动了沿线国家间的数字贸易，还有助于平衡沿线国家的数字基础设施建设，统筹沿线国家的数字基础设施建设规划。同时，这对中国也是一个重大机遇，数字丝绸之路不仅能提高中国在全球经济治理中的话语权，还能为建设中国特色社会主义外交提供重要的实践支撑。未来中国还需要进一步在数字丝绸之路的建设上进行开拓性尝试，如与沿线国家共建数字基础设施，增进互联互通；制定数字经济规则，营造良好营商环境；培养数字化人才，提高数字科研转化率。逐步形成一个具有复用性的中国方案，在国际舞台上继续为发展中国家争取代表权，让全球经济治理格局更加多极化和扁平化。

即测即评

思考题　1. 进入 21 世纪以来，中国在高速公路、铁路、桥梁等传统基础设施建设上取得了举世瞩目的成绩，而中国并未止步于此，2020 年以来更是投资约 34 万亿人民币来进行"新基建"，将"基建狂魔"的称号延续到数字基础设施领域。试比较一下数字基础设施和传统基础设施的异同。

2. 2021 年 4 月 10 日，国家市场监督管理总局对阿里巴巴集团"二选一"的垄断行为依法作出行政处罚，并处以超过 180 亿元的罚金。为什么数字化平台的快速发展会伴随着严重的垄断问题？

3. 自 2017 年 5 月 14 日习近平在"一带一路"国际合作高峰论坛上提出构建"21 世纪数字丝绸之路"以来，数字丝绸之路已经成为中国与"一带一路"沿线国家实现设施联通的重要接口。请思考中国应该通过哪些路径来推进数字丝绸之路的建设。

4. 美国政界对中国提出的数字丝路普遍保持疑虑和偏见的态度，担心中国利用数字丝路的影响力对美国主导的国际规则和规范构成挑战，因此采取了一系列制衡数字丝路的措施。试分析，美方的压制会给数字丝路带来怎样的阻力和负面影响？

延伸阅读　中国电子信息产业发展研究院. 数字丝绸之路"一带一路"数字经济的机遇与挑战［M］. 北京：人民邮电出版社，2017.

第二十二章

数字贸易壁垒与数字自由贸易

全球数字贸易治理是全球数字经济治理议题的重要组成部分，随着全球数字贸易的发展，其已成为世界数字经济增长的新动能。与此同时，各种由数字产品和服务特殊性在贸易中发生的问题日益凸显。因此，世界各经济体对全球数字贸易治理上的态度与立场也代表了全球数字贸易未来的两种发展方向。一方面，通过建立数字贸易关税壁垒或数字贸易非关税壁垒来限制数字贸易，形成数字贸易壁垒；另一方面，通过签订双边及多边协议、建立自贸区等方式，逐步推行数字自由贸易。通过本章的学习，可以详细了解数字贸易壁垒和数字自由贸易的内涵与外延，理解构筑数字贸易壁垒及推动数字自由贸易两种立场的逻辑起点及数字贸易与全球数字经济治理的关系与相互作用，对世界主要经济体之于数字贸易的态度与立场也有一定的掌握，从全球数字贸易治理角度深入理解全球数字经济治理。

第一节　数字贸易壁垒

一、数字贸易壁垒产生的原因

（一）突破传统贸易壁垒发展瓶颈

贸易壁垒是对国与国之间商品和服务贸易交换所设置的人为限制，主要指一国对外国商品和服务进出口所实行的各种限制措施。贸易壁垒根据是否含关税可以分为关税壁垒和非关税壁垒。传统意义上的关税壁垒是指当进出口的商品和劳务在经过一国关境时，该国海关向进出口商品和劳务征收的税款。传统意义上的非关税壁垒则是指发达国家除关税以外的其他各种限制商品和劳务进口的措施，可以分为直接限制和间接限制。

数字技术的发展使数字产品和服务具备了传输的便利性和内容的多样性，这样的特性致使部分国家的个人、企业及国家利益在数字贸易中受到威胁，同时，数字贸易成为对传统贸易壁垒的考验，传统贸易壁垒的部分措施无法有效对数字贸易进行规制，出现了发展瓶颈，如关税壁垒会逐渐丧失对数字产品和服务的限制力。因此，部分国家为了在数字贸易环境下维护本国公民、企业及国家利益，纷纷开始寻求建立数字贸易壁垒的方式。

（二）保护各国数字经济产业发展

1791 年，美国政治家亚历山大·汉密尔顿（Alexander Hamilton）曾提出幼稚产业保护理论。所谓幼稚产业保护理论，是指通过过渡性的保护、扶植措施使国内的新兴产业规避来自全球的竞争，为其创造良好的发展环境，实现快速发展。

该理论在新一轮的科技革命中仍具有适用性。数字经济自 21 世纪以来日渐成为世界各国经济发展的重要动力，为了避免未来受国际政治掣肘，同时改善本国人民的福利水平，各国也愈发重视本国数字经济的发展，加强对本国数字经济产业的保护。在 20 世纪末及 21 世纪初，发达国家在产业数字化及数字产业化的步伐中始终处于领先地位，发达国家和发展中国家的差距在于数字基础设施建设能力和数字技术使用能力。对发达国家而言，它们需要数字贸易为本国经济增长带来更大的动力；对发展中国家而言，它们亟须通过数字贸易促进数字经济产业快速发展，从而提升这两种能力，而两种能力的提升能继续促进数字经济产业的发展，实现良性循环。部分国家放松国外相关企业或其产品及服务的准入限制，通过推动本国数字贸易的方式实现短期内快速发展其数字经济产业。

而放松市场准入限制无疑将给国内企业带来极大冲击。弗里德里希·李斯特（Freidrich Liszt）认为，当一国经济实力处于扩张阶段时，应通过国家干预保护国内工业的发展，从而发展国家生产力。由于本国企业在与外国企业的竞争中不占优势，本国企业将面临破产风险，且两国之间若出现贸易摩擦或政治冲突，将导致部分国家尤其是发展中国家的数字企业失去他国的技术支持，其数字经济产业将面临停滞乃至倒退的风险。出于保护国内数字经济产业发展的考虑，数字贸易关税壁垒及市场准入壁垒由此形成。

> **专栏 22-1　强起来离不开自主创"芯"**

（三）防止各国知识产权侵权行为

数字贸易中，由于数字产品和服务极易被复制、窃取，因此知识产权侵权现象屡见不鲜，数字盗版（digital piracy）问题亟待解决。数字盗版是指行为人通过数字技术，以商业规模对数字产品进行盗版包装、改造、公共播放、转散布及提供非法下载，是知识产权侵权的新手法。

数字盗版可能由以下原因造成。一方面，数字技术的便利性令数字产品在世界范围内交易频繁，而数字产品的量产往往成本很低，因此，侵权人出于盈利目的，对数字产品进行复制抄袭从而侵害他人的知识产权。另一方面，由于数字产品生产具有跨国性质，一件数字产品可能是由多个国家的公民生产，因而知识产权的地域性遭到弱化，网络侵权行为地和结果发生地也可能由于犯案工具处在不同法域而难以确定，同时，不同法域知识产权保护力度和执法水平存在差异，导致侵权行为频发。出于防止知识产权侵权现象的考虑，知识产权数字贸易壁垒由此形成。

（四）维护各国公民个人隐私权利

数字贸易环境下，最为重要的生产要素就是数据，这些数据包含大量个人信息，而数据的流动就容易造成个人信息暴露问题愈发严峻，网站登录信息、个人位置信息、个人浏览记录、个人偏好信息泄露在数字经济时代屡见不鲜。同时，伴随着数字贸易应运而生的是数据跨境流动，在数据资源的流动环节中，各国对数据的认识不统一。如欧盟国家将个人数据视作公民基本权利，具有宪法意义，主张在数据跨境流动过程中个人权利应该得到强有力的保护；而美国等国家试图以隐私权这样的宽松解释将个人数据纳入保护框架，主张在数据跨境流动过程中应该更加自由。欧盟等经济体出于加强个人权利保护力度的考虑，信息管制、数据本地化类型数字贸易壁垒由此形成。

（五）完善各国数字经济利益分配

数字经济产生的利益大多数会流向发达国家或数字经济发展出色的国家，容易造成国与国之间的数字经济发展差距越来越大的现象。这使得在数字贸易领域制定相关规则成为许多国家的策略选择。

例如在缺少国际认可的税收制度下，互联网产业的平均税率远低于实体产业，企业税负不公以致数字经济利益分配不均的问题在世界范围内长期得不到解决。在欧盟，从事互联网经营的企业平均税率仅为 9.5%[①]，远低于具有相同规模的传统企业平均税率 23.2%。除此之外，大型互联网企业为了逃税避税，在税率极低的国家设立分部，如爱尔兰凭借 12.5% 的企业税税率，吸引苹果、脸谱网、谷歌等大型互联网企业纷纷在此地设立分部。这类企业在开展国外业务时可减少其税收负担，但这在一定程度上也造成利益向大型互联网企业流动，而消费者所在国无法从中获取相关利益。

出于解决数字经济利益分配不均问题的考虑，数字贸易关税壁垒由此形成。

二、数字贸易壁垒演变的趋势

进入 21 世纪以后，数字技术的迅速发展以及数字技术与社会生活越来越高的融合程度使数字贸易壁垒较传统贸易壁垒增加了更多新型障碍与限制措施，同时，随着新兴国家的崛起和国际形势变化，未来数字贸易壁垒的演变将呈现出多样化、政治化特点，

---

① 数据由欧盟委员会 2018 年测算，下同。

关税壁垒越来越低，更加注重个人权利及知识产权的保护。

第一，数字产品和服务形式的丰富将使数字贸易壁垒呈现出多样化的趋势。不同的数字产品和服务具有不同的属性及性质，在数字贸易全环节中将体现出不同的特点，无法以原有国际贸易规则进行规制，因此需要对特定的数字产品和服务实行特定措施来维护本国利益，如 21 世纪以来，数据资源在国民经济中扮演的角色愈发重要，世界各国针对数据资源实行数据本地化等措施建立数字贸易壁垒。截至 2020 年 4 月，联合国贸易发展组织（UNCTAD）称全球已有 132 个国家通过了相关法律以保护数据及个人隐私。

第二，霸权主义、强权政治的存在将使数字贸易壁垒呈现出政治化的趋势。冷战结束后，美国借由其世界头号大国地位，不断制造与世界其他国家和地区的贸易摩擦以缓解国内经济不景气情况，如 2020 年美国以"对美国国家安全构成威胁"为由签署行政命令封禁微信与 TikTok，这无疑是对中国对境外提供数字服务企业的巨大打击。

第三，各国对数字产品和服务的迫切需求将使未来数字贸易关税壁垒呈现出减弱趋势。21 世纪以来，消费者不仅渴求更多的数字产品和服务，各国数字产业化与产业数字化亦亟需先进数字产品和服务的输入。各国纷纷通过签订双多边协议来降低国外数字产品和服务进入本国的门槛，例如自由贸易协定（FTAs）中，缔约国对美国定义的数字产品不得征税。

第四，从 CPTPP、USMCA 等双多边协议中可以窥探各国知识产权的保护力度呈现出加强趋势。这种保护力度的加强主要体现在保护范畴的扩大。例如在 CPTPP 中规定了除关键基础设施所用的软件外，缔约国家不得对其他缔约国家软件的源代码进行访问和转让。在 USMCA 中，开放禁令列表更新了有关商业秘密、算法及秘钥的条款，相对于之前的双边多边协议进一步加强了知识产权的保护力度。

专栏 22-2　美国为何围猎 TikTok

对于封禁 TikTok 的理由，特朗普和美国政府相关部门还是那个一贯的"借口"：危害国家信息安全。不过，与华为不同的是，不少美国政客和美国公司将 TikTok 在美国市场的成功，上升为中国公司对美国"意识形态和价值观"地输出，并强调 TikTok 用户，多是美国的年轻人。

在 TikTok 之前，从未有一款软件令美国政府如此大动干戈。实际上，最近一年来，美国不断加大对 TikTok 的打压力度。2019 年 11 月，美国政府宣布，将对 TikTok 三年前收购美国音乐类软视频 musical.ly 展开国家安全审查。一个多月后，美国海军、陆军相继发布针对 TikTok 的禁令。来自市场调查机构 eMarketer 的报告预计，2020 年 TikTok 的美国用户数量有望达到 4 540 万人，较 2019 年同比增长 21.9%。而今年以来，新冠肺炎疫情全球暴发后大量用户居家，TikTok 的下载量也开始猛增。预计到 2021 年，TikTok 在美国的用户规模将达到 5 220 万人。

美国的加速施压也随之而来。今年7月，美国国会通过法案，禁止联邦政府雇员在政府设备上下载 TikTok。很快，特朗普就封禁 TikTok 明确表态。张一鸣在全员信中也透露，近一年来，CFIUS 一直在对字节跳动 2017 年底收购 musical. ly 的项目进行调查，CFIUS 最终认定字节跳动必须出售 TikTok 美国业务。实际上，美国政府的行为并非孤例。2020 年 6 月 29 日，印度电子信息技术部宣布，禁止包括 TikTok 在内的 59 款中国手机应用软件。从用户数量角度上讲，印度是 TikTok 的第一大海外市场，TikTok 在印度的下载量超过 6 亿次，月活用户超过 2 亿。但如果从盈利能力上看，美国、英国和日本是 TikTok 最重要的 S 级市场（TikTok 内部针对各个国家的 ARPU 值，即每用户平均收入，对各个国家市场进行了 S、A、B 三级排序，巴西、韩国、欧洲等为 A 级，中东、东欧、南美、北非、东南亚等为 B 级）。如果美国、印度政府对待 TikTok 的态度被效仿，TikTok 在全球的处境将会有极大的不确定性。

摘自：孙冰. 美国为何围猎 TikTok [J]. 中国经济周刊，2020（15）：28-30.

三、数字贸易壁垒的内涵与外延

（一）数字贸易壁垒的内涵

20 世纪末至 21 世纪初，数字贸易壁垒沿用了传统贸易壁垒的做法，对数字产品和服务进行规制。21 世纪前 10 年，数字贸易壁垒不仅沿用了传统贸易壁垒的部分措施，并且丰富了贸易壁垒的内涵。

> **理论命题 22-1**
>
> 数字贸易壁垒是数字经济时代下贸易壁垒的新形式，是一国（经济体）在国际贸易中对通过数字化手段贸易的实体货物及数字产品和服务的交换所设置的人为限制，以及由数字贸易衍生的新问题所设立的相关规则。

根据数字贸易壁垒的理论命题可知，数字贸易壁垒和传统贸易壁垒是两个并列概念，两者存在交集。而贸易壁垒则是全局性概念，将两者囊括其中。

（二）数字贸易壁垒的外延

由于数字贸易壁垒和传统贸易壁垒之间的特殊关系，两者在实施主体、实施对象、实施方式及实施目的中有相似之处，但也存在诸多不同。

在实施主体方面，由于数字贸易壁垒和传统贸易壁垒存在交集，因此世界各国都存在两种壁垒，但不同国家的限制程度不同。数字贸易壁垒较高的主体主要是数字技术发展尚不成熟的发展中国家、在全球数字贸易规则尚未完善的环境下遭受利益损失的国家、意识形态或国家文化较为保守的国家及实行数字霸权的国家。

在实施对象方面，数字贸易中的贸易标的包括数字产品和服务，且随着时间的推移其包含的内容也在不断更新，因此传统贸易壁垒所规制的产品和服务难免存在盲区，依靠传统贸易壁垒无法规制所有数字产品和服务，需要数字贸易壁垒来实现。

在实施方式方面，传统贸易壁垒和数字贸易壁垒都可以分为关税壁垒及非关税壁垒。传统意义上，关税有多种分类，如进口税、出口税、反倾销税等。传统贸易非关税壁垒可以分为直接限制和间接限制。直接限制指海关直接限制进口商品的数量及种类。间接限制指政府对进口商品制定相应海关手续或通过外汇管制，间接限制国外商品和劳务的进口。关于数字贸易壁垒的关税及非关税壁垒，根据 2017 年 8 月美国国际贸易委员会（ITC）提出的数字贸易壁垒的主要形式以及欧洲国际政治经济中心（ECIPE）发布的"全球数字贸易限制指数"（DTRI），数字贸易关税壁垒包括：数字产品税及数字服务税。数字产品税中的实体数字产品的关税就是传统意义上的关税，是对传统贸易壁垒措施的沿用。数字贸易非关税壁垒包括：市场准入限制、数据限制、建立知识产权保护体系、网络安全，与传统贸易非关税壁垒存在较大差别。

在实施目的方面，传统贸易壁垒和数字贸易壁垒都能通过关税增加政府财政收入、保护国内相关产业发展，非关税壁垒较之对相关产品及服务能更加灵活且富有针对性地进行限制，部分国家甚至企图用贸易壁垒达成政治目的，这种现象在传统国际贸易和数字贸易中都十分常见。而构筑数字贸易壁垒的目的因数字产品和服务所具有的特殊性，会比传统贸易壁垒更加复杂，并且在其他如知识产权、个人隐私等领域造成负面影响，导致传统贸易壁垒无法对全品类数字产品和服务进行限制，需要更加多样的措施对其进行限制，因此构筑数字贸易壁垒正是为了填补传统贸易壁垒的空缺，以及消除数字产品和服务在各领域所造成的负面影响。

四、数字贸易壁垒的类型

（一）数字贸易关税壁垒

1. 数字产品税

数字产品税指对有形的经过海关的数字产品以及无形的通过电子或互联网传输的数字产品所征收的税款。其目的在于提升贸易成本，保护国内数字经济产业。有形数字产品的税率由各国海关指定，无形的数字产品在全球范围内可分为主税派与免税派，例如英国于 2002 年就对数字产品以 17.5% 的税率征税，而美国于 1999 年曾力求 WTO 颁布《全球电子商务免税案》，并在多个双多边协议提倡对数字产品减税、免税。

数字产品税将对本国消费者和企业产生影响。

一方面，对本国消费者而言，由于数字产品市场更多属于垄断竞争市场，国外的数字产品企业在各国均占有一定的份额，有一定的消费基础，数字产品价格由于税收而提高，消费者为了获取相关数字产品需要付出更高的代价，最终减少消费者剩余。甚至部分消费者为了获取更为低价的同类数字产品铤而走险，违反相关法律，破坏市场机制及市场秩序。

另一方面，对本国企业而言，数字产品税保护了国内企业的发展，由于进口数字产品价格上升，本国数字产品的价格在市场中将具有竞争力，需求价格弹性较大的消费者将转而购买本国数字产品，增加本国企业的市场份额，有利于国内企业的发展。

2. 数字服务税

数字服务税是指对来源于特定数字服务的收入所征收的税款。其目的在于解决国际缺乏统一税制的情况下的企业税负不公问题，促进世界范围内数字经济利益更合理的分配。法国于 2019 年 7 月出台全球首部数字税法。该法案主要对网站服务提供者的数字广告等数字服务以及跨境数据流动的交易行为征税，只对全球年收入超过 7.5 亿欧元同时在法国市场收入大于 2 500 万欧元的互联网企业征税，税率为法国市场收入的 3%。2020 年 11 月 25 日，法国正式重启数字服务税征收计划。

数字服务税将对其征税对象、本国消费者和企业产生影响。

一方面，对数字服务税的征收对象——国外大型互联网科技企业而言，数字服务税的征收将给其带来极大税收负担，不利于其全球化经营。2018 年全球市值最大的 20 家互联网科技企业中，美国有 12 家企业赫然在列。美国商务部 2019 年发布的报告显示，提供信息服务的企业在 2018 年为美国创造了超过 3 000 亿美元的经济附加值。显然，美国互联网企业在经营活动中将受数字服务税的影响，税收增加导致企业除税收以外的现金流减少，用于再生产的资金减少，不利于企业的继续经营。

另一方面，对本国消费者和企业而言，短期内对外征收数字服务税在加重国外企业税收负担的同时，国外互联网科技企业为了维持利润会较大幅度地提高数字产品的服务价格，损害本国互联网科技消费者的福利水平。中国信通院 2019 年发布的《全球数字经济新图景》白皮书指出，各国产业数字化占数字经济比重均超过 50%，占 GDP 比 2.4% 至 13.9% 之间。在数字经济背景下，经济增长亟需产业数字化的推动。数字服务税的征收在一定程度上保护了本国数字经济产业的发展，长期内将使本国自主研发的数字技术取得进步，培养出本国的数字化企业，不再掣肘于他国。但是，数字服务税的代价是沉重的，数字服务税将提高使用数字技术、电子商务的成本，在一定程度上阻碍了国外数字技术输入，不利于本国企业短期内数字化转型和开展经营活动，进而阻碍各国尤其是发展中国家的经济增长。

（二）数字贸易非关税壁垒

1. 市场准入限制

市场准入限制是指不允许国外的部分数字产品和服务进入国内市场的限制，通常各个国家会制定适合其国情的市场准入规定。其目的在于保护国内相关企业发展及切断传播违反本国法律内容的渠道。各国都有不同的市场准入限制，例如国家发展和改革委员会、商务部发布的《市场准入负面清单（2020 年版）》中包括：禁止个人、任何单位在互联网上发布有关危险物品信息，非公有资本不得介入互联网新闻信息采编业务等。

市场准入限制将对国家治理与本国消费者产生影响。

一方面，对国家治理而言，部分国家的数字产品和服务中存在违法行为以及带有严重政治色彩、宣扬意识形态等可能危害国家安全的内容，这可能会诱使、煽动本国公民违法、犯罪，最终破坏社会秩序。对相关数字产品和服务的市场准入限制直接切断源头，有助于建立法治社会，维护社会秩序。

另一方面，对本国消费者而言，过于严格的市场准入限制会减少市场中的产品品类和服务质量，减少消费者剩余。同时，与数字产品税类似，过于严格的市场准入会促使国内消费者为获得相关数字产品和服务违反相关法律，从而扰乱市场机制及市场秩序，严重则破坏社会秩序。

2. 数据流通限制

数据限制是指各国对数据流出流入的限制，包括数据本地化、个人隐私的保护。数据限制的主要标的包括个人信息数据、金融数据、电信数据、企业数据及国防数据，其目的在于保护本国个人、企业的合法权益及维护国家安全。例如美国于 2018 年提出的《美国出口管制改革法案》规定了科技数据出境要进行相关管制，欧盟通过对其他地区进行"充分性认定"或具有充分保护措施才可将数据传输出境。

数据限制将对国内各主体利益和本国经济发展产生影响。

一方面，个人信息的数据限制可以有效解决个人隐私泄露问题，企业数据的限制为本国企业在世界市场竞争提供有力支持，同时，由于国家金融数据、电信数据、国防数据得到保护，可以有效防范系统性金融风险，并使得国家安全信息难以流出至国外，为国家安全提供了政策保障。

另一方面，过于严格的数据限制不利于本国经济发展，并且严格的数据管制提高了数据的搜索成本，数据资源无法将其利益最大化，能阻碍了数字贸易发展的同时也抑制了本国数字技术的发展与交流，并最终影响本国数字经济的发展。

有关数据限制的内容在本书第十二章有详细叙述，故不再赘述。

3. 知识产权保护

知识产权保护体系是指各国为限制数字贸易中的知识产权侵权行为作出的法律规定。21 世纪以来的世界知识产权保护体系中，WTO 框架下的《与贸易有关的知识产权协议》（《TRIPs 协议》）扮演着至关重要的角色，而其在数字贸易的知识产权纠纷中仍然奏效。该协定涵盖了大部分知识产权类型，并对执法标准做出规范，既具实体性，又有程序性。但随着数字贸易量的增加，知识产权侵权的数量也在增加，部分国家或在本国加强立法工作，或与周边国家签署其他协议进一步规制知识产权侵权现象，如USMCA 等。

知识产权保护体系的力度大小将影响各国在数字贸易中的收益。

一方面，对知识产权和专利占有率较低的国家而言，这些国家需要知识产权和专利占有率高的国家的帮助，知识产权保护体系的力度过大，如封闭版权、禁止源代码等措施，无疑将阻碍其数字贸易甚至数字经济的发展，也对世界数字鸿沟的弥合产生消极影响。

另一方面，对知识产权和专利占有率较高的国家而言，由于数字盗版成本低廉，难以通过市场机制杜绝该现象，需要有合适的知识产权法律体系保护其知识产权不受侵害，从而维护本国在数字贸易中的利益。

五、数字贸易壁垒与全球数字经济治理

数字贸易壁垒是全球数字经济治理的一种形式，换言之，全球数字经济治理中包含数字贸易壁垒。数字贸易壁垒是全球数字经济治理中为避免"赢者通吃"现象的一种重要措施，同时，随着全球贸易治理日趋完善，数字贸易壁垒将朝更加符合世界各国利益诉求的方向发展，最终完善全球数字经济治理。

数字贸易壁垒对全球数字经济治理既有积极影响，也有消极影响。

一方面，构筑适度的数字贸易壁垒有助于完善全球数字经济治理。由于"数字鸿沟"的存在，在无数字贸易壁垒的情况下，根据市场机制，数字经济利益将向发达国家及数字经济发展较好的国家一侧倾斜，形成马太效应，使得国与国之间的数字鸿沟越来越大。而通过构筑数字贸易壁垒可以从一定程度上解决"赢者通吃"问题，发展世界各国各地区的数字经济。

另一方面，构筑过高的数字贸易壁垒将故步自封，违背全球数字经济治理的初衷。数字贸易的发展要求国与国之间的贸易往来将更加密切、频繁，过高的数字贸易壁垒将使本国的数字技术、数字经济发展缓慢甚至陷入停滞，从而在国际竞争中失去竞争力，无法实现开放、包容、普惠、平衡、共赢的可持续发展。

全球数字经济治理的完善有助于逐步打破数字贸易壁垒，实现数字自由贸易。由于全球数字经济治理集中于数字贸易、数字金融、数字技术、数字安全等新兴经济业态，随着全球数字经济治理的完善，世界对这些新兴经济业态的规制也趋向于合理，各国构筑数字贸易壁垒的逻辑起点——减少本国在数字贸易领域的利益损失逐渐改变，逐步打破各国的数字贸易壁垒，最终促进了数字自由贸易。

第二节 数字自由贸易

一、数字自由贸易的阶段性表现与发展趋势

（一）数字自由贸易的阶段性表现

数字自由贸易的发展取决于全球数字技术的普及与应用和国内外贸易规则的健全程度，全球数字技术的普及率越高，应用水平越高，国内外贸易规则越健全，数字自由贸易的水平越高。

单一、低水平且缺少合理规制的数字自由贸易。21世纪初，由于数字技术应用水

平较低，数字自由贸易的体现形式较为单一，更多在跨境电子商务这一层面，跨境电子商务的发展使得国与国之间通过数字技术实现的实体货物交易开始增多，但是由于各国对互联网技术的普及程度不同，在当时仅有少数国家的大型企业可以通过亚马逊和 eBay 等平台购买其想要的商品，因此，数字自由贸易是低水平的。同时，由于关于数字自由贸易立法的时滞性，数字自由贸易也是缺少合理规制的。

多样、低水平过渡高水平且在双多边贸易协定规制下的数字自由贸易。2010 年前后，随着数字技术应用水平的提升，数字自由贸易更加多样，不再只是通过数字化手段进行的实体货物贸易，而是逐渐包含数字产品和服务的贸易。同时，随着各国互联网普及水平的提升，不仅是各国企业，越来越多的个人也能在不同的平台上进行交易，跨境电子商务新企业数量增多，原有的跨境电子商务企业拓展在数字产品和服务上的新业务，数字自由贸易逐渐向低水平过渡到高水平。在规制层面，各国对数字自由贸易的立法逐渐合理，更多通过双多边自贸协定从局部地区开始推动数字自由贸易。

多样、高水平且在各国一致认可的框架下进行的数字自由贸易。在未来，数字产品和服务的将在原有基础上不断有新的品类进入市场，丰富其多样性。全球数字贸易也具有成熟的交易流程，在质量得到保证的情形下还能保证高交易量，真正实现高水平的数字自由贸易。同时，世界各国在相关利益诉求上达成一致意见，形成世界数字自由贸易框架，在此框架下进行数字自由贸易。

（二）数字自由贸易的发展趋势

第一，数字产品贸易自由化程度提高。随着各国国民对数字产品的需求越来越高，各国需要与之匹配的生产能力，但由于产能及数字技术可及性的限制，数字经济发达的国家的协助是不可避免的。于是，各国纷纷开始寻求促进数字产品贸易的方式。自 21 世纪以来，在各国的努力下，通过签订双边或多边协议，从两方面逐步推进数字产品贸易自由化，并且未来将继续推进。一方面，逐步打破数字产品的关税壁垒。部分经济体如美国、欧盟、韩国等国通过签署双边或多边贸易协定，规定了缔约国之间的数字产品贸易可以免征关税，且对缔约国提供的数字产品给予非歧视性待遇。另一方面，逐步扩大协议中数字产品的涵盖范围。在 2000 年前后，各种双边或多边协议中，并非所有数字产品都得到了免征关税的待遇。但随着部分经济体推崇更自由的数字贸易，在部分协议中扩大了数字产品的范围。如在 CPTPP 中，对于广播产品单独列出例外条款，而在 USMCA 中，则消除了对广播产品的限制。

第二，网络内容访问自由化程度提高。由于意识形态、国家文化、价值观及国家法律的存在，部分国家对外国的网络及服务进行限制，如限制国民接收国外互联网提供的新闻、视频等内容。但随着部分国家越来越开放，在双边或多边协定中逐渐放开了这种限制。如在 2004 年美国与加拿大签订的贸易协定中，就明确规定了允许缔约双方的消费者可以自由使用各自的网络及其提供的内容。固然网络内容访问的自由程度将随着国家的开放程度而有所提升，但"绝对自由"将带来极大的负外部性，网络内容访问自由化需要在尊重彼此法律、文化的基础上实行。

第三，互利共赢的贸易规则将成国际共识。由于各经济体在数字贸易中的利益诉求不同，因而世界尚未就数字贸易协定达成一致意见，这是由各国数字经济的发展水平所决定的。尽管 21 世纪的贸易摩擦正在增加，但是世界各多边组织与期望世界实现多极发展的国家正在寻求能使世界各国达成互利共赢的全球贸易规则，数字自由贸易也得以发展。从 21 世纪以来的实践来看，目前区域内互利共赢的贸易规则制定已渐有成效。《区域全面经济伙伴关系协定》（RCEP）自 2012 年起历时 8 年终于完成签署，建立起世界上最大的自贸区，区域内数字自由贸易发展有巨大的潜力；《中国"一带一路"贸易投资发展报告 2020》指出，2019 年沿线国家的进出口总额已达到 1.34 万亿美元，较 2013 年增长了 28.85%，其中以跨境电商为主要方式进行的数字贸易是其中的重要部分，沿线国之间实现了互利共赢。有了这些成功的范例，未来互利共赢的贸易规则将更受世界各国的欢迎。

二、数字自由贸易的内涵与外延

（一）数字自由贸易的内涵

数字自由贸易是相对于数字贸易壁垒的概念，两者都是全球数字贸易的两种发展方向，数字自由贸易推崇数字贸易自由化，以实现数字产品和服务在各经济体之间不加限制地进行贸易，而数字贸易壁垒则推崇对数字贸易进行规制。

> **理论命题 22-2**
>
> 数字自由贸易是一国（经济体）取消关税或其他形式对数字化手段贸易的实体货物及数字产品和服务的限制，使其能自由地进出口，在全球市场上自由竞争，从而推进数字贸易自由化。

从狭义上看，数字自由贸易是数字贸易的一种理想状态，在该状态下，没有任何的数字贸易壁垒，各国的数字产品和服务都可以在世界范围内进行自由输入和输出，而这种状态出于国家利益及政治考虑等原因是难以达到的，因此需要从广义上进一步说明数字自由贸易。

从广义上看，数字自由贸易是介于完全数字贸易壁垒与狭义数字自由贸易之间的一种状态，如果将完全数字贸易壁垒和狭义数字自由贸易视为平面上的两个端点，那么两点连成的线段就可以代表数字贸易自由化程度，离狭义数字自由贸易越近，自由化程度就越高，离完全数字贸易壁垒越近，其自由化程度就越低。世界多数经济体都处于该条线段上。本文所提到的数字自由贸易都是广义上的数字自由贸易。

（二）数字自由贸易的外延

基于第一节对数字贸易壁垒的描述，将数字自由贸易与数字贸易壁垒进行对比。数字自由贸易在实施主体及实施对象与数字贸易壁垒相同，但在实施方式及实施目的存在区别。

在实施方式上，数字自由贸易多采用签订双边或多边协议、开放数字贸易自由贸易区的形式进行。通过推动自由的数据跨境流动，减少数字产品和服务的税率，降低市场准入限制等方式来提高数字贸易的自由化程度。而数字贸易壁垒则是采取与数字自由贸易相反的方式来规制数字贸易，削弱数字贸易的自由化程度。

在实施目的上，数字自由贸易旨在通过推进数字贸易自由化让世界享受到数字经济利益。而数字贸易壁垒则是通过在数字贸易中增加各种限制，从而保护本国的数字经济利益不受侵害。

总体而言，数字自由贸易和数字贸易壁垒是效率与公平的考量，数字自由贸易会增加世界经济利益总量，更注重效率；而数字贸易壁垒是为了本国在经济利益分配上不受侵害，更注重公平。

数字自由贸易在实施主体、实施对象、实施目的及实施方式上与传统自由贸易类似，区别主要在于两者的发展阶段不同。传统自由贸易在经过理论搭建和实践探索之后，已经进入了较为成熟的发展阶段。而数字自由贸易的发展还停留在起步阶段，初步的实践探索难以用传统自由贸易理论来解释，例如赫克歇尔-俄林模型（H-O 理论）指出，各国应根据本国的生产要素的稀缺性来进行自由贸易，但在数字贸易条件下，数据要素作为一种新型生产要素还存在产权、配置方式及保护制度等问题亟待解决，无法将其作为传统生产要素进行分析。

三、数字自由贸易的作用

（一）数字自由贸易的积极作用

第一，数字自由贸易可以使质量较好的数字产品和服务进入本国市场，从而使得消费者有更多的选择，并提高其效用水平。由于数字技术发展程度的限制，各国对数字产品和服务的生产能力有所差异，在某些方面无法满足消费者日益增长的需求，通过数字自由贸易可以促进数字产品和服务的流通，让其流向存在超额需求的市场，满足世界消费者需求的同时，也促进了各国企业间的技术交流，令世界市场走向帕累托最优状态，最终实现互利共赢。

第二，数字自由贸易可以促进更有效率的国际分工，推动本国的资源配置达到最优。在数字自由贸易环境下，各国都偏向于生产其具有比较优势的产品和服务，令有限的生产要素都流向这类产品及服务的生产，通过数字自由贸易，不仅促进了本国资源的有效配置，并且促进了全球资源的有效配置。

第三，数字自由贸易可以快速推动各国基础数字技术的发展。在数字自由贸易条件下，国外数字产品和服务的输入难度降低，无论是在本国开设分公司或是直接进口，都能使本国数字产业吸收更多国外的数字产品及基础数字技术，由于学习效应①的存在，能够快速推动本国数字技术的进步，实现数字经济的增长。

（二）数字自由贸易的消极作用

第一，数字自由贸易加剧了本国数字市场的竞争，恶化了本国数字企业的发展环境。数字自由贸易将国外数字企业引入了本国市场，侵占了本国的市场份额。如果该企业规模较大，将进一步压缩本国其他企业的市场份额，令中小型数字企业难以生存。同时，也可能造成与本国大型数字企业产生恶性竞争，不利于本国相关企业的发展。

第二，数字自由贸易不利于各国建立数字经济基础，使国家的数字经济发展更加依赖于贸易，致使在外交上处于被动。由于本国企业生存环境恶劣，进入市场变得十分困难，有可能造成既无法获取关键技术，又无法夯实数字经济的基础，又极度依赖于外国的数字产品和服务进口，在国际关系处理上显得十分被动。21世纪，由于新兴国家及经济体的发展威胁到部分发达国家的国际地位以至于发生极多的贸易摩擦，各国纷纷开始重视其数字技术的研究，减少对他国的依赖。

第三，数字自由贸易或导致个人及国家利益的侵害。数字自由贸易伴随的是数据的跨境流动，因此，个人隐私及涉及国家利益的数据可能出现泄露，从而导致侵害个人隐私及个人权利，甚至是危害国家安全及利益。

专栏 22-3 网络泄密为全球信息安全敲响警钟

四、数字自由贸易与全球数字经济治理

数字自由贸易与数字贸易壁垒相同，都是全球数字经济治理中全球数字贸易治理的一种形式，换言之，全球数字经济治理中包含数字自由贸易。数字自由贸易是全球数字贸易治理中促进数字产品和服务发挥价值的一种重要措施，同时；随着全球数字贸易治理日趋完善，数字贸易将朝高水平的自由化发展，最终完善全球数字经济治理。

数字自由贸易对全球数字经济治理的完善将发挥重要作用。数字自由贸易的推动是由双边或多边的贸易协定推动的，越来越多的贸易协定反映了各国利益的诉求，这有利于 WTO 开展相关协调工作，促进在 WTO 框架下各经济体达成一致意见的数字贸易协定

---

① 学习效应：指企业的工人，技术人员，经理等人员在长期生产过程中，可以积累产品生产、技术设计以及管理工作经验，从而通过增加产量导致长期平均成本下降。

的生成。这不仅会完善全球数字贸易治理，更将为未来各经济体在全球数字经济治理的其他议题的谈判中做出示范，最终达成完善全球数字经济治理的目的。

全球数字经济治理的完善对实现数字自由贸易将发挥促进作用。全球数字经济治理越完善，各国在相关贸易谈判中的利益诉求能得到更高水平的满足，各国也更愿意推动数字自由贸易，从而提升全球数字贸易治理水平。我们对全球数字自由贸易的最终形态有着这样的期许：在完善且必要地保障各主体权利及利益的情形下，每一经济体都能通过数字贸易使本国的情况变得更好，实现互利共赢。

第三节　主要经济体数字贸易的态度与立场

一、美国

美国作为全球数字经济最为发达的经济体之一，可通过数字贸易获取巨大利益，因此美国在数据政策、知识产权保护上都表现出其支持推动数字自由贸易的态度，但出于政治等综合考虑，为了保持其国际霸主地位，在部分 ICT[①] 产品进出口方面会构筑数字贸易壁垒。

对数据政策而言，美国对数据的限制较少。如美国只有部分州有相关立法，而没有全国范围内的法律对数据进行监管。因此，数据流动在美国的自由化程度极高，数据资源可以为美国创造高额利润，然而这也伴随着侵犯个人权利等问题的出现。

对知识产权保护而言，美国相对于其他国家较为宽松，如网络中介机构构成知识产权侵权前发出侵权通知或侵权后撤除相关内容，即可免于承担侵权责任。

对数字产品和服务贸易而言，美国签订多个双边、多边贸易协定推动数字自由贸易。如美国与新加坡于 2003 年签署自由贸易协定，认为应该促进电子商务自由化，而非构筑相关壁垒。除此以外，美国在《服务贸易协议》（TiSA）等协议中都在推进在缔约国之间对数字产品实行减税、免税政策。

然而，美国对 ICT 产品的贸易设置了较多管制，并存在严重的国别歧视。如美国对中国大型科技企业的封锁。同时，美国的市场准入十分严格。如美国外国投资委员会对外国直接投资进行经济安全审查，审查期间，需要评估对美国各方面产生的影响。

二、欧盟

欧盟作为全球数字经济最为发达的经济体之一，其对数字贸易的态度总体上是推进数字产品自由贸易，但其更注重个人权利的保护，因此在涉及个人权利的领域如数据及

---

① ICT 全称为 information and communications technology，即信息与通信技术。

知识产权上，欧盟倾向于构筑数字贸易壁垒，部分国家的规定尤为严格。

对数据政策而言，欧盟重视个人权利，重视保护个人隐私，在数据跨境流动之前要率先确保个人数据的安全性，实行数据本地化政策。其中，法国和德国的数据政策在欧盟成员国中最为严格。虽然保护了个人权利，但数据资源的使用无法实现最大化，也致使欧盟在数据要素上的收入程度不高。

对知识产权保护而言，欧盟有着严格的知识产权保护体系，2001 年分别出台《版权指令》《欧盟专利制度》，包括使用专利制度的竞争政策及其他补救措施。

对数字产品和服务贸易而言，欧盟推崇数字自由贸易，且自由化程度较高。如欧盟仅对双重用途的产品出口实行限制政策，包括计算机、电信和信息安全等，对进口产品没有特殊限制。但 2019 年法国等部分欧洲国家希望对大型互联网企业征收数字服务税，引发美欧数字税之争。关于市场准入，欧盟国家中法国和德国的有严格的规定限制投资。如法国存在歧视性反收购规定等。

三、英国

英国的数字经济 2018 年占英国经济增加值总额的 14.4%，成为其最大的经济部门。英国于 2018 年起逐步退出欧盟，但英国对数字贸易的态度与欧盟类似，都是在数字产品方面推动数字贸易自由化，但在涉及个人权利保护的领域及知识产权保护上构建数字贸易壁垒。

对数据政策而言，英国与欧盟类似，注重个人权利的保护，对跨境数据流动进行限制，除非能保障流入数据的安全，才能允许数据流入国内，同时，英国也实行数据本地化政策。

对知识产权保护而言，英国在该方面具有优良传统，其《统一专利法院协议》可以周密地保护知识版权。

对数字产品和服务贸易而言，英国对计算机等数字产品免征关税，以推动数字自由贸易来促进其国民数字生活水平，最终提升其数字经济发展。然而，英国同样也在 2019 年宣称将对大型数字科技企业征收数字服务税，但与法国不同，英国至 2021 年仍未开始行动。同时，在市场准入方面，出于政治考虑，英国对部分企业存在国别歧视，如英国于 2020 年禁止华为进入英国市场。

四、日本

日本作为全球数字经济最为发达的经济体之一，无论从数据、数字产品和服务等方面来看，其对数字贸易的态度都是希望能较为全面促进数字自由贸易，设立的数字贸易壁垒较少。

对数据政策而言，日本对数据流动的管制力度不高，跨境数据流动不必通过烦琐的程序进行，仅需提供电子签名，有助于跨境数据的利用。同时，日本更加注重保护数据的安全，保护个人权利。如日本要求券商、银行、保险等身处金融行业的企业必须设立用于保护数据的专业部门。

对数字产品和服务贸易而言，日本也通过相关关税政策和宽松市场准入原则来推动数字贸易自由化。如日本数字产品零关税覆盖率高达 99.38%。同时，日本没有相关文件禁止或限制关于通信行业的投资，在直接投资之前只需提前通知有关部门即可。

五、中国

中国作为全球数字经济最为发达的经济体之一，在过去经历了较快的增长，由于中国自身实际情况，在部分领域的数字贸易壁垒的消除还无法在短时间内实现，从中国在数字贸易上的种种实践来看，对数字贸易的态度是逐步且稳健地推动数字贸易自由化。

对数据政策而言，中国采取较为严格的监管及数据本地化政策。2017 年，中国网信办出台相关规定，在大范围内对个人信息及重要数据实行本地化措施，对个人信息及数据资源起到了强有力的保护作用，但难以最大限度发挥数据资源的作用。

对知识产权保护而言，中国致力于打造具有高水平、完善的知识产权保护体系。《关于维护互联网安全的决定》等法律都在为数字经济环境下知识产权提供了强有力的保护，未来中国将继续完善知识产权保护体系为数字贸易发展提供安全保障。

对数字产品和服务而言，中国对部分数字产品如计算机等产品免税，但对部分电子通信产品征收关税。同时，在市场准入方面，中国持续减少《市场准入负面清单》的款项，国外数字企业进入中国市场的限制正在逐步减弱。

在其他相关政策上，中国积极开设自由贸易区试点，通过政策优惠推动贸易发展，主要通过许可、备案等监管手段。但是目前中国在自贸区建设上面临诸多瓶颈与不足，如缺乏对制造业智能化转型的关注，开放手段较为单一，等等。

本章小结：中国视角

随着数字技术的发展，由于数字产品和服务的特性，使得传统贸易壁垒遭受了挑战。同时，为了保护本国数字经济产业的发展，防止知识产权侵害行为，加强个人权利保护力度，完善数字经济利益分配，各国纷纷构筑数字贸易关税壁垒及非关税壁垒。但同时，部分国家也纷纷放松关税壁垒、建立自贸区以推进数字贸易自由化以满足消费者需求、促进国际分工及推动数字技术快速发展。中国在面对数字贸易壁垒发展不断多样化、政治化，数字产品贸易、网络内容访问不断自由化，双边及多边贸易协定签订越来越多的背景下，持续在既有基础上修补中国自己的数字贸易壁垒，同时加大开放力度，提高开放水平。对中国来说需要重视保护个人隐私、知识产权和国家安全，构筑完善且适度的数字贸易壁垒，在此基础上应当考虑如何通过发展数字自由贸易，和他国就数字贸易谈判从而引领全球数字经济治理，不断在全球数字贸易规则的构建上贡献中国智慧、中国方案和中国力量，成为推动数字自由贸易的中流砥柱。

即测即评

思考题

1. 2019年7月至2020年末，美欧数字税争端愈演愈烈，欧洲如法国、英国等国均要求对大型互联网企业征收数字服务税，美国以对相关国家实施制裁作为回应，从美国及欧洲国家的角度出发，阐述美欧数字税争端的原因。

2. 特朗普在任美国总统期间，与中国多次发生贸易摩擦，延伸到针对字节跳动和腾讯两家母公司；从瞄准少数"明星企业"，扩展到启动针对中国互联网的"清洁网络"计划；从早前干预5G建设、收紧华为技术获取限制，到动用国家力量企图切断华为芯片供应链；从精准打击信息通信领域，延伸到干预应用程序、人工智能、数据计算等其他数字经济领域。从政府的角度出发，我国应如何面对这些挑战？

3. 2020年11月，中、日、韩、东盟十国以及澳大利亚、新西兰15个国家，在东盟峰会上，签署《区域全面经济伙伴关系协定》（RCEP），在单边主义及保护主义加速升温之际。从数字自由贸易的角度出发，请谈谈你对此事的看法。

4. 全球价值链是指为实现商品或服务价值而连接生产、销售、回收处理等过程的全球性跨企业网络组织，涉及从原料采购和运输，半成品和成品的生产和分销，直至最终消费和回收处理的整个过程。从数字贸易壁垒的角度出发，请你谈谈其对全球价值链分工的影响。

5. 在本书中曾提到中国目前的自贸区发展面临瓶颈与不足，而数字贸易可以为自贸区的创新提供机遇，从数字自由贸易的角度出发，请你谈谈数字贸易为自贸区创新提供了怎样的机遇。

延伸阅读

［1］SAKO M. Free trade in a digital world［J］. Communications of the ACM, 2019, 62（4）.

［2］茅孝军. 新型服务贸易壁垒："数字税"的风险、反思与启示［J］. 国际经贸探索, 2020, 36（7）：98-112.

［3］熊鸿儒, 马源, 陈红娜, 田杰棠. 数字贸易规则：关键议题、现实挑战与构建策略［J］. 改革, 2021（1）：65-73.

第二十三章

数字贸易规则构建与新一轮电子商务谈判

1998 年 9 月，WTO 通过了《电子商务工作计划》，标志着电子商务议题谈判正式开启。2019 年 3 月，"WTO 电子商务联合声明谈判"正式启动，历经 20 多年谈判，WTO 框架下的电子商务议题取得重大进展。在 WTO 谈判开展的同时，以二十国集团、亚太经济合作组织、经济合作与发展组织为代表的区域经济组织也在积极推进全球数字贸易规则的构建，其谈判的广度和深度不断加深。在数字贸易规则构建和新一轮电子商务谈判过程中，谈判主导权仍然集中在发达国家手中，谈判各方在谈判路径和谈判主张中存在较大的分歧。这些分歧反映了各国对于网络安全、消费者保护、跨境数据流等问题的关注度和敏感度。各国面临的难题是，厘清数字贸易规则构建和新一轮电子商务谈判中的复杂背景和影响因素，并在此基础上选择志同道合的合作伙伴。通过本章的学习，能够了解全球数字贸易规则构建和新一轮电子商务谈判的核心议题，梳理全球主要国家的主张和分歧，掌握数字贸易规则构建和新一轮电子商务谈判背后的复杂性，对完善国际贸易规则产生进一步思考。

第一节　全球数字贸易规则构建

一、全球数字贸易规则构建的核心议题

构建完善的数字贸易发展的规则体系是国际贸易领域十分重要的新兴议题。相较于 WTO 框架下的多边贸易体制，区域贸易协定（regional trade agreement，RTA）是指两个或两个以上的国家或者不同关税地区之间，为了消除成员间的各种贸易壁垒，规范彼此之间贸易合作关系而缔结的国际条约。因此，沿用"多边贸易体制"和"区域贸易协定"的划分依据，将全球数字贸易规则构建过程的谈判和磋商划分为多边层面和区域层面。由于参与多边层面和区域层面谈判和磋商的成员范围不同，成员对全球数字贸易规则的关注点也有不同。通过对 1996—2020 年相关政策文件、会议总结和成果报告等 209 份文件进行文本挖掘和主题提取，可以得到以下全球数字贸易规则构建在多边层面和区域层面的核心议题：

（一）多边层面

一是市场准入壁垒。在现行的 WTO 框架下，数字贸易的市场准入规则主要包括电信业务市场开放、电子商务业务准入规则等。具体包括：第一，电子传输是否永久性免征关税。虽然一系列有关电子传输免征关税的临时宣言已经通过，但 WTO 部长级会议尚未形成正式协定。第二，信息技术产品关税减让。《信息技术协议》（ITA）减税采用"正面清单"方式，需要不断丰富和更新信息技术产品的品类。第三，数字服务税问题。课税依据是否正当、针对特定数字服务征税是否具有歧视性等问题，有待进一步商榷。

二是知识产权保护。数字贸易知识产权保护规则远复杂于实体货物，数字产品与服务中的源代码和商业机密是知识产权保护的重点。具体包括：第一，对盗版侵权行为进行有效规制。针对数字产品的可复制性，制定更有针对性的全球数字贸易知识产权保护条款。第二，源代码保护问题。是否应当采取源代码非强制本地化措施，以达到保护知识产权的目的。第三，互联网服务提供商的中间责任限制。对于知识产权侵权行为，互联网中介是否应当承担相应责任。第四，国家间知识保护力度存在差距。对于知识产权保护力度较弱的欠发达国家，应当给予足够的重视和扶持。

三是 GATT 和 GATS 规制。关于 WTO 框架下数字贸易适用于《关税及贸易总协定》（GATT）还是《服务贸易总协定》（GATS）规制等议题的争论相当激烈。具体包括：第一，跨境电商平台上的货物贸易方面，由于互联网是货物跨境交付的渠道，产品本身仍以实体形式传递，应通过 GATT 进行规制。第二，数字服务贸易方面，基于数字服务的本质和虚拟化的特点，应通过 GATS 进行规制。第三，数字产品贸易方面，数字产品的交易和传递均通过互联网实现，适用于 GATT、GATS 还是《与贸易有关的知识产权协定》规制存在争议。第四，文化产业和视听部门的关键产业方面，是否应当采取例外原则进行规制，尚处于讨论之中。

（二）区域层面

一是跨境数据流动。随着数据流动规模加大，许多国家对跨境数据流动表示担忧，并采取不同的监管力度。在保护个人合法隐私的前提下，确保跨境数据自由流动，是全球数字贸易规则制定的关键议题。跨境数据流动的议题谈判中存在商业发展和数据安全两种力量的博弈：一方面，商业发展需要数据自由流动；另一方面，安全问题为数据自由流动敲响警钟。区域层面的参与主体积极寻求跨境数据流动的解决方案，具体包括：APEC 出台了《构建跨境隐私规则体系》（CBPRs），是国际数据隐私保护发展过程中的重要里程碑；OECD 追求加强各主体在跨境隐私联合执法上的合作，建立了全球隐私执法网络①（GPEN）；《全面与进步跨太平洋伙伴关系协定》（CPTPP）对于跨境数据自由流动持开放态度，对跨境数据自由流动做出了全面和详细的规定。

二是跨境贸易便利化。随着数字贸易的蓬勃发展，各国开始关注区域跨境贸易便利化的议题。《全面与进步跨太平洋伙伴关系协定》（CPTPP）、《跨大西洋贸易与投资伙伴协议》（TTIP）和《服务贸易协定》（TiSA）在无纸化贸易问题上达成了初步共识。具体包括：第一，承认电子认证和电子签名的有效性和合法性。允许贸易双方采用恰当的认证方式，参与国应该承认电子贸易文件和纸质文件具有相同的法律效力。第二，构建可交互的无纸化贸易体系。鼓励各国使用可交互操作的电子认证方法，敦促各国贸易管理机构联合开展无纸化贸易体系建设。第三，大力开展国际合作。鼓励各国开展技术研究、商业实践和政策标准等方面的交流合作，以缩小各国获取和使用信息技术的差距。

三是数字基础设施。加强数字基础设施建设，有利于鼓励中小企业参与到全球数字贸易中来，不断缩小数字鸿沟。具体包括：一方面，蓬勃发展的数字经济依赖于安全和包容的数字基础设施。APEC 制定《新经济行动议程》，G20 发布汉堡峰会公报《塑造联动世界》，旨在促进数字技术发展和数字基础设施投资建设。另一方面，发展中国家和发达国家之间的数字鸿沟是全球数字贸易规则谈判的重要阻力。G20 作出"连通2020 议程"的承诺，并确立"2025 年各国国内所有人都能实现互联"的目标。APEC认为数字鸿沟不仅是技术和经济问题，还和国民教育和文化素质相关。OECD 致力于通过发展人工智能实现包容性增长。

专栏 23-1 CPTPP +数字贸易规则的形成

理论命题 23-1

全球数字贸易规则构建是适应数字贸易发展，维护国际贸易有序发展的必要过程。全球数字贸易规则构建的本质，是各国家和经济体为争夺自身利益而进行的激烈政治博弈。

二、全球数字贸易规则构建的伙伴关系

全球数字贸易规则构建中存在三种主导力量：第一种是以美国为代表的国家，主张

---

① GPEN 是一个由全球隐私执法机构组成的网络，旨在促进跨境执法方面的合作。2010 年，根据 OECD 的建议，GPEN 成立。GPEN 情报收集行动是 GPEN 成员进行的年度审查，旨在鼓励遵守隐私制度，加强国际隐私执法机构之间的合作。

支持跨境数据自由流动、禁止数据本地化。美国在数字贸易规则构建上一直保持高度进攻性，具体体现在美国主导的《美国-墨西哥-加拿大贸易协定》（USMCA）和《美日数字贸易协定》（UJDTA）中。第二种是以欧盟为代表的国家，重点关注视听产品例外、消费者保护等议题。欧盟、新加坡在推进数字贸易规则构建的进程上较缓，欧盟达成的实质性的数字贸易规则条款较少，约束力未有显著提升。新加坡参与了 CPTPP 并和欧盟、土耳其分别达成双边协定，但在数字贸易规则上未取得显著进展。第三种是以中国为代表的国家，主张数字主权。2020 年 11 月，中国与东盟十国及日、韩、澳、新西兰共同签署了 RCEP。RCEP 签约国在数字贸易上互补性强，可进一步提升数字贸易共识，推动全球数字贸易规则构建。因此，各国需要基于自身立场和利益选择全球数字贸易规则构建中的伙伴关系。

（一）在跨境数据流动方面的伙伴关系选择

GATS 诞生于互联网发展早期，对跨境数据流动的影响认识有限，相关规则尚未涉及跨境数据流动。多哈回合谈判的搁浅，使得很多国家放弃多边平台，转而寻求双边平台，推动局部的跨境数据流动。美国主张"自由主义+例外条款"模式，即支持由行业驱动的多个利益攸关方进行共治的数字贸易框架，例如 CPTPP 和 USMCA。欧盟在自由贸易和隐私保护等敏感领域的监管中探寻平衡的"干预主义"模式。欧盟出台或签署了一系列文件，包括《通用数据保护条例》（GDPR）、日欧《经济伙伴关系协定》（EPA）和美欧《隐私盾协议》（EU-US Privacy Shield）。

在跨境数据流动方面，中国具有个人隐私保护、产业竞争发展和数据主权安全三重利益诉求。第一，在个人隐私保护层面，针对数据出境带来的数据泄露、数据滥用等问题，主张实施分级分类监管，制定精细化管理政策。第二，在产业竞争发展层面，为了进一步发挥和巩固跨境电商先行优势，主张建立和跨境货物流动配套的数据流动机制。第三，在数据主权安全方面，强化以国家安全和公共安全为主要考量的跨境数据流动价值取向，并明确国家安全和公共安全"红线"。2020 年 11 月，中国和东盟在国际谈判中首次认可了 RCEP 中规定不阻止商业行为中的跨境数据流动条款，对促进亚太数字经济合作具有重要意义。

因此，对于和中国同样立场的国家来说，在跨境数据流动方面的谈判伙伴选择应当注意：一方面，坚持数据安全的首要原则，维护公平竞争，借助 RCEP 等协议，共同推动区域数据自由流动朋友圈建设，在坚守立场的基础上探寻可行的解决方案。另一方面，在涉及跨境数据信息技术等议题上留出弹性空间，尽可能与欧盟、加拿大以及大多数发展中国家探索合作的空间。

（二）在源代码本地化方面的伙伴关系选择

在源代码本地化方面，中国始终坚持在保护他国知识产权不受侵犯的前提下，在关乎国家安全和社会秩序的关键领域中对源代码实施监管。例如，在金融服务领域，央行和银监会文件明确规定，和金融机构相关的软件源代码应向银监会备案，金融机构有权利要求外包开发单位提供源代码。在 USMCA 有关数字贸易知识产权规则的谈判中，美国在多边和区域层面谋求符合自身利益的规则，主张除大众市场软件之外，将"开放源代码禁令"的适用范围扩充至所有的基础设施软件。

中国同"一带一路"沿线国家和拉美国家在源代码本地化方面具有一致的利益诉求。一方面，"一带一路"沿线国家和拉美国家认为禁止共享源代码会出现程序重复和浪费，因而普遍不同意禁止共享源代码。另一方面，"数字丝绸之路"已逐渐向"一带一路"沿线国家推广，同时中国同拉美国家在网络安全、通信产业等领域签订了一系列共同合作计划。因此，在源代码本地化问题上，中国、东盟和非洲等"一带一路"沿线国家和拉美国家应该积极寻求对话与合作。

（三）在数字服务税方面的谈判伙伴关系选择

数字服务税一般是以企业向"本土用户"提供某些数字化服务所获得的收入为课征对象的新税种。数字经济发展对现行税制改革提出要求，现行税收体制在数字服务税征收上处于空白，存在着较多不公平的税收优惠。全球性数字征税改革方案尚未达成广泛共识，数字服务税成为国际税收规则改革的前哨。法国在数字服务税征收上累积了大量的实践经验，解决了数字税征收过程中缴税地点和实际价值创造地不匹配等问题。法国认为大型跨国公司通过选择低税率地区注册进行"避税"对本国中小企业和传统企业极不公平。法国在数字税征收上的举措对其他国家起到了示范作用，英国、日本、意大利、新加坡等国家均有意征收数字税。数字服务税是适应数字经济时代的创新规制方案，中国主张吸收国际社会立法的合理内核，对现行税制进行审慎调整。

在数字服务税方面的谈判伙伴关系选择上，各个国家应该综合评估征收数字服务税的可能性，寻求志同道合的伙伴，一同推进国际税收体系谈判和改革进程，构建和完善适应数字经济发展的税收体系。

（四）在文化例外原则方面的伙伴关系选择

在"文化例外"[①]原则方面，欧盟始终将"文化例外"理念贯穿至全球数字贸易规则谈判过程中。欧盟和加拿大主张对"视听文化"贸易给予保护，坚持"文化例外"原则，墨西哥也坚持"文化例外"，将广播、报纸出版、影院服务排除在外。中国认为这是不可持续的政策选择，原因在于：一方面，在贸易自由化浪潮中，视听开放是大势所趋，开放视听服务市场有利于引进国外新技术，使国内产业受益，带动大量新型服务发展。另一方面，数字经济时代，全球各国数字文化产业融合将进一步加深，在贸易谈判中坚持"文化例外"原则对于一国保护本国文化意义不大。

---

① "文化例外"最早源于 20 世纪 90 年代初，在关于关贸总协定的谈判中，法国人敏锐地意识到国家和民族文化独立的重要性，坚决而果断地提出反对把文化列入一般性服务贸易。

中国在加入 WTO 时已对视听服务作出实质性的开放承诺，同众多国家的观点相近，赞同将文化产品纳入自由贸易的范畴之内。欧盟始终把"文化例外"作为全球数字贸易规则谈判的禁忌和不可逾越的红线，势必导致全球数字贸易规则谈判举步维艰。考虑到欧盟的历史背景和文化因素，中国、巴西和瑞士等立场接近的国家应当坚持中间道路主张，在"文化多样性"的前提下，保持求同存异的发展理念，推动文化产业和视听部门渐进式贸易自由化。

> **专栏 23-2** **DEPA 协定——推动数字贸易规则发展的又一力量**
>
> 在美国、欧盟和中国三方数字贸易主张存在明显差异的情况下，《数字经济伙伴关系协定》（Digital Economy Partnership Agreement，简称 DEPA）作为推动数字经贸规则的第四种力量值得关注。2019 年 5 月，新加坡、智利和新西兰启动了 DEPA 三方会谈。DEPA 协定旨在为数字经济制定前瞻性标准，以支持数字时代的数字经济和贸易。2020 年 1 月，新加坡、新西兰和智利发表三方联合声明表示，数字化已经改变了贸易的性质，作为对外开放和依赖贸易的国家，缔约方有一个共同的目标，即在数字时代推进贸易。缔约方认为已有的贸易规则和政策不能完全解决数字化和数字贸易带来的新问题，DEPA 协定是一项全面且具有前瞻性的协定，可以解决数字经济中的关键问题，主要内容涵盖跨境贸易和商业中使用电子文档、个人信息保护、网络安全、在线消费者保护、数字身份、人工智能等。通过 DEPA 协定，缔约方可以利用技术来巩固现有的贸易协议承诺，促进数字时代的企业连接，并就数字领域固有的新问题进行协作。DEPA 协定也将为其他正在进行的相关贸易谈判提供借鉴，并欢迎其他志同道合的合作伙伴参加。DEPA 协定将使缔约方企业和消费者更好地参与数字经济，并利用贸易数字化带来的更多机会。2020 年 6 月 12 日，DEPA 协定的虚拟签署仪式由新加坡、新西兰和智利通过数字签名手段在线上进行。
>
> 摘自：赵旸頔，彭德雷. 全球数字经贸规则的最新发展与比较：基于对《数字经济伙伴关系协定》的考察［J］. 亚太经济，2020（4）：58-69，149.

三、全球数字贸易规则构建的机遇与挑战

（一）全球数字贸易规则构建的机遇

从多边层面的核心议题来看，全球数字贸易规则构建的重要性日益凸显。全球数字贸易规则构建的机遇在于：第一，在数字贸易时代，传统贸易背景下货物和服务泾渭分明的边界不复存在，数字贸易虚拟化、平台化的特点对传统国际贸易规则制度和监管执法形成有力冲击。第二，自 1996 年来，电子商务议题得到了 WTO、联合国贸易和发展会议（UNCTAD）等多边组织的广泛关注，数字贸易条款在 GATT、GATS、《TRIPs 协议》、《技术性贸易壁垒协议》（《TBT 协议》）等协定中不断完善。第三，新兴经济体的国际地位和话语权不断提升，逐渐从全球数字贸易规则的被动接受者转变为参与者和制

定者。

从区域层面关注的核心议题来看，全球数字贸易规则谈判的合作成果初步显现。全球数字贸易规则构建的机遇在于：一方面，以 TPP、TTIP、TiSA 为代表的超大型自由贸易协定代表了现有全球数字贸易规则的最高水平，既规定了电子传输免征关税、消费者权益和隐私保护、电子认证和电子签名等基本条款，又重点研判了数据跨境流动、源代码转移和访问、计算设施本地化等核心问题。另一方面，以 APEC、OECD 为代表的区域经济组织寻求积极解决方案，APEC 跨境隐私规则体系（CBPRs）和 OECD 贸易便利化指数（TFI）是国际数据隐私保护和数字化转型过程中的重要里程碑。

（二）全球数字贸易规则构建的挑战

从多边层面核心议题来看，全球数字贸易规则谈判在跨境数据流动、源代码本地化、视听例外等议题上存在分歧。全球数字贸易规则构建的挑战在于：第一，美国反对所有对数据跨境自由流动的限制，而欧盟主张采用数据存储强制本地化的贸易政策，中国始终秉承"属地原则"对在中国境内的数据进行监管。第二，美国和欧盟普遍赞同源代码非强制本地化原则，中国则认为源代码保密政策将带来较高的知识成本和信息成本。第三，欧盟始终秉持视听例外、文化例外原则，美国强烈反对此类同自由化贸易理念相去甚远的做法。第四，欧盟率先提出的数字税概念并逐步演化为全球性趋势，引发美国强烈不满，美国展开 301 调查并欲征收报复性关税，数字税之争进入白热化阶段。

从区域层面核心议题来看，数字鸿沟阻碍全球数字贸易规则构建。全球数字贸易规则构建的挑战在于：第一，同欧美等发达国家相比，发展中国家整体数字化水平落后，数字鸿沟进一步加剧。第二，发展中国家之间，信息化发展水平和互联网普及率存在显著差异。第三，发展中国家内部，受教育水平和认知能力制约，仅有少数人口可以享受数字经济发展红利。第四，发展中国家在数字贸易规则构建中缺乏话语权，难以维护自身主张。

第二节　新一轮电子商务谈判

一、新一轮电子商务谈判的关键议题

自 1997 年《全球电子商务纲要》发布以来，电子商务谈判在世界性国际组织、区域性国际组织和双边及多边贸易协定机制下取得了不同程度的进展，推动着跨境电子商务的发展和数字贸易规则的构建。在 WTO 现有规则已无法满足全球电子商务发展需求的背景下，由美、欧、日牵头的 76 个 WTO 成员于 2019 年 1 月 25 日同意展开电子商务多边协议谈判，中国在最后一刻宣布加入。

专栏 23-3　从 WTO《电子商务工作计划》到联合声明谈判

WTO 电子商务议题自 1998 年《电子商务工作计划》（简称《工作计划》）通过后正式启动。随着电子商务在全球范围内迅猛发展，电子商务议题讨论的局势明显不同于以往。2017 年 12 月召开的布宜诺斯艾利斯部长级会议（以下称"M11"）是电子商务讨论的重要转折点。71 个国家和地区还开创性地发布了《电子商务联合声明》（简称《联合声明》），号召参加方"积极针对未来 WTO 与贸易有关的电子商务谈判开展探索性工作"。2019 年 1 月，在瑞士达沃斯举行的电子商务非正式部长级会议上，中国等 5 个成员加入进来，76 个 WTO 成员共同签署新的《联合声明》，"确认有意开展与贸易有关的 WTO 电子商务谈判"，并"鼓励所有 WTO 成员加入"。2019 年 3 月，WTO 与贸易有关的电子商务规则谈判正式启动。WTO 电子商务联合声明谈判的启动，标志着 WTO 在现代化改革之路上迈出了重要的一步反映了数字贸易对国际贸易规则提出的新需求。

摘自：李墨丝. WTO 电子商务规则谈判：进展、分歧与进路［J］. 武大国际法评论，2020，4（6）：55-77.

WTO 并未对数字贸易和电子商务两个概念作出明确区分，相关谈判通常是在电子商务框架下进行讨论的。通过对 1998 年以来涉及电子商务议题的 82 个谈判文本进行自然语言处理和文本挖掘分析，应用文档主题生成模型 LDA（latent dirichlet allocation）方法，梳理出以"数字经贸发展"为统领的五个重点议题，按照出现的频率排序如下。

（一）与贸易便利化有关的议题

该部分议题旨在通过简化通关程序、增强透明程度、统一贸易标准、减少流动限制等一系列措施，清除电子商务跨境交易过程中的技术性壁垒和机制性障碍，以减少交易困难、降低交易成本，从而最大限度地实现自由、开放的电子商务贸易。与贸易便利化有关的这一议题赢得了 WTO 成员方的广泛共识。但美日欧和以中国为代表的发展中国家仅在贸易便利化上达成了成文的、暂时的协定。各方推动贸易便利化的侧重对象有所不同，例如美国希望各国能够加大关税豁免产品范围以帮助中小型出口企业参与到全球经济中来，而中国则更关注跨境电商的物流和支付政策。

其中，关于数字产品非歧视待遇条款一直是 WTO 电子商务谈判中悬而未决的问题。数字产品非歧视待遇条款通常规定，数字产品或其创作者、所有者等享有的待遇，不得低于其他同类数字产品的待遇。美国一直坚持数字产品非歧视待遇，而欧盟尚未提出数字产品非歧视待遇等相关条款。

专栏23-4　中美之间对网络设备和产品的非歧视待遇对立

（二）与电子传输关税永久化有关的议题

该部分议题的争议主要来自于电子传输免税存在诸多的不确定性。WTO 成员方已在"电子传输暂时免征关税"上达成共识，但对于"电子传输是否能永久免关税"等决议，部分 WTO 成员方仍不完全同意。各国主要的顾虑在于：一方面担心电子传输永久免关税会导致本国财政收入减少，另一方面对特定电子传输内容（数字影像等）是否免关税等决议仍犹豫不决。

值得注意的是，对电子传输征收关税可能会加剧 WTO 成员中的数字鸿沟。中国在 WTO 第十一次部长级会议的小组讨论中提出电子传输不征收关税的主张。印尼和印度等发展中成员国希望通过电子传输免征关税换取美国等发达国家在市场准入方面的让步。

（三）与信息基础设施建设有关的议题

该部分议题主要包括制定统一的技术标准和通过国际合作加快基础设施建设两个子议题。前者以国际电信联盟制定的一系列标准为范本，旨在实现电子商务相关技术的跨国无缝连接。后者在双边和多边谈判中较为常见，通过汇集不同国家的政府、银行和企业等主体的力量，重点解决项目融资问题和技术迭代问题，以优化资源配置。

多数 WTO 发展中成员尚未配备基本的信息基础设施，在利用数据和数字平台时面临诸多限制和阻碍，导致许多发展中国家尚未加入新一轮电子商务谈判。信息基础设施限制阻碍了发展中成员电子商务活动的开展，因此相关议题要考虑到发展中国家和发达国家在数字基础设施上的巨大差异。

（四）与企业跨国经营有关的议题

该部分议题主要探讨企业如何通过电子商务开展跨境业务、开拓国际市场。数字经济的高速发展不仅催生了一批优秀的互联网企业，更为中小企业的转型升级和跨国经营带来了空前机遇，特别是平台的出现颠覆了以往企业开展国际化经营的方式。该议题较多地出现在双边和多边的自由贸易协定中。中国在"企业跨国经营"议题上的主张主要来自企业开展业务面临的具体诉求，此类诉求细碎、分散的特点和国际贸易规则抽象、普适的要求存在一定差距。

拥有数量众多跨国企业的国家将在新一轮电子商务谈判中占据优势。以中美两国为例，中国作为电子商务大国在电子商务谈判中并不占据优势，尤其在数字贸易等新议题上以防守为主。而美国全球化企业较多，企业能够提供在全球化经营时遇到的"贸易壁垒"信息，使得美国能够发现其他国家的政策性"贸易壁垒"，进而能够在电子商务谈判中提出进攻性议题。

（五）与网络安全与隐私保护有关的议题

该部分议题主要产生于跨境企业和数字产业的发展过程中，反映了各国对互联网所带来的弊端的担忧。欧盟坚持《通用数据保护条例》的标准，主张保护个人信息和隐私，认为可以通过限制跨境数据流动的方式保护个人隐私。美国对欧盟主张的个人信息的范围持怀疑态度，认为欧盟过于保守的主张会限制企业跨境数据流动，进而严重影响贸易往来。欧盟和美国在此议题上难以达成一致，美国主张加强机制之间的"互操作性"，欧盟提议 WTO 成员保护隐私措施应处于优先地位。

"网络安全与隐私保护"议题与"要素跨境流通""弥合数字鸿沟"议题联系紧密，数据跨境自由流动往往伴随着国家和个人隐私数据的泄露，而一旦避开了数据本地化的要求，擅长发掘利用数据资源的国家将加快实现传统产业的转型升级，数字鸿沟将进一步扩大。

二、新一轮电子商务谈判的影响因素

罗伯特·普特南双层博弈[①]理论将国内影响因素和国际层面影响因素相结合，通过一种综合性和整体性的视角去考察分析国际关系。双层博弈理论认为国内因素和国际因素在决定国际谈判中是同时发挥作用的。从双重博弈理论出发，影响新一轮电子商务谈判的因素可以归为国内基本影响因素和国际议题影响因素两类。其中，国内基本影响因素涉及本国在政治制度、经济实力和文化距离上的差异，国际议题影响因素涉及谈判环境、议题权力和议题联系。

（一）国内基本影响因素

一是政治制度。在电子商务谈判中，谈判各方在政治制度上的相似性和差异性是影响谈判能否取得有效成果的重要因素。从内部来讲，一国国内的制度安排、决策机制和政治力量等一定程度上决定了一国的谈判策略选择，进而影响了其在国际谈判中"获胜集合"[②]（win-sets）的大小。从外部来看，一国的政治立场、意识形态和话语体系等决定了国际社会对该国的总体看法和定位，从而对该国如何选择谈判对象、展开联系合作产生显著影响。

---

① 哈佛大学肯尼迪政府学院公共政策学教授罗伯特·普特南（Robert D. Putnam）1988 年首先将"双层博弈"的概念引入到国际关系的研究中，分析国际谈判中国内和国际因素的互动。

② 获胜集合是指在国内可被接受且在国际有望达成的所有组合。

二是经济实力。经济实力是决定一国采取何种方式进行电子商务谈判的关键影响因素。在数字经济时代，一国的数字经济实力体现为数字产业化和产业数字化两部分，不同国家在这两方面的实力各不相同。数字经济时代，数字化的知识和信息成为关键生产要素，对数据资源应用能力的不同以及由此带来的资源整合能力的差异，可能会加剧原本市场地位不对等的现象。此外，部分大国可能会利用数字经济优势，通过威胁、承诺等手段来主导谈判进程。

三是文化距离。国家之间的文化差异也是影响谈判结果的重要因素。要素跨境流通议题的焦点在于数据，而产生分歧的根源在于各国对网络安全和隐私保护问题的认识不同。在中国和日本的集体主义文化背景下，国家利益居于首位，数据的跨境流动必须以国家数据安全为前提，欧洲国家认为数据是一种新人权，施行全球最严的个人数据保护条例，而像美国这样崇尚自由和市场经济的国家，则坚决要求消除数据跨境自由流动壁垒，反对强制数据本地化。

（二）国际议题影响因素

一是谈判环境。从博弈论和国际贸易谈判理论的角度来看，每一次电子商务谈判的参与成员国以及谈判成员国之间的关系、谈判机制等，都是相对不确定的存在，决定了谈判可触及的议题范围和谈判周期的长短，影响着谈判的成本和风险，因此谈判环境也是影响谈判进程和结果的重要因素。

二是议题权力。议题权力是一国在某一特定议题博弈中所拥有的能力和资源。全球数字经济的发展使各国的贸易优势和发展潜力有了新的评判标准，电子商务谈判涉及数字技术、数字产品、数据跨境流通、个人隐私和网络安全等方面的议题。任何国家不可能在每一个议题上都比其他所有国家具有绝对的优势。很多谈判实例中，小国反而能够凭借其在某项特定议题上的高议价能力出奇制胜，达成更利于本国的谈判成果。

三是议题联系。在国际贸易谈判中，把握议题间的抵消性和补偿性，将两个或多个特定议题打包谈判，采取动态和多元谈判方式，可以使谈判收益和成本在国际层面得以重新分配，提高共赢的可能性，增加谈判承诺的可信度。同时，也能够绕开国内制度安排对策略选择造成的限制，促进国际层面谈判协定的达成。通过议题联系寻找各谈判方可能存在的替代方案，从而建立价值交换关系，有助于转变谈判议程局面，降低谈判风险的不确定性，最终实现共同增进收益、减少损失的双赢局面。

三、新一轮电子商务谈判的中国策略

建立一个包容、公平、开放的全球数字贸易框架，需要长时间的探索性讨论与谈判磋商，中国应梳理新一轮电子商务谈判的发展脉络，把握谈判各方的立场与筹码，坚守谈判底线，考虑每一种可能的谈判方案设计和策略选择。

（一）基于基本影响因素研判的策略选择

第一，充分尊重不同国家制度立场，实现共商共建共享。一方面，在电子商务谈判中，涉及因政治制度、意识形态和立场主张等引起的客观分歧，要尽量给予尊重和理解，同时，在贸易便利化、要素跨境流通等可斡旋程度较高的领域要团结具有相似立场的伙伴国家，提升谈判获胜概率。另一方面，我国要在国际谈判中继续倡导共商共建共享的理念，特别是要汇聚广大发展中国家和新兴市场国家的智慧和力量，共同抵制不公平、不普惠的谈判主张，倡导权利平等、机会平等、规则平等，努力弥合数字鸿沟，提升发展中国家的话语权和影响力。

第二，积极发挥数字经济先行优势，对外输出中国方案。一方面，我国在数字技术、跨境电子商务等领域走在世界前列，在贸易便利化、企业跨国经营、数字经济和实体经济融合等方面已经积累了丰富经验，我国要积极化先行优势为话语权，在市场准入、技术扩散、通关检疫、数字关税和跨国权益维护等方面要引领标准制定和法规建设。另一方面，我国要致力于打造高质量、可持续的"数字丝绸之路"，在信息基础设施建设、数字技术跨国转移等方面广泛展开国际合作，带领发展中国家共享数字红利。

第三，正确看待世界文化制度差异，推动要素有序流通。在电子商务谈判中，不同文化背景下的国家对数字主权、数据人权和技术转移的认知不同。一方面，我国要正确看待文化差异造成的分歧与冲突，本着求同存异的原则，做好长期谈判的成本评估和心理准备，客观评估数据流动、技术转移等对我国经济的贡献，审慎考量要素跨境流通机制。另一方面，我国要在正确文化价值观的引领下，推动科技向善发展，运用大数据、云计算和人工智能等手段维护国家数字和个人信息安全，构建和谐、稳定的信息网络强国。

第四，灵活择取谈判协商方式方法，优先达成区域共识。全球数字贸易规则的建立是一个由区域到国际的过程，优先达成区域共识是形成更广泛的国际共识的关键一步。首先，我国要把握议题的优先次序，结合我国国情，重视"贸易便利化"和"信息基础设施"议题。其次，我国要根据特定议题选择最合适的协商伙伴。例如"贸易便利化"和"企业跨国经营"议题更适合与数字贸易强国合作协商，而"弥合数字鸿沟"和"网络安全与隐私保护"议题则受到 APEC 伙伴更多的关注。最后，我国要从议题广度和协商效度来判断各类谈判机制对形成数字贸易全球标准和规范的推动作用。

（二）基于议题影响因素研判的策略选择

第一，把握电子商务特定议题权力，占领谈判话语体系高地。一方面，我国已经是全球第一大电子商务市场，拥有百度、华为、京东等优秀企业，市场监管体系不断完善、市场规模不断扩大、市场结构不断优化，我国要充分把握由电子商务产业优势带来的特定议题权力，在国际谈判中勇于表达和坚持中国主张。另一方面，由我国民间发起的 eWTP 倡议是世界普惠贸易的率先实践，我国可以在吸取实践经验的基础上促进公私对话、分享最佳实践、发挥引领作用，共同打造自由、平等和开放的国际贸易环境。

第二，合理采用议题联系调配利益，降低谈判过程不确定性。一方面，"企业跨国经营"议题与其他各个议题都存在着高密度的联系，我国可以以该议题为突破点，与谈判伙伴展开斡旋和合作，在权衡利弊的基础上，借助议题之间的牵制关系，通过适当调配国家之间利益，促进谈判协定的达成。另一方面，由于"信息基础设施"议题和"要素跨境流通"议题在电子商务谈判中具有较强的抵补性，"弥合数字鸿沟"议题和"网络安全与隐私保护"议题通常被打包在一起，我国要树立全局观，用联系的眼光看待电子商务谈判，可以通过签订包含多个议题的"一揽子协议"的方式，提高实现谈判目标的概率。

第三，凝聚发展中国家的共同诉求，探索互利共赢合作新模式。一方面，广大发展中国家的数字贸易发展水平接近，在新一轮电子商务谈判中的主张和诉求也较为相似。囿于其经济发展水平、电子商务治理体系不完善和话语权较低等多种原因，发展中国家在国际谈判中难以形成谈判的合力。中国在谈判中应当聚集发展中国家的普遍诉求和核心主张，努力为发展中国家发出声音。另一方面，要连同发展中国家与发达国家共同探索数字贸易发展的共赢合作模式，区分谈判议题中的政治问题和经济问题，在维护国家利益和坚守底线的前提下优先突破矛盾较为缓和的经济议题，妥善处理与发达国家的经贸关系和谈判冲突。

理论命题 23-2

新一轮电子商务谈判的主导权仍然在发达国家手中，掌握高水平的国内治理能力是引领国际规则制定的重要前提。对于在电子商务发展处于劣势的发展中国家来说，不仅需要深度参与谈判，也要建立配套的国内发展政策体系和监管治理体系。

本章小结：中国视角

全球数字贸易规则构建和新一轮电子商务谈判中凝聚了各方分歧，这些分歧体现了贸易自由化与非贸易目标的冲突，反映了数字技术对多边贸易体制的挑战，同时交织着互联网治理的难题。从美国和欧盟的历史经验来看，拥有高水平的国内数字经济治理是引领国际数字贸易规则制定的前提。中国作为全球数字贸易和电子商务发展走在前列的国家，在数字经济和数字贸易领域累积了深厚的治理经验，中国应当释放数字贸易发展潜力，提升国内数字贸易治理水平，以国内全面深化改革为契机，进一步推动我国全面开放，为数字贸易发展创造良好的国内环境。同时，中国应当立足全球视野更好地发挥中国的独特优势，与其他各国探索包容性的解决方案，在技术进步、商业发展以及合法公共政策目标之间平衡，让各方共享数字贸易发展红利。在国际贸易规则构建的话语权和主导权长期被欧美等发达国家占领的背景下，亟需构建符合中国等新兴经济体和发展中国家利益诉求的国际数字贸易规则体系。中国应审时度势，勇当全球数字贸易规则的制定者和领导者，提高国际话语权和影响力，积极维护 WTO 贸易争端解决机制，在维护多边贸易体制的同时，积极参与区域数字贸易规则的谈判，寻求在数字贸易规则构建和新一轮电子商务谈判中的伙伴关系，从而推动实现全球数字贸易规则谈判的互利共赢，为数字贸易发展争取和创造公平公正、健康稳定的国际贸易环境，合力创建人类命运共同体。

即测即评

思考题

1. 归纳多边层面和区域层面中全球数字贸易规则的核心议题，并阐述你对当前各国在数字贸易规则构建上差距与分歧的看法。

2. 自 1997 年来，电子商务议题受到 WTO、APEC、OECD、G20 等多边及区域经济组织的广泛关注，CPTPP、TTIP、TiSA 等超大型自由贸易协定也对全球数字贸易规则展开多次讨论，始终未能取得实质性进展，请你分析其中的原因。

3. 习近平在 2020 年 11 月举行的 APEC 领导人视频会议上讲话时表示中国将积极考虑加入《全面与进步跨太平洋伙伴关系协定》（CPTPP）。我国在跨境数据流动治理等诸多领域与 CPTPP 的相关精神尚存在不同程度的偏离。我国应该如何精准把握 CPTPP 条款的要求及特征，请你谈谈你的观点。

4. 面对新冠肺炎疫情的严重冲击，世界经济遭受重击，国际形势发生变化。但新冠肺炎疫情影响广泛而深远，数字贸易规则构建和新一轮电子商务谈判将面临严峻挑战，请你谈谈后疫情时代全球数字贸易规则构建和新一轮电子商务谈判该如何开展。

延伸阅读

[1] BURRI M. Should there be new multilateral rules for digital trade？[R/OL]. Social Science Electronic Publishing, 2013.

[2] BRAGA C. E-commerce regulation：New game, new rules？[J]. Quarterly Review of Economics & Finance, 2005, 45（2/3）：541-558.

参考文献

[1] 蔡昉，陈晓红，张军，等．研究阐释党的十九届五中全会精神笔谈［J］．中国工业经济，2020（12）：5-27．

[2] 曹虎，王赛，乔林，等．数字时代的营销策略［M］．北京：机械工业出版社，2017．

[3] 曹阳．互联网中滥用相对优势地位行为成因与危害性的法学思考：兼对我国互联网中滥用相对优势地位行为典型案例分析［J］．广西师范学院学报（哲学社会科学版），2019，40（4）：151-160．

[4] 柴宇曦，张洪胜，马述忠．数字经济时代国际商务理论研究：新进展与新发现［J］．国外社会科学，2021（1）：85-103，159．

[5] 柴跃廷．高度重视并大力发展电子商务服务产业［R］．中国证监会创业板专家咨询委员会，2012．

[6] 陈超凡，刘浩．全球数字贸易发展态势、限制因素及中国对策［J］．理论学刊，2018（5）：48-55．

[7] 陈德铭．全球化下的经贸秩序和治理规则［J］．国际展望，2018，10（6）：1-22，157-158．

[8] 陈红娜．数字贸易与跨境数据流动规则：基于交易成本视角的分析［J］．武汉理工大学学报（社会科学版），2020，33（2）：110-120．

[9] 陈岚．电子政务公众参与影响因素的实证研究［J］．现代情报，2012，32（9）：121-124．

[10] 陈伟光，曾楚宏．新型大国关系与全球治理结构［J］．国际经贸探索，2014，30（3）：94-106．

[11] 陈秀英，刘胜．数字化时代中国服务贸易开放的壁垒评估及优化路径［J］．上海经济，2019（6）：5-15．

[12] 程虹，王华星，范寒冰．我国传统企业如何通过"平台化"促进高质量发展？：基于"良品铺子"的案例研究［J］．宏观质量研究，2020，8（4）：1-21．

[13] 程琳琳．盘点ICT行业2020 转危为机，推动数字经济全面发展［J］．通信世界，2020（34）：7-8．

[14] 程卫东．跨境数据流动的法律监管［J］．政治与法律，1998（3）：71-75．

[15] 褚勇钦，施梁亮．数字经济下产业融合创新思考［J］．合作经济与科技，2021（2）：26-27．

［16］崔保国，刘金河．论数字经济的定义与测算：兼论数字经济与数字传媒的关系 ［J］．现代传播，2020（4）：122.

［17］戴龙．数字经济产业与数字贸易壁垒规制：现状、挑战及中国因应［J］．财经问题研究，2020（8）：40-47.

［18］董志强，魏下海，汤灿晴．制度软环境与经济发展：基于30个大城市营商环境的经验研究［J］．管理世界，2012（4）：9-20.

［19］杜振华．"互联网+"背景的信息基础设施建设愿景［J］．改革，2015（10）：113-120.

［20］段晶晶．电子商务服务业发展水平测度研究［D］．武汉：华中师范大学，2012.

［21］范菲菲．中国电子商务服务商发展研究［D］．北京：北京邮电大学，2013.

［22］方巍巍．数字经济背景下企业发展面临的机遇与挑战［J］．湖北开放职业学院学报，2020，33（24）：112-114.

［23］高传胜．论包容性发展的理论内核［J］．南京大学学报（哲学·人文科学·社会科学版），2012，49（1）：32-39，158-159.

［24］高建树，李晶．数字贸易规则的"求同"与"存异"：以欧盟RTAs电子商务章节为例［J］．武大国际法评论，2020，4（2）：114-136.

［25］龚谨．数字贸易：因变而生破局而立［J］．现代商业银行，2020（19）：42-45.

［26］古俐明．网络安全技术在电子交易中的应用研究［J］．电脑知识与技术，2008（6）：1019-1021.

［27］顾洁，胡安安．数字经济时代：发展与安全再平衡［J］．上海信息化，2017（2）：15-19.

［28］桂学文．电子商务促进经济发展的效果测度研究［D］．武汉：华中师范大学，2011.

［29］韩剑，蔡继伟，许亚云．数字贸易谈判与规则竞争：基于区域贸易协定文本量化的研究［J］．中国工业经济，2019（11）：117-135.

［30］韩旭至．信息权利范畴的模糊性使用及其后果：基于对信息、数据混用的分析［J］．华东政法大学学报，2020（1）：85-96.

［31］何黎明．中国智慧物流发展趋势［J］．中国流通经济，2017，31（6）：3-7.

［32］何文彬．数字赋力中国制造业重构动能效应测度［J］．技术经济与管理研究，2020（12）：40-44.

［33］洪昇．浅析越南数据本地化储存的立法必要性和启示意义［J］．信息安全与通信保密，2019（7）：52-60.

［34］胡鞍钢，王蔚，周绍杰，等．中国开创"新经济"：从缩小"数字鸿沟"到收获"数字红利"［J］．国家行政学院学报，2016，（3）：2，4-13.

［35］胡岗岚，卢向华，黄丽华．电子商务生态系统及其演化路径［J］．经济管理，2009，31（6）：110-116.

[36] 胡炜. 跨境数据流动的国际法挑战及中国应对 [J]. 社会科学家, 2017 (11): 107-112.

[37] 黄立明, 伍支贤. 电子商务管理 [M]. 上海: 复旦大学出版社, 2001.

[38] 黄鹏, 陈靓. 数字经济全球化下的世界经济运行机制与规则构建: 基于要素流动理论的视角 [J]. 世界经济研究, 2021 (3): 3-13, 134.

[39] 冀芳, 张夏恒. 跨境电子商务物流模式创新与发展趋势 [J]. 中国流通经济, 2015, 29 (6): 14-20.

[40] 贾益刚. 物联网技术在环境监测和预警中的应用研究 [J]. 上海建设科技, 2010 (6): 65-67.

[41] 江小涓. 服务业增长: 真实含义、多重影响和发展趋势 [J]. 经济研究, 2011, 46 (04): 4-14, 79.

[42] 蒋国银, 张美娟, 贾开, 等. 世界电子贸易平台的背景、内容及面临的挑战 [J]. 电子科技大学学报 (社科版), 2019, 21 (2): 85-91.

[43] 金春枝, 李伦. 我国互联网数字鸿沟空间分异格局研究 [J]. 经济地理, 2016, 36 (8): 106-112.

[44] 金丹, 杜方鑫. 中越共建"数字丝绸之路"的机遇、挑战与路径 [J]. 宏观经济管理, 2020 (4): 9, 78-83.

[45] 柯静. WTO 电子商务谈判与全球数字贸易规则走向 [J]. 国际展望, 2020, 12 (3): 43-62, 154-155.

[46] 赖先进. 哪些优化营商环境政策对经济增长影响更有效?: 基于全球 162 个经济体的证据 [J]. 中国行政管理, 2020 (4): 145-152.

[47] 蓝庆新, 窦凯. 美欧日数字贸易的内涵演变、发展趋势及中国策略 [J]. 国际贸易, 2019 (6): 48-54.

[48] 李海英. 数据本地化立法与数字贸易的国际规则 [J]. 信息安全研究, 2016, 2 (9): 781-786.

[49] 李靖. 比特币的发展及其风险研究 [M]. 重庆: 重庆大学出版社, 2020.

[50] 李丽红, 尹伟贤. 数字经济背景下反垄断面临的挑战与应对研究 [J]. 理论探讨, 2021 (2): 92-96.

[51] 李廉水, 石喜爱, 刘军. 中国制造业 40 年: 智能化进程与展望 [J]. 中国软科学, 2019 (1): 1-9, 30.

[52] 李墨丝. CPTPP+数字贸易规则、影响及对策 [J]. 国际经贸探索, 2020, 36 (12): 20-32.

[53] 李墨丝. WTO 电子商务规则谈判: 进展、分歧与进路 [J]. 武大国际法评论, 2020, 4 (6): 55-77.

[54] 李娜, 谭寒冰. WTO 规则下的中美数字贸易立场与启示 [J]. 对外经贸实务, 2020 (8): 49-52.

[55] 李向阳. 布雷顿森林体系的演变与美元霸权 [J]. 世界经济与政治, 2005 (10): 4, 14-19.

[56] 李晓华. 面向智慧社会的"新基建"及其政策取向 [J]. 改革, 2020 (5): 34-48.

[57] 李杨, 陈寰琦, 周念利. 数字贸易规则"美式模板"对中国的挑战及应对 [J]. 国际贸易, 2016 (10): 24-27, 37.

[58] 李占国. 网络社会司法治理的实践探索与前景展望 [J]. 中国法学, 2020 (6): 5-23.

[59] 梁春晓. 电子商务服务业的体系、兴起和发展 [EB/OL]. 博客中国, 2006-12-26.

[60] 刘宏松, 程海烨. 跨境数据流动的全球治理: 进展、趋势与中国路径 [J]. 国际展望, 2020, 12 (6): 65-88, 148-149.

[61] 刘洪愧. 数字贸易发展的经济效应与推进方略 [J]. 改革, 2020 (3): 40-52.

[62] 刘金河, 崔保国. 数据本地化和数据防御主义的合理性与趋势 [J]. 国际展望, 2020, 12 (6): 89-107, 149-150.

[63] 刘晓英. 构建信息时代企业数字化营销体系 [N]. 中国社会科学报, 2020-08-20 (6).

[64] 刘志坚. 基于产业集群的企业生态网络研究 [J]. 经济与管理研究, 2006 (1): 61-64.

[65] 马荣, 郭立宏, 李梦欣. 新时代我国新型基础设施建设模式及路径研究 [J]. 经济学家, 2019 (10): 58-65.

[66] 马述忠, 房超, 梁银锋. 数字贸易及其时代价值与研究展望 [J]. 国际贸易问题, 2018 (10): 16-30.

[67] 马述忠, 郭继文. 数字经济时代的全球经济治理: 影响解构、特征刻画与取向选择 [J]. 改革, 2020 (11): 69-83.

[68] 马述忠, 郭继文. 选择传统贸易还是跨境电商: 销售渠道视角下消费者与生产者的决策分析 [J]. 浙江社会科学, 2019 (5): 23-32, 13, 155-156.

[69] 马述忠, 郭雪瑶. 数字经济时代中国推动全球经济治理机制变革的机遇与挑战 [J]. 东南大学学报 (哲学社会科学版), 2021, 23 (1): 77-89, 147.

[70] 马述忠, 梁绮慧, 张洪胜. 消费者跨境物流信息偏好及其影响因素研究: 基于 1372 家跨境电商企业出口运单数据的统计分析 [J]. 管理世界, 2020, 36 (6): 49-64, 244.

[71] 马述忠, 潘钢健. 从跨境电子商务到全球数字贸易: 新冠肺炎疫情全球大流行下的再审视 [J]. 湖北大学学报 (哲学社会科学版), 2020, 47 (5): 119-132, 169.

[72] 马述忠, 沈雨婷, 耿学用. 宽口径理解数字贸易的优势 [N]. 中国社会科学报, 2020-11-25 (4).

[73] 马文秀，高周川．日本制造业数字化转型发展战略 [J]．现代日本经济，2021，40 (1)：27-42.

[74] 毛维准，刘一燊．数据民族主义：驱动逻辑与政策影响 [J]．国际展望，2020，12 (3)：20-42，154.

[75] 孟博，刘加兵，刘琴，等．智能合约安全综述 [J]．网络与信息安全学报，2020，6 (3)：1-13.

[76] 潘妍，徐金海．推动中国数字服务贸易高质量发展 [J]．中国经贸导刊，2020 (13)：40-43.

[77] 潘意志．海外仓建设与跨境电商物流新模式探索 [J]．物流技术与应用．2015，20 (9)：130-133.

[78] 庞中英．1945 年以来的全球经济治理及其教训 [J]．国际观察，2011 (2)：1-8.

[79] 裴长洪．全球经济治理、公共品与中国扩大开放 [J]．经济研究，2014，49 (3)：4-19.

[80] 彭岳．数据本地化措施的贸易规制问题研究 [J]．环球法律评论，2018，40 (02)：178-192.

[81] 戚聿东，褚席．数字经济学学科体系的构建 [J]．改革，2021 (2)：41-53.

[82] 邱耕田，张荣洁．论包容性发展 [J]．学习与探索，2011 (1)：53-57.

[83] 邱泽奇，张樹沁，刘世定，等．从数字鸿沟到红利差异：互联网资本的视角 [J]．中国社会科学，2016 (10)：93-115，203-204.

[84] 任保平，朱晓萌．中国经济从消费互联网时代向产业互联网时代的转型 [J]．上海经济研究，2020 (7)：15-22.

[85] 沈玉良，金晓梅．数字产品、全球价值链与国际贸易规则 [J]．上海师范大学学报（哲学社会科学版），2017，46 (1)：90-99.

[86] 沈玉良，彭羽，高疆，等．数字贸易发展新动力：RTA 数字贸易规则方兴未艾：全球数字贸易促进指数分析报告 (2020) [J]．世界经济研究，2021 (1)：3-16.

[87] 沈玉良．上海率先构建全球数字贸易平台研究 [J]．科学发展，2019 (7)：33-41.

[88] 沈运红，黄桁．产业互联网对浙江省制造业集聚程度影响的实证研究：基于浙江省 2008—2017 年面板数据 [J]．科技管理研究，2020，40 (17)：188-196.

[89] 盛斌，高疆．超越传统贸易：数字贸易的内涵、特征与影响 [J]．国外社会科学，2020 (4)：18-32.

[90] 卢荣忠．国际贸易 [M]．2 版．北京：高等教育出版社，2010.

[91] 宋晓兵，何夏楠．人工智能定价对消费者价格公平感知的影响 [J]．管理科学，2020，33 (5)：3-16.

[92] 孙杰．从数字经济到数字贸易：内涵、特征、规则与影响 [J]．国际经贸探索，2020，36 (5)：87-98.

[93] 孙晋，阿力木江·阿布都克尤木，徐则林．中国数字贸易规制的现状、挑战及重塑：以竞争中立原则为中心 [J]．国外社会科学，2020 (4)：45-57．

[94] 孙明明，吕阳阳．我国数字货币的路径选择 [J]．金融科技时代，2019 (1)：18-24．

[95] 孙益武．数字贸易与壁垒：文本解读与规则评析：以 USMCA 为对象 [J]．上海对外经贸大学学报，2019，26 (6)：85-96．

[96] 唐要家，汪露娜．数据隐私保护理论研究综述 [J]．产业经济评论，2020 (5)：95-108．

[97] 田心铭．学科体系、学术体系、话语体系的科学内涵与相互关系 [N]．光明日报，2020-05-15 (11)．

[98] 涂芷筠．数字贸易的非关税壁垒研究 [D]．大连：大连海事大学，2020．

[99] 弗里德曼．世界是平的：21 世纪简史 [M]．长沙：湖南科学技术出版社，2008．

[100] 王洪鹏．电子商务平台信息反馈机制的有效性研究 [D]．西安：西安电子科技大学，2019．

[101] 王惠敏，戴明锋，赵新泉．跨境电商带动传统产业转型升级路径 [J]．国际经济合作，2021 (1)：33-40．

[102] 王健，巨程晖．互联网时代的全球贸易新格局：普惠贸易趋势 [J]．国际贸易，2016 (7)：4-11．

[103] 王培丽．数字贸易发展对中美贸易摩擦的影响研究 [D]．北京：北京邮电大学，2018．

[104] 王沛然．论数字货币的法律定性：经济本质标准的构建与类型化应用 [J]．北京科技大学学报（社会科学版），2020，36 (6)：73-80．

[105] 王胜，屈阳，王琳，等．集中连片贫困山区电商扶贫的探索及启示：以重庆秦巴山区、武陵山区国家级贫困区县为例 [J]．管理世界，2021，37 (2)：8，95-106．

[106] 王顺清，刘超．欧美个人数据跨境转移政策变迁及对我国的启示 [J]．行政与法，2017 (8)：96-102．

[107] 王拓．数字服务贸易及相关政策比较研究 [J]．国际贸易，2019 (9)：80-89．

[108] 王焱，王湘念．智能制造的基础、组成及发展途径 [J]．航空制造技术，2015 (13)：32-37．

[109] 王之泰．城镇化需要"智慧物流" [J]．中国流通经济，2014，28 (3)：4-8．

[110] 魏远山．论跨境数据流动的内涵与原理 [J]．政法学刊，2021，38 (1)：110-122．

[111] 温湖炜，舒斯哲，郑淑芳．全球数字服务贸易格局及中国的贸易地位分析 [J]．产业经济评论，2021 (1)：50-64．

[112] 翁国民，宋丽．《美墨加协定》对国际经贸规则的影响及中国之因应：以 NAFTA 与 CPTPP 为比较视角 [J]．浙江社会科学，2020 (8)：20-29，44，155-156．

[113] 吴翠．以技术和数据为核心的数字营销 [J]．传播与版权，2015，(4)：135-136．

[114] 吴画斌，许庆瑞，陈政融．数字经济背景下创新人才培养模式及对策研究 [J]．科技管理研究，2019，39（8）：116-121.

[115] 吴庆田，朱映晓．数字普惠金融对企业技术创新的影响研究：阶段性机制识别与异质性分析 [J]．工业技术经济，2021，40（3）：143-151.

[116] 肖亮，柯彤萍．跨境电商综合试验区演化动力与创新实现机制研究 [J]．商业经济与管理，2020（2）：17-29.

[117] 谢伏瞻．论新工业革命加速拓展与全球治理变革方向 [J]．经济研究，2019，54（7）：4-13.

[118] 谢伏瞻．加快构建中国特色哲学社会科学学科体系、学术体系、话语体系 [J]．中国社会科学，2019（5）：4-22.

[119] 谢平，石午光．数字货币新论 [M]．北京：中国人民大学出版社，2019.

[120] 谢谦，姚博，刘洪愧．数字贸易政策国际比较、发展趋势及启示 [J]．技术经济，2020，39（7）：10-17.

[121] 熊鸿儒，马源，陈红娜，等．数字贸易规则：关键议题、现实挑战与构建策略 [J]．改革，2021（1）：65-73.

[122] 熊励，刘慧，刘华玲．数字与商务 [M]．上海：上海社会科学院出版社，2011.

[123] 熊励．上海率先构建全球数字贸易平台研究 [J]．科学发展，2019（12）：31-41.

[124] 熊有伦．智能制造 [J]．科技导报，2013，31（10）：3.

[125] 徐程锦．WTO 电子商务规则谈判与中国的应对方案 [J]．国际经济评论，2020（3）：4，29-57.

[126] 徐德顺，马凡慧．基于 RTA 研究全球数字贸易规则演进特点与中国方略 [J]．对外经贸实务，2021（4）：4-9.

[127] 徐金海，周蓉蓉．数字贸易规则制定：发展趋势、国际经验与政策建议 [J]．国际贸易，2019（6）：61-68.

[128] 徐秀军．新兴经济体与全球经济治理结构转型 [J]．世界经济与政治，2012（10）：49-79，157-158.

[129] 许光．互联网假货交易的现状、根源及其应对策略 [J]．学术交流，2011（1）：110-114.

[130] 许可．自由与安全：数据跨境流动的中国方案 [J]．环球法律评论，2021，43（1）：22-37.

[131] 许宪春，张美慧．中国数字经济规模测算研究：基于国际比较的视角 [J]．中国工业经济，2020（5）：23-41.

[132] 许竹青，郑风田，陈洁．"数字鸿沟"还是"信息红利"？信息的有效供给与农民的销售价格：一个微观角度的实证研究 [J]．经济学（季刊），2013，12（4）：1513-1536.

［133］薛伟贤，张飞燕．数字鸿沟的成因、测度、影响及弥合方法［J］．软科学，2009，22（1）：17-24.

［134］薛亦飒．多层次数据出境体系构建与数据流动自由的实现：以实质性审查制变革为起点［J］．西北民族大学学报（哲学社会科学版），2020（6）：64-74.

［135］鄢荣娇．我国跨境电商物流中的海外仓建设模式研究［D］．合肥：安徽大学，2016.

［136］阳翼．数字营销［M］.2版．北京：中国人民大学出版社，2019.

［137］杨涵钦．中国数字贸易国际竞争力及影响因素研究［D］．苏州：苏州大学，2020.

［138］杨虹，钟小飞．电子商务消费者个人数据安全危机的对策研究［J］．图书情报导刊，2017，2（3）：61-67.

［139］杨坚争．经济法与电子商务法［M］．北京：高等教育出版社，2004.

［140］姚旭．跨境数据流动治理中的韩国路径与欧盟路径［J］．韩国研究论丛，2017（2）：237-249.

［141］沙拉法诺夫，白树强．WTO视角下数字产品贸易合作机制研究：基于数字贸易发展现状及壁垒研究［J］．国际贸易问题，2018（2）：149-163.

［142］余振．全球数字贸易政策：国别特征、立场分野与发展趋势［J］．国外社会科学，2020（4）：33-44.

［143］袁纯清．共生理论：兼论小型经济［M］．北京：经济科学出版社，1998.

［144］袁秀挺．互联网第三方支付市场的发展与规制［J］．人民论坛，2021（7）：82-85.

［145］岳云嵩，霍鹏．WTO电子商务谈判与数字贸易规则博弈［J］．国际商务研究，2021，42（1）：73-85.

［146］岳云嵩，李兵．电子商务平台应用与中国制造业企业出口绩效：基于"阿里巴巴"大数据的经验研究［J］．中国工业经济，2018（8）：97-115.

［147］岳云嵩，李柔．数字服务贸易国际竞争力比较及对中国启示［J］．中国流通经济，2020，34（4）：12-20.

［148］詹晓宁，欧阳永福．数字经济下全球投资的新趋势与中国利用外资的新战略［J］．管理世界，2018，34（3）：84-92.

［149］张安淇，李元旭．互联网知识共享平台信息过载效应与弱化机制：基于知乎的案例研究［J］．情报科学，2020，38（1）：24-29，41.

［150］张国红．全球数字保护主义的兴起、发展和应对［J］．海关与经贸研究，2019，40（6）：108-118.

［151］张俊华．多云环境下最小成本数据存储问题研究［D］．济南：山东大学，2019.

［152］张茉楠．跨境数据流动：全球态势与中国对策［J］．开放导报，2020（2）：44-50.

[153] 张茉楠. 数字主权背景下的全球跨境数据流动动向与对策 [J]. 中国经贸导刊, 2020（12）：49-52.

[154] 张夏恒. 跨境电子商务生态系统构建机理与实施路径 [J/OL]. 当代经济管理：1-11.

[155] 张衍斌. 以区块链技术构建中欧跨境电子商务生态圈 [J]. 中国流通经济, 2018, 32（2）：66-72.

[156] 张映锋, 张党, 任杉. 智能制造及其关键技术研究现状与趋势综述 [J]. 机械科学与技术, 2019, 38（3）：329-338.

[157] 章合杰. 智慧物流的基本内涵和实施框架研究 [J]. 商场现代化, 2011（23）：44-46.

[158] 赵春明, 班元浩. 发展数字经济推动形成新发展格局 [N]. 双鸭山日报, 2020-12-24（3）.

[159] 赵瑾. 数字贸易壁垒与数字化转型的政策走势：基于欧洲和 OECD 数字贸易限制指数的分析 [J]. 国际贸易, 2021（2）：72-81.

[160] 赵晓斐. 数字贸易壁垒与全球价值链分工 [D]. 北京：对外经济贸易大学, 2020.

[161] 赵义良, 关孔文. 全球治理困境与"人类命运共同体"思想的时代价值 [J]. 中国特色社会主义研究, 2019（4）：101-106.

[162] 制造强国战略研究项目组. 制造强国战略研究 [M]. 北京：电子工业出版社, 2015.

[163] 中国城市数字经济指数白皮书（2017）发布 [J]. 中国信息化, 2017（5）：73.

[164] 中国信息通信研究院. 数字经济治理白皮书（2019 年）[R/OL]. 中国信息通信研究院网站, 2019-12-26.

[165] 钟元生. 移动电子商务 [M]. 上海：复旦大学出版社, 2013.

[166] 周德良, 徐宏玲. 基于生态系统的电商监管模式研究 [J]. 社会科学研究, 2021（1）：83-91.

[167] 周济, 李培根, 周艳红, 等. 走向新一代智能制造 [J]. Engineering, 2018, 4（1）：28-47.

[168] 周济. 智能制造："中国制造2025"的主攻方向 [J]. 中国机械工程, 2015, 26（17）：2273-2284.

[169] 周茂君, 闫泽茹. VR 营销：现状、问题与对策 [J]. 西南大学学报（社会科学版）, 2018, 44（3）：58-65, 190.

[170] 周念利, 陈寰琦. 基于《美墨加协定》分析数字贸易规则"美式模板"的深化及扩展 [J]. 国际贸易问题, 2019（9）：1-11.

[171] 周念利, 吴希贤. 美式数字贸易规则的发展演进研究：基于《美日数字贸易协定》的视角 [J]. 亚太经济, 2020（2）：44-51, 150.

［172］周念利，姚亭亭．数字服务贸易限制性措施贸易抑制效应的经验研究［J］．中国软科学，2021（02）：11-21.

［173］周翔，吴文静．信息主权视野下被遗忘权引发的跨境数据流动问题探析［J］．新媒体研究，2016（1）：131-141.

［174］周屹，李艳娟．数据库原理及开发应用［M］.2版．北京：清华大学出版社，2013.

［175］朱佳莉，徐娇蓉，潘洪刚．平台经济背景下社交电商平台营销策略研究：以小红书为例［J］．现代商业，2020（27）：35-36.

［176］朱剑英．智能制造的意义、技术与实现［J］．航空制造技术，2013（Z2）：30-35.

［177］庄雷，郭宗薇，郭嘉仁．数字货币的发行模式与风险控制研究［J］．武汉金融，2019（3）：57-63.

［178］左鹏飞，姜奇平，陈静．高质量发展视角下的数字经济与经济增长［J/OL］．财经问题研究，2021（9）：1-10.

［179］ANDERSON, J E, WINCOOP, E. Gravity with gravitas：a solution to the border puzzle［J］The American economic review, 2003, 93（1）：170-192.

［180］SESTINO A, PRETE M I, PIPER L, et al. Internet of things and big data as enablers for business digitalization strategies［J］. Technovation, 2020：98.

［181］BENJAMIN R I, WIGAND R. Electronic markets and virtual value chains on the information super highway［J］. Sloan Management Review, 1995, 36（2）：62-72.

［182］CHEN Q, JASIN S, DUENTAS I. Real-time dynamic pricing with minimal and flexible price adjustment［M］. Management Science, 2016, 62（8）：2437-2455.

［183］COOPER A. The inmates are running the asylum：why high tech products drive us crazy and how to restore the sanity［M］. Sams Publishing, 2004.

［184］CRISTIAN, MOROZAN, ELENA, et al. Digital marketing-an opportunity for the modern business communication［J］. Annals of the University of Oradea, Economic Science Series, 2008.

［185］CROSBY D. Analysis of data localization measures under WTO services trade rules and commitments［Z/OL］. E15 Initiative, 2016：8.

［186］DIMAGGIO P, GARIP F. Network effects and social inequality［J］. Annual Review of Sociology. 2012, 38：93-118.

［187］HEIL D, PRIEGER J E. The macroeconomic impacts of e-business on the economy［M］. Social Science Electronic Publishing, 2010.

［188］IANSITI M, LEVIEN R. The keystone advantage：what the new dynamics of business ecosystems mean for strategy, innovation, and sustainability［M］. Brighton：Harvard Business Review Press, 2004.

［189］ IDC，阿里巴巴集团研究中心．加速信息社会进程：电子商务和阿里巴巴商业生态的社会经济影响［R］．2012.

［190］ IDC，阿里巴巴集团研究中心．为信息经济筑基：电子商务服务业与阿里巴巴商业生态的社会经济影响白皮书［R］．2011.

［191］ CARR I M，WILLIAMS K. Electronic data interchange，data protection and the European community［J］. Journal of Law and Information Science，1994（5）：24-34.

［192］ IVAN S. 金砖国家数字产品贸易壁垒对数据密集型行业全要素生产率及宏观经济影响研究［D］. 北京：对外经济贸易大学，2020.

［193］ HUI K L，CHAU P Y K. Classifying digital products［J］. Communications of the ACM，2002，45（6）：73-79.

［194］ KANNAN P K，LI H. Digital marketing：A framework，review and research agenda［J］. Social Science Electronic Publishing，2017.

［195］ KUSIAK A. Intelligent manufacturing systems［J］. Journal of Engineering for Industry，1990，113（2）：581-586.

［196］ LANEY D. 3-D Data management：Controlling data volume，velocity，and variety［R/OL］. META Group Research Note，2001，6：70-73.

［197］ LENDLE A，OLARREAGA M，SCHROPP S，et al.. There goes gravity：how eBay reduces trade costs［R］. Policy Research Working Paper Series，2012.

［198］ LEWIS，G. Asymmetric information，adverse selection and online disclosure：the case of eBay motors［J］. The American Economic Review，2011，101（4）：1535-1546.

［199］ MINCULETE G，OLAR P. Approaches to the modern concept of digital marketing［J］. International Conference Knowledge-Based Organization，2018，24（2）：63-69.

［200］ MOORE J，CURRY S R . The death of competition［J］. Fortune，1996.

［201］ SCHWARTZ P M. European data protection law and restrictions on international data flows［J］. Iowa Law Review，1994（80）：471-496.

［202］ PHILIP K，HERMAWAN K，IWAN S. Marketing 4. 0：moving from traditional to digital［M］. John Wiley & Sons，Inc. ，2017.

［203］ ROYLE J，LAING A. The digital marketing skills gap：developing a digital marketer model for the communication industries［J］. International Journal of Information Management，2014，34（2）：65-73.

［204］ MA S Z，CHAI Y X，ZHANG H S. Rise of cross-border e-commerce exports in China［J］. China & World Economy，2018，26（3）：63-87.

［205］ EISELEN S. The electronic data interchange agreement［J］. South African Mercantile Law Journal，1995（7）：1-18.

［206］ SIMON H A. A behavioral model of rational choice［J］. The quarterly journal of economics，1955，69（1）：99-118.

[207] SONG Z, WANG C, BERGMANN L. China's prefectural digital divide: spatial analysis and multivariate determinants of ICT diffusion [J]. International Journal of Information Management, 2020.

[208] BUCKLEY R P, ARNER D W, ZETZSCHE D A, et al. Sovereign digital currencies: reshaping the design of money and payments systems [J]. Journal of Payments Strategy & Systems, 2021, 15 (1).

[209] SPULBER D F. Market microstructure and intermediation [J]. Journal of Economic Perspectives, 1996, 10 (3): 135-152.

[210] TANSLEY A G. The use and abuse of vegetational concepts and terms [J]. Ecology, 1935, 16 (3): 284-307.

[211] TAPSCOTT D. The digital economy: promise and peril in the age of networked intelligence [M]. New York: McGraw Hill, 1996.

[212] HOEREN T. Electronic data interchange: the perspectives of private international law and data protection law [J]. Computers & Artificial Intelligence, 1992 (1): 329-344.

[213] United States International Trade Commission (USITC). Digital Trade in the U. S. and Global Economies [Z], 2014.

[214] VIGDOR J L, LADD H F, MARTINEZ E. Scaling the digital divide: home computer technology and student achievement [J]. Economic Inquiry, 2014, 52 (3): 1103-1119.

[215] WEBER R H. Digital trade in WTO-law: taking stock and looking ahead [J]. SSRN Electronic Journal, 2010, 5 (1): 1-24.

[216] WRIGHT P K, BOURNE D A. Manufacturing intelligence [M]. Boston: Addison-Wesley, 1988: 100-102.

[217] ZHOU J. Digitalization and intelligentization of manufacturing industry [J]. Advances in Manufacturing, 2013, 1 (1): 1-7.

重要术语中英文对照表

A community with a shared future for mankind　人类命运共同体

Amazon　亚马逊

Artificial intelligence　人工智能

Asia-Pacific Economic Cooperation（APEC）　亚太经济合作组织

Automated guided vehicle　物流搬运无人车

Autonomous logistics　自动物流

Bank card　银行卡

Bank for International Settlements　国际清算银行

Big Data　大数据

Blockchain　区块链

Bonded warehouse　保税仓

Born global firm　天生国际化企业

Business ecosystem　商业生态系统

Business to business(B2B)　企业对企业的电子商务

Business to Customer(B2C)　企业对个人的电子商务

Central bank digital currency　央行数字货币

Cloud computing　云计算

Collective action　集体行动

Commission broker　佣金经纪人

Comprehensive and Progressive Agreement for Trans-Pacific Partnership(CPTPP)　全面与进
　步跨太平洋伙伴关系协定

Conceptual framework of digital trade　数字贸易概念框架

Consumer attention　消费者注意力

Consumer data security　消费者数据安全

Consumer Internet　消费互联网

Consumer privacy protection　消费者隐私保护

Consumer search　消费者搜寻行为

Consumer welfare　消费者福利

Contract cost　合同成本

Core layer　核心层

Core position of consumers　消费者核心地位

Correlation layer　相关层

Cross-border data flows　数据跨境流动

Cross-border e-commerce　跨境电子商务

Cross-border e-commerce platform　跨境电子商务平台

Cross-border payments　跨境支付

Cross-Border Privacy Rules System(CBPRs)　跨境隐私规则体系

Customer to Customer(C2C)　个人对个人的电子商务

Customer-oriented intelligent logistics　面向客户的智慧物流

Data　数据

Data flow　数据流动

Data localization　数据本地化

Data security　数据安全

Data sovereignty　数据主权

Data storage cost　数据存储成本

Digital business environment　数字营商环境

Digital divide　数字鸿沟

Digital economy　数字经济

Digital Economy Partnership Agreement(DEPA)　新加坡与新西兰签署的数码经济伙伴关
　系协定

Digital finance　数字金融

Digital goods and services　数字产品与服务

Digital government affairs　数字政务

Digital infrastructure　数字基础设施

Digital justice　数字司法

Digital knowledge and information　数字化知识与信息

Digital market　数字市场

Digital marketing　数字营销

Digital payment　数字支付

Digital platform　数字化平台

Digital policy　数字政策

Digital privacy　数字盗版

Digital product service　数字产品服务

Digital security　数字安全

Digital services tax　数字服务税

Digital Silk Road　数字丝绸之路

Digital technology　数字技术

Digital trade　数字贸易

Digital trade barrier　数字贸易壁垒

Digital trade costs　数字贸易成本

Digital trade rules　数字贸易规则

Digital trade target　数字贸易标的

Digital trading entity　数字贸易主体

Digitalization　数字化

Domestic e-commerce　境内电商

Dynamic equilibrium　动态平衡

E-commerce service　电子商务服务

E-connectivity　数字连接

Electronic authentication　电子认证

Electronic check　电子支票

Electronic commerce　电子商务

Electronic data interchange(EDI)　电子数据交换

Electronic Funds Transfer Act　电子资金转移法

Electronic toll collection　不停车自动交费系统

Emerging market　新兴市场

Enterprise resource planning(ERP)　企业资源规划

EU-U.S. Privacy Shield　欧美隐私盾

Extended margin　扩展边际

External Layer　外部层

Fifth Generation Mobile Communication Technology　第五代移动通信技术

Financial crisis　金融危机

Financial exclusion　金融排斥

Free trade agreement(FTA)　自由贸易协定

G20　二十国集团

Gender inequality　性别不平等

General Agreement on Tariffs and Trade(GATT)　关税及贸易总协定

General Agreement on Trade in Services(GATS)　服务贸易总协定

General Data Protection Regulation(GDPR)　通用数据保护条例

Global digital divide governance　全球数字鸿沟治理

Global digital trade　全球数字贸易

Global economic governance　全球经济治理

Global enterprises　全球公司

Global value chain　全球价值链

Gold standard　金本位制

Hard Environment　硬环境

Incentive compatibility　激励相容

Inclusive　普惠性

Inclusive Development　包容性发展

Inclusive finance　普惠金融

Inclusive Growth　包容性增长

Inclusive trade　普惠贸易

Income inequality　收入不平等

Indirect employment impact　间接就业影响

Industrial chain　产业链

Industrial Internet　工业互联网

Information and Communication Technology(ICT)　信息与通信技术

Information cost　信息成本

Information Technology Agreement(ITA)　信息技术协议

Integration of transaction services　交易服务一体化

Intellectual property　知识产权

Intellectual property protection　知识产权保护

Intellectualization　智能化

Intelligent logistics　智慧物流

Intelligent manufacturing　智能制造

Intelligent traffic system　智能交通系统

Intelligent warehouse/Smart warehouse　智慧仓储

Intensive margin　集约边际

International online marketing　国际网络营销

Internet Content Provider　互联网内容提供商

Internet of things　物联网

Internet Service Provider　互联网服务提供商

Isolated data island　数据孤岛

Keystone species　关键物种

Leading species　领导物种

Learning effect　学习效应

Long arm jurisdiction　长臂管辖权

Made in Internet　网络制造

Market access　市场准入

Market matching efficiency　市场匹配效率

Markup middlemen　加价销售中间商

Mobile Internet　移动互联网

Moderate competition　适度竞争

Monitoring cost　监督成本

Monopoly　垄断

Multinational corporation　跨国公司

Network externality　网络外部性

Non-personal data　非个人数据

Nondiscriminatory treatment　非歧视待遇

Online payment　在线支付

Online to offline(O2O)　离线商务模式

Open global digital trade platform　开放型全球数字贸易平台

Organization for Economic Co-operation and Development(OECD)　经济合作与发展组织

Overseas warehouse　海外仓

Parasitic species　寄生物种

Pareto optimality　帕累托最优

Personal data　个人数据

Personalized demand　个性化需求

Physical geographical environment　自然地理环境

Physical goods　实体货物

Platform as a service　平台即服务

Ponzi scheme　庞氏骗局

Precision marketing　精准营销

Private digital currency　私人数字货币

Public goods　公共品

Radio frequency identification　射频识别技术

Regional Comprehensive Economic Partnership(RCEP)　区域全面经济伙伴关系协定

Regional inequality　区域不平等

Regional trade agreement　区域贸易协定

Resource sharing　资源共享

Search cost　搜索成本

Single oligopoly　单寡头垄断

Single window　单一窗口

Smart freight　智慧货运

Social and cultural environment　社会文化环境

Soft Environment　软环境

Software as a Service　软件即服务

Source code localization　源代码本地化

Special Drawing Right　特别提款权

Supply chain　供应链

Supporting species　支持物种

Surround layer　环心层

Swap transaction　掉期交易

Symbiosis theory　共生理论

Symbiotic environment　共生环境

Symbiotic model　共生模式

Symbiotic unit　共生单元

The Belt and Road Initiative　"一带一路"倡议

The first-order digital divide　第一阶数字鸿沟

The second-order digital divide　第二阶数字鸿沟

The third-order digital divide　第三阶数字鸿沟

Third-party logistics　第三方物流

Third-party payment　第三方支付

Trade barrier　贸易壁垒

Trade in Service Agreement(TiSA)　服务贸易协定

Trade protection　贸易保护

Trade rules　贸易规则

Traditional trade　传统贸易

Trans-Pacific Partnership Agreement（TPP）　跨太平洋伙伴关系协定

Transatlantic Trade and Investment Partnership(TTIP)　跨大西洋贸易与投资伙伴关系协定

Transborder data flows　数据跨境流动

Triffin dilemma　特里芬难题

United Nations Conference on Trade and Development(UNCTAD)　联合国贸易和发展会议

User generated content　用户生成内容

U. S. -Mexico-Canada Agreement(USMCA)　美国-墨西哥-加拿大协定

Vehicle information and communication system　道路交通信息通信系统

Warehouse logistics system　仓储物流系统

Win-sets　获胜集合

Winner-take-all　赢者通吃

Wireless sensor network　无线传感网

World Electronic Trade Platform　世界电子贸易平台

World Trade Organization(WTO)　世界贸易组织

防伪查询说明

用户购书后刮开封底防伪涂层，使用手机微信等软件扫描二维码，会跳转至防伪查询网页，获得所购图书详细信息。

防伪客服电话　（010）58582300

网络增值服务使用说明

使用微信扫描本书内置的二维码，输入封底防伪二维码下的 20 位密码进行微信绑定后即可免费访问相关资源。（只需输入一次，再次使用不必输入。注意：微信绑定只可操作一次，为避免不必要的损失，请您刮开防伪密码后立即进行绑定操作！）